KB124869

교사
역할
훈련

교사
역할
훈련

토머스 고든

김홍옥 옮김

Teacher
Effectiveness
Training

양철북

한국의 독자들에게

교육의 실패와 성공을 가르는 차이는 무엇일까요? 가장 큰 요인은 교사와 학생 사이의 관계입니다. 이것이 무엇을 가르치느냐 또는 누구를 가르치느냐보다 훨씬 더 중요합니다.

이 책에서는 학생들과 좋은 관계를 맺기 위해 교사들이 기본적으로 체득해야 할 대화법과 갈등 해결 기술을 설명했습니다. 학생들과 좋은 관계를 만들면 갈등이 줄어들고 가르치고 배우는 데 더 많은 시간을 보내게 됩니다. 고든 모델이라고 불리는 이 모델은 전 세계 십만여 명의 교사가 사용하여 효과를 본 방법입니다. 여러분에게도 분명히 도움이 되리라 믿습니다.

한국의 교사들이 이 책을 읽을 수 있게 되다니 영광입니다. 이 원칙과 기술을 익혀서 교실에서 적용하여 학생들과 보람찬 경험을 하길 진심으로 바랍니다.

2002년 토머스 고든

교사가 이 책을 최대로 활용하는 방법

1 학교에서 교사 역할 훈련(Teacher Effectiveness Train-
ing, T.E.T.)을 성공으로 이끌기 위해서는 각 가정에서도
이에 상응하는 학습 환경이 마련되어야 한다. 그러므로 교
사들은 학부모가 T.E.T.에 익숙해지도록 이끌어 줄 필요가
있다. 부록에서는 부모의 교육적 역할과 가정에서 학습에
더 적합한 환경을 조성하는 방법을 중점적으로 다룬다.

2 교사가 학급에서 T.E.T. 방법을 충분히 활용하려면 교장이
나 다른 동료 교사들의 이해와 지원을 받아야 한다. 따라
서 그들이 T.E.T.를 접하도록 배려하는 일도 무척 중요하
다. 이 책의 11장에서는 학교나 학구(學區) 안에서 T.E.T.
경험을 공유하는 방법을 구체적으로 다룬다.

3 T.E.T.는 통합적이고 조직적인 시스템이다. 따라서 전체

를 이해해야만 구체적 기술이나 원칙을 제대로 실천할 수 있다.

4 T.E.T.에 대해 학생들에게 터놓고 이야기한다. T.E.T.가 무엇인지, T.E.T.를 왜 사용하며 어떻게 활용할 것인지 먼저 들려주면 새로운 방식에 대한 학생의 저항감도 줄이고 그들의 도움을 적극적으로 이끌어 낼 수도 있을 것이다.

5 T.E.T.를 통해 쉽고 즐겁게 가르치는 구체적 기술을 익힐 수는 있지만, 무엇보다 연습을 통해 그 기술을 습관처럼 몸에 배도록 하는 것이 중요하다. 교실 안에서나 밖에서 그런 연습 기회를 얼마나 만들어 내느냐는 전적으로 교사에게 달렸다.

부모가 이 책을 최대로 활용하는 방법

1 부모는 아이들이 만나는 최초의 교사이자 가장 많은 영향
 을 미치는 교사이므로, 가정에서 교육적 효과를 높이는 데
 도 이 책이 쓸모 있을 것이다. 자신을 부모일 뿐 아니라 교
 사라고 가정하고, 가정을 교육 환경이라고, 일종의 교실이
 라고 생각해 보자. T.E.T. 기술과 방법을 통해 가정에서도
 훨씬 나은 학습 환경을 만들어 낼 수 있다.

2 아이가 학교에 갈 나이가 되면 아이를 가르치는 역할을
 교사에게 넘겨줘야 한다. 따라서 자기 아이의 선생님이
 T.E.T. 방식에 익숙해지도록 자극하려고 애써 볼 필요가
 있다. 부록에는 학부모가 교사와 아이의 관계에 영향을 미
 치는 방법이 소개되어 있다.

3 부모는 아이가 교사나 학교에 대해 불평하는 것을 듣게

된다. 무조건 교사나 학교 편을 들어서도 안 되지만 아이의 반응을 덮어놓고 당연한 것으로 받아들여서도 안 된다. 평가하는 것을 자제하면서 효과적으로 아이 말을 듣는 방법을 익히자. 이 책의 3장과 4장에 아이들이 학교생활의 문제를 스스로 풀도록 돕는 방법이 나와 있다.

4 T.E.T.는 통합적이고 조직적인 시스템이다. 따라서 전체를 이해해야만 구체적인 기술이나 원칙을 제대로 실천할 수 있다. 이 방식을 이해하고 나면 자녀를 더 잘 가르칠 수 있을 뿐 아니라 아이의 교사들이 효과적인 방법을 쓰고 있는지 아닌지도 알게 된다. 그러므로 교사를 독려하는 일은 결국 부모의 책임이라고도 말할 수 있다. 아이들은 누구도 아닌 바로 부모 자신의 자녀이기 때문이다.

이 책을 쓰기까지

이제는 나에게 소중한 존재가 된 아이들과 젊은이들을 만나지 못했더라면 이 책도 쓰지 못했을 것이다. 자기 아이를 '바로잡고' '정신 차리게 하고' '잘 적응하도록' 만들고 싶은 부모 손에 이끌려 나의 상담소를 찾은 아이들이다. 이런 비현실적인 성과를 이끌어 낼 만큼 스스로 훌륭하다고 생각하진 않지만, 전문 상담가와 심리 치료사 교육을 통해 익힌 태도와 기술 덕에 많은 아이가 마음을 열고, 우리와 특별한 관계를 맺었다. 서로 신뢰하고, 솔직하고 진실한 대화를 나누며, 다정하게 서로 염려하는 사이가 된 것이다.

이런 관계는 아이들에게뿐 아니라 나에게도 무척 도움이 되었다. 이 아이들 덕에 부모들이 자기도 모르는 사이에 아이에게 상처를 주고, 자긍심을 무너뜨리고, 자신감을 깎아내리고, 창의성을 억누르고, 마음에 상처를 주고, 또 아이의 사랑을 잃게 된다는 사실을 알게(어쩌면 재확인하게) 되었다. 아이들의 이야기를 들으면서 어른들이 어떻게 자기 마음과는 정반대로 아이들에게 상처를 입히는지 이해할 수 있었다. 대화나 일상적인 갈등 해결 과정이나 훈육 과정에서, 또는 힘과 권위를 이용해 자신의 가치관을 강요하려고 할 때 그런 결과가 나왔다. 물론 이렇게 찾아온 부모들에게서 나쁜 뜻은 손톱만큼도 찾을 수 없었고, 정신 분석의들이 일컫는 '병적'이라든가 '병들었다'고 부를 만한 상태의 부모도 거의 볼 수 없었다. 다만 이 부모들은 잘 모르고 있을 따름이었다. 교육을 받지 못했다는 뜻은 아니다. 이들 아버지 가운데는 변호사도 있었고, 의사도 있었고, 엔지니어, 목사, 사업가도 있었다. 어머니들도 마찬가지로 고등 교육을 마치고 전문직을 가진 사람이 대다수였다. 그러나 이들은 학교에서 서로에게 도움이 되는 인간관계나 진솔한 의사소통, 건설적인 갈등 해결 등의 원칙과 기술에 대해서는 기초적인 것조차 배우지 못했다.

부모들은 이제라도 이런 원칙과 기술을 익힐 수 있을까? 나는 그럴 수 있다고 믿는다. 그래서 교육 프로그램을 만들었다. 12년이 지난 오늘날 부모 역할 훈련(Parent Effectiveness Training, P.E.T.)이라고 불리는 이 프로그램은 미국 각 주에서 매주 수천 명의 부모를 대상으로 교육을 실시하고 있고 해외 여러 나라에도 교육 센터가 세워졌다. 1970년 P.E.T. 교육 과정을 위한 교재가 출간되었는데 4년 만에 50만 부 이상이 팔렸다. 부모들이 아이를 기르는 데 도움을 필요로 한다는 점은 명백하다. 많은 부모들이 주저하지 않고 부모로서 자질을 배우고 익힐 기회를 잡으려 했던 것이 증명되었다.

P.E.T. 과정을 마치고 실천하여 아이와의 관계가 뚜렷하게 나아진 사실을 체험한 부모들이 (아이의 또 다른 부모인) 교사들도 이 과정을 접하기를 바라게 되는 것은 당연한 일이다. 이런 부모들의 노력과 격려 덕에 여러 지역에서 교사를 위한 특별 교육 과정인 T.E.T. 과정을 열었다. T.E.T.는 미국 전역으로 확대되어 P.E.T.에 맞먹을 정도가 되었다. 이 책에 지난 8년간 T.E.T. 코스에서 성공적으로 가르쳐 온 원칙과 기술을 담았다.

국제고든훈련센터에 교사이자 상담가, 코치, 교장으로서 폭넓은 경험을 가진 동료가 없었더라면 이 책을 펴내기 어려웠을지 모른다. 당시 T.E.T. 교육 프로그램을 총지휘했던 노엘 버치는 경험이 풍부해서 어떻게 하면 T.E.T. 코스의 기술과 철학을 이용하여 학교에서 전인 교육을 이루어 낼지 잘 알고 있었다. 노엘 버치는 조언자이자 공동 작업자로서 책 전체의 얼개를 만드는 일을 도왔고, 내용과 형식을 구성하는 데도 큰 도움을 주었다. 그는 학교를 학생과 교사 모두에게 더 좋은 공간으로 만드는 일에 전념했고, 그 과정에서 얻은 깊은 통찰력으로 우리에게 큰 도움을 주었다.

캘리포니아 솔라나 비치에서
토머스 고든

차례

1

T.E.T.란 무엇인가

가르치는 일은 인간의 보편적인 활동이다. 모든 사람이 가르친다. 부모는 아이를, 고용주는 직원을, 코치는 선수를, 아내는 남편을, 남편은 아내를, 그리고 교사는 학생을 가르친다. 이 책은 어떻게 하면 더 효과적으로 가르칠 수 있는가에 관한 책이다. 배우는 사람은 더 여러 지식을 얻고 더 성숙할 수 있게 되고, 동시에 가르치는 사람은 갈등을 일으키지 않으면서 더 많은 것을 가르칠 수 있는 방법을 일러 주는 책이다.

교사 역할 훈련(Teacher Effectiveness Training, T.E.T.)은 전문가를 위한 교육 과정으로 처음 시작되었지만, T.E.T.에서 다루는 방법과 기술은 교사 아닌 다른 누구에게라도 도움이 될 것이다. 특히 부모가 자녀를 가르치는 데 많은 보탬이 되리라 생각한다. 그래서 부록에서는 가정에서 아이를 가르칠 때 생길 수 있는 문제와 교사-부모-학생의 미묘한 삼각관계에서 생길 수 있는 어려움과 기회를 자세히 다루었다.

어른들은 아이를 가르치는 데 엄청나게 많은 시간을 들인다. 아이에게 새로운 기술을 익히게 하거나 새로운 사실을 배우도록 돕는 일은 무척 즐거운 경험이라서 이런 시간을 보내며 큰 보람을 느낀다. 부모에게나 교사에게나 청소년 지도자에게나 아이의 성장을 돕고 아이의 삶을 풍요롭게 하는 데 어떤 공헌을 했다는 느낌은 무척 각별하다.

그러나 한편으로 아이를 가르칠 때는 낙담하거나 실망할 때가 있기 마련이다. 부모나 교사는 무언가 가치 있는 것을 가르치려는 열의에 가득 차 있는데 아이한테서 그만 한 열의를 불러일으키지 못해 낙심하는 일도 많다. 열의는커녕 저항하거나 하기 싫은데 마지못해 하거나 주의가 금세 흐트러지거나 원인도 알 수 없이 무관심하다거나 심지어 드러내 놓고 적대감을 보이는 아이들도 심심찮게 만난다.

이런 일이 생기면 어떤 방식을 동원해도 소용이 없는 듯 보인다. 이런 말조차 도움이 안 된다. "너를 위해서 그러는 거야." "나중에는 배워 놓길 잘했다고 생각할 거야." "재능이 있으니까 조금만 신경 쓰면 아주 잘할 수 있을 텐데." 어른들은 자기 자신을 희생해서라도 하나라도 더 가르치려고 드는데, 특별한 이유도 없이 아이가 가르침을 거부한다면 그것만큼 기운 빠지는 일도 없을 것이다. 가르치는 일은 때로 무기력감이나 자괴감, 분노를 일으키며 심지어 배우지 않으려 하고 고마워할 줄 모르는 아이를 미워하게 되기까지 하는 비참한 결과로 이어질 수도 있다.

효과적인 교육과 그렇지 않은 교육의 차이는 무얼까? 기뻠을 주는 교육과 고통을 주는 교육의 차이는 무엇일까? 물론 교육의 성과를 좌우하는 요소는 여럿 있다. 이 책에서는 그 가운데서도 특히 한 가지 요소가 가장 큰 영향을 미친다는 점에 주목한다. 그것은 바로 교사가 학생과 맺는 특별한 관계다.

교사 학생의 관계가 어떠한가는 매우 중요하다. 무엇을, 어떻게, 누구를 가르치는가보다 더 중요하다. 이 책은 이런 효과적인 관계를 만들어 가는 방법을 다루고 있다.

가르치는 일보다 더 중요한 것은 교사와 학생의 관계다

가르치는 것과 배우는 것은 서로 뚜렷이 구분되는 완전히 다른 과정이라는 사실에 주목할 필요가 있다. 여러 차이점 가운데서도, 가르치는 사람이 무언가를 겉으로 표현하여 진달하는 동안 배우는 과정은 다른 누군가의 마음속에서 일어나는 일이라는 점이 중요하다. 당연한 말이라고 하겠지만 그래도 생각해 볼 필요가 있는 문제다. 가르치고 배우는 과정이 효과적으로 이루어지려면 두 사람 사이에 특별한 관계, 일종의 유대감, 연결 고리, 다리 같은 것이 존재해야 하는 이유이기도 하다.

그래서 이 책의 상당 부분을 유대감을 형성하고 연결 고리를 만드는 효과적인 의사소통 기술을 다루는 데 할애했다. 의사소통 기술은 그렇게 까다롭지 않다. 교사들이 이해하기 힘들 정도로 어려운 내용은 전혀 없다. 물론 바느질, 목공일, 스키, 노래, 악기 연주처럼 잘하려면 연습이 필요하기는 하지만,

'교육 철학'이나 '교육 방법론' '아동발달 원칙' 같은 엄청난 분량의 지식을 따로 습득할 필요는 없다.

여기서 설명하려는 기술은 누구나 손쉽게 할 수 있는 대화와 주로 관련된다. 대화는 인간관계를 강화할 수도 파괴할 수도 있어서, 교사와 학생 사이를 더 가깝게 만들 수도 멀어지게 만들 수도 있다. 이것 역시 당연한 이야기지만 진지하게 숙고해 보아야 한다. 대화의 성패는 다양한 상황에 맞추어 어떤 대화 방식과 내용이 가장 적절할지 판단하는 교사의 능력에 달려 있기 때문이다.

T.E.T. 교육은 교사가 이미 매일 수행하고 있는 기본적인 활동을 기반으로 그 위에 보충 기술과 감수성을 더해 더 많은 성과를 거두도록 하려는 것이다.

칭찬을 예로 들어 보자. 아이를 칭찬하는 법을 모르는 부모나 교사는 없을 것이다. 하지만 T.E.T.는 그것을 기반으로 한 발 더 나아간다. 어떤 방식으로 칭찬하면 아이가 이해받지 못하고 은근히 조종당한다고 느낄지, 또 어떻게 뜻을 전달하면 아이가 교사를 인간적이고 솔직하며 자기를 진정으로 염려한다고 느낄지 예를 들어 살펴볼 것이다.

'듣기' 기술이 학습을 돕는 데 어떤 효과를 발휘하는지에 대한 연구도 많이 이루어졌다. 듣기는 일상적으로 하는 일이지만, 교사가 들은 내용이 아이가 전달하려고 하는 바와 언제나 일치하는 것은 아니다. T.E.T.를 통해서 교사들은 아이가 말하고자 하는 바를 정확하게 듣고 있는지 확인하는 간단한 방법도 익힐 수 있다. 그 방법을 사용하면 학생들은 선생님이 자기 말을 단순히 듣기만 할 뿐 아니라 자기를 이해한다고 생각할 것이다.

한 가지 덧붙이자면, 아이의 말에 귀 기울이는 것이 꼭 적절하다고 할 수 없는 때도 있다. 예를 들어 교실이나 가정에서 무언가를 가르치고 있는데 아이들이 소란을 피우거나 그냥 내버려 둘 수 없는 행동을 할 때는 귀를 기울여도 아무 소용이 없다. 이럴 때 T.E.T.에서는 강하게 메시지를 전달함으로써 아이가 교사의 권리를 침범하고 있음을 알리면서도 아이 기를 죽이거나 아이가 지나치게 자기를 방어하지 않도록 하게 하는 방법을 알려 준다.

여기에서 한 가지는 분명히 해 두어야 할 것 같다. 이 책은 교사나 부모가 아이에게 무엇을 가르쳐 주어야 하느냐에 관한 책이 아니다. 그 문제는 커리큘럼을 짜고 교육 목표를 수립하고 가정이나 학교에서 아이들이 무얼 배워야 할지 가치 판단을 내리는 데 있어 더 많은 경험을 가진 사람들의 몫이다. 사실 이런 문제에 대한 의견은 가정마다 학교마다 사회마다 각기 다를 것이다.

T.E.T.는 어떤 주제, 어떤 내용, 어떤 기술, 어떤 가치관이든 간에 더 효과적으로 학생들을 가르치기 위해서는 교사와 학생의 관계가 좋아야 한다는 사실을 전제로 한다. 학생들이 교사의 필요를 존중하고 교사가 학생들의 필요를 존중하는 관계를 만들어 낼 수 있는 교사라면 역사건 수학이건 문학이건 화학이건 간에 재미있고 신나게 가르칠 수 있다.

그러나 학생을 비하하고, 무시하고, 오해하고, 강제하고,

모욕하고, 비판하는 교사라면 농구나 테니스, 핑거페인팅, 체조, 조각, 성교육 같은 흥미로운 내용을 가르치더라도 학생들이 지루해하고 외면할 것이다.

대부분 학교에는 교사가 제대로 해결해 주지 못하는 '학생의 문제', 도저히 말을 듣지 않고 반항하는 학생들로 인해 생겨나는 '교사의 문제'가 가득하다. T.E.T. 기술과 방법을 활용하면 이런 문제에 시간을 덜 뺏기는 대신 더 많은 시간을 가르치고 배우는 데 할애할 수 있다. 그렇게 되면 진정한 교육이 이루어지는 시간도 늘어날 것이다. 이 책의 각 장에서는 '가르치고 배우는 시간'을 늘려 줄 새로운 기술을 소개한다. 여기서 말하는 가르치고 배우는 시간이란, 교사는 학생을 가르칠 수 있고 학생은 배우고자 하는 의지가 충만한 시간을 말한다.

T.E.T.는 검증된 프로그램이다

이 책에서 다루는 기술과 방법은 교사 수만 명이 이미 거쳐 간 것이다. 30시간짜리 교사 역할 훈련, 즉 T.E.T. 프로그램은 1966년 처음 시작되었으며 유치원, 초등학교, 중학교, 고등학교를 포함한 미국 전역의 공립·사립학교 현직 교사들에 의해 널리 채택되었다. T.E.T.는 '고든 박사의 부모 역할 훈련(P.E.T.)'에서 자연스럽게 발전한 것이다. 부모들이 P.E.T.에서 배운 내용을 교사와 학교 당국자에게 이야기하고 교사들도 이 과정을 교육받아서 교실에서도 똑같은 의사소통과 갈등 해결 방법을 사용하면 좋겠다고 요구한 것이다. 덕분에 1년이 지나지 않아 교사를 위한 특별 프로그램이 생겨났다. 이렇게 탄생한 T.E.T.는 교실 안에 갇혀 있는 30~40명 이상의 학생을 동시에 대하면서 마주하게 되는 특별한 문제를 해결하기에 적합하게 만들어진 프로그램이다.

이 책은 T.E.T. 프로그램을 통해 교사들을 교육하면서 발전시키고 다듬고 검증한 원칙과 기술을 담아 만들었다. 여기에 담겨 있는 많은 예시와 사례는 현직 교사들에게서 직접 얻었다.

이 책에서 단계적으로 설명하고 있는 교사 역할 훈련은 구체적인 기술을 발달시키는 데 집중한다. 다시 말해 추상적인 교육 개념이 아니라 교실에서 일상적으로 말하고 실천할 구체적인 방법에 주목하는 것이다.

T.E.T. 강의를 통해 교사들을 만나면서 우리는 대부분 교사들이 받는 공식 교육에 의문을 품게 되었다. 공식 교육을 통해 어떤 용어나 사상, 개념에는 익숙해질지 모르겠으나 추상적 개념을 교실에서 실질적으로 운용하는 방법에 대해서는 배우지 못하기 때문이다. 그래서 '학생의 욕구 존중' '정서 교육' '교실 민주화' '학습의 자유' '전인적 교육' '양방향 의사소통' 등 개념만 넘쳐 나고 있을 뿐이다.

T.E.T.에서는 이런 사상이나 개념을 과학에서 '조작적 정의'라고 부르는 형태로 제시한다. 구체적인 시행의 관점에서, 실제로 교사가 하는 활동과 전달하는 메시지의 관점에서 새로이 정의한다.

교사 양성 과정에서 수도 없이 들었을 '학생의 욕구 존중'을 예로 들어 보자. T.E.T.에 등록하는 교사 가운데 학생의 욕구를 존중하기 위해 어떻게 해야 하는지 구체적으로 생각하고 있는 사람은 많지 않다. 그렇지만 T.E.T. 과정에서 '무패 방법'으로 교사와 학생 사이의 갈등을 해결하는 방법을 익히고 나면 이 개념을 어떻게 실천해야 할지가 분명해진다. 무패 방법인 '방법 3'은 여섯 단계로 이루어져 있다. 이 여섯 단계는 교사의 욕구도 충족되고 학생의 욕구도 충족되는 해결 방법을 구할 때까지 교사와 학생이 함께 문제를 풀어 나가는 과정이다.

방법 3은 교사가 자신의 욕구를 희생하지 않으면서 학생의 욕구를 충족시키기 위해 일상적으로 사용할 수 있는 도구다. T.E.T.에서는 '학생의 욕구 존중'이 추상적 개념에 머무르지 않고 실천할 수 있는 무엇인가가 되는 것이다.

'교실 민주화' 개념도 마찬가지다. T.E.T.는 교사를 포함한 모든 학급 구성원이 참가하여 자신들이 지켜야 할 규칙을 정하는 회의 과정에서 살아 있는 민주주의를 실천하는 데 필요한 기술과 절차를 알려 준다. 또 전통적인 방식인 힘과 권위의 행사를 대신할 방법도 알려 준다.

교사들은 무척 중요하다고 배우긴 했지만 이상적인 관념에 머물러 있던 개념들을 T.E.T. 코스를 통해 비로소 실행에 옮길 수 있게 되었다고 말한다.

학생 스스로 문제를 해결할 수 있도록 돕는 것이 T.E.T.이다

교육의 목표가 학생의 '성장과 발달'에 있다는 생각에는 누구나 주저 없이 동의할 것이다. 그렇지만 실제로 많은 교사들이 사용하는 방법은 학생을 무기력하고 의존적이고 성숙하지 못하고 유아적인 상태로 남아 있게 한다. 책임감을 길러 주는 대신 학생들은 도무지 믿을 수 없고 책임감을 가질 수 없는 존재라는 듯이 명령하고 통제하려고 드는 것이다. 학교는 학생이 무엇을 어떻게 언제 배워야 할지, 그리고 어떻게 하면 잘 배울 수 있는지까지 시시콜콜 일러 줌으로써 학생이 독립심을 기르는 대신 교사에게 더 많이 의존하도록 부추기는 경향마저 있다.

물론 학생들이 책임감 없고 의존적이기를 바라는 교사는 없을 것이다. 문제는 학생들이 자신의 방향을 정하고, 책임감과 자립심, 자제력을 기르며, 스스로 성찰하는 기술과 방법을 익히지 못하고 있다는 점이다. 이런 자질은 저절로 발달하는 것이 아니라 교사가 일부러 신경 써서 키워 주고 북돋아 주어야 한다.

T.E.T.에서는 '성장과 발달'이 공허한 이상으로 남아 있지 않고 현실에서 이루어지게 하는 방법을 보여 준다. 이 책의 3장과 4장에서는 '적극적 듣기'라는 새로운 상담 기술을 설명한다. 이 방법을 사용하면 학습을 방해하는 문제도 효과적으로 해결할 수 있다. 그렇지만 이것은 학생의 문제에 대해 교사가 일반적으로 하듯이 해결책이나 의견을 내놓는 것이 아니라, 학생 스스로 문제를 풀도록 돕는 방식이다. 학생이 문제에 대한 책임을 계속 갖고 스스로 그 문제를 풀어 가도록 할 때 책임감과 자신감이 자라나기 때문이다.

다음 예시에서 한 여학생과 교사의 대화를 보면 적극적 듣기를 이용해 학생이 문제에 대한 책임을 계속 유지하도록 돕는 방법을 이해할 수 있을 것이다. 적극적 듣기는 메시지를 듣는 사람이 메시지에 반응을 보이거나 자기가 들은 말을 '반향'함으로써 응답하는 방식이다. 이 상황은 미국 독립전쟁에 대한 수업에서 독립전쟁을 주제로 한 글쓰기 숙제를 내 준 이후에 있었던 일이다.

학생   작문 주제에 대해 선생님 의견을 들으려고 찾아왔어요.

교사   무슨 주제로 쓸지 마음을 못 정한 거구나, 맞니?

학생   네. 며칠 동안 끙끙거렸는데 아무 생각도 나질 않아요. 선생님은 좋은 생각이 있으실 것 같아서요.

교사   고민은 많이 했는데 성과가 없었나 보네.

학생   선생님이 보시기에 잘 쓴 글들은 주로 어떤 주제로 썼나요?

교사   아주 좋은 주제를 찾고 싶은 거구나?

학생   네. 이 과목에서 A를 받으려면 글쓰기 숙제에서 A를 받아야 하거든요.

교사   이 과목에서 반드시 A를 받아야 한다고 생각하는가 보네.

학생   맞아요. A를 못 받으면 부모님이 화내실 거예요. 부모님은 제가 언니만큼 공부를 잘하기를 바라세요. 언니는 머리가 진짜 좋거든요.

교사   부모님이 네가 언니만큼 좋은 성적을 받았으면 하신다고 생각하는 거지?

학생   네. 하지만 전 언니처럼은 할 수 없어요. 공부 말고 다른 데 더 관심이 많거든요. 부모님이 있는 그대로 저를 받아들여 주셨으면 좋겠어요. 언니는 저랑 다른걸요. 언니는 종일 공부만 해요.

교사   언니랑 너랑 다르다는 것을 부모님이 알아주셨으면 하는구나.

학생   사실 부모님한테 이런 얘기를 해 본 적은 없어요. 아무래도 얘기를 해 보는 게 좋겠죠? 그러면 전 과목에서 A를 받으라고 너무 스트레스를 주지 않으실지도 모르죠.

교사   부모님한테 네 생각을 말해야겠다는 거지?

학생   손해 볼 건 없잖아요. 효과가 있을지도 모르고.

교사   밑져야 본전이지.

학생   맞아요. 부모님이 스트레스를 주지 않는다면 성적에 너무 매달리지 않아도 될 거예요. 어쩌면 더 많은 걸 배울 수도 있죠.

교사   학교에서 더 많은 걸 얻을 수도 있고.

학생   네. 그러면 제가 원래 관심 있었던 주제로 할래요. 그러면 뭔가 얻는 게 있을 것 같아요. 도와주셔서 고맙습니다.

교사   언제라도 환영이야.

고민에 빠진 학생에게 새로운 주제를 제안하거나 조언하는 식으로 문제 해결책을 얼른 내어 주는 대신 T.E.T. 방법을 효과적으로 사용하여, 학생이 마음 깊은 곳에 있던 문제(부모로부터 받는 중압감)를 꺼냈고 또 해결 방법도 스스로 생각하게 되었다. 교사는 적극적 듣기를 활용해 이 짧은 대화로 학생이 성장할 수 있도록 도왔다.

이 책의 5장에서는 학생들이 수업을 방해하는 행동을 할 때 나-메시지로 이야기하는 방법을 살펴본다. 나-메시지는 행동을 바로잡을 책임을 바로 학생에게 넘겨준다. 학생에게 교사의 욕구를 존중하여 자신의 행동을 수정할 기회를 주는 대화 방법이다. 그렇게 하면 자신이 선택하여 스스로 결정한 행동으로 반응하게 될 가능성이 커지고, 따라서 책임감 있고 성숙한 사람으로 성장할 수 있게 된다.

아이가 독립적인 어른으로 자라고 성장할 수 있도록 하는 기술 가운데 두 가지만을 예로 들어 살펴보았다. 이제는 막연히 아이들이 책임감 있게 행동하기를 기다릴 것이 아니라 책임감을 길러 주는 방법을 어른들 스스로 배워야 할 때가 되었다. 우리는 오랜 경험과 다양한 사례를 통해 어떤 기술과 방법이 필요한지 이미 알고 있다. 부모와 교사, 교직원들에게 힘과 권위가 아닌 다른 방식을 알려 주려 한다. 아이의 삶을 처벌이나 위협, 상이나 회유로 조정하고 통제한다면 아이는 스스로 행동에 책임지는 방법을 익히지 못하고 영원히 유아기에 갇혀 있을 것이다.

상벌주의 교육의 한계는 무엇인가

학생들 관점에서 학교는 학생들에게 존 홀트의 문제작《자유 그 너머(Freedom and Beyond)》에서 말하는 '고리를 통과하면 과자를 주는' 게임을 시키고 있다. 교사가 고리를 들고 "뛰어"라고 말한다. 그리고 학생들이 고리를 통과하면 과자를 준다. 그러고 나면 고리를 조금 더 높이 들고 다시 "뛰어"라고 명령한다. 이번에도 통과하면 또 과자를 준다. 또 고리를 높이고 또 과자를 주고, 이런 식으로 계속된다.

이것은 대부분 학교에서 행하고 있을 뿐 아니라 사회에서 '지당하게' 받아들여지고 있는 방법이다. 학교는 사회의 전통적 사고방식을 그대로 따르고 있을 뿐이다. 일부 교사, 교장, 학교 이사회, 지역 사회가 학생들에게 가르쳐야 한다고 결정한 내용을 학생들이 잘 배우게 하려면 보상을 활용해야 한다는 생각은, 교사를 포함한 모든 어른에게 뿌리 깊이 박혀 있는 관념이다. 이들도 학교 다닐 때 똑같은 게임을 했고 이들의 부모도, 그 부모의 부모도 마찬가지였다. 그러니 다른 어떤 방법이 있을 수 있겠는가? 왜 굳이 바꾸어야 하는가?

실제로 전국 각지에서 교사를 대상으로 한층 능숙하게 보상 체계를 만들고 운용해서 학습 효과를 높이는 방법, 그리고 교사가 받아들일 수 없거나 비생산적이라고 생각하는 행동을 바로잡는 방법을 가르쳐 주는 프로그램이 시행되고 있다. 사회학자들도 '행동 공학'이니 '행동 수정'이니 하는 학문을 정교하게 발전시켰다. 이런 학문은 사실상 다양한 종류의 보상을 이용해서 아이들이 더 잘 배우고 얌전히 행동하게 하려고 수백 년 동안 이어 온 방식을 더 노련하게 사용할 수 있게 돕는 것이다.

'고리를 통과하면 과자를 주는' 게임의 규칙은 빤하지만 학생들의 반응은 다양하고 예기치 못한 것일 때도 많다. 어떤 학생은 뛰어오르는 것 자체가 너무 힘들다고 투정하면서 뛰려고 시도조차 하지 않을 수도 있다. 어떤 학생은 자기는 이미 할 수 있는 한 최대로 높이 뛰고 있다며 더 높이 뛰려고 노력하지 않기도 한다. 때로는 화를 내며 고리를 그렇게 높이 드는 것은 불공평하다고 교사를 원망하기도 한다. 어떤 학생은 다른 친구들은 모두 잘 뛰는데 자기만 못한다며 낙담해서 게임 자체를 아예 그만두기도 한다.

이런 방식에 환멸을 느낀 사람이나 고리 통과 게임으로 학교의 문제를 해결할 수 없었던 사람에게 T.E.T. 개념은 기대볼 만한 대안이 될 것이다. 이 방법은 학생에게 더 많은 자유를 누리게 해 주고, 더 많은 책임감과 자율성을 갖게 하며, 학교에서 자기 목소리를 더 잘 내게 하고, 선생님이나 친구들과 민주적인 관계를 맺게 한다.

어떤 연령의 학생에게든
T.E.T. 프로그램은 유용하다

교육에 관한 책은 대부분 아이 나이에 따라 다른 기술과 전략, 방법을 사용해야 한다고 주장한다. 나이에 따라 서로 다른 교육 철학이 필요하기라도 한 듯이. 유치원생을 가르치는 일은 고등학생이나 초등학교 6학년을 가르치는 것하고는 전혀 다르다는 것이다. 물론 교재나 교육 방법을 결정할 때 아이의 발달 단계를 고려해야 하는 것은 당연하지만, 교사와 학생 사이의 기본적 인간관계는 아이가 몇 살이든 다를 바 없다.

이 책과 T.E.T. 과정에서 소개하는 기술과 방법은 어떤 나이의 학생이든지, 심지어 대학생에게까지도 유용하게 적용할 수 있다. 몇 살이든 간에 학생은 모두 인간이며, 교사가 학생들을 어떻게 대하느냐에 따라 좋은 관계가 될 수도, 좋지 않은 관계가 될 수도 있다. 학생이 교사와 인간관계를 맺는 존재라는 것이 우리의 신념이다.

마찬가지로 우리는 인종, 출신지, 지능지수, 재능, 사회경제적 배경 등 학생들 사이의 차이도 지나치게 부각된 감이 있다고 생각한다. 이렇게 학생들을 나누고 테스트하고 평가하고 꼬리표를 달고 전형화하는 것은 불필요할 뿐 아니라 해롭기까지 하다. 교사들은 의사가 환자를 알레르기 환자, 심장 환자, 궤양 환자, 과민 결장 환자 등으로 나누는 것과 크게 다르지 않은 방식으로 학생을 취급한다. 즉 학생을 사람이 아니라 어떤 익명의 사례로 생각하는 것이다. 우등생과 열등생, 재능이 있는 아이와 없는 아이, 공부를 잘하는 아이와 못하는 아이, 잠재력이 있는 아이와 없는 아이 등. 이런 식으로 학생을 진단하고 분류하는 것이 어떤 악영향을 미치는지는 연구를 통해 속속 드러나고 있다. 이러한 분류는 학생들의 자신감을 떨어뜨릴 뿐 아니라 교사가 편견을 가지고 학생을 대하게 만들어 교육의 질도 떨어진다는 것이 연구 조사를 통해 확인된 사실이다.

학생들 사이에는 차이점보다 공통점이 더 많다. 무엇보다도 학생들은 모두 사람이다. 성격과 감정이 있으며 반응하는 존재다. T.E.T.는 교사들 역시 모두 인간이라고 전제하는, 인간관계에 대한 일반 이론에 기반을 두고 있다. 아이라면 누구나 무언가를 진짜로 배울 때는 집중하고 그렇지 않을 때는 지루해한다. 또 무언가를 잘못했거나 실패했을 때 야단맞으면 낙심한다. 아이들은 모두 교사의 권위 행사에 대처하기 위해 대응 기제를 발달시킨다. 아이는 모두 의존적인 경향이 있지만 한편으론 자립하기 위해 애쓰기도 한다. 또 화가 나서 앙갚음을 하고 싶은 마음이 들 때도 있다. 무언가를 성취했을 때는 자신감을 얻지만 성취한 것이 충분하지 않다는 평을 들으면 자신감을 잃는다. 아이들은 누구나 자기 욕구를 소중히 여기고 자신의 권리를 지키려고 한다.

우리의 기술과 방법은 아이들의 이러한 공통점에 기반을 두고 설계했다. 그래서 T.E.T.는 지능 발달이 늦은 아이에게나 재능이 있는 아이에게나 가난한 가정의 아이에게나 부잣집 아이에게나 똑같이 유용하다. 일례로 이 책의 3장과 4장에서 다루는 적극적 듣기는 어떤 아이에게든 놀라운 효과를 발휘할 것이다. 아이들은 누구나 다른 사람이 자기 말을 잘 들어 주고 자기를 이해하고 받아들여 주길 바라기 때문이다. 교사나 다른 아이들을 괴롭히는 아이를 대할 때 사용하는 나-메시지도 누구에게나 효과를 발휘한다. 나-메시지를 사용하면 학생들이 공격당하거나 야단맞을 때 보이는 방어적인 태도를 현저히 줄일 수 있다. 다양한 문화적 배경과 서로 다른 가치관을 가진 학생들을 대할 때 유용한 방법도 덧붙였다. 10장에서는 교사와 학생 사이에 생길 수 있는 가치관 충돌을 효과적으로 해결하는 방법을 설명한다.

T.E.T.는 힘과 권위에 의존하는 기존 교육의 대안이다

학생들이 수용할 수 없는 행동을 하거나 교사와 다른 학생들에게 문제를 안겨 주는 일은 계속해서 일어난다. 이는 대부분 교사들에게 가장 큰 고민거리일 것이다. 따라서 학교와 교실에서의 훈육은 소홀히 보아 넘길 수 없다.

이 책에서도 훈육 문제를 가볍게 다루지 않는다. 그러나 그것을 다루는 방식은 대부분 교사에게 무척 낯설게 느껴질 것이다. T.E.T. 과정에 참석한 교사 가운데 힘이 넘치는 천방지축 아이들이 잔뜩 있는 교실에서 어떻게 해야 하는지 잘 알고 있는 사람은 극소수에 지나지 않는다는 사실을 알고 우리는 무척 놀랐다.

교사들은 가르치러 교실에 들어가는 것이지, 훈육하러 가는 것은 아닐 것이다. 신참 교사들은 아이를 혼내야 하는 일은 나에게는 생기지 않으리라고 장담하기 쉽다. 교사로서 자신감도 있고 능력도 있으니 훈육이 필요한 상황은 오지 않으리라 생각하는 것이다. 경험이 많은 교사들조차 때로 훈육이 필요하다고는 생각하지만 자신들의 훈육 방법이 큰 효과도 없을뿐더러 본인들에게도 괴로운 방법이라고 털어놓는다. 교사가 느끼는 최고의 보람은 학생들이 무엇인가 배우고 성장하는 모습을 바라보는 데 있기 때문이다.

그렇다면 무엇이 문제일까? 교실에서 질서를 유지하는 데 왜 그렇게 많은 시간을 보내야 할까? 교사들이 벌을 주겠다는 위협, 벌, 언어적 모욕, 꾸지람 등 실질적으로 효과가 없는 방법에 지나치게 의존하기 때문이다. 힘에 의존하는 억압적인 방법은 저항, 반항, 보복심을 불러일으킨다. 설사 이런 방법으로 어떤 행동을 멈추게 한다고 해도, 교사가 교실을 나가거나 칠판 쪽으로 돌아서면 학생은 바로 그 행동을 다시 시작하기 쉽다.

T.E.T. 과정에서는 힘과 권위를 대체할 방법을 가르친다. 그러면서도 더 큰 영향력을 줄 수 있는 방법이다. 교사는 이 방법을 통해 모든 학생이 참가하여 교실의 규칙과 약속을 정하는 회의를 어떻게 진행하면 좋을지 배울 것이다. 이런 회의에서 얻을 수 있는 가장 중요한 효과는 학생들이 정해진 규칙을 교사의 것만이 아니라 자기들 것이라고 생각하기 때문에 자발적으로 규칙을 지킨다는 점이다. 규칙을 적용하고 따르게 하는데 교사가 많은 시간을 보낼 필요가 없게 된다는 이점도 있다.

힘을 행사하지 않고 질서를 유지하는 방법에 익숙해지고 나면 훈육에 대한 입장도 크게 달라지고 쓰는 말도 바뀐다. 통제, 지시, 벌, 경고, 한계 설정, 단속, 강요, 교사의 일방적인 규칙 제정, 강경한 대처, 징계, 꾸중, 명령, 요구 따위의 단어를 덜 사용하게 된다. '훈육'이라는 말 자체도 거의 쓰지 않게 된다.

이런 말 대신에 새로운 용어가 쓰인다. 예를 들면 문제 해결, 갈등 해소, 영향, 대면, 협동, 협력, 의사 결정에 함께 참여,

학생들과의 약속, 상호 합의, 협상, 욕구 충족, 함께 문제 풀어 가기 같은 말들이다.

힘과 권위를 버리고 나면 효과가 적은 옛날 훈육 방식에 쓰이던 언어 대신 다른 관계에서 사용하는 언어와 어휘를 쓰게 된다. 다른 관계란 부부 관계, 친구 관계, 동료 관계처럼 서로에게 만족스러운 관계를 유지하는 데 힘을 사용하지 않아도 되는 관계를 말한다. 아내나 남편 또는 친구를 '훈육'하는 일이 있을 수 있는가? 부부 관계나 친구 관계에서는 지시나 명령, 징계, 처벌, 한계나 규칙을 강요하는 것 등은 입 밖에 내기는커녕 생각조차 할 수 없는 일이다. 힘이나 권위를 사용하면 관계가 지속될 수 없기 때문이다. 이 책의 7장에서는 힘과 권위가 교사와 학생의 관계도 서서히 무너뜨린다는 점을 살펴볼 것이다.

T.E.T.는 새로운 교육 패러다임이다

여러 해 동안 사람들은 학교 교육에서 엄격함과 관대함, 방임과 규제, 전통과 진보, 학생 중심과 교사 중심, 보수주의와 자유주의, 권위주의와 허용주의 문제에서 어느 노선을 취해야 하는지 계속 논쟁해 왔다. 이것은 학교 교육에서 핵심 논쟁이며 아무리 시간이 지나도 해결되지 않을 것처럼 보인다. 이 문제를 둘러싸고 부모와 교사, 교직원, 언론은 오랫동안 대립해 왔다. 학교 위원회에서는 저마다 소리 높여 학교 교육에 대해 '보수적'이거나 '자유주의적'인 입장을 천명한다. 지방 교육감 후보자들도 '우익 인사'라든가 '자유주의자'라는 식으로 분류된다.

사친회(師親會, PTA)에서도 학교가 너무 방임적이라느니 너무 엄격하다느니 하면서 부모들이 서로 부딪친다. 학교 관리자들은 어떤 부모는 학교가 너무 진보적이라고 항의하고 어떤 부모는 학교가 너무 보수적이라고 항의하는 통에 힘들다고 말한다.

T.E.T.는 이러한 논쟁을 일순간에 끝낸다. 대립적인 두 입장 모두 아이를 대할 때나 모든 인간관계에서나 파괴적이라는 것을 이해하게 되기 때문이다. 이 책의 7장에서는 무슨 이름이 붙었든 두 입장 모두 '승자와 패자가 있는' 접근법이고 힘을 기반으로 한 방식임을 보여 줄 것이다. 엄격함, 강한 권위, 조직화 등을 옹호하는 사람은 어른이 가지고 있는 힘과 권위로 아이들을 지배하고 통제해야 한다는 것이나 다름없다. 허용주의와 자유를 옹호하는 사람은 학생들이 힘을 사용하도록 하여 교사나 교직원의 삶을 힘들게 만들 방식을 채택하자고 말하는 셈이다. 어떤 방식을 채택하든 간에 누군가는 손해를 볼 수밖에 없다.

이 책에서는 이 두 가지, 이기거나 져야 하는 방법을 대체할 새로운 방법을 제시한다. 힘을 사용하지 않고 교실에서 규율과 질서를 유지하는 방법이다. 허용적이거나 엄격한 태도(학생 중심이거나 교사 중심인 태도)를 취할 때 피할 수 없는 악영향도 알아볼 것이다. 협력과 상호 존중으로 교실의 갈등을 해결하는 무패 방법을 통해, 반세기 넘는 기간 동안 부모와 교사들이 서로의 목을 졸라 온 무의미하고 비생산적인 논쟁이 마침내 종식되었으면 하는 것이 우리의 바람이다.

2

교사도 감정을 지닌 사람이다

가르치는 일은 보상이 많이 주어지고 흐뭇하고 흥미 있는 직업인가? 불행하게도 교사 대다수는 그렇게 느끼는 것 같지 않다. 그렇다면 과연 어떻게 해야 할까? 최근 한 교사는 이렇게 토로한 적이 있다.

아이들을 처음 가르치기 시작했을 때 저는 배울 의지가 있고 탐구하고 뭔가를 발견하고자 열의가 넘치는 학생들을 이끄는 리더처럼 여겨졌습니다. 하지만 처음 기대와는 크게 어긋나고 말았습니다. 이제는 가르칠 때 학생들에게 뭘 기대한다거나 바라지 않았습니다. 솔직히 모든 학급이, 하루하루가 그저 두려울 따름입니다. 학생들도 마찬가지입니다. 마치 어떻게든 공부 좀 안 했으면 하는 게 유일한 관심사인 쓸모없고 게으른 학생들에게 채찍을 휘두르는 노예 감독자가 된 것 같은 느낌이 듭니다. 아이들은 거짓

말을 일삼고, 속이고, 서로 쏘아붙이고, 어떻게 하면 최대한 노력 안 들이고 과정을 마칠 수 있을까에만 골똘하고 있는 것처럼 보입니다. 무엇보다 고약한 것은, 이제 저는 표준화된 시험에서 얼마나 좋은 성적을 받느냐에 따라 학생을 판단하는 교사라는 소리를 듣고 있다는 사실이고요.

충격적일 정도로 많은 교사가 이런 쓰라린 좌절감을 느끼고 있다. 대다수 교사들은 틀림없이 즐거움과 성취감을 맛보리라는 부푼 기대를 안고 교사라는 직업으로서의 삶을 시작했을 것이다. 하지만 얼마 지나지 않아 자신들이 선택한 것이 다름 아닌 생존 투쟁의 장처럼 보이는 학교에서 학생들과 팽팽하게 대치하는 삶이라는 사실을 깨닫게 된다.

이러한 실망을 경험한 교사들은 대체 뭐가 문제인지 알아내려고 발버둥 친다. 뭔가 잘못되어 가고 있다는 것을 느끼는 교사들은 가르치는 일이 왜 처음에 생각했던 것처럼 만족스러운 작업이 되지 못하는지 어떤 식으로든 답해야 한다고 느낀다. 어떻게 하면 좋단 말인가?

그들은 실제 현장이 어떤지 제대로 일러 주지 않았다는 이유로 자신을 지도한 대학교수들을 탓하곤 한다. 어떤 이들은 '아이들이 내가 학교 다닐 때와는 다르다'거나 '지금 근무하는 학교는 과거 내가 몸담던 학교와는 확실히 다르다'는 이유를 대기도 한다. 거대한 학급 규모, 열악한 근무 조건, 저임금 같은 이유를 들며 교육 행정가의 무능을 탓하는 교사도 더러 있다. 교육 행정가들 역시 문제만 생겼다 하면 교사들의 저조한 사기, 활기 없는 학교, 형편없는 학생 태도 등을 비난의 표적으로 삼는다.

무엇보다도 가장 안타까운 점은 일부 교사들이 모든 것이 자신의 불찰이며, 스스로 무능한 교사라고 생각한다는 점이다. 그 결과 매년 실의에 젖어 낙심하는 교사들이 수두룩하게 교직을 떠나고 있다.

앞서 열거한 이유들이 얼마간 타당한 것은 사실이지만 한결같이 핵심에서 벗어나 있다. 예컨대 제아무리 전문가적 지식과 식견을 두루 갖춘 교육학 교수들이라 하더라도 자기 경험을 고스란히 제자들에게 전수할 수는 없는 노릇이다.

학생들이 달라졌다고 탓하는 것도 이상하다. 한 교사가 학생으로서 학교를 졸업하고 다시 교원 자격으로 학교에 들어오게 되는 4~5년 동안 학생들이 그렇게 크게 변했으리라고 단정하는 것은 아무래도 좀 무리다. 교사 자격으로 학교에 되돌아왔을 때 실감하게 되는 변화는 인간 본성의 변화라기보다는 역할의 변화 때문일 가능성이 크다. 학교라고 부르는 제도의 주된 특성 가운데 하나는 '교사'와 '학생'의 역할을 뚜렷이 구분하는 것이다[학교라는 제도에 관한 가장 훌륭한 정의로는 포스트맨과 와인가르트너의 《교과서(The School Book)》(1973), 16~27쪽 참조].

우리는 학교 행정가들 역시 문제의 원인이라기보다는 학교 제도의 희생자에 가깝다고 믿는다. 그들의 능력에 대해 역성들려는 것이 아니다. 다만 교사가 교직에 환멸을 느끼고 직업적인 어려움에 고통받는 현상은 너무나 널리 퍼져 있어서 교육 행정가들로서도 속수무책일 수밖에 없음을 인정하자는 것이다.

근무 조건과 보수 역시 해답이 될 것 같지는 않다. 이상적인 근무 조건이나 소규모 학급이라는 조건을 충족시키는 학교에서조차 좌절감에 시달리고 보람을 찾지 못하는 교사들을 심심찮게 만날 수 있다. 탐탁지 않게 여기는 일에 넉넉한 보수를 지급한다고 해서 그 직업의 만족도가 높아지는 것은 결코 아니다. 교원 노조가 좀처럼 문제를 완화시키지 못하는 이유도 바로 여기에 있다. 교원 노조는 근무 조건, 부가 급부〔연금, 유급 휴가, 보험 급여 따위 ¦ 옮긴이〕, 봉급 등의 향상에 초점을 맞추고 있긴 하지만(이 조건들이 교직의 질을 전혀 개선하지 못한다는 의미는 아니다), 교사들은 여전히 실의에 빠져 있고 교직에 매력을 느끼지 못하며 자신이 무능하고 도움도 되지 못한다고 생각한다.

수많은 교사와 만나면서 우리는 그들이 무능하기는커녕 '가르침에 관해 이미 많은 것을 알고 있다'는 사실을 깨달았다. 오직 그들이 '그런 지식을 구현할 기회를 포착할 수 없는 현실'이 문제였던 것이다.

그렇다면 교사들이 느끼는 '불만'의 원인이 그들이 생각하는 것처럼 자신에게 있지 않다면 대체 어디에 있단 말인가?

교사에 대한 일반적인 편견

이 문제를 이해하려면 먼저 대다수 교사가 생각하는 이상적인 교사에 대한 정의를 살펴볼 필요가 있다. 이런 정의는 광범위하게 받아들여지는 교사의 의미와 가르침에 대한 우리의 고정관념 들을 바탕으로 하고 있다.

스스로 한 번 점검해 보라. '훌륭한 교사'에 대한 다음과 같은 생각을 당신도 받아들이고 있는가?

1 훌륭한 교사는 차분하고 쉽게 흥분하지 않으며 항상 온화함을 유지한다. 결코 냉정함을 잃지 않으며 여간해선 격한 감정을 보이지 않는다.

2 훌륭한 교사는 편견이나 선입견에 좌우되지 않는다. 이들은 흑인, 백인, 멕시코계 미국인, 우둔한 아이, 명민한 아이, 남학생, 여학생 가리지 않고 동등하게 대한다. 훌륭한 교사는 인종차별주의자도 성차별주의자도 아니다.

3 훌륭한 교사는 학생에 대한 자신의 실제 감정을 감출 수 있으며, 실제로 감쪽같이 숨기곤 한다.

4 훌륭한 교사는 모든 학생을 동등하게 수용한다. 절대 편애하지 않는다.

5 훌륭한 교사는 흥미진진하고 자극적이고 자유로운, 그러면서도 늘 차분하고 질서 정연한 학습 환경을 조성한다.

6 훌륭한 교사는 무엇보다 일관적이다. 절대 변덕 부리지 않으며 공평무사하기 이를 데 없다. 챙겨야 할 일은 절대로 잊지 않는다. 감정이 고조되지도 의기소침해지지도 않는다. 실수도 저지르지 않는다.

7 훌륭한 교사는 답을 알고 있다. 그들은 학생보다 한층 더

지혜로운 존재다.

8 훌륭한 교사들은 서로 지지하며, 개인적인 감정이나 가치
관 또는 신념에 치우치지 않고 학생들의 문제에 일치단결
해서 대처한다.

요컨대 '훌륭한 교사'는 보통 사람보다 훨씬 고매하고, 이
해심도 많고, 지식도 풍부하고, 흠잡을 것이 없는 존재다. 이런
생각에 동의하는 사람들은 가르치는 일이 인간적인 취약함을
극복하고, 공정성이나 조직화, 일관성, 보살핌, 동정심 같은 자
질을 보여 주는 일이라고 생각한다. 한마디로 훌륭한 교사는
어질고 고결한 존재인 것이다.

여기에서 발견되는 가장 근본적인 오류는 이런 생각이 교
사에게 인간다움을 부정하라고 요구한다는 점이다. 이것은 지
능적인 역할 연기, 또는 부단한 자기기만을 통하지 않고서는
도저히 이루어 낼 수 없는 경지다. 그럼에도 위의 항목 모두 또
는 일부를 갖춘 교사가 훌륭한 교사의 이상적 모델이라고 상정
하는 교사들은 우리 주변에서 흔히 볼 수 있다. 그들은 이 모델
에 반하거나 동떨어져 있다고 자신을 폄하한다. 이 책에서 우
리는 '훌륭한 교사'의 정의를 더 인간적이고 도달 가능하고 현
실적인 것으로 바꾸고, 교사들이 자신의 역할을 내려놓고 본래
자신의 면모, 즉 인간으로서의 자아를 되찾도록 이끌고자 한다.

교직 경력이 25년 된 어떤 교사는 훌륭한 교사라는 덫에
서 벗어나는 문제로 시달리면서 경험한 좌절감을 이렇게 회상
했다.

지난 25년 동안 저는 저에게 줄곧 슈퍼 교사의 역할을 부여해 왔습니다. 겉으로 보아선 아무 탈이 없었습니다. 저는 될 수 있는 한 최상의 교사가 되고 싶었죠. 하지만 이따금 너무 맥 빠지고 기진맥진해져서 그 역할을 집어치우고, 있는 그대로의 제 모습, 즉 한 인간으로 되돌아오곤 했습니다. 그런데 이상하게도 그럴 때면 저와 학생들의 관계는 더 친근하고 친밀하며 진정한 관계로 변했습니다. 가르치는 학생들과는 거리를 유지해야 한다고, '친밀감은 경멸을 낳을 뿐'이라고 배웠고, 학생들이 진짜 제 모습을 알게 되면 상황을 통제할 수 없게 된다는 경고를 누차 들어 왔던 저로서는 그 사실을 깨닫고 크게 놀랐습니다.

슈퍼 교사로서의 역할을 포기했을 때 전혀 두려움이 없었던 건 아니지만, 그렇게 함으로써 비로소 진정으로 아이들을 가르칠 수 있고 아이들 역시 제게 진정으로 배울 수 있다는 걸 알게 되었습니다.

이런 진실한 기간에도 학생들은 때때로 마땅찮은 언행을 일삼았습니다. 그러면 다시 통제하고 질서를 되찾고 내 불쾌감을 토로하는 본래의 교사 모습으로 되돌아가게 되더군요.

지난 수십 년간 저는 진정으로 아이들을 가르치려 할 때의 진짜 제 모습과 질서를 유지해야 할 때의 교사 역할 사이에서 갈팡질팡했습니다.

이 이야기에서 교사는 또 한 가지 문제를 언급하고 있다.

학생들과 더 친밀하고 격의 없는 관계가 되길 원하긴 하지만 그렇게 되면 학생들이 자신을 더는 존경하지 않게 되거나 학생에 대한 통제력을 잃게 되지나 않을까 하는 두려움을 느낀다는 것이다. 이러한 딜레마에 대한 그의 해법은 가르치기 위한 역할과 통제하기 위한 역할 두 가지, 즉 지킬 박사와 하이드 같은 상반된 인성을 동시에 개발하는 것이었다. 이런 사례를 우리는 심심찮게 목격할 수 있다. 전국에서 모인 수많은 교사가 가르치는 데 필요한 자질과 질서를 유지하는 데 필요한 자질이 양립 불가능해 보이는 상황에 갇혀 있다고 털어놓았다. 이들은 분열적으로 행동할 수밖에 없는 자신이 못마땅하긴 하지만 정작 그런 딜레마 상황에서 어떻게 빠져나오는 것이 현명한지 확신하지 못했다.

우리는 교사들에게 이런 덫에서 벗어나 본래의 진정한 인간으로 행동하게 해 주는 모델과 일련의 기법들을 소개하려 한다. 교사들은 훌륭하게 교실의 기강을 세우면서, 그와 동시에 훌륭한 교사라는 역할을 연기하지 않으면서도 자신과 학생들을 속이지 않으며 가르치는 기법을 배울 것이다.

학생들은 교사와 학생의 관계가 원만할 때만 비로소 스스럼없이 학습에 임할 수 있다. 그렇게 되면 더는 자신의 귀한 시간을 방어 전략을 세우는 데(과제를 내 준 교사나 훈육 담당 교사를 골려 주려고 작전을 세우는 데) 낭비할 이유가 없다. 좋은 관계를 세울 수만 있다면 교사들은 이 역할에서 저 역할로 동분서주하거나, 엄격하고 까다로운 하사관이 되거나 그와는 반대로 덕망 있고 초인적인 인간인 체할 필요가 없다. 관계가 좋지 않을 때는 제아무리 근사한 교수법을 동원한다 해도 아무런 소용이 없다.

교사와 학생 사이의 바람직한 관계

바람직한 교사-학생 관계를 만들기 위해서는 다음과 같은 요소가 필요하다. (1) 솔직함과 투명성: 솔직하고 투명하게 대해야 서로에게 거리낌 없이 마음을 터놓고 정직하게 행동할 수 있다. (2) 보살핌: 보살핌은 다른 사람에게 존중받고 있다는 느낌을 준다. (3) 상호의존성: 서로에게 상호의존해야 한다(의존성과는 다른 의미). (4) 분리: 각자 분리되어 있어야 각 개인의 독특함과 창조성, 개성을 신장시키고 개발할 수 있다. (5) 쌍방의 욕구 충족: 어느 한쪽의 욕구를 충족하기 위해 다른 쪽의 욕구를 희생하지 않는다.

이 요소들을 본 교사들은 누구나 이렇게 반응한다. "다 좋은 얘기네요. 하지만 우리 학급에서 과연 이런 관계를 만들 수 있을까요?" 답은 조건부로 '그렇다'이다. 물론 인간은 어떤 일에서도 절대적으로 완벽할 수 없는 불완전한 존재다. 하지만 교사는 학생과 더불어 교사-학생 관계를 더 개방적이고, 세심하게 보살피고, 상호의존적이고, 독자적이고, 만족스러운 관계가 되도록 이끌 수는 있다. 학교라는 사회는 바로 이런 식으로 개선해야만 한다. 그래야 그 제한적인 성격에도 아랑곳하지 않고 교육이 이루어질 수 있는 인간적이고 활력 넘치는 곳이 된다.

교사들은 지금보다 한층 더 나아지기 위해 여러 기법을 익히고 훈련할 필요가 있다. 물론 이 책에서 소개하는 기법들은 대다수 교사에게 생소해 보일 것이다. 그렇지만 이 책은 학교가 생업에 종사하고 가정을 꾸리는 부모들을 방해하지 않기 위해, 또는 학생들이 거리를 배회하거나 직업 시장을 기웃거리지 않도록 낮 동안 학생을 수용하고 있는 감옥이 아니라 그들을 위한 진정한 교육적 체험의 장이 되기를 바라는 교사들을 위해 쓰였다는 점을 기억하기 바란다.

교사와 학생의 관계를 바라보는 방법

학생과의 관계를 개선하기만 하면 교사로서 더 유능해질 수 있다는 말은 당연하게 들리지만, 이 말은 실제로 그다지 도움이 되지 않는다. 막연하기 짝이 없기 때문이다. 이 말은 대체 어떻게 관계를 개선할 것이냐 하는 물음으로 이어 가야 한다.

우리가 만나 본 수많은 교사들은 교사와 학생 관계, 때로는 일반적인 인간관계에 대한 이해가 부족했다. 정규 교육에서 배운 대로 사람들 사이에서 일어나는 온갖 관계들을 지나치게 단순화하여 생각하고 있거나, 자신들의 지식을 부분적으로는 프로이트, 로저스, 아들러, 에릭슨 이론과 조합하고, 전체적으로는 스키너 이론으로 한껏 버무려 이도 저도 아닌 이론을 만들어 버린 이도 있었다.

자신의 행동을 이끌어 주는 데 보탬이 되는 인간관계에 대한 올바른 가치관을 지닌 교사는 손꼽을 정도로 적다. 사정이 이렇다 보니 교사가 학생과 효과적인 인간관계를 만들고 유지하는 데 곤란을 겪는 것은 당연하다.

T.E.T. 과정에서는 불가피하게 일어나는 교실 문제에 적절하게 대응하도록 하기 위해 교사들이 쉽게 수긍하고, 일상적으로 활용할 수 있는 모델을 제시한다. 이 모델은 다음과 같은 일련의 직사각형 그림으로 설명할 수 있다.

우선 단순한 직사각형인 [그림 1]을 보라. 이 직사각형에는 교사가 관계 맺고 있는 한 학생의 갖가지 행동, 즉 교사 앞에서 이루어지는 그 학생의 온갖 언행이 모두 포함되어 있다. 당신은 이 직사각형이 각각 하나의 행동을 나타내는 수천 개의 조그마한 점들로 빽빽하게 채워진 광경을 떠올려 볼 수 있을 것이다.

학생의 온갖 언행

[그림 1]

이 직사각형에는 학생의 갖가지 언행이 고스란히 담겨 있다. 이 직사각형을 학생을 보는 '창'으로 간주해 볼 수도 있다.

이제 이 직사각형을 수용할 수 있는 행동과 수용할 수 없는 행동으로 나눠 보자. [그림 2]에서는 학생들이 일으키는 전형적인 행동 가운데 교사가 수용할 수 있는 것은 위쪽에, 수용할 수 없는 것은 아래쪽에 두었다.

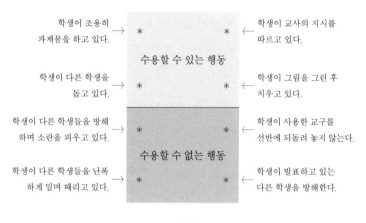

학생이 조용히 과제물을 하고 있다. → * * ← 학생이 교사의 지시를 따르고 있다.

수용할 수 있는 행동

학생이 다른 학생을 돕고 있다. → * * ← 학생이 그림을 그린 후 치우고 있다.

학생이 다른 학생들을 방해하며 소란을 피우고 있다. → * * ← 학생이 사용한 교구를 선반에 되돌려 놓지 않는다.

수용할 수 없는 행동

학생이 다른 학생들을 난폭하게 밀며 때리고 있다. → * * ← 학생이 발표하고 있는 다른 학생을 방해한다.

[그림 2]

교사는 누구랄 것 없이 학생이 말하고 행동하는 것을 두고 매우 수용적인(긍정적인) 것에서 매우 비수용적인(부정적인) 것 사이의 연장선상에 놓인 온갖 종류의 감정을 고루 경험한다. 교사가 무조건 학생을 수용할 수만 있다면 학생으로서야 더없이 좋겠지만, 잠깐도 아니고 밤낮없이 그렇게 할 수는 없는 노릇이다. 아무리 수용적이 되려고 애써도 한사코 불쾌한(때로는 고통스러운) 방식으로 행동하기만 하는 학생을 무조건 수용해야 한다고 교사에게 강요할 수도 없는 노릇이다.

직사각형의 정중앙에 수용할 수 있는 행동과 수용할 수 없는 행동을 가르는 수용선을 그어 보았다. [그림 2]는 정확히 학생 행동의 반은 수용 가능하고 나머지 반은 수용 불가능하다는 사실을 표현한 것이다. 실제로야 이렇게 딱 절반으로 나뉘는 일은 거의 없을 것이다. 사람마다 타인을 수용하는 정도가 다를 테니, 수용할 수 있는 행동과 수용할 수 없는 행동을 가르는 수용선도 제각각 다를 것이다. 어떤 교사는 학생의 특정 행동을 수용할 수 없다고 보더라도 다른 교사는 모두 수용 가능하다고 여길 수 있다. 이 두 교사가 보이는 수용 가능 범위에 대한 차이는 매우 중요하다.

수용적인 교사와 비수용적인 교사의 차이

여러분은 아마도 과거 학창 시절 때 당신의 행동 대부분을 수용하지 못하는 까다로운 교사를 한 명 정도는 만나 보았을 것이다. 이런 교사들은 사사건건 비판을 일삼는다. 학생에게(흔히 다른 사람에게도) 높은 잣대를 들이대며, 교실에서 일어나는 자유로운 행동이나 유난스러운 상황을 용납하지 못하고, 옳고 그름에 대한 기준도 고지식하다. 학생들은 이러한 교사들을 '꽉 막혔다' '으스댄다' '너무 꼬장꼬장하다'고 여기며 외면하기 십상이다. 이들이 학생을 바라보는 창은 대체로 [그림 3]과 비슷한 양상을 띤다.

[그림 4]는 훨씬 수용적인 교사의 창이다. 이런 창을 가진 교사들은 학생의 더 많은 행동을 수용할 수 있는 영역에 포함시키며, 덜 평가하고 유연한 경향을 보인다. 타인에게 옳고 그름에 대한 자신의 판단을 적용하지 않는다. 이들은 비단 학생뿐 아니라 다른 사람들에게도 관대하다.

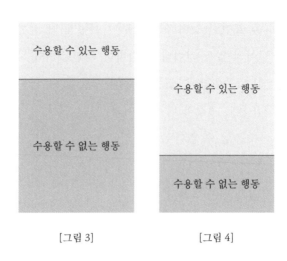

| [그림 3] | [그림 4] |

사람들은 누구나 수용적인 사람은 환영하지만, 무엇이든 비판적으로 평가하는 사람은 가능하면 피하려고 든다. 끊임없이 평가받으면 거북하고 불안하기 때문이다. 캘리포니아의 고등학교에 다니는 한 학생은 이렇게 말했다.

저는 어떤 수업 하나가 정말 싫어요. 그 수업에 들어가면 제가 마치 현미경 아래 놓인 한 마리 벌레가 된 것 같다니까요. 뭔가 잘못을 저지를까 봐 심하게 긴장한 나머지 도리어 아주 간단한 일에서마저 실수를 저질러 버려요. 그러면 바로 선생님의 불호령이 떨어지죠. 그 선생님을 만족시킬 방법을 통 모르겠어요. 누구도 그 선생님을 기쁘게 할수는 없을 거예요.

지나치게 비판하거나 평가하는 교사들은 대개 자신의 그런 태도, 즉 비수용적인 태도가 학생들에게 그들의 허물이나 약점을 환기시킬 수 있다고 믿는다. 학생은 자발적으로 동기화되기 어렵고, 자기 수정 능력이 거의 없다고 판단하는 것이다. 따라서 학생은 외부에서 자극을 받아야 변화할 수 있다고 여긴다.

하지만 유감스럽게도 정확히 그 반대가 진실에 더 가깝다. 비판, 부정적인 평가, 약점을 지적하는 방법은 변화를 촉구한다기보다 오히려 가로막는다. 여러분의 일이나 행동에 극도로 비판적인 동료 교사에 대해 당신은 어떤 인상을 품고 반응하게 되는지 한번 떠올려 보라. 앞서 말한 학생처럼 극도로 긴장하지는 않았는가? 비판적인 태도는 당신을 자유롭게 만드는가, 아니면 전투적이고 예민하게 만드는가?

학생들은 대개 이런 교사를 만나면 몸을 사리거나 웬만하면 위험을 최소화하는 식으로 대응한다. 심지어 어떤 학생은 교사를 괴롭힐 심산으로 다양한 방법으로 반항하고 보복하기도 한다. 그 결과 교사와 학생은 터무니없이 감정 싸움을 하게 된다. 결국 비수용적인 교사는 자기 의지와는 상관없이 교실에서의 교수-학습 행위를 저해하게 되는 셈이다.

시간과 감정에 따라 변하는 교사의 수용선

아무리 수용적인 교사라 하더라도 일관되지 않을 수 있다. 어느 때는 봐주고, 어느 때는 봐주지 않을 수 있다는 말이다. 사람은 누구나 타인을 수용하는 정도와 능력이 시시각각 달라진다. 여러 이유에서 그렇다. [그림 5]는 하루에 서로 다른 두 시

각, 즉 상쾌하고 쾌적한 아침 시간과 지치고 심술 사나워지는
오후 시간에 한 교사가 나타내는 양상이다.

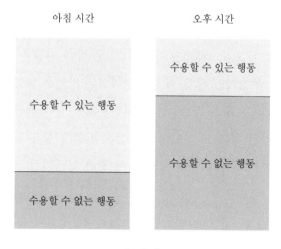

[그림 5]

위아래로 움직이는 수용선을 주시하며 두 직사각형의 차
이를 살펴보자. 논의를 위해 편의상 '높은 수용선'(비교적 비수
용적인 상황), 또는 '낮은 수용선'(비교적 수용적인 상황)이라
고 하자. 높은 수용선은 물론 교사의 성격이나 인성 영향이 크
다. 하지만 아무리 비수용적인 교사라 할지라도 어떤 상황에서
는 수용선이 올라가고 어떤 상황에서는 내려가는 부침을 거듭
한다. 마찬가지로 비교적 수용적인 교사라 하더라도 더러는 학
생 행동 가운데 상당수를 받아들이지 못할 수 있다.

(1) 교사의 변화, (2) 학생의 변화, (3) 상황이나 환경의 변
화, 이 세 가지 요소가 수용선의 높낮이를 좌우한다. 각각을 더
조목조목 살펴보자.

교사의 육체적·심리적 변화에 따라
달라지는 수용선

이미 지적한 바 있듯이 사람들은 자기 내부에서 일어나는 변화에 따라, 즉 타인 혹은 타인이 무슨 일을 하는가와는 상관없이 자신의 변화로 인해 수용 능력은 달라질 수 있다. [그림 5]의 왼쪽 직사각형은 기분이 좋고 그날 일과를 처리할 의욕이 가득한 이른 아침 시간에 학생을 바라보는 교사의 관점이다. 오른쪽 직사각형은 지치고, 배고프고, 긴 회의까지 앞두고 있어 마음이 무거운, 일과를 마치기 30분 전에 동일한 교사가 학생을 바라보는 관점이다. 이럴 땐 학생 행동의 상당 부분을 수용할 수 없을 것이다. 내적인 변화는 육체적인 것일 수도 심리적인 것일 수도 있다.

교통이 혼잡하고 북적거리는 대도시에서 근무하는 한 교사는 이렇게 말했다.

늦지나 않을까, 사고라도 나면 어쩌나 조바심 내면서 서둘러 학교로 차를 몰아 출근하고 나면 하루를 시작하는 처음 얼마간의 시간이 얼마나 허망한지 몰라요. 교통 혼잡에 시달리느라 헝클어진 감정을 누그러뜨리려면 30분은 걸린다니까요.

이 교사는 학교에 도착하기도 전에 출근하며 겪은 일 때문에 이미 수용선이 올라가 있다. 아들 문제로 골머리를 앓고 있는 한 유치원 교사는 이렇게 토로했다.

제 아들이 얼마 전 학교에서 퇴학당했어요. 교칙 위반 등으로 여러 차례 고초를 겪었지요. 참으려 해도 제 속에선 불이 나고, 제가 맡은 학급 아이들에게 저도 모르게 소리를 질러 버리게 되더라고요. 제 문제를 애써 떨쳐 버리고 수업에 집중하려고 하지만 그게 어디 쉽나요. 저도 모르게 또 애먼 아이들을 향해 버럭 언성을 높이게 되지요. 가엾은 아이들! 사실 아이들은 별로 잘못한 게 없거든요.

물론 여기에서 강조하려는 것은, 교사는 결코 고통이나 감정 없이 완벽하게 작동하는 기계가 아니라는 점이다. 교사 또한 인간이기에 순간순간, 매시간, 하루하루 다르게 행동하고 반응한다. 인간적이라는 것은 어쩔 수 없이 일관되지 않다는 것, 즉 감정에 기복이 있고 변화무쌍하며 예측하기 어렵다는 것을 의미한다.

학생에 따라 달라지는 수용선

[그림 6]은 서로 다른 두 학생의 행동을 바라보는 한 교사의 관점을 예시한 것이다.

별표(*)는 어떤 구체적인 행동을 나타낸다. [그림 6]의 별표는 시험을 치르는 와중에 옆 학생에게 말을 거는 행동을 의미한다. 샐리의 이 행동은 교사에게 수용할 수 없는 행동으로 인식되지만 존의 동일한 행동은 수용할 수 있다. 샐리는 옆 사람에게 말 걸지 말라는 주의를 들은 지 얼마 안 됐을 때였고, 존은 아니었기 때문이다. 이렇듯 서로 다른 학생이 하는 동일

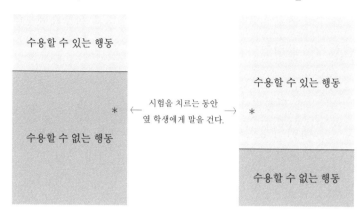

[그림 6]

한 행동도 다르게 받아들여질 수 있다.

　교사의 태도가 달라지는 데는 여러 이유가 있을 것이다. 예컨대 교사에게도 개인적인 호불호가 있기 마련이다. 사람들은 너나없이 다양한 이유로 서로 다른 사람에게 서로 다른 방식으로 반응한다.

　십대일 때 당신은 어째서 다른 사람이 아닌 바로 그 사람과 친구가 되었는가? 왜 어떤 사람과의 관계는 우정으로 발전시키고, 또 다른 사람과는 가까워지지 못했는가? 모든 사람에게 똑같은 정도의 수용성을 보이는 사람은 아무도 없다. 샐리와 존 사례에서 교사는 여학생보다 남학생에게 더 많이 공감했을 수도 있다. 아니면 샐리는 교활하지만 존은 정직하고 믿을 만하다는 기존 판단에 영향을 받았을 수도 있다. 사실 존은 그저 착실하고 순종적일 따름이고, 샐리는 늘 한계를 극복하려고 도전하는 밝고 진취적인 학생일 수도 있는데 말이다.

원인이야 무엇이든 개인차는 늘 있기 마련이라는 점이 중요하다. 따라서 교사들도 어떤 학생에게는 다른 학생에게보다 한결 더 수용적인 경향을 보일 수 있다.

환경이나 상황에 따라 달라지는 수용선

학생에 대한 수용성에 영향을 끼치는 세 번째 요소는 행동이 일어나는 환경이나 상황이다. '모든 일에는 그에 적절한 때와 장소가 있는 법'이라는 말이 있다. 대개는 받아들여지는 행동이라 할지라도 부적절한 장소나 부적절한 시간에 하면 수용할 수 없을 수 있다. 아우성치거나 밀치는 행동은 쉬는 시간에 운동장에서 하면 수용할 수도 있지만, 수업 시간에 교실에서 한다면 수용하기 어려울 것이다.

앞에서 본 훌륭한 교사에 대한 생각들을 떠올려 보라. 수용성, 비수용성의 개념에 비추어 볼 때 그 항목들이 교사의 인간다움을 부정하라는 것이나 다름없다는 사실을 깨달았는가? 교사는 언제나 공정하고 침착하고 차분하고 수용적이고 일관되어야 한다고 믿는다면 당신은 늘 실패감에 빠져들고 말 것이다. 스스로 결코 훌륭한 교사라고 느끼지 못한다는 말이다.

겉으로만 행동을 받아들이는
거짓 수용이 지닌 문제

교사들은 속으로는 탐탁지 않게 여기는 학생의 행동이라도 겉으로는 짐짓 모른 척하거나 수용하라는 압력을 (스스로에게든 다른 사람에게든) 더러 받는다. [그림 7]은 수용하는 체하는 '거짓 수용'의 영역, 즉 실제로는 받아들이기 곤란하다고 여기지만 마치 수용할 수 있는 듯이 대응하는 행동을 거짓 수용이라는 이름으로 분류했다.

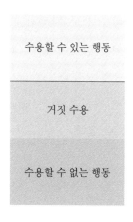

[그림 7]

　수많은 의무와 당위를 자기 행동을 규율하는 지침으로 받아들이는 교사들은 이따금 위장이라는 올가미에 자신을 가둔다. 그리고 이렇게 합리화한다. "아이들은 역시 아이들이다." "욕구가 좌절되면 아이들은 씻을 수 없는 상처를 받을 수 있으므로 결코 그들의 욕구를 꺾어선 안 된다." "교실에서는 아이들에게 전면적인 자유를 부여해야 한다." "다른 사람이 보는 앞에서 아이를 야단쳐서는 절대 안 된다." 훈련 과정에서 귀에 못이박이게 이 같은 규범들을 들으며, 교사는 너그러운 체하도록 강요받는다. 이렇게 되면 교사들은 겉으로는 인자한 미소를 띤채 고개를 끄덕이고, 온화하게 처신하며, 수용적으로 반응할지라도 정작 속으로는 혼란스러운 분열 상태에 빠져 있을 수 있다. 대체로 교사들은 부정적인 감정(비수용)을 느끼면 거북해지기 때문에 자신이 당위적으로 그래야 마땅하다고 생각하는 바를 스스로 강제하려고 애쓰게 된다.

그 역 또한 마찬가지다. 더러 교사들은 못마땅하게 생각하지 않는 학생의 행동에도 선뜻 찬동하지 않는 시늉을 하도록 자신을 몰아붙이곤 한다. 심지어 동료 교사에게 학생의 특정 행동에 대해 자신이 느끼는 것과 같은 감정을 갖도록 하여 교사들이 그 학생 앞에서 자신과 같은 행동을 취하도록 압력을 행사하는 경우마저 볼 수 있다.

이유야 어찌 됐든 어떤 행동은 진짜 분통이 터지는데도 짐짓 수용하는 체하고, 또 어떤 행동은 '수용하면 안 되기' 때문에 억지로 수용할 수 없다는 듯 대처할 때 이런 분열적인 메시지는 어떤 식으로든 학생에게 전해지는 법이다.

학생은 교사가 전하는 비언어적인 메시지에 대단히 민감하다. 교사의 근육 긴장도, 입가 경직도, 표정, 몸짓 등을 재빨리 읽어 낸다. 이런 '신체 메시지'가 언어적 메시지와 일치하지 않으면 학생들은 혼란스러워 하며, 비언어적인 신체 메시지만 받아들이고 그와 상반되는 언어적 메시지는 거짓으로 치부하게 된다. 다음은 이 문제에 대해 한 고등학생이 상담가에게 들려준 이야기다.

어떤 선생님들은 정말 이상해요. 사람들에게 침착하게 보이려고 애쓰는 선생님들 있잖아요. 겉으로는 고상한 척 말하고 있지만, 누가 봐도 화가 나 있다는 것쯤은 쉽게 눈치 챌 수 있어요. 누굴 바보로 아나 봐요.

진실한 감정이 아닌 거짓 감정을 잠깐이 아니라 늘 훌륭하게 소화해 내기란 거의 불가능하다. 학생은 교사를 좋으나 싫으나 항상 지켜보고 있다는 사실을 기억해야 한다. 진실한 감정이 결국에는 힘을 발휘하는 법이다.

"어른들한테서 가장 마음에 안 드는 점이 있다면 뭔가?" 하고 질문하면 많은 청소년들은 주로 이런 두 가지 지적을 한다. "어른들은 우리 말을 통 들으려 하지 않아요." "어른들은 너무 위선적이에요."

과거에 교사이자 코치였고, 지금은 규모가 제법 큰 고등학교의 상담 교사로 근무하고 있는 어떤 사람은 고등학생이었을 때 자신이 경험하고 느낀 바를 이렇게 회상했다.

제가 학교 다니던 시절에 교사들은 대부분 아무래도 '비현실적인' 존재들이었어요. 아침에 우리 앞에 나타나서 무언가 자기들 일을 열심히 하다가 마지막 종이 울리면 이내 사라졌죠. 친구들이랑 저는 하는 일 없이 빈둥거릴 때 그들이 과연 어떤 존재일까 곰곰이 생각해 보곤 했어요. 당시에는 교사란 의혹 살 짓을 한 점도 저질러선 절대 안 된다고들 생각했는데, 그게 문제였던 것 같네요. 담배를 피워서도 안 되고, 결혼 전에 아이를 가져서도 안 되고, 불경한 일을 저질러서는 더더욱 안 되고요. 맙소사! 하지만 상황은 달라졌어요. 이제 교사를 '현실적인 인간'이 되지 못하게 하는 건 오직 스스로 짊어진 족쇄뿐이에요. 동료들에게는 다소 삐딱하게 들릴지도 모르지만 저는 만일 교사들이 만사 제쳐 놓고 학생들과 관계를 제대로 맺기 시작하기만 한다면 우리 고등학교에 상담 교사는 더는 필요 없을 거라고 확신해요. 학생은 진정으로 친밀한 관계를 원하는데 교사는 한사코 '거리 두기'를 고수하는 바람에 학생들이 교사에게서 차츰 멀어지는 거예요.

이중적인 잣대를 적용하는 것은 교사를 위선적으로 보이게 만드는 또 다른 원인이다. 규칙, 기대감, 수용할 수 있는 행동에 관한 기준 등이 이중적이지 않은 학교는 사실상 거의 찾아보기 어렵다. 교사용 규정과 학생용 규정이 따로 있는 것이다. 학생에게는 금연을 강요하면서 학교 휴게실에서 교사는 흡연할 수 있는 이중성이 부당하다고 생각하는 교사도 있을 것이다. 이러한 이중 잣대에 따라 학생에게 금지하는 자유·특권·권리를 교사에게는 허용하는 한, 학교는 대단히 까다롭고 미묘한 윤리 문제를 하나 안고 있는 셈이다. 이러한 가치 문제는 10장에서 더 심도 있게 다룰 것이다.

이제 여러분은 교실 혼란의 주된 원인 가운데 하나가 '거짓 메시지'라는 사실을 알아차렸을 것이다. 학생 행동은 직사각형의 수용선 위(수용할 수 있는 영역)에 있거나 그 아래(수용할 수 없는 영역)에 있거나 둘 중 하나라는 사실을 상기하라. 학생 행동을 직사각형 내의 어디에 둘지 판단하려면 우선 스스로 그 행동을 어떻게 느끼고 있는지 따져 보아야 한다. 그러고 난 후에야 교사는 비로소 학생에게 자신의 감정이 어떤지를 분명하게 드러내는 메시지를 보낼 수 있다.

과연 어떻게 해야 하는가? T.E.T. 수업에서 한 초등학교 교사가 항상 즐겁고, 침착하며, 자신이 담당한 4학년 학생들에게 수용적이어야 할 필요에 대해 어떻게 느끼고 있는지, 그리고 어떻게 처음으로 솔직해지려고 애썼는지 들려주었다.

날씨가 무척 덥던 어느 날 오후였어요. 저는 기진맥진한 데다 머리까지 지끈거려 힘들었어요. 그런데도 늘 얼굴에 웃음기를 띠어야 한다는 강박관념에 시달렸습니다. 하지만 아이들의 소란을 더는 못 참게 되었습니다. 그래서 웃음기를 싹 거두고 학생들에게 제 심정이 어떤지 비참한 목소리로 토로했습니다. "난 지금 너무 지쳤어. 머리도 지끈지끈해. 너희가 소란스럽게 떠들어도 연신 웃어 보이면서 견딜 만한 듯이 굴기가 버겁구나. 더는 못 참을 것 같다." 제 말이 끝나기가 무섭게 아이들은 쥐 죽은 듯 조용해졌습니다. 한 아이는 제게 물 한 잔을 떠다 주기까지 했고요. 저는 제 눈을 의심했죠. 학생들은 제 말을 듣고 나서야 제가 어떻게 느끼고 있는지 알아챈 것 같았습니다. 그럴 필요가 없었는데도 저는 지금껏 억지로 웃으면서 아무 문제 없다고 생각하는 듯이 행동했던 거예요. 다음 날 아침에 교실로 들어서다가 한 남학생과 마주쳤는데, 그 애가 이제 기분이 좀 나아졌느냐고 묻더군요.

마음으로야 과거를 회상할 수도 환상적인 미래를 창조할 수도 있지만 몸은 어쩔 수 없이 '지금, 여기'에 매여 있다. 신체 메시지는 현재 무슨 일이 일어나고 있는지를 나타내 준다. 고도로 통제되지 않는 한 신체 메시지는 '지금, 여기'의 감정과 잇닿아 있기 마련이다. 그러므로 교실에서는 언어적 메시지와 비언어적 메시지를 일치시키려고 노력해야 한다. 만일 어떤 학생의 행동을 수용하기 어렵다고 느낀다면, "나는 지금 네가 하는 일이 맘에 안 든다"고 말하도록 애써 보라. 최소한 학생에게 솔직해져라. 그리고 이런 모습이어야 하지 않을까 하고 당위적으로 그리고 있는 교사상이 아니라 진짜 자신의 모습과 상호 작용할 기회를 학생에게 제공하라.

이 상황에서 보듯이 학생들은 교사의 욕구를 얼마든지 존중해 줄 수 있다. 하지만 그렇게 되려면 교사가 먼저 자기 느낌을 솔직하게 드러내 학생들에게 인간적인 면모를 보여야만 한다.

교사의 문제인가 학생의 문제인가?

학생 행동을 수용할 수 있는 것과 수용 불가능한 것으로 구분하기 위해 우리가 고안한 이 직사각형은 모든 교사-학생 관계에서 불가피하게 발생하는 문제를 더 잘 인식하고 더 잘 대처하도록 도와준다.

우선 직사각형의 아랫부분인 수용할 수 없는 행동, 즉 교사의 욕구 충족을 방해하거나 교사를 분통 터지게 하고 좌절시키고 속을 뒤집어 놓는 학생의 행동에 대해 생각해 보자. 이런 행동은 분명 교사의 문제로 느껴질 것이다. 가르치고 수업을 재개하려면 교사들은 문제가 일어날 때마다 그것을 수습해야만 한다.

한 학생의 행동이 '수용선 아래'에, 즉 수용할 수 없는 영역에 놓이면 교사는 문제를 하나 더하게 되는 셈이다. 이것은 교사의 문제다. 교사가 문제의 주인이 되는 것이다. 이 소유권 개념은 효과적인 교사-학생 관계를 견지하는 데서 결정적인 구실을 한다. [그림 8]에서 보듯이 교사가 책상에 글자를 새기는 학생 행동을 문제로 여기고 있기 때문에 그 행동을 나타내는 별표는 수용할 수 없는 영역에 들어 있다. 즉 이 문제는 교사 소유의 문제다.

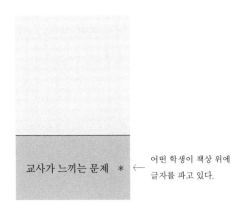

교사가 느끼는 문제 * ← 어떤 학생이 책상 위에 글자를 파고 있다.

[그림 8]

자, 이제 이와는 전혀 다른 문제를 하나 살펴보자. 어떤 학생이 자기 어머니가 특정 친구들과 나다니는 것을 허락하지 않는다며 교사에게 속상함을 토로한다. 이 학생은 (교사의 삶과는 완전 별개인) 자기 삶에서 문제를 겪고 있다. 학생의 울분과 실망감은 결코 교사에게 '실질적이고도 구체적인' 영향을 주지 않는다. 사실 학생이 자진해서 이야기를 꺼내지 않았다면 교사로서는 그 문제를 알 도리마저 없었다. 이 문제는 학생에게 영향을 주고 있고, 학생이 바로 이 문제의 주인이다. 이 문제의 장본인은 바로 학생이기 때문이다. 따라서 학생의 이 행동은 직사각형의 위쪽(학생이 해결해야 할 문제)에 놓인다.

그렇다면 교사에게도 학생 자신에게도 문제가 되지 않는 학생의 행동은 어떠한가? 가령 학생이 교실 구석에서 조용히 수학 공부를 하는 행동 같은 것이다. 학생은 그저 자신의 욕구를 충족시키고 있을 따름이고, 그 행동은 교사의 욕구를 방해하지 않는다. 아무도 문제가 없다. 이런 행동은 교사-학생 관계에 아무런 영향도 주지 않는다. [그림 9]의 문제없음 영역은 아무 문제도 없는 상황을 나타낸다.

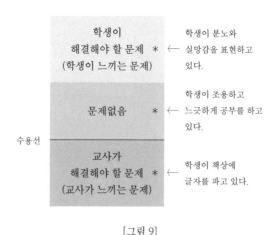

[그림 9]

누구의 문제인지가 중요한 이유

좋은 관계를 만들어 가는 과정에서 가장 중요한 점은 '누가 문제를 느끼고 있고(누구의 문제이고), 누가 해결해야 하는가'를 판단하는 일이다. 학생이 삶에서 겪고 있는 문제와 학생이 교사의 욕구 충족을 방해함으로써 교사에게 실질적이고도 구체적으로 영향을 미치는 문제를 분간하는 일은 시급하면서도 중요하다.

다음 장에서 다루겠지만 교사는 '교사가 해결해야 할 문제'와 '학생이 해결해야 할 문제'에 완전히 다른 방식으로 접근해야 한다. 이것이 바로 '누가 문제를 느끼고 있고, 해결해야 할 것인가'에 대한 정의가 중요한 이유다.

'학생이 해결해야 할 문제'와 '교사가 해결해야 할 문제'는 본질적으로 '실질적이고도 구체적인 영향'을 누가 받는지가 확연히 다르다. 교사는 스스로에게 이렇게 질문해 봄으로써 '자기의 문제'와 '학생의 문제'를 명확히 구분할 수 있다. "이 행동은 내게 어떤 실제적이고 분명하고 구체적인 영향을 미치는가? 즉 나는 이 행동으로 인해 어떤 식으로든 방해받고 상처받고 있어서 그것을 수용하지 못한다고 느끼는가, 아니면 단지 그 학생이 좀 다르게 행동해 주었으면, 문제 행동을 하지 않았으면, '이렇게 해야 한다'고 내가 생각하는 방식대로 행동해 주길 바라고 있어서 그 행동을 수용하지 못한다고 느끼는 것인가?"

후자에 '예'라고 답한다면 그 문제는 학생의 것이다. 전자에 '예'라고 답한다면 교사는 분명 그 문제에 실질적인 이해관계를 갖고 있는 것이다. 이 책의 3장에서는 학생이 소유하고 해결해야 할 문제를 심도 있게 탐구하고, 문제를 겪고 있는 학생을 도와줄 최선의 방법을 제시해 놓았다.

'문제없음 영역'이 왜 중요한가?

누구라도 삶의 문제에서 완전히 자유로울 순 없다. 학생이 학습에 매진하고 그것을 제대로 수행하려면 어떤 문제는 해결하고 그 나머지 문제는 잠시 보류할 수 있어야 한다. 이런 능력이 중요한 이유는, 교수-학습이 효과적으로 이루어지는 것은 오로지 교사와 학생 관계가 문제없음 영역에 있을 때뿐이기 때문이다.

만일 어떤 학생이 삶에서 곤경에 처해 있다거나 문제를 겪고 있다면(그는 반 친구들이 자신을 어리석다고 여길까 봐 걱정이다), 그 학생은 학습에 집중하기 어렵다. 학생의 행동이 수용선 아래 놓여 교사의 문제로 여겨질 경우(학생이 비싼 지도를 망가뜨리려 하고 있다), 교사는 수업에 집중할 수 없다.

우리는 문제없음 영역을 교수-학습의 영역으로 본다. 교사 역할 훈련의 목적은 한마디로 교사가 자기 수업 시간에 더 많이 가르치고, 문제 영역에 속한 행동을 처리하는 데는 시간을 덜 허비하는 것, 즉 교수-학습 가능 영역을 극대화하는 것이다. [그림 10]은 T.E.T. 프로그램의 원리와 기술을 터득한 후 교사가 학생을 바라보는 직사각형 창이 어떻게 달라졌는지 보여 준다.

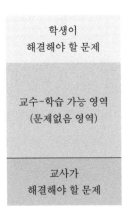

학생이
해결해야 할 문제

교수-학습 가능 영역
(문제없음 영역)

교사가
해결해야 할 문제

[그림 10]

　심지어 이런 최적의 상황에서조차 문제는 양극단에 존재하고 있음에 유의해야 한다. 제아무리 숙련된 교사라 하더라도 여전히 미해결의, 아마도 수습하기 곤란한 자기 문제를 얼마간은 안고 있기 마련이다. 학생들은 언제라도 교사의 욕구나 욕망을 거스르는 방식으로 행동할 여지가 있으므로 어떤 것은 교사가 해결해야 할 문제의 영역에 놓일 것이다. 하지만 교사 역할 훈련을 통해 학생과 관계를 맺으면 직사각형 대부분을 문제없음 영역, 즉 교수-학습 가능 영역으로 채울 수 있다.

　[그림 10]은 여러분이 학급에서 시간을 할당하는 상황과 견주어 볼 때 어떻게 다른가? 여러분은 자기 시간의 상당 부분을 가르치는 데 할애하고 있는 교사인가, 아니면 '가르침이 가능한 짧은 순간'이 기뻐서 흥분할 수밖에 없는 교사인가?

　다음 장에서는 가르침이 가능한 '순간'이 아닌 가르침이 가능한 '나날'을 보장할 수 있는 구체적인 기술들을 설명하려고 한다.

3

학생이 문제를 느낄 때 대처하는 방법

고등학교 3학년인 랄프는 걸핏하면 수업을 빼먹는다. 12살 멜리사는 책은 읽지 않고 멍하니 창밖만 바라보고 있다. 유치원생 케네스는 큰소리를 듣기만 하면 그 자리에서 울음보를 터뜨린다. 초등학교 4학년인 제인은 쉬는 시간에 다른 학생들이 노는 모습을 나무 아래 앉아 가만히 지켜보는 것을 더 좋아해서 놀이에 동참하는 법이 없다. 조제는 다른 학생들을 밀거나 슬쩍 건드리며 쉴 틈 없이 교실을 쏘다닌다. 로레타는 조금만 야단을 쳐도 노여움을 참지 못한다. 돈은 부산스럽고 툭하면 따지려 들고 반 친구들을 헐뜯는 버릇이 있다. 용모가 단정한 다이앤은 어느 날부터인가 느닷없이 더러운 옷을 입고 깨끗이 감아 빗고 다니던 머리를 엉망으로 산발한 채 학교에 나오기 시작한다.

이 같은 학생 행동은 뭔가 말썽이 생겼다거나 일이 잘못되어 가고 있음을 알리는 신호나 메시지다. 이러한 메시지를 접하면 교사는 어떻게 대처해야 하는가? 모른 체하고 말 것인가? 문제가 알아서 사라져 주기만 빌 것인가? 교실과는 무관한 문제라고 일축할 것인가? 학생을 상담 교사에게 보낼 것인가? 벌주겠다고 으름장을 놓으면서 그 행동을 무시할 것인가? 상대적으로 문제가 적은 어린 학생들이 있는 학교로 전근시켜 달라고 할 것인가?

많은 교사들은 학생이 나쁜 감정이나 개인적인 문제에 너무 심하게 빠져 있을 때 어떻게 대처해야 할지 막막해한다. 어떤 교사들은 조력자나 상담가로서의 역할까지 떠맡고 싶지 않아 하며, 상담이 과연 교사의 필수 업무인지 따지려고까지 한다. 학생 문제를 마치 회사의 관리자나 감독자가 고용인의 개인사 문제를 바라보는 방식과 유사하게 받아들이는 교사들이 많다.

교사가 아무리 학생 문제를 개인사로 생각한다고 해도 학생이 자기 문제를 집에 놔두고 등교하는 것은 아니다. 학생은 어쩔 수 없이 문제를 안고 등교하게 되며, 수업 시간에도 계속 방해받을 수 있다. 더러는 학습을 아예 못 하는 일까지 생긴다. 안전에 위협을 느끼거나 격한 감정이나 실의에 빠져 있을 때, 또는 생리적인 욕구를 충족시키지 못할 때라면 학교생활을 온전히 꾸려갈 수가 없으며, 심지어 학습 능력에도 지장이 생긴다. 덩달아 가르치려는 교사도 좌절을 겪게 되고, 심하면 학생에게 아무런 도움도 주지 못한다.

교직 경험이 풍부한 한 교사는 학생 문제가 산적한 학교로 전근 갔을 때 겪은 심정을 이렇게 회상했다.

저는 오랫동안 도시 근교의 중상류층 지역에서 근무했습니다. 그러다 이른바 혜택받지 못한 학교에 처음 배정되었고, 처음으로 도시 빈민 출신 학생들을 대하게 되었습니다. 제가 담당한 학급 학생들이 늘 성적이 좋았는데도 저는 제가 결코 훌륭한 교사가 못 된다는 사실을 뼈저리게 느껴야 했습니다. 빈민가 출신 학생들은 무엇보다 두려움, 좌절감, 분노를 제일 먼저 치유해야 한다는 것을 저는 이내 알아차렸습니다. 그렇게 해야만, 그렇게 할 때만 그 학생들이 제가 가르쳐 주는 교육 내용에 비로소 관심을 둘 수 있었으니까요. 미리 준비해 간 커리큘럼은 잠시 접어 두고 그들이 스스로 긍정하도록 돕는 일에 먼저 손을 댈 수밖에 없었습니다. 그 학생들은 제게 학교는 결코 학생들 머릿속에 많은 교육 내용을 주입하는 곳이 아님을, 다만 학생들이 가능한 때 가능한 방법으로 스스로 개념을 이해할 수 있도록 거드는 곳이라는 사실을 깨닫게 해 주었습니다.

이 교사는 자기 힘으로 중요한 개념 한 가지, 즉 학생들에게는 '책상물림 교육'과는 다른 교사의 도움이 필요하다는 사실을 발견했다. 교사들은 대부분 인생에서 문제를 겪고 있는 학생을 도와주는 데 열의를 보이지만, 자기 인생을 살아 본 것 말고는 학생들을 도와줄 때 필요한 교육을 받은 적이 거의 없다. 몇몇 교사만이 상담 훈련을 받은 전문가에게 도움을 받았을 뿐이다. 교사들의 삶은 훈련되지 않았고, 대개 '조력자'로서는 무능하다. 우리는 교사들에게 학창 시절 개인적인 문제로 인해 학교생활에 몰두할 수 없었던 경험이 있는지를 물어본다. 대개는 그런 적이 있었다고 답한다. 그리고 그때 당시 실질적이고 구체적으로 교사들에게 도움을 받은 적이 있었는지 재차 물으면 대개는 의욕적인 교사마저 그다지 도움이 되지 못했다고 답한다.

여러분도 이런 경험이 있는가? 어려움을 겪을 때 교사들이 도움을 주었는가? 실제로 학생들은 도움을 주고 싶어 하는 교사들에게조차 여간해서는 도움을 받았다고 느끼지 못하고, 교사도 자신이 실질적인 도움을 주지는 못한다고 느끼는 것이 현실이다. 의도가 좋았다 해도 이렇다 할 성과를 내지 못해 온 것이다.

한 중학교 교사는 문제를 지닌 학생을 돕지 못해 낙담하며 이렇게 말했다.

저는 학생들이 풋사랑에서부터 마약에 이르기까지 여러 문제에 고루 시달린다는 사실을 잘 압니다. 저희 학교에는 상담 교사가 있지만 언제나 너무 바빠 정신도 못 차릴 정도니까요. 저라도 학생들에게 도움이 되고 싶지만 그러기에는 능력이 턱없이 모자라고요. 어떻게 해야 할지 잘 모르겠고, 그래서 모든 것이 잘되어 가겠거니 하는 막연한 희망을 품는 게 고작입니다.

또 다른 교사도 비슷한 좌절감을 토로했다.

요즘 아이들은 자기들이 도움받는 것에 대해 통 고마워할 줄 몰라요. 늘 불평불만으로 가득 차 있죠. 아무리 "너희는 지금 한 치 앞도 못 보고 막무가내로 벼랑 끝으로 향하고 있어"라고 말해도 학생들은 눈 하나 꿈쩍하지 않는다니까요. 제 말은 그저 귓등으로 흘려버리고 무슨 탈이 생기면 또다시 불평을 늘어놓기에 바쁘고요.

이 두 교사는 가장 일반적이랄 수 있는 두 가지 불만, 즉 조력자로서의 무능함과 도움을 주고자 하는 시도가 학생들에게 묵살당한다는 느낌을 토로하고 있다.

교사는 왜 '학생 소유의 문제'에 무력한가?

교사들은 대체로 학생이 문제를 겪고 있다며 보내는 신호나 단서를 포착하는 데 꽤 민감한 편이다. 교사들은 이런 메시지를 수시로 접한다. 하지만 효과적으로 대응하는 법을 몰라 실질적인 도움을 주지는 못한다. 문제가 일어났을 때 그것을 알아채는 것만으로는 부족하다. 교사가 무능한 조력자가 되는 까닭은 무엇보다 문제를 가진 학생에게 건네는 말 때문일 때가 많다.

이 장에서는 우선 교사들이 문제를 안고 있는 학생에게 말을 거는 일반적인 방식에 주목하고, 그러고 나서 화법의 새로운 방식, 어린 학생을 다루는 전문 상담가들이 활용하면 좋은 방법을 제시하고자 한다.

직사각형 창을 떠올리면서 교사가 문제를 지닌 학생에게 대체로 어떻게 반응하는지 알아보자. T.E.T. 강사는 교사들에게 학생 문제의 예를 하나 제시한 후 이렇게 묻곤 한다. "이 문제는 누구의 것일까요?" 예를 들어 어떤 학생이 걸핏하면 딴생각에 빠져 있다면 이것은 과연 누구의 문제겠는가? '교사의 문제'라고 하는 이들이 있기는 하지만 대부분 주저 없이 '학생의 문제'라고 답한다. 교사의 문제라고 주장하는 이들에게는 학생이 딴생각에 빠지는 행동은 '실질적이고도 구체적으로' 교사의 활동을 방해하지 않기 때문에 교사의 문제가 아니라는 사실을 일깨워 준다(어떻게든 반 학생들의 모든 행동에 대해 소유권을 쥐고 있고 싶어 하는 교사로서는 이 사실을 거부감 없이 받아들이는 것이 쉽지는 않을 것이다).

학생의 한눈파는 행동을 학생이 문제를 겪고 있다는 신호나 메시지로 간주하고 직사각형의 윗부분에 정확하게 배치하는 교사들조차 거의 예외 없이 엉뚱한 방법으로 대처해 왔다고 이야기했다. 대다수 교사들은 학생에게 한눈을 팔거나 딴생각하는 것은 수용할 수 없는 행동이라는 메시지를 전달한다. 학생이 달라지기를 바라고, 그가 아무 문제도 없다는 듯이 처신했으면 하고, '그게 무슨 문제든 그만 고민했으면 한다'는 메시지를 보내는 것이다. 교사의 이런 언어를 T.E.T.에서는 이른바 '수용 불가의 언어'라고 부른다. 수용 불가의 언어는 학생의 행동으로 인하여 교사가 문제를 느낄 때 사용하면 유용할 때도 있지만 '학생의 문제'일 때는 적절하지도 않고 도움을 주지도 못한다.

이제 여러 수용 불가의 언어를 먼저 나열하고 기술한 후 그것들이 왜 학생에게 도움이 못 되는지, 왜 학생과의 진지한 의사소통을 가로막는지, 어째서 문제 해결을 더디게 만드는지, 왜 그렇게 자주 교사-학생 관계를 악화시키는지 자세하게 밝히고자 한다. 그 이후에 대다수 교사에게 새로운 대응 방법이 될 '수용 가능의 언어' 네 가지를 소개하겠다.

의사소통을 가로막는 열두 가지 대화법

교사들이 전달하는 수천 가지 수용 불가의 메시지는 대체로 다음과 같은 열두 가지 범주로 분류할 수 있다. 이런 메시지들은 학생들과의 의사소통을 억제하거나 차단함으로써 깊이 있는 교감을 가로막는다.

어떤 학생이 과제물을 끝내는 데 곤란을 겪고 있다고 가정하자. 그는 자신을 괴롭히는 문제가 있다고 알리고 있다. 다음 다섯 가지는 그 문제를 수용할 수 없다고 통보하는 교사의 전형적인 반응이다. 학생 문제에 얼마간 해결책을 제시해 주므로 우리는 그동안 이것들을 한꺼번에 묶어 다루어 왔다.

1. 명령하기, 지배하기, 지시하기
"군말 말고 어서 숙제나 계속해."

2. 경고하기, 윽박지르기
"성적을 잘 받고 싶으면 정신 차리는 게 좋을 거다."

3. 교화하기, 설교하기, 의무와 당위 강조하기

"학생이 학교에 오면 마땅히 공부해야 한다는 사실쯤은 잘 알고 있겠지? 개인적인 문제를 학교에까지 끌고 오면 곤란해."

4. 충고하기, 해결책 제시하기, 제안하기

"시간 계획을 잘 짜 보면 어떨까? 그러면 공부가 더 잘 될 텐데……."

5. 가르치기, 훈계하기, 논리적 논법 제시하기

"현실을 똑바로 봐. 과제물 마감일까지 34일밖에 남지 않았다는 걸 똑똑히 유념하렴."

세 범주를 더 살펴보자. 하나같이 판단하고 평가하며 공격하는 것들이다. 학생의 약점이나 무능, 어리석은 행동을 지적하는 것이 학생에게 도움이 되리라 믿는 교사들이 많다. 다음 세 가지는 바로 이런 목적으로 전달되는 메시지다.

6. 판단하기, 비판하기, 의견 달리하기, 꾸짖기

"그렇게 마냥 게으름을 피우고 매사에 늑장 부리는 사람을 도대체 어디에 써먹겠니?"

7. 비난하기, 정형화하기, 꼬리표 붙이기

"고등학교에 진학할 학생이 아니라 마치 코흘리개 초등학생처럼 행동하는구나."

8. 해석하기, 분석하기, 진단하기
"너 지금 어떻게 하면 숙제 안 하고 도망칠까 궁리하는 거지?"

학생의 기분을 누그러뜨리고 그들의 문제를 사라지게 하려고, 또는 학생이 실질적인 문제에 봉착해 있다는 사실마저 잊게 하려고 애쓰는 교사는 다음 두 가지 메시지를 전하기도 한다.

9. 칭찬하기, 맞장구치기, 긍정적으로 평가하기
"넌 정말 유망한 학생이야. 난 네가 어떻게든 잘 해낼 길을 찾으리라 믿는다."

10. 안심시키기, 공감하기, 위로하기, 지지하기
"그렇게 느끼는 게 비단 너만은 아닐 거야. 나도 까다로운 과제물을 했을 때 그랬어. 하지만 열심히 매달리다 보면 그리 어렵게만 보이진 않을 거야."

'질문'이 더러 방어적인 태도를 불러일으킨다는 사실을 이해하고 있는 교사들도 다음 11번 방식의 잘못된 메시지를 무심코 되풀이한다. 학생 스스로 문제를 수습하도록 돕기보다는 최상의 처방을 제시함으로써 학생 문제를 대신 해결해 주려는 의욕 넘치는 교사는 더 많은 사실을 알아내려고 습관적으로 질문을 퍼붓는다.

11. 질문하기, 캐묻기, 신문하기, 반대 신문하기
"그 숙제가 그렇게 까다롭게 느껴지니?"
"숙제하는 데 얼마나 걸렸어?"
"도움을 청하는 데 뭘 그렇게 오래 꾸물거렸니?"

12번은 교사가 화제를 돌리거나 학생의 주의를 환기하거나, 아니면 학생 문제 자체를 아예 피할 때 쓰는 메시지다.

12. 물러나 있기, 딴전 부리기, 빈정거리기, 비위 맞추기, 주의 환기하기
"자, 우리 더 재미난 이야기를 해 볼까?"
"오늘 아침 우리 반에 기분이 언짢은 사람이 하나 있는 것 같다!"

T.E.T. 과정에서 만난 교사들은 대부분 문제를 지닌 학생이 보내는 메시지를 듣고 나서 이 열두 가지 범주에 해당하는 메시지로 대응해 왔다는 사실을 시인했다.
부모 역할 훈련(P.E.T.)에 참여한 학부모들 역시 자녀에게 이 열두 가지 범주의 대화법을 수시로 사용하고 있음이 드러났다. 교사와 학부모의 이런 대화 습관은 사실 새롭지는 않다. 이와는 다른 대안적인 대응 방법을 교육받은 극소수 교사마저

도 어렸을 때는 자기 부모나 교사들에게서 이 열두 가지 범주에 속하는 메시지를 귀가 따갑도록 들어 왔을 것이다.

열두 가지 대화 장벽이 효과적이지 못한 이유

열두 가지 종류의 대화법이 지닌 문제점을 이해하려면 교사는 우선 학생에 대한 자신의 언어적 대응이 대개 하나 이상의 의미를 전한다는 사실을 알아야 한다. 중학교에 다니는 한 남학생이 여자 친구에게 거절당하거나 차인 심경을 표현했다고 가정하자. 교사가 상심해 있는 남학생에게 "그 여자 친구한테 더 잘해 줬으면 그런 일은 생기지 않았을 거 아냐. 그 애를 찾아가서 네가 한 일에 대해 상의해 보는 게 어때?" 하고 말한다면, 이런 말은 언어적 내용보다 더 많은 것을 전하는 것이다. 학생은 틀림없이 다음과 같은 숨은 메시지를 들을 것이다.

"보아하니 다 네 불찰이네, 뭐."
"또 네가 무슨 잘못을 저지른 거겠지."
"너는 사태를 똑바로 바라보지 못하고 있어."
"너는 좋은 친구가 못 돼."
"네가 이 문제를 스스로 풀 리 없어."
"너는 나만큼 지혜로워지려면 아직 멀었어."

또 진저리를 치면서 이렇게 말하는 십대 학생이 있다고 해 보자. "학교나 학교와 관련된 건 하나같이 못 참겠어!" 거기에다 대고 교사가 "그래, 누구나 한 번쯤 학교에 대해 그런 식으로 느낄 때가 있지. 하지만 지내다 보면 그런 반감은 점점 극복하게 될 거야"라고 대꾸한다면, 학생은 다음과 같은 숨은 메시지를 끄집어낼 것이다.

> "선생님은 내 감정을 타당하다거나 그럴 만하다고 생각하지 않아."
> "선생님은 학교에 대한 내 생각을 받아들이지 못하고 있어."
> "선생님은 나를 무슨 얼간이쯤으로 여기고 있는 게 틀림없다니까."
> "선생님은 변해야 하는 건 학교가 아니라 바로 나라고 생각하는 게 분명해."
> "선생님은 내 이야기를 대수롭지 않게 듣고 있어."
> "선생님은 학교를 평가하기에는 내가 너무 어리다고 보는 거야."

학생에게 뭔가 이야기할 때 교사는 대개 그 학생에 '대해서' 언급하는 경향이 많다. 모든 메시지는 교사가 학생과 만들어 가는 관계에 또 하나의 벽돌을 얹는 것이다. 각각의 메시지는 교사가 학생에 대해 생각하는 바를 드러내고, 마침내 그 학생이 스스로에 대해 생각하게 되는 바까지 규정해 준다. 오늘 당신이 학생에게 보내는 메시지는 훗날 그의 자아상이 된다. 이것이 바로 당신의 발언이 학생의 자존감이나 학생과의 관계에 건설적으로도 파괴적으로도 작용할 수 있는 이유다.

이 열두 가지 대화 장벽이 어떻게 해서 파괴적일 수 있는지 어렴풋하게나마 깨닫는 한 가지 방법은 이렇다. 이러한 대화 습관이 몸에 밴 동료 교사에게 감정을 토로했을 때 기분이 어땠는지 떠올려 보는 것이다. 교사들은 대개 이러한 대화 방법이 자신에게나 고민거리를 털어놓은 동료 교사와의 관계에나 역효과를 불러왔다고 말한다.

T.E.T.에 참여한 교사들이 일반적으로 지적하는 열두 가지 대화 장벽의 영향 가운데 몇 가지를 열거하면 다음과 같다.

- ▸ 말문을 막으며 입을 다물게 만든다.
- ▸ 방어적이고 저항하게 만든다.
- ▸ 논쟁적이고 반격하게 만든다.
- ▸ 부적격하고 열등하다고 느끼게 한다.
- ▸ 화나게 하고 격분하게 만든다.
- ▸ 죄책감이나 부정적인 느낌을 준다.
- ▸ 변하도록 압박한다. 있는 그대로의 나를 받아들이지 않는 것 같은 느낌을 준다.
- ▸ 스스로 문제를 해결할 수 있다고 나를 믿어 주지 않는다는 인상을 받는다.
- ▸ 내가 마치 어린애라도 되는 양 개입하고 간섭하려 드는 느낌을 준다.
- ▸ 이해받고 있지 못하다고 느끼게 한다.
- ▸ 나의 감정이 온당하지 않다고 느끼게 만든다.
- ▸ 방해받는다고 느끼게 만든다.

▸ 좌절감을 안겨 준다.

▸ 신문받는 증인석에 앉아 추궁당하는 듯한 느낌에 빠지게
  한다.

▸ 내 이야기를 건성으로 듣고 있는 듯한 인상을 받는다.

교사들은 다른 사람에게 이런 메시지를 들었을 때 자신
에게도 이런 식으로 영향을 준다는 것을 깨달으면 그것이 분
명 자기 학생들에게도 동일한 방식으로 작용하리라는 것도 깨
닫는다. 완전히 옳은 판단이다. 이 열두 가지 대화 장벽은 전문
적인 치료사나 상담가들이 아이들을 상대할 때 절대 사용하지
않으려고 애쓰는 것들이다. 도움이 되지 않을 뿐만 아니라 서
로의 관계에 찬물을 끼얹을 수도 있어서다. 전문가들은 이와는
다른 방식으로 대응하는 법을 익힌다. 즉 학생의 입을 다물어
버리게 하고, 죄책감이나 부적절하다는 기분에 시달리게 하고,
학생의 자존감을 떨어뜨리고, 공격성을 자극하고, 분노를 일으
키고, 자신이 수용되지 못한다고 느끼는 식의 위험을 줄이는
방식으로 대응하려는 것이다. (이 장 뒷부분에 열두 가지 대화
장벽에 대한 목록을 자세하게 실어 두었다.)

열두 가지 대화법에 대한 교사들의 세 가지 오해
T.E.T.에 참여한 대다수 교사들은 수용 불가의 언어(열두 가
지 대화 장벽)가 학생과 의사소통하는 자신의 습관을 분석하
고 수정하는 데 유용하다고 인정하면서도 다음 세 가지 질문
을 던진다.

1 "사실 문제점을 알려 주고, 설득하고, 정보를 제공해 주는 것이 뭐가 잘못이란 말인가? 이거야말로 교사의 가장 핵심 본분 아닌가?"

2 "칭찬과 긍정적인 평가가 어째서 문제라는 것인가? 우리는 칭찬을 좋은 행동을 강화하고 독려하는 데 사용하라고 수도 없이 들어 오지 않았나?"

3 "질문하기가 왜 비효과적인 대화법이라는 것인가? '소크라테스식 문답법' '질문법' 등에서 보는 바와 같이 질문은 가르침에 매우 유용한 도구 아닌가?"

이런 질문을 던지는 교사들은 대개 이 열두 가지 대화법이 '문제를 겪고 있는' 학생들에게는 효과적이지 않다는 사실을 잠시 잊어버린 것이다. 우리는 지금 학생의 행동이 직사각형 창의 윗부분(학생이 해결해야 할 문제 영역)에 놓여 있을 때 이 열두 가지 대화법이 대체로 도움이 안 되고 의사소통을 방해한다고 말하고 있다. 학생 행동이 문제없음 영역(교수-학습 가능 영역)에 놓여 있다면 교사-학생 관계에 아무런 문제가 없다는 뜻이므로 이런 대화법은 한결 탈이 적다.

'사실과 정보 제공'을 예로 들어 보자. 학생이 배울 자세가 되어 있고(아무 문제없음) 교사가 가르칠 준비가 되어 있을 때(아무 문제없음), 이럴 때는 교사가 제공하는 사실과 정보를 학생이 거부할 리 없다. 하지만 학생이 무슨 문제에 골몰해 있거나 그 문제로 고통당하고 있을 때는 사정이 다르다. 이때는 사실과 정보가 그리 달갑지 않고, 거부감을 불러일으키며 학생의 문제 해결 과정을 방해한다. 이 장 뒷부분과 다음 장에서 살펴보게 되겠지만 학생이 감정에 휘말려 있을 때 듣는 사실이나 정보는 자기 문제를 수습하는 데 걸림돌로 작용하기 쉽다.

그렇다면 칭찬은 어떤가? 교사들은 칭찬도 일종의 문제가 될 수 있다는 주장에 처음에는 반발한다. 칭찬은 학교에서나 가정, 회사에서 동기를 부여하는 강력한 요소로 널리 활용되고 있기 때문이다("칭찬을 아끼지 말라. 그러면 그들은 열심히 자기 일에 매진할 것이다"). 최근 이러한 생각은 학생에게 체계적으로 보상해 주어서 (대개 교사 기준에서) 바람직한 행동을 강화하도록 교사를 훈련시키는 행동수정학파의 심리학자들에게 강력한 지지를 받았다.

하지만 효과적인 교사-학생 관계에 대한 우리 이론에 따르면 칭찬과 관련된 다음 몇 가지 결론에 닿을 수 있다.

1 학생이 어떤 문제(그 문제는 대체로 자신이나 자기 행동에 대한 불만족 또는 불행을 의미함)를 겪고 있을 때 교사가 칭찬하면 자신이 전혀 이해받고 있지 못하다는 느낌을 받는다. 따라서 학생은 그 칭찬을 진지하게 귀담아듣지 않거나, 심할 경우 스스로에 대한 저조한 평가를 한층 더 강화하는 경향마저 보인다.

2 교사-학생 관계가 문제없음 영역에 있을 때, 교사가 나쁜 뜻 없이 마음에서 우러나 학생 행동을 진심으로 칭찬하면 문제 되지 않는다.

3 교사가 못마땅하다고 여기는 행동 대신 바람직하다고 여

기는 행동을 하도록 학생을 유도하려고 칭찬을 일종의 도구로 사용하면 학생은 그 칭찬이 진실하지 못하고 교사의 욕구를 채우려고 조작한 말로 받아들일 수 있다("선생님은 내가 늘 이런 식으로 행동했으면 하는 바람에서 나를 칭찬할 따름이야").

4 교실에서 한 학생(또는 일부 학생)에게만 하는 칭찬은 대개 나머지 학생들에게는 부정적인 평가를 받고 있다는 느낌을 덩달아 전한다. 심지어 칭찬받는 데 익숙한 학생들조차 어쩌다 칭찬이 없으면 부정적인 평가를 받는다고 느낄 수 있다("선생님이 이번엔 내 그림에 대해 아무 말씀도 안 해 주셨어. 잘 그렸다고 생각하시지 않는 게 분명해").

이번에는 교사들이 의아하게 여기는 세 번째 문제, 질문에 대해 살펴보자. 질문을 활용하는 것이 도대체 무슨 잘못이란 말인가?

전문적인 조력자(상담가나 전문 치료사)들은 상대방이 문제를 가지고 있을 때 질문이나 캐묻기가 더러 의사소통을 차단하는 장벽으로 작용한다는 사실을 발견했다. 그 이유는 첫째, 사람들은 다른 사람과 공유하고 싶지 않은 감정에 대해 너무 시시콜콜 질문받으면 위협을 느끼기 때문이다. 사적인 세계에 비집고 들어가겠다고 하면 사람들은 자기를 방어하려고 움츠러들기 마련이다.

둘째, 흔한 일이지만 아무 상관 없거나 초점이 빗나간 질문은 상황을 전혀 엉뚱하게 만들 수 있다. 고기가 어디에 숨어

있는지도 모르면서 혹시나 하는 심정으로 물속 이곳저곳에 낚
싯줄을 던지는 식으로 집요하게 질문하는 누군가를 만나 본
적이 있는가? 질문하기 좋아하는 사람은 혼자 지레짐작하는
경향이 강하고, 그래서 그의 질문은 대개 초점을 벗어나기 십
상이다. 문제를 소유한 사람은 어떻게 해서든 둘러서 말하거
나, 아니면 그 엉뚱한 질문에 대처해야만 한다("아니에요. 글쎄
그것 때문에 기분이 나쁜 게 아니라니까요." "그건 우리 부모님
과는 아무 상관도 없는 일이에요").

셋째, 질문은 대개 문제를 지닌 사람이 의사소통할 수 있
는 주제나 감정 또는 논제의 범위를 심각하게 제한한다. 언젠
가 한 여론 조사원이 이런 말을 했다. "누군가에게 질문하면 답
을 들을 수는 있다. 하지만 당신이 얻을 수 있는 것이라곤 틀림
없이 그의 대답이 전부일 것이다." 무엇을 겨냥하고 있느냐와
상관없이 질문은 사람의 마음을 열어 주지도 못하고, 제대로
대화할 기회를 주지도 못한다는 의미다. 다만 청자의 구체적인
질문이 요구하는 답을 하도록 한정 지을 따름이다. 하지만 유
감스럽게도 그런 질문은 대개 문제의 핵심을 빗나간다.

한 학생이 교사에게 이렇게 말을 건넸다. "어느 대학에 갈
지, 어떤 직업을 택해야 할지 모르겠어요. 도무지 맘을 정할 길
이 없어요." 그러자 교사가 되물었다. "경제적인 문제 때문이
니?" 이 질문 탓에 교사는 돈에 국한해 말하도록 학생을 통제
하거나 의도하는 꼴이 되고 말았다. 학생이 처한 딜레마는 자
신이 대학에 갈 수 있을 만큼 명민한지 확신이 부족하다거나,
여자 친구를 두고 떠나는 게 영 내키지 않는다거나, 주요 학과

를 선택하기에는 실력이 다소 모자란다거나, 학교를 더 다녀야한다는 데 염증을 느낀다거나, 부모님과의 불행한 관계를 하루빨리 청산하고 싶다거나 하는 등 질문 내용과 문제의 핵심이 사뭇 거리가 멀 수도 있는데 말이다.

요컨대 질문은 본의 아니게 응답자가 진정한 주제를 탐구하고 속마음을 토로할 여지를 막는다. 질문은 제한하고 제약한다. 응답자가 아니라 질문자가 논의 방향을 주도한다. 질문자는 문제를 안고 있는 이가 문제 해결의 책임을 도맡지 못하게 막는다.

수용의 언어는 어떤 점에서 효과적일까?

문제점이 있는 이 열두 가지 대화 장벽은 어려움을 겪는 사람에게 변해야만 하고, 변하는 것이 더 현명하며, 변해야 마땅하다는 식의 의미를 전달하는 수용 불가의 언어다. 이것들은 문제를 지니고 있다는 사실 자체도 수용할 수 없으며, 문제 소유자에게 뭔가 잘못이 있다는 메시지를 전달한다. 또 어떤 메시지는 문제를 지닌 학생이 교사가 자기 문제에 요만큼도 관심이 없다고 느끼게 하기도 한다. 이런 영향 때문에 이 열두 가지 대화 장벽은 관계에 극도로 해롭다.

그렇다면 수용의 언어는 어떤 점에서 효과적일까? 여러분은 어떻게 상대를 수용하고 있다거나 돕고 싶다는 심경을 전하는가? 문제를 지닌 사람을 거들어 주기 위해 무슨 말을 하는가? 이 열두 가지 대화 장벽의 대안은 대체 무엇인가?

어떤 사람이 누군가를 진정으로 수용하고, 그 사실을 어떤 방식으로든 상대에게 전할 줄 안다면 그는 일단 효과적인 조력자로서 자질을 갖춘 셈이다. 있는 그대로 상대방을 받아들이는 일은 상대방이 성장하고 발전하며 건설적인 변화를 이루고 문제 해결 방법을 익히고 심리적으로 건강해지고 더 생산적이고 창조적이 되도록, 그리고 자기 잠재력을 최대한 발현하도록 돕는 데 매우 중요하다. 이것은 단순하지만 놀라운 인생의 역설이다. 사람들은 있는 그대로의 모습으로 누군가에게 수용되고 있다고 느끼면 서둘러 자신의 문제에서 빠져나와 어떻게든 변화하고, 성장하고, 달라지고, 자기 능력 이상의 것을 해내려고 최선을 다한다.

수용은 조그마한 씨앗이 자라나 마침내 찬란한 꽃을 피우도록 하는 비옥한 토양과도 같다. 다만 토양은 오직 그 씨앗이 꽃이 될 수 있게 거들어 주는 환경일 따름이다. 토양은 그 씨앗이 자라는 능력을 북돋울 수는 있지만 그 능력은 전적으로 씨앗 속에 있다. 수용이라는 토양이 마련되면 학생의 잠재력이라는 씨앗이 싹을 틔울 것이다.

부모나 교사의 수용은 어린 학생이나 청소년들에게 어떤 방식으로 긍정적인 영향을 주는가? 이 점을 더 진지하게 탐구할 필요가 있다. 많은 학부모나 교사는 대체로 지금의 아이들을 있는 그대로 수용하면 아이는 현재의 미진한 모습 그대로 남아 있을 테고, 따라서 앞으로 나아지기를 기대한다면 현재 모습을 수용하지 못하겠다는 의사를 분명히 밝히는 편이 좋다고 생각한다.

자연히 부모나 교사들은 대체로 수용 불가의 언어에 많이 의존한다. 그들은 이것이 아이들을 돕는 가장 좋은 방법이라고 믿는다. 대다수 교사가 학생에게 제공하는 토양은 평가·판단·비판·설교·훈화·훈계·명령 등 학생을 있는 그대로 수용하지 못하겠다는 의미가 담긴 메시지로 오염되어 있다. 이제 막 어른들의 가치와 기준에 반기를 들기 시작한 13살 여자아이의 말을 들어 보자.

어른들은 툭하면 제가 어떤 점에서 잘못이고 제 생각이 어떤 점에서 어리석은지, 그리고 어째서 저를 믿지 못하겠는지 목에 핏대를 세우며 강조해요. 그래서 저는 일부러 어른들이 좋아하지 않을 짓만 골라서 해요. 어차피 어른들이 절 나쁘고 어리석은 애로 점찍고 있는 이상 저로서야 그 모든 일을 계속해 나갈 수밖에 없지 않겠어요?

이 아이는 '아이들에게 너는 얼마나 나쁜지, 그리고 얼마나 나쁘게 될 것인지 부단히 강조하라'는 과거 속담의 숨은 뜻을 그대로 증명하고 있다. 아이들은 대체로 어른들이 '어떻게 될 것'이라고 예견한 바대로 서서히 자라난다.

수용의 언어는 아이의 마음을 열어 준다. 이 언어는 아이가 자신의 감정이나 문제를 다른 사람과 공유하도록 만든다. 직업적인 전문 치료사나 상담가들은 이러한 수용이 얼마나 위력적인지 보여 준다. 그들은 도움을 청하러 온 이들에게 진정으로 받아들여지고 있다는 느낌을 전할 줄 아는 사람들이다.

상담이나 치료를 받는 사람들이 상담가의 판단으로부터 완전히 자유로웠다고 말하는 것도 바로 이 때문이다. 그들은 상담가에게 스스로에 관한 최악의 상황까지도 속속들이 털어놓을 만큼 자유로웠다고 말한다. 무슨 말을 하든, 어떤 감정을 토로하든 상담가가 받아들이고 있다는 사실을 또렷이 느꼈다고도 말한다. 이처럼 수용은 상담이나 치료를 통한 인간 내면의 성장과 변화에 가장 중요하게 작용하는 요소다.

우리는 이 '변화를 이끄는 전문가'들에게서 비수용은 사람을 폐쇄적이고 방어적으로 만들며, 거북하게 하고, 대화하기 힘들게 하며, 스스로 돌아볼 수 없게 만든다는 사실도 배울 수 있다. 직업적 전문 치료사들이 문제를 겪고 있는 사람에게 변화와 발전을 이끌어 내는 비결은 그 사람과 맺는 관계에서 수용 불가의 언어를 철저히 배제하고 상대가 진정으로 받아들일 수 있는 수용 언어를 구사하는 능력이다. T.E.T. 과정에서 우리는 교사 역시 상담가가 사용하는 기술을 익힐 수 있고, 교실에서 수용 불가를 전하는 메시지 사용의 빈도를 현저히 줄일 수 있다는 점을 실증해 보였다.

말을 통해 내면적인 수용의 느낌을 내비치는 법을 터득하게 된 교사들은 놀라운 효능을 지닌 도구를 손에 거머쥔 셈이다. 수용받는 느낌은 학생이 스스로 수용하고 사랑하고 자신이 가치 있는 존재라는 믿음을 갖도록 거들어 줄 수도 있고, 천부적으로 부여받은 잠재력을 개발하고 실현하도록 이끌 수도 있으며, 의존성에서 벗어나 독립성과 자발성을 키우도록 격려할 수도 있다. 교사들은 인생에서 불가피하게 부딪히는 문제를 학생 스스로 수습하도록 지원할 수도 있고, 그 나이 또래에 으레 경험하게 되는 실망감이나 아동기와 사춘기의 어려움을 건설적으로 극복하도록 이끌 수도 있다.

다른 사람을 있는 그대로 받아들이는 것은 그를 진정으로 사랑하는 행위다. 사람들은 진정으로 받아들여질 때 사랑받는다고 느낀다. 우리는 심리학에서 사랑받는다는 느낌, 그 하나가 일으키는 놀라운 힘에 대해 배운다. 사랑은 우리가 아는 다른 어떤 것보다도 몸과 마음의 성장을 촉진하고, 심리적·육체적 결손을 치유하는 데 위력적인 힘을 발휘한다.

다른 사람을 수용하려면 구체적인 기법을 익혀야만 한다. 하지만 사람들은 대부분 수용을 그저 정지된 정신 작용, 내적인 태도나 감정 같은 수동적인 행위로 본다. 수용이 내면에서 비롯되는 것이야 틀림없는 사실이지만, 다른 사람에게 효과적으로 작용하려면 적극적으로 전달되고 표현되어야 한다. 사람들은 적극적으로 표현된다는 것을 의심 없이 느껴야 비로소 자신이 받아들여지고 있다는 사실을 확신하게 된다.

내담자가 수용받고 있다는 느낌을 전해야만 조력자로서 효과를 발휘할 수 있으므로 직업 상담가나 전문 심리치료사들은 이러한 의사소통 방식을 몸에 익히기 위해 수년간 훈련에 매진한다. 오직 훈련과 경험을 통해서만 수용하고 있음을 전하는 구체적인 기법들을 습득할 수 있기 때문이다. 이들은 자신이 말하는 내용이 조력자로서의 능력 유무를 판가름하는 결정적 요소라는 사실을 가장 먼저 배운다.

다시 강조하고 싶다. 말은 치료를 가능하게 하며 건설적으로 변화할 수 있도록 돕는다. 단 올바르게 말할 때만 그렇다. 학생에게 말을 건네는 방식은 교사가 그에게 도움이 될지 파괴적으로 작용할지를 가늠해 볼 수 있는 시금석이다. 효과적인 상담가와 마찬가지로 효과적인 교사 역시 수용하고 있음을 전달하는 법을 알아야 하고, 구체적인 의사소통 기술을 익혀야 한다.

T.E.T. 수업에서 교사들은 고개를 갸웃거리며 이렇게 묻곤 한다. "저 같은 비전문가도 전문적인 상담가들이 구사하는 기법을 배울 수 있을까요?" 10년 전이라면 이 질문에 아마 '그럴 수 없다'고 부정적인 답을 했을지도 모른다. 하지만 그간의 T.E.T. 수업을 통해 우리는 대다수 교사가 학생에게 효과적인 조력자가 되는 법을 익힐 수 있다고 확신하게 되었다. 우리는 좋은 상담가가 되려면 심리학 지식을 더 쌓고 인간을 머리로 더 많이 이해하는 것이 아니라, 건설적인 방법으로 말하는 법을 익히는 일이 더 급선무임을 알게 되었다.

심리학자들은 다른 사람의 치료를 돕는 식의 건강한 효과를 주는 메시지를 '치유적인 의사소통'이라고 부른다. 이러한 메시지는 사람을 느긋하게 만들며, 말문을 틔워 주고, 자신의 감정을 허물없이 표현할 수 있게 해 주며, 자존감을 길러 주고, 위협이나 두려움을 털어 내며, 건설적인 성장과 변화를 부추겨 준다. 하지만 치유 기술을 본능적으로 소유하고 있는 '천부적인' 교사는 극소수에 지나지 않는다. 교사들은 대개 처음에는 관계에 찬물을 끼얹는 의사소통 습관을 버리지 못하지만, 차츰 건설적인 의사소통 방법을 익히게 된다.

학생의 말문을 열게 하는 간단한 방법

다른 사람들도 마찬가지겠지만 특히나 교사들은 단지 적극적 듣기(경청)만으로 누군가를 도울 수 있다는 생각에 선뜻 동의하지 못한다. 하지만 '침묵은 금'이라는 격언을 상기해 보라. 전문 상담가들은 그저 묵묵히 듣는 데 적잖은 시간을 할애한다. 들어 주는 것이야말로 가장 효과적인 수단임을 경험을 통해 깨달았기 때문이다. 적극적 듣기는 문제를 지닌 사람이 시달리고 있는 고민거리를 털어놓고 싶은 마음이 들게 한다. 또 감정을 쉽게 털어 내도록 돕고 정서를 발산시켜 준다. 적극적 듣기는 흥을 깨지 않고 말을 이어 가도록 한다. 또 더 깊이 잠복해 있는 근원적인 감정을 들여다볼 수 있게 독려한다. 적극적 듣기는 기꺼이 도우려 한다는 인상을 풍긴다. 그리고 화자에게 '네가 가진 온갖 문제뿐 아니라 있는 그대로의 너 자신도 수용한다'는 메시지를 전달한다.

유능한 상담가의 비법이 고작 그까짓 적극적 듣기라니, 다소 의아하지 않은가? 학부모나 교사들은 문제를 지닌 사람에게 뭔가 이야기해 주는 것, 즉 내담자에게 무슨 메시지를 전달하거나, 충고하고 경고하며 사실이나 통찰, 해법을 제시하고 공감하거나, 그를 평가하고 판단하는 일이 상담가 본연의 임무라고 생각하곤 한다.

T.E.T. 수업에서 문제를 가진 학생을 돕는 가장 좋은 방법은 그저 함께 있어 주는 것이라는 말을 듣고 나면 교사들은 대체로 놀라며 미심쩍어한다. 하지만 유능한 상담가들은 주로 상

대의 말을 경청함으로써 그들의 마음을 움직이고 결국 '자기 방식에서 벗어나도록' 해 주는 데 성공의 열쇠가 있다고들 말한다.

이제 학생의 말을 듣는 네 가지 새로운 방식을 소개한다. 이 내용을 숙지하면 문제를 겪고 있는 학생을 더 효과적으로 도울 수 있다.

소극적 듣기(침묵)

아무 말도 하지 않는 것은 사실상 수용한다는 것을 의미한다. 침묵(소극적 듣기)은 진정으로 받아들여진다고 느끼게 함으로써 더 많은 것을 공유하도록 고무하는 막강한 메시지다. 당신이 쉴 새 없이 말을 이어 나간다면 학생은 자신을 괴롭히는 문제를 말할 틈도 없을 것이다.

인정 반응법

침묵은 메시지를 수용할 수 없다고 수시로 암시하는 의사소통 문제를 피하게 해 주지만 진정으로 귀 기울이고 있는지를 학생에게 확신시키지는 못한다. 따라서 학생의 감정에 정확히 주파수를 맞추고 있음을 드러내려면 사이사이 비언어적·언어적 신호를 활용하는 것이 도움이 된다. 우리는 이런 신호들을 '인정 반응법'이라 부른다. 고개 끄덕이기, 몸 앞으로 구부리기, 미소 짓기, 얼굴 찡그리기 같은 여러 몸짓 언어를 효과적으로 쓰기만 한다면 당신이 진정으로 귀 기울이고 있음을 학생에게 확신시킬 수 있다. 상담가들이 우스갯소리로 '공감을 나타내는 웅얼거림'이라고 일컫는 것인데, '어허!' '오!' '그렇구나' 같은 언어적 신호들 역시 학생에게 당신이 온통 주의를 집중하고 있다는 사실, 자기 말에 흥미를 느끼고 있다는 사실, 계속해서 말하도록 고무하고 있다는 사실을 실감케 한다.

도어 오프너

때때로 학생들은 더 많은 이야기를 하거나 더 깊이 파고들기 전 많이들 주저하기 때문에 처음 말문을 열 때 격려받고 싶어 한다. 이때 쓰는 메시지를 '도어 오프너(door opener)'라 부른다. 예를 들면 이런 것이다. "그 문제에 대해 더 이야기해 보고 싶지 않니?" "거 참 재미있구나. 계속해 볼래?" "그 문제로 큰 상처를 입은 모양이구나." "네 이야기 정말 흥미롭다!" "그 점에 대해 자세히 말해 줄래?" 이 표현들은 모두 학생이 말하는 내용에 대해 어떤 평가도 하지 않고, 자유롭게 답할 수 있는 개방적인 질문이거나 표현이라는 사실에 주목하라.

T.E.T. 수업에 참여한 어느 교사는 학생에게 처음으로 이러한 기법을 시도했던 일을 이렇게 썼다.

5교시 수업에서 만난 어떤 학생이 무슨 말인가 하고 싶다는 듯 수업 끝날 즈음 저를 기다리고 있었습니다. 하지만 어떻게 말을 꺼내야 할지 망설이는 것 같았습니다. 그 전날 '도어 오프너'를 한번 시도해 봐야겠다 생각했던 참이라 저는 먼저 이렇게 말을 걸었습니다. "너 선생님한테 무슨 할 말 있니?" 처음 그 여학생은 어디서부터 말을 시작해야 할지 몰라 약간 머뭇거렸습니다. 저는 혀를 차며 "어 허" "계속해 봐" 따위의 말을 건네며 느긋하게 기다렸습니다. 이윽고 학생이 말문을 열더니 고개를 떨군 채 약 10분 간 말을 이어 나가더군요. 저는 그 애가 그렇게까지 무거 운 짐을 지고 살아가는 줄은 꿈에도 몰랐습니다. 학생이 말하는 중간에 묻고 싶은 것이 많았지만 꾹 참았어요. 그 짧은 동안 내게 말한 그 애는 한결 후련해진 것처럼 보였 고, 저 또한 그 애와 아주 가까워진 느낌이 들었습니다. 마 침내 그 애는 제 손을 꼭 붙잡았습니다. 단지 들어 주기만 을 뿐인데 그 아이에게 그렇게 큰 보탬이 되었다는 사실 이 도무지 믿기지 않았습니다.

이 교사의 경험이나 그 과정에서 일어난 일에 대해 느끼 는 감정은 사실 그다지 특이하지 않다. 일반적으로 교사들은 앞서 말한 문제가 있는 대화법을 자제하느라 상당한 곤란을 겪으며, 학생이 지닌 문제의 종류와 심각성에 놀라고, 학생이 자발적으로 이야기를 시작할 때 한시름 놓으며, 마침내는 학생 에게 친근감을 느끼게 된다.

문제가 있는 의사소통 방법 대신 '침묵'이나 '인정' 같은 한 결 유용한 기법을 동원한다면 다음 사례에서 보듯 대화가 어 떻게 급진전할지는 누구도 예측하지 못한다.

학생 　신문을 발행할 수 없을 것 같아요. 포기할까 봐요.

교사 　(침묵. 고개를 주억거린다.)

학생 저는 오늘 오후 3시부터 여기에 있었거든요. 그런데 다른 애들은 모두 가 버렸어요. 그 애들은 제가 편집장이니까 으레 모든 걸 다 알아서 해야 한다고 생각하는 것 같아요. 정말 실망스러워요.

교사 저런!

학생 엘렌은 타자를 다 쳐 놓지 않았고, 메리앤은 아직껏 레이아웃 작업을 마치지도 않았어요. 그리고 스티브가 망쳐 둔 저 스포츠면 좀 보세요.

교사 (고개를 끄덕인다.)

학생 (잠시 머뭇거리다) 문제는 모두 자기 말고 다른 누군가가 알아서 하기만을 넋 놓고 기다리고 있다는 거예요. 아무래도 해야 할 일의 목록과 그 일이 진행돼야 할 순서를 정해야 할까 봐요. 그러면 누구나 다음 할 일이 뭔지, 누가 그 일을 해야 하는지 한눈에 알아볼 수 있잖아요.

교사 그렇겠구나.

학생 제가 오늘 밤 집에 가서 그 목록을 만들어 볼게요. 그럼 안녕히 가세요.

교사 그게 좋겠다.

적극적 듣기

하지만 침묵, 인정 반응법, 도어 오프너는 하나같이 충분히 상호 작용을 하는 방법은 아니다. 화자인 학생은 연신 혼자서만 말하고 있다. 그는 교사가 듣고 있다는 사실을 알 수 있을 뿐 자기 말을 이해하고 있는지 확인할 도리가 없다. 이러한 대응 방법은 흔히 더 깊숙이 들어가는 것, 즉 겉으로 드러난 문제에서 심층에 도사리고 있는 원인이나 감정으로까지 파고들도록 부추겨 주지는 못한다. 또 학생은 교사가 과연 자신과 자신이 하는 말을 얼마나 수용하고 있는지 헤아리지 못한다. 교사가 자신에게 주파수를 맞추고 있다는 사실만을 가까스로 느낄 따름이다.

요컨대 이 세 방법은 대체로 수동적이어서 청자가 진정으로 이해하고 있는지 여부를 드러내 주지 못한다. 이러한 비활동적인 역할은 마치 무대에서 전개되는 연극을 바라보는 관객에 비유될 수 있다. 이때 배우는 관객이 거기 앉아 있으며 자기 말을 들으려는 의지를 가진 것처럼 보인다고 느낄 뿐, 그것 말고는 다른 어떤 사실도 확신하지 못한다.

경청이 효과적이려면 한층 더 긴밀한 상호 작용, 단지 듣고 있기만 하는 것이 아니라 정확히 이해하고 있음을 내비치는 더 많은 증거를 상대방에게 보여 주어야 한다. 유능한 상담가들은 우리가 이른바 '적극적 듣기'라고 부르는 이 방법을 광범위하게 활용한다.

적극적 듣기의 중요성을 깊이 인식하려면 인간의 의사소통에 관한 이론을 간단하게나마 살펴볼 필요가 있다. 이러한 의사소통 과정을 체득하는 데 가장 유용하게 활용되는 것은 다음 절에 소개할 모델 또는 그림을 통한 방법이다. 독자들은 이 모델을 숙지하고 난 후 네 번째 방법인 '적극적 듣기'를 접하게 될 것이다.

의사소통의 실상과 구조

사람들은 왜 말을 할까? 어째서 의사소통을 하고 싶어 할까? 의사소통은 어떤 사람이 자기 내면에 어떤 욕구를 품게 됨에 따라 다른 사람에게 말을 걸기 시작하면서 이루어진다. 대화는 자기 내부에서 일어나고 있는 사태를 외부 세계에 알리려는 시도다. [그림 11]에는 테리라는 사람이 원으로 표현되어 있다. 그의 '외피'는 원의 둘레 혹은 경계선이다.

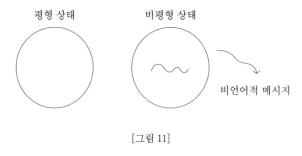

[그림 11]

이 그림에서 테리는 비교적 평형 상태, 즉 충족되지 않은 욕구가 없는, 아무 문제 없는 상태에서 자기 본분에 만족한 채 열심히 일하고 있다. 오전 늦은 시간이 되면서 테리는 점차 오른쪽 그림에 표현된 것처럼 약간의 공복감을 느낀다. 그는 일을 즐기고 있기 때문에 배고픔을 애써 무시할 수도, 아니면 그 사실을 아예 깨닫지 못할 수도 있다. 하지만 그의 몸은 안절부절못하거나 불안해하거나 자꾸 주위를 둘러보는 식의 비언어적인 메시지를 보내기 시작한다.

이제 [그림 12]에서 테리는 '매우 심하게' 배가 고파져 심각한 비평형 상태에 빠진다. 이런 상태가 되면 테리에게는 어떻게든 배고픔을 해소해 그 상태에서 벗어나려는 동기가 생긴다. 이때가 바로 그가 의식적으로 언어적 의사소통을 하려 드는 순간이다.

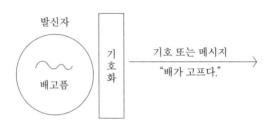

[그림 12]

어떻게? 자기 내부에서 실제로 일어나고 있는 바, 즉 배고픔, 좌절, 피곤함, 여타 감정을 전달하는 것은 불가능에 가깝다. 철저히 개인의 '외피' 안에서 진행되는 생리적 과정이거나 신체적 조건들이기 때문이다. 내적으로 어떻게 느끼고 무엇 때문에 괴로운지 전달하려면 우리는 부득이 기호(code)를 선택해야 한다. 의사소통 전문가들은 이 과정을 '기호화(encoding)'라 부른다. 언어적 메시지는 모두 이런 기호의 일종이다.

파고가 거세게 표현된 [그림 12]의 원은 더는 배고픔을 참기 힘든 상태(심각한 비평형 상태)에 이른 테리를 나타낸다. 기호화 과정은 네모 속에, 테리가 수신자(청자)에게 보내는 기호 또는 메시지는 화살표로 표시되어 있다.

기호화된 메시지의 의미가 누구에게나 분명할 때도 있다. '배가 고프다'는 기호는 비교적 알아듣기 쉽다. 하지만 유감스럽게도 금방 수긍이 가는 확연한 메시지는 얼마 없다. 사람들이 보내는 메시지는 대개 개인에 따라 제각각 '독특하게' 기호화된다. 메시지 내용이 감정과 관련되기는 하지만 감정 자체는 분명하게 표현되지 못한다는 의미다. 테리는 "배가 고프다"고 말하는 대신 "우리 언제 점심 먹어?" 또는 "지금 몇 시야?"라고 물어볼 수도 있다. 이렇게 기호화된 메시지를 문자 그대로 받아들이면 오해가 일어나기 쉽다. 예컨대 "지금 몇 시야?"라는 테리의 말을 단순히 현재 시각을 묻는 질문으로 듣고 "너 아직 시계 볼 줄 모르니?"라고 대꾸한다면 수신자는 메시지를 완전히 엉뚱하게 해석한 것이다.

다음은 독특하게 기호화되기 때문에 교사들이 금방 알아채지 못하는 학생들의 메시지 몇 가지를 나열해 본 것이다.

학생의 감정	학생이 기호화한 메시지
다가오는 시험을 걱정하고 있다.	"헌법과 권리장전에 관한 내용을 왜 꼭 우리가 다 알아야 하는 거죠?"
야구팀 멤버로 선정되지 못할까 봐 걱정이다.	"저 오늘 체육 수업 꼭 받아야 하나요?"
숙제가 너무 많아 부담스럽다.	"이 숙제는 너무 어려워요. 도무지 이해가 안 돼요."
상대 마음을 사로잡지 못하고 차였다고 느낀다.	"마샤는 자기가 무슨 공주인 줄 아나 봐요."
미술 관련 기획 결과에 낙담해 있다.	"전 미술이 딱 질색이에요. 새삼 느끼는 거지만 미술은 좀생이나 하는 일 같아요."

이런 기호는 학생 내부에서 자신을 괴롭히는 문제, 또는 그 학생의 감정을 분명하게 드러내 주지 못한다.

학생의 메시지는 대부분 독특하게 기호화되고, 따라서 알아듣기 까다로운 탓에 그 기호에 곧이곧대로 반응하는 일은 대단히 어리석다. 학생의 메시지가 담고 있는 진정한 의미가 왜곡될 수 있어서다.

결국 교사로서는 학생을 괴롭히는 문제가 뭔지 알 수 없어서 그들에게 도움을 주지 못한다. 이런 기호에 대한 교사의 엉뚱한 반응은 전혀 이해받고 있지 못하다는 사실을 학생에게 전함으로써 교사-학생 관계를 금 가게 하기까지 한다.

교사들은 왜 적극적 듣기를 배워야 하는가?

의사소통의 좌절을 막을 수 있는 가장 효과적인 방법은 학생이 전달하는 바를 이해하고 있다는 사실을 확실하게 보증해 주는 적극적 듣기다. 소극적 듣기(침묵)와 대비되는 적극적 듣기는 학생과의 상호 작용을 의미하는 것으로, 교사가 이해하고 있다는 증거(피드백)를 학생에게 전달해 준다.

다음과 같은 일반적인 교실 상황에서 적극적 듣기가 소극적 듣기와 얼마나 극명한 대조를 이루는지 살펴보자.

한 학생이 자신의 독서 능력이 또래보다 뒤떨어지고 과제가 너무 버거워 쫓아가기 어렵다고 느끼고 있다. 학생은 그 문제를 풀려고 안간힘을 쓰고 있다.

내면에서 일고 있는 걱정을 교사에게 직접 꺼내 보일 수 없으니 학생은 내적 상태를 내비치는 몇 가지 언어적 상징을 선택하는 기호화 과정을 거친다. [그림 13]에서처럼 학생이 "우리 정말 곧 시험 보나요?"라는 기호를 택했다고 해 보자.

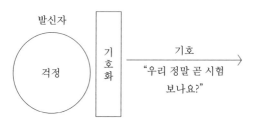

[그림 13]

이런 메시지를 받게 되면 교사의 머릿속은 그 메시지에 내포된 의미(학생의 내면적 상황)를 간파하기 위한 해석 과정(decoding process)을 거친다. 수신자가 학생 내면을 열어 볼 수는 없는 탓에 이런 해석 과정은 틀림없이 추측이나 추론이 될 터이다. 옳게 추측한다면 해석의 결과는 "그는 걱정하고 있다"가 될 것이다. 하지만 엉뚱하게 해석한다면 "그는 어서 시험

[그림 14]

을 봤으면 하는 모양이다" 또는 "다음 주에 시험 보기로 한 사실을 잊은 거구나" 하고 빗나간 결론에 이를 수 있다.

　의사소통 과정에서는 이 해석 작업이 결정적으로 중요하다. 하지만 교사 스스로 옳게 해석했는지 그르게 해석했는지 확인할 수 없다. 학생 역시 교사가 메시지를 정확하게 해석했는지 알 길이 없다. 학생이 교사의 마음을 읽는 정도는 교사가 학생의 마음을 읽는 정도에 언제나 못 미치기 마련이다.

　따라서 교사가 학생의 메시지에 반응하기에 앞서 해석 결과의 정확성 여부를 따져 보기로 마음먹었다고 가정해 보자. 이렇게 하는 데는 기호화의 결과를 피드백하는(되비춰 보는) 것만으로 충분하다([그림 15] 참조). "시험이 코앞에 닥쳐 걱정스러운 거구나"라는 식의 말로 학생에게 되비춰 보는 것이다. 이 피드백을 들으면 학생은 틀림없이 "예, 맞아요"라고 대꾸할 것이다. 학생은 비로소 교사가 자기 이야기를 제내로 들었을 뿐 아니라 바로 이해했음을 알게 되고, 교사 역시 그럴 것이다.

　우리는 이 피드백 과정을 '적극적 듣기'라고 부른다. 이것

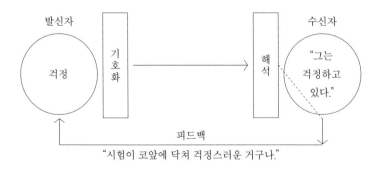

[그림 15]

은 효과적인 의사소통 과정을 마무리하는 마지막 조치다.

하지만 학생이 시험을 앞두고 시험 자체가 아니라 '평소 자신이 취약한 논술고사 형식으로 출제되면 어쩌나?' 하고 걱정하고 있다고 가정해 보자.

이때 교사의 해석은 다음 [그림 16]에서 보듯이 완전히 빗나갔다. 이어지는 피드백은 교사가 정확히 의미를 짚어 내지 못했음을 학생에게 드러내 준다. 그는 피드백을 듣고 교사를 바로잡아 주려 할 것이며, 그럴 경우 대화는 아마도 다음과 같은 양상으로 전개될 것이다.

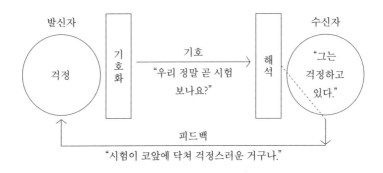

[그림 16]

학생   아니에요. 제가 걱정하는 건 선생님이 어떤 방식으로 시험을 낼지 몰라서예요. 저는 논술고사를 보게 될까 봐 그게 겁나거든요.

교사   아, 그러니까 우리가 보게 될 시험 유형이 어떤지 몰라 걱정하는 거구나!

학생   예. 저는 논술고사엔 좀 약하거든요.

교사　객관식 시험에 더 강하다고 생각하는구나?

학생　맞아요. 저는 논술고사만 봤다 하면 시험을 망쳐요.

교사　시험은 선다형이 될 거다.

학생　휴, 정말 다행이다. 이제 시험 걱정은 덜 해도 되겠네요.

이 경우 교사의 첫 번째 피드백은 초점을 빗나갔고, 그래서 학생은 이해될 때까지 자신의 메시지를 다시 언급하고 재차 기호화할 필요를 느꼈다.

문제를 겪고 있다는 사실을 드러내 주는 신호나 단서를 보내는 학생과 대화하면서 교사가 적극적 듣기를 효과적으로 활용하는 예를 몇 가지 더 소개하겠다.

1)　학생　(흐느끼면서) 샐리가 제 그림을 찢었어요.

　　교사　그림이 망가져서 속상하겠다. 그림을 찢은 샐리에게 화가 나고.

　　학생　맞아요. 이제 새로 그림을 그려야 해요.

2)　학생　다음 학기에 무슨 과목을 선택해야 할지 잘 모르겠어요. 저는 목공을 배우고 싶은데 어머니께서는 제가 대수학을 택했으면 하시거든요.

　　교사　네가 원하는 것과 어머니가 원하는 것 사이에서 갈피를 못 잡고 있구나?

　　학생　예.

3) 학생 리처드는 거짓말쟁이예요. 그 애랑 다시는 안 놀 거
        예요.

    교사 리처드가 툭하면 널 속이는 게 속상해서 그 애랑
        놀기 싫어진 모양이다.

    학생 네. 대신 토미나 데이비드랑 놀래요.

4) 학생 이 학교는 확실히 전에 다니던 학교보다 안 좋아요.
        그 학교 학생들은 참 친절했는데…….

    교사 이 학교에서 따돌림을 받는다고 느끼는구나.

    학생 정말 그래요.

5) 학생 왜 종일 비가 내리는 거죠? 비가 오면 그네를 타거
        나 철봉을 오르락내리락하는 재미난 놀이를 못 하
        잖아요.

    교사 안에만 있으려니 상당히 따분한 모양이구나.

    학생 네. 밖에 나가 놀면 좋겠어요.

이 예들에서 교사는 메시지를 정확하게 해석했고 학생의
마음속에서 일어나고 있는 바를 잘 짚어 냈다. 그리고 해석을
제대로 했는지 점검한 후 맞다는 확언, ‘예’ 또는 ‘맞아요’ 같은
학생의 긍정적 반응을 유도해 냈다. 또 학생 자신에게 주도성
을 부여하면서 학생이 외부 상황 자체가 아니라 그것을 어떻
게 느끼는지에 초점을 맞추고 있다. 예컨대 학생이 “리처드는
거짓말쟁이예요. 그 애랑 다시는 안 놀 거예요”라고 말하는 상

황에서 교사는 "리처드는 정말 나쁜 애다, 그렇지?" 하고 리처드에게 초점을 맞추는 게 아니라 발신자가 그 상황을 어떻게 느끼는지에 초점을 맞추고 있다.

이번에는 초등학교 6학년 남학생과 교장 선생님이 나눈 대화를 한번 살펴보자. 과연 어떻게 해서 교장의 적극적 듣기가 학생에게 교사와의 사이에서 일어난 말썽이라는 '겉으로 드러난 문제'에서 벗어나 심연에 있는 문제, 즉 자기 형에 대한 걱정으로 옮겨 가도록 이끌어 주는지 주목해 보라.

학생   (멈칫거리면서) 저, 라슨 선생님에 대해 교장 선생님께 드리고 싶은 말씀이 있어요.

교장   나한테 말을 해야 할지 말아야 할지 확신을 못 하고 있는 것 같구나.

학생   예. 만일 교장 선생님께 이야기한 사실을 라슨 선생님이 알면 정말 심하게 화를 내실 거예요.

교장   그렇구나. 오늘 너랑 만난 일을 내가 라슨 선생님께 말하면 라슨 선생님이 어떤 반응을 보일지 걱정스러운가 보다.

학생   맞아요.

교장   네가 안 된다고 하면 여기서 말한 것을 누구에게도 말하지 않으마.

학생   (한시름 놓으면서) 그 선생님이랑은 사이가 좋지 않으니 그렇게 하는 게 좋겠어요. 라슨 선생님이 저를 어떻게 했는지 아세요? 이 셔츠 좀 보세요. (단

추가 떨어져 나가고 단춧구멍 부근이 삼각형 모양으로 찢긴 윗도리를 가리킨다.) 선생님이 저를 붙잡더니 이렇게 찢어 놨지 뭐예요. 저희 엄마가 이 꼴을 보면 가만있지 않으실 거예요. 나 원 참!

교장   어머니가 너한테 역정을 내실까 봐 두려운 게로구나.

학생   맞아요. 엄마는 옷이 찢어지거나 더러워지면 언제나 저한테 소리를 지르시거든요. 그리고 라슨 선생님이 이렇게 만들어 놨다는 제 말을 곧이들으려고도 않으실 테고요. 보나 마나 이렇게 말씀하실 게 뻔해요. "설마! 뭣 때문에 선생님이 너한테 그런 짓을 하겠니?" 하는 수 없이 엄마한테 스티브와 싸운 일을 털어놓아야 할 테고, 그러면 또 이렇게 나오시겠죠. "너는 치고받거나 다투고 다닐 줄밖에 모르니?" 그럼 전 끝까지 그 말을 다 듣고 있지도 못할 거예요. 엄마가 계속해서 "그저 싸우거나 다투는 일밖엔 모르는 녀석이구나" 하면서 잔소리를 늘어놓으실 테니까요.

교장   그런 잔소리 듣는 게 진절머리가 나는가 봐.

학생   (고개를 끄덕거린다.) 형 알렉스가 돌아오기 전에는 이렇게까지 살벌하지 않았어요. 저희 형을 혹시 아세요? 형도 이 학교에 다녔는데. 아, 교장 선생님께서 여기 오시기 전이었겠네요. 어쨌거나 형이 돌아왔고 제 방을 떡 차지하더니 제 물건을 전부 자기 것인 척하는 거 있죠? 정말 자기가 무슨 조직 두목이라도 되는 줄 아는지 저하고 제 여동생한테 계속 명령을 내려요. 엄마는 본체만체하시고요. "누군가 너희 둘을 똑바로 가르쳐야 옳겠다만, 정작 그렇게 해야 할 너희 아빠가 지금 여기 안 계시니 난들 어떡하겠니?" 이러실 뿐이에요. 아빠가 집을 나가신 게 무슨 제 탓인가요?

교장 알렉스가 돌아오고 나서 상황이 정말 나쁘게 변하고 있다고 생각하나 봐. 사생활도 침해당하고 형 하인이 된 기분이 들고 말이야.

학생 맞아요. 제 방이 그렇게 넓은 것도 아니거든요. 형은 일자리를 구하든가 아니면 학교로 다시 돌아갈 때까지, 좌우지간 무슨 일을 하든 다른 거처를 구해야 해요. 하지만 예전 같지 않은 건 분명해요.

교장 알렉스가 돌아와서 상황이 달라졌다는 거지?

학생 아니에요. 아빠도 함께 살고 형에게도 아무 문제가 없었을 때를 말하는 거예요. (잠시 생각에 잠긴 끝에) 형한테 무슨 말썽이 생긴 것 같아요.

교장 혹시 마약 문제니?

학생 네. 이따금은 정말 멀쩡해 보여요, 예전처럼요. 하지만 어떤 때 보면 거의 폐인이 다 돼서 집을 나가꽤 오랫동안 들어오질 않아요. 다시 돌아올 때 보면완전히 얼이 빠져 있고, 뭐랄까, 거의 제정신이 아닌 사람 같아요.

교장 의심되는 증거가 있는 게로구나.

학생 네. 소년 야구 리그용 새 장갑을 사려고 모아 둔 돈이 없어진다든지…….

교장 알렉스가 마약을 구하려고 몰래 네 돈까지 손을 댄다고 생각하나 봐.

학생 돈 같은 건 아무래도 좋아요. 낡은 장갑이라도 상관없다고요.

교장 형을 더 걱정하고 있는 거구나.

학생 제가 어떻게 하면 좋을까요? (갑자기 흐느껴 울기 시작한다.) 이대로 놔두면 형은 폐인이 되거나 마약 중독자, 아니면 그 비슷한 뭐가 되고 말 거예요.

교장 알렉스에게 무슨 일이 일어나지나 않을까 정말 두려운가 보다.

학생 예. 하지만 이 사실을 엄마한테 이야기할 순 없어요. 엄마는 엄청나게 흥분해서 경찰을 부를 테고, 그럼 상황이 더 나빠질 거예요.

교장 어머니께서 일을 더 키울까 봐 걱정되나 보다.

학생 예, 틀림없어요. 저, 교장 선생님께서 전에 저희 반에 오셔서 이야기해 주신 마약센터 출신 남학생 있잖아요. 그분 연락처 아직도 가지고 계시죠?

교장 그 애가 어떻게 하면 알렉스에게 도움이 될지 네게 방법을 알려 줄 수도 있겠다 싶은 거니?

학생 네. 그런데 그분이 우리한테 준 주소와 자료를 몽땅 잃어버렸어요.

교장   그렇담 내가 한 부 더 주마. (파일에서 자료를 한 부

꺼낸다.)

학생   고맙습니다. 휴지 좀 주시겠어요? (코를 풀고 눈물

을 닦는다.) 이제 그만 가 볼게요. (막 일어서려다

말고) 아, 셔츠 문제는요. 라슨 선생님이 고의로 찢

으신 건 아니에요. 저와 스티브가 다투는 걸 떼어

놓으려고 하시다가 어쩌다 찢어진 것뿐이에요.

교장   라슨 선생님에게 진짜로 화난 건 아닌가 보구나. 옷

이 찢어진 게 라슨 선생님 탓은 아니라고 생각한다

는 거지?

학생   예, 선생님 탓이 아니에요. 라슨 선생님은 아무 잘

못도 없어요. 저 이제 가 봐야겠어요. 참, 교장 선생

님, 오늘 한 이야기는 모두 비밀로 해 주시는 거죠?

교장   네가 안 된다고 하면 누구에게도 얘기하지 않으마.

학생   정말 감사합니다. 그럼 내일 또 뵐게요.

교장은 이 특별한 만남에 든 시간이 채 10분도 되지 않았

다고 했다. 적극적 듣기가 이 사례에서처럼 대화를 처음부터

끝까지 순탄하게 끌고 가는 것은 그리 드문 일이 아니다. 하지

만 고등학교 3학년생과의 다음 상담 사례에서처럼 어떤 대화

는 극도로 애매하고 혼란스럽게 끝날 수도 있음을 잊어서는

안 된다.

학생   저 선생님, 저 이번 가을에 졸업하게 될 것 같은데

그렇게 하지 않을 수 있다면 얼마나 좋을까요? 내년에도 학교에 계속 다닐 수 있으면 정말 좋으련만…….

교사　학교 졸업하기가 아쉬운 거구나.

학생　네. 학교가 좋아서라기보다는 그저 내년에 뭘 해야 할지 막막해서요. 무슨 말인지 아시겠죠? 저는 실은 대학에 진학하고 싶거든요. 하지만 대학에 다니려면 돈이 너무 많이 들고, 저희 아빠는 그 비용을 감당할 형편이 못 되거든요. 일자리를 구할 수는 있지만 제가 할 수 있는 일이란 게 워낙 보수가 신통치 않은 것들이잖아요. 정말 골치가 아프네요.

교사　졸업 후 선택 가능한 것들이 신통찮아서 이래저래 걱정이 되나 보다.

학생　정말 그래요. 주립대학에 간다면 모를까. 남자 친구가 주립대학에 가면 저도 그 애랑 함께 살 수 있을 것 같거든요. 그러면 집 구하거나 살림살이 사고 식사할 때 드는 비용을 분담할 수 있을 텐데……. (잠시 이야기를 멈췄다가) 그런데 아빠가 그 사실을 알면 저를 가만두지 않으실 거라는 게 문제죠.

교사　남자 친구와 동거한다고 하면 아버지가 어떻게 나오실지 겁나는 모양이구나.

학생　어떻게 나오실지는 안 봐도 뻔해요. 저를 찾아와 다짜고짜 집으로 끌고 가거나 경찰을 부를 거예요. 아빠는 제 남자 친구 짐을 무척 못마땅해하시거든요.

짐이 머리를 길게 기르고 예술이나 음악에 빠져 있
다면서요. 아빠는 뭐랄까, 너무 앞뒤 꽉 막힌 타입
이에요.

교사   둘은 서로 너무 다른 모양이지?

학생   실은 그렇게 많이는 아니에요. 제 생각에는 오히려
닮은 구석이 많아요. 다만 아빠는 남자가 남자다우
려면 꼭 해야 한다고 사람들이 말하는 행동, 이를테
면 축구를 한다거나 맥주를 마신다거나 군대에 간
다거나 하는 일에 집착이 좀 남다를 뿐이에요. 여성
이 뭔가 할 수 있다곤 생각하지 않는 걸 보면 아빠
는 남성 우월주의자인 게 분명해요. 그럼이나 그리
고 시답잖은 음악이나 작곡한다는 이유로 짐을 여
자애 같다고 마땅찮아 하는 거죠.

교사   아버지는 그런 일이 남자한테는 적합하지 않다고
여기시는구나.

학생   예, 정말 그래요. (잠깐 이야기를 멈추더니) 아빠는
제가 사내아이로 태어나기를 원했던 것 같아요.

교사   네가 남자가 아니라서 아버지가 실망했다고 생각
하는구나.

학생   예. 아빠는 제가 여자가 아니고 남자였으면 하셨어
요. 엄마는 저를 낳고 곧 돌아가셨고, 어렸을 적에
는 할머니가 저를 키워 주셨거든요. 아빠가 할머니
께 제가 사내아이라면 키우기가 한결 쉬웠을 텐데,
앞으로 어떻게 하면 좋을지 모르겠다고 한숨 쉬시

던 게 생각나요. 저는 그게 아빠가 짐을 좋아하지 않는 이유라고 생각해요. 만일 제가 사내아이라면 아빠는 저한테 축구하는 법을 가르쳐 주거나 강해지도록 훈련시켰을 거예요. 아빠는 제가 연애를 시작하면 으레 그런 늠름하고 씩씩한 사내들과 어울릴 거라고 기대하셨던 것 같아요. 하지만 전혀 그렇지 않았거든요. 짐은 제가 진짜로 진지하게 사귄 유일한 남자 친구였어요. 언젠가는 아빠를 기쁘게 해 드릴 수 있겠다 싶어 축구팀 소속의 한 남자애랑 교제한 적도 있었지만, 정말로 느낌이 안 좋은 애였어요.

교사　언짢은 기억이 있나 보다.

학생　정말 그랬어요! 그 후로 전 아버지를 기쁘게 해 드리려고 아빠 맘에 들 법한 남자를 골라서 사귈 수는 없는 노릇이라는 걸 깨달았어요. 그래서 설사 머리를 길게 기르고 드라큘라처럼 송곳니가 나 있어도 제가 좋아하는 스타일의 남자랑 어울렸지요. 최근에 정말 매력적인 남자를 한 사람 찾긴 했는데……. 하지만 그 사람이 제게 관심을 보일 거라곤 생각지 않아요.

교사　그 사람이랑 사귈 가능성이 희박하다고 생각하는 거니?

학생　예. 하지만 제 몸무게가 너무 많이 나가서……. 짐이 떠나고 나서 제가 한 일이라곤 종일 집에 죽치고 앉아 몸이 풍선처럼 될 때까지 마구 뭘 집어먹는 거였어요. 저 스스로도 역겨웠지만 그걸 극복하기 위해 무슨 일인가 할 수 있을 것 같지 않았어요. 거울에 비친 제 모습을 보면 너무 혐오스러워서 또 뭔가를 허겁지겁 먹게 되고요. 정말 어처구니없으시죠?

교사　네 행동을 스스로 받아들이기 힘든가 보다.

학생　예. 저는 저를 도저히 이해할 수가 없어요.

이처럼 두서없고 오리무중인 상호 작용은 상담이 분명하고 극적인 결과를 매번 보장해 줄 수 없음을 보여 준다. 하지만 적극적 듣기는 적어도 문제 해결 과정이 시작되도록 만들어 주고, 감정을 분출하면서 해방감을 느끼도록 도와주고, 학생이 교사를 자기 이야기를 털어놓을 수 있는 대상이라고 믿게 해 준다.

적극적 듣기가 제 기능을 발휘하려면 어떻게 해야 하는가?

적극적 듣기가 제대로 효과를 발휘하려면 교사는 특정 태도나 자세를 취해야 한다. 그렇지 않으면 교사는 성실하지 못하고, 선심 쓰는 체하고, 지능적으로 속이는 듯한 인상을 줄 수도 있다. 더러는 제대로 된 적극적 듣기마저도 기계적이고 억지스럽고 어색하게 받아들여질 수 있다.

1 교사는 학생 스스로 문제를 타개할 수 있다는 사실을 분명히 확신해야 한다. 학생이 쉽사리 해결책을 찾지 못하거나, 앞의 사례에서 보듯 이야기를 두서없거나 장황하게 펼쳐 가더라도 그 과정을 느긋하게 믿어 주고, 적극적 듣기의 목적이 스스로 해결책을 발견하는 과정을 돕는 일임을 명심해야 한다. 그 과정이 때로 며칠, 몇 주, 심지어 몇 달이 걸리더라도 말이다.

2 '학생이라면 모름지기 이런 감정을 지녀야 한다'는 평소의 자기 소신과 상관없이 교사는 학생이 표현한 감정을 전적으로 수용해야 한다. 누구든 자신의 감정을 솔직하게 표현하고 살펴보고 탐구해야 비로소 그 감정에서 자유로워지기 때문이다.

3 교사는 감정이 때론 일시적일 수도 있음을 이해해야 한다. 어떤 감정들은 순간적으로만 일다 잦아들곤 한다. 적극적 듣기는 일시적인 감정들을 충분히 겪도록 거들어 줌으로써 그것을 해소하고 발산하고 해방시켜 준다. '이 감정 역시 결국에는 지나가고 말 것이다.' 이것은 모든 인간 감정에 적용되는 말이다.

4 교사는 문제를 겪는 학생을 도우려는 의지가 있어야 하며, 그것에 시간을 할애해야 한다.

5 교사는 문제를 겪고 있는 학생과 '함께'해야 하지만, 독자적인 정체성을 잃어버려서는 안 되며 학생의 감정에 지나치게 빠져들어서는 곤란하다. 다시 말해 교사는 학생의 감정을 마치 자신의 것인 양 들어 주어야 하긴 하지만, 바로

자신의 것이 되도록 내버려 둬서도, 자신을 괴롭히도록 방치해도 안 된다.

6 학생이 먼저 나서서 현실적 문제를 토로하면서 문제 해결의 첫발을 내딛는 일은 어지간해선 일어나지 않는다는 사실을 교사가 알고 있을 필요가 있다. 적극적 듣기는 처음에 겉으로 드러난 문제에서 벗어나 자기 문제를 더 명확하게 설명하도록, 그 문제의 저변으로 더 깊숙이 들어가도록 도와준다. 학생이 현실에서 부딪친 어떤 문제가 교사로서 감당하기 힘들어 불편하다고 느끼면 그런 심경은 학생에게 어떤 식으로든 전해지기 마련이다. 그럴 때는 '감당하기 힘들다'고 솔직하게 말하고, 그 문제에 한결 느긋하게 대처하고 수용해 줄 다른 사람을 소개해 주는 편이 차라리 현명하다.

7 교사는 학생이 무엇을 말했든지 반드시 비밀과 사생활을 지켜 주어야 한다. 교사들은 너무 자주 학생들에 관해 뒷공론하거나 학생 문제를 동료 교사와 공공연하게 상의하곤 한다. 이런 사실을 학생이 알게 되면 이것처럼 학생과의 관계를 냉각시키는 일은 없다.

적극적 듣기는 교사가 학생 문제를 수습하기 위해 동원하는 마술 같은 속임수가 아니다. 학생들이 겪고 있는 문제를 교사가 조력자로서 충분히 역할하도록 도와주는 구체적인 태도이자 방법이다.

적극적 듣기의 사례와 효과

T.E.T. 과정에서 처음 적극적 듣기를 소개받은 교사들은 더러 이렇게 묻곤 한다.

"왜 제가 아이들 이야기까지 들어야 하죠? 그게 가르치는 데 무슨 상관 있나요?"

"우리 학교에는 상담 교사가 따로 있어요. 그런데 어째서 우리가 상담 교사 일까지 떠맡아야 해요?"

"상담 말고도 할 일이 태산이에요. 어떻게 아이들 말을 하나하나 다 들으면서 가르치기까지 할 수 있겠어요?"

"다 좋은 이야기네요. 그런데 저희 반 애들은 35명이나 된답니다. 무슨 수로 그 애들의 별의별 이야기를 다 귀담아 듣겠어요?"

"적극적 듣기가 과연 제가 가르치는 학생들이 더 잘 공부하게 하는 데도 보탬이 될까요?"

"아무튼 적극적 듣기는 저한텐 잘 안 맞아요. 제가 피드백을 시작하면 아이들이 '저 선생님 뭐 잘못 먹었나' 하는 의심스러운 눈초리로 쳐다볼 게 틀림없어요."

이런 반응은 모두 수긍이 간다. 일부 교사들에게는 적극적 듣기가 매우 생소하게 느껴질 수도 있다. 강의하고, 질문하고, 말하고, 판단하고, 평가하는 데 익숙하기 때문이다. 그들은 오직 자신에게 부여된 '가르침'이라는 구체적인 업무만을 수행하려고 하는데, 그 일은 강의하기, 질문하기, 말하기, 평가하기 등을 더 많이 요구하는 듯이 보인다. 그러니 교사들로서는 당연히 적극적 듣기를 익히고 활용하는 데 시간과 노고를 바칠 가치가 있는지 되묻고 싶어질 것이다.

T.E.T. 수업에서 이러한 문제를 두고 토론하고 있을 때 한 교사는 적극적 듣기와 관련해서 자신이 교실에서 성공한 이야기를 들려주었다.

지금 우리가 막혀 있는 지점은 적극적 듣기를 가르치는 도구로 바라보지 못한다는 점인 것 같습니다. 우리는 그간 온갖 종류의 새로운 교수법을 활용하라고, 토론 집단을 꾸려 보라고 요구받았으며, 실제로 지난 몇 년 동안 이 기법들을 수행하는 법을 구체적으로 훈련받기도 했습니다. 하지만 최근에 적극적 듣기에 대해 배우고 그것을 교실에 적용해 보고 나서야 비로소 이 접근법이 제대로 작동하기 시작한다는 사실을 깨달았습니다. 지금에서야 왜 그동안 토론 집단이 늘 노닥거리는 잡담 모임으로 변질돼 버렸는지, 그리고 토론을 조직한 보람도 없이 어째서 번번이 수업이 여느 때처럼 그저 평범한 강의로 돌아갈 수밖에 없었는지 그 이유를 알게 되었습니다. 유일한 변화라면 학생을 줄줄이 앉히는 대신 원으로 빙 둘러앉힌 것뿐이었지요. T.E.T.가 아닌 다른 교사 교육 프로그램도 평가를 삼가야 한다고는 하지만 도대체 어떻게 하라는 건지 구체적으로 제시해 주지는 않았거든요. 그런데 적극적 듣기를 하자 비로소 진정한 토론이 시작되었습니다. 저는 이제 토론을 느긋이 즐기게 되었고, 반 아이들도 눈을 반짝이면서 집중하고 있습니다.

이 교사가 지적한 대로 학습 분위기를 만들기에(명확하게 설명하고, 질문을 장려하고, 학생이 자유롭게 생각하고 토론하고 질문하고 탐구하는 분위기를 조성하기에) 적극적 듣기는 효과적인 도구다.

사고 과정을 독려하는 여러 교수 전략을 이미 교육받은 교사들은 '평가를 최소화하는 피드백'의 중요성을 이해하고 난 후 더 효율적으로 가르치기 위해 적극적 듣기를 일상적으로 활용하고 있다.

T.E.T. 수업에서 한 초등학교 5학년 담임 교사는 자기 학급에서 경험한 또 하나의 성공 사례를 들려주었다.

저는 교실에서 적극적 듣기를 해 보기로 마음을 정했습니다. 아직 능숙하지는 못하지만, 적극적 듣기를 시작한 이후 저희 학급은 다른 학급과는 뭔가 좀 달라졌습니다. 사실 그저 달라지기만 한 게 아니라 한결 좋아졌지요. 저는 학급에서 가장 말썽을 피우는 녀석 다섯을 골라 한 번에 한 명씩 교실 구석으로 불러 몇 분간 말문을 열었습니다. "요즘 싸움 원 없이 하고 있더라. 무슨 일인지 선생님께 말 좀 해 주지 않으련?" 이런 식의 '도어 오프너'로 말을 걸곤 했습니다. 싸우는 건 잘못이며 어떻게 달라져야 한다는 식으로 제가 설교를 늘어놓고 있지 않다는 사실을 알아챈 아이들은 '도어 오프너'만으로도 거리낌 없이 이야기를 털어놓았습니다. 불과 몇 분 함께했을 뿐인데 그 애들의 태도를 그토록 달라지게 만들 수 있다니 그저 신기할 따름입니다. 그 후로 아이들은 그렇게 심하게 서로를 헐뜯지 않았습니다. 교실에서는 며칠 동안 단 한 차례의 싸움도 일어나지 않는 진기록이 세워지기도 했지요. 이제 모든 학생은 자신들이 쓰는 속어로 '랩 토론(rap session)'을 하길 바라고 있습니다.

적극적 듣기를 시도해 본 교사들은 그것이 시간 낭비가 아니라 반대로 여러 면에서 생산적으로 교수-학습이 더 많이 이루어지게 해 준다는 결론에 이르렀다. 다음은 그와 관련된 내용이다.

1 적극적 듣기는 격한 감정에 대처하고 감정을 '발산'하도록 도와준다. 골치를 썩이는 감정의 소용돌이를 토로하면 학생은 비로소 그 감정에서 벗어날 수 있고, 그럼으로써 마침내 학습이라는 본연의 과업으로 돌아갈 수 있다. 적극적 듣기는 이러한 유의 감정 해방을 어김없이 만끽하게 해 준다.

2 적극적 듣기는 자신의 감정을 두려워할 필요가 없음을, 격한 감정이 '나쁜' 것이 아님을 이해하도록 거든다. 교사는 적극적 듣기를 통해 '온갖 감정들이야말로 우리와 더불어

살아가는 친구'라는 사실을 알려 준다.

3 적극적 듣기는 문제 해결 과정을 쉬워지게 한다. 적극적 듣기는 흥을 잃지 않고 계속 이야기를 이어 가도록 돕는 강력한 도구이기 때문에 격의 없이 이야기 나누고, 열심히 궁리해 내고, 적극적으로 헤쳐 나가도록 독려한다.

4 적극적 듣기는 문제를 분석하고 타개하는 주도성을 학생에게 남겨 둔다. 적극적 듣기를 시도하다 보면 학생이 문제를 다루고 스스로 해결책을 찾아갈 때 발휘하는 에너지와 창조성에 깜짝 놀랄 때가 있을 것이다.

5 적극적 듣기는 교사 말에 더 귀 기울이도록 학생을 이끈다. 교사가 진지하게 귀 기울여 주면 학생은 자신의 관점과 견해, 감정, 생각이 받아들여진다고 느끼며, 따라서 교사에게도 마음의 문을 한결 쉽게 연다. 만일 학생이 좀처럼 자기 말을 귀담아들으려 하지 않는다고 울상 짓는다면 그거야말로 자신이 학생 말에 통 귀를 기울이지 않고 있다는 사실을 자백하는 것이나 다름없다.

6 적극적 듣기는 친근하고 더 의미 있는 교사와 학생 관계를 만들어 나가는 데 도움을 준다. 교사가 자기 말을 잘 들어 준다고 느끼는 학생은 자신을 가치 있고 소중한 존재로 여긴다. 자존감이 상승하고, 이해받고 있다는 데서 비롯되는 충만함을 느끼는 학생은 교사에게 한량없는 따뜻함을 품는다. 교사 또한 공감하는 자세로 귀 기울이면 학생을 더 깊이 이해할 수 있고, 학생에게 감정이입을 하게 되고, 따뜻함과 애정을 느낀다. 공감하면서 경청하는 것, 학생의

삶의 여정을 몇 발짝이나마 함께 걸어 보는 일은 학생을 보살피고 사랑하는 행위다. 이것이 바로 가르침은 사랑의 한 가지 형식이라고 우리가 입버릇처럼 말하는 이유다. 아울러 교사과 학생 관계가 상호 보살핌, 존경, 사랑으로 발전하면 '훈육' 문제는 저절로 사라진다. 좋아하고 존경하는 교사를 괴롭히거나 분란을 일으키려는 학생은 없을 테니 말이다. 그래서 과거에 훈육에 들이던 숱한 시간을 이제는 가르치고 배우는 데 할애할 수 있다.

열두 가지 대화 장벽의 위험성

이제 열두 가지 대화 장벽이 불러올 수 있는 위험성을 상세히 살피고, 학생에게 어떤 영향을 주는지 알아보자.

1. 명령하기, 지배하기, 지시하기

이 메시지는 학생의 감정과 욕구, 문제 따위는 교사에게 전혀 중요하지 않다는 의미를 전달한다. 학생은 교사가 느끼고 요구하는 것을 묵묵히 따라야만 한다("네가 목이 마르든 말든 내가 무슨 상관이겠니? 물 마시러 움직일 수 있는 시간이 될 때까지 가만 앉아서 참아라"). 또 이 메시지는 있는 그대로의 모습으로 수용받지 못한다고 느끼게 만든다("징징거리지 마라. 넌 이제 어린아이가 아니다"). 그리고 교사의 힘에 두려움을 품게 만든다. 학생은 이 메시지를 자신보다 몸집도 크고 힘센 누군가가 자신을 벌주겠다는 으름장으로 듣는다. 여기에는 "만일 그러지 않으면……"이라는 메시지가 숨어 있다("교실에서 당장 나와").

이 메시지들은 학생을 화나거나 분개하게 할 수도, 반항하고 저항하고 교사의 의지를 시험해 보게 할 수도, 적대감을 표출하게 할 수도 있다. 또 교사가 학생의 능력이나 판단을 신뢰하지 않는다는 인상을 전달한다("오늘 밤 공부 계획표 짜서 내일 나한테 가져와 봐").

2. 경고하기, 윽박지르기

이 메시지는 명령하기, 지배하기, 지시하기와 흡사하지만, 따르기를 거부했을 때 나타나는 결과는 훨씬 심각하다("징징거리는 거 그만두지 못해? 당장 그치지 않으면 네가 하기 싫어하는 대로 해 버릴 테다"). 이 메시지는 교사가 학생의 욕구나 소망을 조금도 존중하지 않는다는 느낌을 전달한다("만일 과제를 끝내지 않으면 다 마칠 때까지 여기 남아 있어야 할 줄 알아라"). 그리고 학생에게 두려움, 굴욕감을 안겨 준다("앞으로 잘하지 않으면 부모님께 다 이를 테니 그리 알아").

이 메시지는 명령이나 지시처럼 적대감을 불러일으킨다. 이 메시지는 더러 다음과 같은 학생의 반응을 일으키기도 한다("무슨 일이 생기든 상관없어요. 저는 계속 제 식대로 밀고 나갈 테니까요").

한술 더 떠서 이 메시지는 교사가 경고하거나 으름장을 놓은 내용이 과연 그대로 벌어질지 확인할 목적으로 조금 전에 하지 말라고 지적받은 것들을 해 보고 싶은 유혹에 빠지게 한다.

3. 교화하기, 설교하기, 의무와 당위 강조하기

이 메시지는 외부적인 권위, 의무, 책무 등을 학생에게 부과한다. 일반적으로 학생은 필사적으로 저항하거나 자기 입장을 전보다 확고하게 고수하는 식으로 이러한 '의무와 당위'에 맞선다.

설교조의 메시지는 학생에게 교사가 자신의 판단을 신뢰하지 않으며, 다른 사람이 옳다고 여기는 바를 받아들이는 편이 더 현명하다는 뜻을 전한다.

이 메시지는 죄책감을 불러일으키고 스스로 '못났다'고 생각하게 만든다("너 자신이나 학교에 치욕스러운 일을 저질러선 절대 안 된다").

이 메시지는 의견을 형성하고, 판단하고, 자신의 가치를 선택하는 학생의 능력을 신뢰하지 않음을 드러낸다("모름지기 사람은 웃어른을 공경해야만 하느니라").

4. 충고하기, 해결책 제시하기, 제안하기

이 메시지는 학생이 문제를 해결할 능력이 있다고 믿지 않는다는 증거로 작용한다. 교사에게 의존하도록, 스스로 생각하는 것을 포기하도록, 매사 문제에 대한 해답을 외적인 '권위'에 기대도록 만든다.

충고는 독립성을 쟁취하기 위해 투쟁하는 청소년을 특히 화나게 하는 우월한 태도("너에게 최선이 무엇인지 나는 알고 있다")를 전달한다. 충고하는 것은 충고자가 한 수 위라는 사실을 암시하는 탓에, 학생은 자기 생각을 발전시키는 대신 이런 태도에 대처하느라 불필요한 시간을 낭비하게 된다.

이 메시지는 흔히 학생에게 이해받지 못했다는 느낌을 갖게 만든다. 이런 식으로 말이다. "만약 선생님이 내 심정을 진정으로 이해했다면 그렇게 어이없는 제안을 하시지는 않았을 텐데……."

5. 가르치기, 훈계하기, 논리적 논법 제시하기

가르치기, 훈계하기, 논리적 논법 제시하기는 교사-학생 관계가 문제없음 영역에 있을 때는 제 기능을 발휘하지만, 그 밖에 다른 경우에는 엉뚱한 결과를 낳기 쉽다. 문제를 겪는 학생은 열등감, 굴욕감을 느끼며 수업에 임할 수 있기 때문이다. 교사가 논리와 사실을 대는 일은 학생이 비논리적이고 아는 것이 없다는 것을 은연중에 암시하는 탓에 때로 방어 태세를 갖추게 하고 분노를 불러일으킬 수도 있다.

어른들과 마찬가지로 학생들도 자신이 잘못했다는 사실을 인정하기를 한사코 꺼린다. 따라서 자기 입장을 끝끝내 고수하려는 경향을 보인다. "내가 옳고 선생님이 틀렸어. 어디 눈 하나 꿈쩍하나 보시지" 하고 생각하는 것이다.

훈계란 언제나 비능률적인 교수 방법이다. 부적절하게 사용되면 그저 비능률적인 데 그치는 것이 아니라 혐오감마저 불러일으킨다.

때로 교사가 전하려는 사실을 필사적으로 거부하는 방법을 동원하는 학생도 있다. 학교와 무관한 주제뿐 아니라 심지어 가르침과 관련한 문제까지 교사 견해를 받아들이지 않으려는 것이다. "저 선생님은 너무 고지식해. 얼마나 구식인지 요즘 세상이 어떻게 돌아가고 있는지 통 모른다니까." 흔한 반응이다.

학생은 자기 문제라면 교사보다 더 많은 사실과 정보를 가지고 있기 마련이다. 이게 바로 교사의 논법이 학생에게는 '교사의 방식으로' 자신을 길들이려고 권력을 동원하는 수단으로 해석되는 이유다.

6. 판단하기, 비판하기, 의견 달리하기, 꾸짖기

이 메시지는 다른 메시지보다 학생에게 어리석고 주제넘고 열등하고 무가치하고 형편없다는 느낌을 훨씬 강하게 전한다. 학생의 자아 개념은 그들의 삶에서 가장 의미 있는 성인이랄 수 있는 부모나 교사의 판단과 평가에 상당 정도 영향을 받는다. 부정적으로 평가하는 말을 들으면 학생의 자존감은 서서히 무너진다.

부정적인 비판은 역공을 불러오기도 한다. 학생은 종종 "선생님은 자신에게는 그렇게 신랄하지 않잖아(요)!"라고 생각하거나 더러 그런 말을 불쑥 내뱉기도 한다. 도대체 교사를 존경할 줄 모른다며 침을 튀기며 불평하는 이들은 대개 부정적인 평가를 거침없이 남발하는 교사다. 평가는 학생들이 진솔한 감정을 숨기고, 몸을 사리고, 다른 데로 도움을 요청하러 가도록 만든다.

학생은 자기만의 고유한 이미지를 보호하려는 욕구가 있어서 방어적인 태도나 분노로 이러한 메시지에 맞선다. 학생에게 게을러 빠졌다고 지적하는 것은 그의 부아를 돋울 뿐 결코 그를 의욕적으로 이끌어 주지 못한다.

상습적으로 부정적인 평가를 반복해서 들으면 훨씬 해롭다. 만성이 될 정도로 거듭해서 부정적인 평가를 듣는 학생은 스스로 훌륭하지 못하고 무가치하고 누구도 호감을 품을 수 없는 존재라고 생각하게 된다. 이런 종류의 자아상이야말로 위험천만하다는 증거는 얼마든지 찾아볼 수 있다.

7. 비난하기, 정형화하기, 꼬리표 붙이기

비난하기, 정형화하기, 꼬리표 붙이기는 부정적인 평가를 하거나 비판하는 일이므로 학생의 자아상에 치명적인 손상을 입힌다.

학생은 흔히 교사에게 똑같은 것을 되돌려 주는 식으로 이런 메시지에 맞서곤 한다("참, 선생님도 잘난 체 엄청 심하시군요." "지금 어린애처럼 구는 게 누군데 그러세요?").

학생에게 힘을 뽐내려고 이런 메시지를 동원하는 교사는 어김없이 실의에 빠지고 만다. 학생이 현실을 직시하는 대신 자기를 변명하기 위해 교사의 부당한 메시지를 역이용하려 들기 때문이다("내가 어린애라고? 어린애가 이렇게 행동하는 거 봤어? 잘 봐. 나는 이렇게 한다고!").

8. 해석하기, 분석하기, 진단하기

이 메시지는 학생에게 교사가 자신을 꿰뚫어 보고 있으며, 자신의 동기가 무엇인지, 왜 그런 식으로 행동하는지 훤히 들여다보고 있는 듯한 인상을 풍긴다("너는 다른 사람들의 관심을 끌려고 그렇게 행동하는 거야"). 하지만 이런 섣부른 심리 분석은 학생에게 위협감과 좌절감을 동시에 안겨 준다. 만일 그 분석이 정확하다면 학생은 자신이 노출되어 있고 벌거벗은 듯한 느낌에 당황할 것이다. 만일 그 분석이 틀리면 학생은 억울한 누명을 썼다며 분통을 터뜨릴 것이다. 후자가 더 흔한 경우다.

학생은 대개 이런 메시지를 들으면 교사에 대해 다음과 같이 생각한다. 자신을 나보다 더 지혜로운 존재로 여기고 있다고, 우월하다고 착각하고 나를 정확히 꿰뚫어 볼 수 있는 듯 군다고, 자기가 무슨 신이라도 되는 양 내 생각과 감정을 모두 알고 있는 것처럼 행동한다고. "그 이유를 알 만하다" "나는 너를 간파하고 있다"는 유의 메시지는 대체로 학생의 입을 닫게 한다. 이런 메시지는 정보를 교사에게 더 제공하면 안 되겠다며 경계하게 만든다. 위험 부담을 느끼는 것이다.

9. 칭찬하기, 맞장구치기, 긍정적 평가하기

부정적인 평가가 지닌 파괴적인 위력에 대해서는 충분히 수긍하는 교사들도 칭찬 역시 늘 이로운 것만은 아니며 부정적인 영향을 끼칠 때도 있다는 사실에는 큰 충격을 받는다. 그러나 학생의 자아상에 걸맞지 않은 긍정적인 평가는 오히려 화를 불러일으킬 수도 있다("나는 그렇게 좋은 학생이 못 되는데……"). 학생은 때로 이러한 긍정적 메시지를 자신을 조작하려는 시도, 즉 교사가 원하는 대로 자신을 길들이려는 음모로 받아들인다("선생님은 지금 나를 더 열심히 공부하게 하려고 저런 말을 하는 것뿐이야").

학생들은 교사가 긍정적인 평가를 하는 것은 언젠가는 부정적인 평가 또한 내릴 수 있음을 뜻하는 것을 정확하게 알고 있다. 평가하는 것은 자신의 우월성을 입증하려는 태도라고 유추하기도 한다. 공공연하게 칭찬을 들으면 당황하기도 한다. 학생은 '나쁜 예'로 꼽히는 것만큼이나 '좋은 예'로 거명되는 것 역시 달가워하지 않는다.

칭찬이 남용되는 교실에서는 칭찬 없는 상황이 비난으로 해석될 소지마저 있다("선생님이 좋은 말을 안 해 주는 걸 보니 내 그림이 맘에 들지 않는 게 분명해"). 심심찮게 칭찬을 듣는 학생은 점차 거기에 내성이 생기고, 심하면 칭찬을 자청하기까지 한다("저기, 선생님! 제 숙제 좀 봐 주실래요?" "이 그림 잘 그린 것 같지 않아요?" "선생님, 제 준비물을 보비랑 나눠 가졌는데요?").

요컨대 학생은 교사의 긍정적인 평가나 칭찬이 자신에 대한 진정한 이해에서 비롯된 것이 아니라 자신의 감정을 이해하는 데 들이는 시간을 아껴 볼 얄팍한 속셈으로 쓰이고 있다고 느낀다.

10. 안심시키기, 공감하기, 위로하기, 지지하기

언뜻 보면 이런 메시지로 문제를 두고 분투하는 학생을 도울 수 있을 것도 같다. 하지만 짐작과 달리 실제 그리 보탬이 되지 않는다. 무슨 문제인가로 괴로워하는 학생을 무작정 안심시키려는 것은 이해받지 못한다는 느낌만을 안겨 줄 따름이다.

교사는 문제를 지닌 학생이 품은 듯한 격하고 부정적인 감정을 불편하다고 느끼기 때문에 막무가내로 학생을 안심시키고 위로하려 드는 것이다. 이럴 때 보내는 안심시키는 메시지, 따뜻한 메시지는 학생에게 네 멋대로 느끼는 감정을 자제하면 좋겠다는 교사의 바람을 전한다("너무 비관적으로 생각하지 마라. 결국은 잘 풀릴 거야. 내일이면 기분이 한결 나아질 거다").

학생은 자신을 불신하고 변화시키려는 교사의 의중을 간파한다. 감정을 누그러뜨리려고 동원하는 공감이나 여타 장치들도 학생이 느끼는 방식을 포기해 주었으면 하는 교사의 바람을 전하고, 허물없이 의사소통할 기회를 차단한다.

현실에 발 딛고 서 있지 못하다는 평을 듣고 싶어 하는 사람은 아무도 없을 것이다. 안심시키려는 온갖 말들은 고통의 당사자가 감정을 턱없이 부풀리고 있으며, 사태가 실제로 어떤지 이해하지 못하고 있으며, 어느 면에서 '너무 호들갑을 떤다'는 것을 암시한다. 이게 바로 학생이 지지나 공감의 말로 위로하려 드는 교사의 시도에 적대감을 갖는 이유다.

11. 질문하기, 캐묻기, 신문하기, 반대 신문하기

학생이 문제를 지니고 있을 때 질문을 퍼붓는 것은 불신, 의구심, 의심 따위를 내비칠 우려가 있다("내가 일러 준 대로 숙제 한 거 맞아?"). 어떤 질문은 더러 학생을 함정에 빠뜨리거나 불리한 위치로 내몰고, 오로지 교사만이 그 상황을 쥐락펴락할 수 있다는 의미로 해석되기도 한다("몇 시간 동안이나 공부했니? 고작 한 시간밖에 안 했다고? 그러고 무슨 수로 좋은 성적을 받겠니?").

학생은 특히 의도가 잘 수긍이 안 가는 질문을 받으면 위협받는다고 느낀다. 학생이 얼마나 자주 이렇게 되물으며 맞서는지 보라. "그걸 왜 알고 싶으세요?"

문제를 겪고 있을 때 질문을 던지면 학생은 교사가 문제를 타결할 때까지 묵묵히 지켜봐 주기보다 자신을 대신해 문제를 수습해 주기 위해 서둘러 정보를 얻으려 한다는 인상을 받기 쉽다("숙모는 그러니까 너랑 함께 살려고 오신 거니? 그 일에 대해 넌 어떻게 생각하니?").

문제를 지닌 학생은 질문을 받으면 말하고 싶은 대로 말할 자유를 잃는다. 질문은 다음에 무슨 말을 이어 가야 할지를 한정 짓기 때문이다. 교사가 "이런 감정을 깨닫게 된 게 언제였니?" 하고 묻는다면 학생은 다른 내용은 그만두고 오직 그 감정이 시작된 시점에 대해서만 이야기해야 한다. 변호사는 비우호적인 증인에게 진실을 끄집어내기 위해 반대 신문하는 기술을 배운다. 증인은 변호사의 명령에 완강하게 버티면서 될수록 말문을 닫고 최소한으로만 답하려 든다. 신문은 허심탄회하고 건설적인 의사소통과는 거리가 먼 형편없는 방법이다.

12. 물러나 있기, 딴전 피우기, 빈정거리기, 비위 맞추기

교사의 이런 메시지는 학생은 안중에도 없고, 학생의 감정을 존중하지 않으며, 심지어 거부할 수도 있다는 인상을 풍긴다.

어떤 문제에 대해 이야기할 필요가 절실한 학생은 꽤 심

각하고 그 상황에 열중하려 한다. 그러므로 실없는 소리로 응대하거나 농담하거나 빈정대거나 유머를 구사하는 식의 반응을 보이면 자칫 학생에게 상처를 입힐 수도 있고, 무시하거나 비웃는 듯 비칠 수도 있다.

학생의 근심을 덜어 주는 일, 당시의 감정으로부터 주의를 딴 데로 돌리는 일은 당장은 성공적으로 보일지도 모른다. 하지만 사람의 감정은 완전히 해소되기 전에는 끊이지 않고 다시 불거지기 마련이다. 잠시 유예된 문제는 유예되었을 뿐 풀린 것이 아니기 때문이다.

학생은 정중하게 이해받고 자기 말을 귀담아들어 주기를 바란다. 조롱, 유머, 주의 환기시키기 등을 활용하는 교사는 학생에게 문제를 다른 엉뚱한 곳으로 가져가도록 부추긴다. 학생은 이런 교사를 조력자로 부적격하다고 간주하고, 관계를 맺고 싶은 믿을 만한 사람으로도 실격이라고 여긴다.

4

적극적 듣기의 다양한 활용법

적극적 듣기는 진솔하고 정직한 의사소통이 필요할 때마다 매번 도움을 준다. 교실에서 토론할 때 토론이 원활하게 이루어지도록 해 준다. 새로운 상황에 적응하지 않으려는 학생의 저항심을 잠재우기도 한다. 의존적이고 고분고분한 학생을 도와준다. 학교 내 폭력 사건이나 학교 밖 세계의 사고로 야기되는 감정을 교실 안에서 누그러뜨리는 데 보탬이 된다. 학부모 모임 또는 교사-학부모-학생 모임을 효율적으로 이끈다. 적극적 듣기에 서서히 익숙해지면 교사들은 학교, 가정생활, 다른 모든 인간관계 등 다양한 상황에 그것을 적용해 볼 수 있다.

각종 토론을 활성화한다

'강의식' 교수법을 탈피해 보려고 토론식으로 수업하는 교사들은 학급 토론이 노닥거리는 '잡담 시간'으로 자주 변질되어 버린다며 좌절하곤 한다. 어떤 교사들은 도저히 학생의 말문을 열도록 이끌 재간이 없다며 중도에 포기해 버리기도 한다. 적극적 듣기는 이런 교사들이 교실에서 다뤄야 할 학습 주제가 있을 때 능숙하게 집단 토론을 꾸려 가도록 돕는다. 다음은 교사가 의미를 명료하게 만들고 말을 달리 바꿔 표현하는 식으로 적극적 듣기를 적극적으로 실천하는 집단 토론의 한 가지 예다.

교사 이번에 스페인과 미국 전쟁에 관한 책을 읽었지? 책을 읽으면서 무엇을 배우고 무엇을 느꼈는지 궁금하구나.

브렛 처음에는 따분할 거라고 생각했지만 전혀 그렇지 않았어요. 헨리와 저는 어제 버스에서 이 책이 진실을 다루고 있어서 정말 놀랐다고 이야기를 나누었어요. 전에 읽은 역사책들은 대부분 미국을 늘, 뭐랄까 좋은 편으로만 그렸거든요.

헨리 (끼어들면서) 링컨이 노예 해방을 부르짖은 독립전쟁에 대해 우리가 읽어 온 다른 역사책들처럼요.

교사 이 책은 너희에게 뭔가 다르게 보였던 모양이다. 적어도 이 책의 저자들에게는 속았다는 인상을 받지 않은 것 같구나.

마샤 저는 다른 책들이 하나같이 틀렸다고는 생각하지 않아요. 단지 어느 한 편의 역사에 대해 말했을 뿐이거나 일어난 일 가운데 일부를 빠뜨렸을 뿐이지요.

헨리 그게 바로 거짓이 아니고 뭐야? 내가 만일 사람들한테 지난 목요일에 우리 미식축구 팀이 센트럴 팀과의 경기에서 터치다운을 2점 따고, 한 차례 인터셉트했고, 펀트를 한 번 막았다고 말한다면 사람들이 경기의 상을 전체적으로 그릴 수 있겠어? 실제로는 센트럴 팀이 45대 15로 경기에서 이겼는데 말이야.

일동　(웃음)

교사　헨리, 그러니까 너는 독자에게 제공했어야 할 주요 정보를 빠뜨리는 것은 거짓말을 하는 것이나 다름없고, 우리가 사용하고 있는 참고문헌 가운데 일부는 그런 일을 저지른 것 같다고 의심하는 거구나?

헨리　예. 바로 그거예요. 다른 책 몇 권을 대조해 보면 하나의 전쟁을 두고서도 마치 서로 다른 전쟁에 대해 이야기하고 있다고 생각하실 거예요.

낸시　그런데 대체 누가 어떻게 해서 역사가가 되는 걸까요? 아무튼 그 사람들은 오래전에 일어난 일들을 기술하는 사람일 뿐이잖아요. 당연히 편견을 가지고 있을 테고요.

비키　네 말이 맞아. 우리 언니는 역사가는 하나같이 "용감한 남성들이 서부로 진출했는데, 그 가운데 일부는 자기 가족을 데려가기까지 했다"는 식으로 허튼 글을 써 대는 남성 우월주의자들이라고 했어. 어느 누구도 용감한 여성들에 대한 내용을 쓴 적 없고, 설령 그렇게 했다손 쳐도 여성이 총을 쏠 수 있고 힘겨운 역경을 참아 내다니 참으로 놀랍다는 유의 기술일 뿐이라고 했어.

교사 내가 제대로 이해한 거라면, 그러니까 너희는 누구도 편견 없는 역사를 서술할 수 없다고 의문을 품은 거구나. 저자의 견해는 그들의 역사관에 어떤 식으로든 영향을 끼치기 마련이라는 거지?

낸시 그게 바로 문제예요. 그렇다면 우리가 무엇 때문에 괴롭게 그런 내용을 읽어야만 하는 거죠?

브렛 넌 지금 엉뚱한 소릴 하고 있어, 낸시. 논점은 책에 쓰여 있다는 이유만으로 그 내용을 곧이곧대로 믿어서는 안 된다는 거잖아. 나는 우리가 책을 '작게' 읽어야 할 게 아니라 도리어 더 '많이' 읽어야 한다고 생각해.

낸시 '작게'가 아니라 '적게'라고 해야지.

브렛 그래, 그건 네 지적이 옳아. 어쨌든 책을 더 많이 읽어야 해.

헨리 맞아. 나는 스페인 역사책에서는 스페인과 미국 전쟁을 어떤 식으로 기술했을지 궁금해.

비키 남성이 썼다면 그것들 역시 우리가 읽은 책들처럼 비이성적인 애국주의 일색일 게 뻔하지 뭐.

마리 누구 여성 역사가에 대해 들어 본 사람 있니?

비키 아무도 없어. 이게 바로 어느 책에서나 역사적 사건 가운데 가장 중요한 사건은 모두 남성이 이룬 일이고 의미 있는 사람들은 한결같이 남성인 것처럼 적

혀 있는 이유야. 내가 읽은 어떤 방대한 책에는 '미
국 역사 속의 위대한 여성'이라는 챕터를 고작 세
쪽만 쓰고 말았더라니까. 보통 실망한 게 아니었어.

교사 비키는 남성 역사가들이 여성을 너무 하찮게 다루
고 있다고 생각하는구나.

비키 예.

헨리 그렇다면 여성들이 스페인과 미국 전쟁에서 과연
무슨 일을 했던 거니? 나는 여성에 관한 이러한 측
면이 지금 우리가 말하는 것과 무슨 관련이 있다고
생각하지는 않는데…….

마샤 나는 상관이 깊다고 봐. 헨리, 너는 전체 이야기를
하지 않는 데서 비롯되는 문제를 충분히 이해하고
있는 사람이잖아. 그렇다면 여성들이 한 일을 제대
로 다루지 않는 것이 역사의 일부를 빠뜨리는 것과
같다고는 생각지 않니?

헨리 듣고 보니 그렇네. 하지만 여성들은 당시 아무 일도
하지 않은 게 사실이잖아. 조약을 체결하거나 정부
를 조직하거나 배의 선장이 되거나 탐험가가 되거
나 하는 그 어떤 것도 말이야.

비키 그게 바로 내가 지적하려는 태도야. 너는 남성들이
쓴 책을 읽고 남성들이 모든 것을 다 이루었다는
저자들의 관점을 무비판적으로 받아들이고 있어.
나는 여성들이 장교나 무슨 의미 있는 존재였다고
주장하려는 게 아냐. 단지 여성들이 역사책에서 실

제보다 턱없이 폄하되어 있다는 사실을 지적하고 싶을 따름이야. 여성들이 해 온 일이란 게 하나같이 약간의 경멸조로 다뤄져 있을 뿐이잖니?

교사 너희는 역사가 어떻게 쓰였는지 관심이 많구나. 특히 비키가 역사 속 여성에 관해 바라보고 있는 것처럼 말이야. 역사를 저술할 때 편견이 어떻게 작용하고 있는지 정말 관심이 많은가 봐. 너희가 스페인과 미국 전쟁에 관해 읽어 온 이전 책들을 좋아한다는 평소 내 생각을 이제 바꾸어야겠다.

비키 헨리와 브렛은 그렇게 말했어요.

브렛 우리가 뭐라고 말했다는 거야?

비키 너희는 그 책들이 마음에 든다고 했잖아. 그 전쟁에 대해 정말 공정하게 기술했다고, 미국이 그럴 자격이 없다 싶으면 굳이 미국을 좋게 묘사하려고 애쓰진 않았다고 한 것 아냐? 하지만 그 책들도 여성에 대해서는 그다지 공정하지 않아. 우리 언니는 대학에서 여성학 과정을 밟고 있는데, 여성들을 얼마나 왜곡하고 있는지 알아보려고 책에 사용된 언어를 평가하는 방법에 관한 자료들을 공부하고 있어. 언니한테 이 책들을 꿰뚫어 볼 수 있도록 도와 달라고 부탁할 거야. 그러고 나면 다음 주에 너희에게도 그 방법을 알려 줄게.

브렛 좋아. 하지만 그 밖에 다른 분야의 왜곡에 관해서는?

교사 너희 정말 역사책에서 행간을 읽는 법, 진짜 사실을 알아내는 법을 발견하는 데 관심이 대단하구나. 여성에 관한 것뿐 아니라 발생할 수 있는 모든 편견에 대한 것까지 다 아우르려는 거지?

헨리 맞아요. 우리가 읽는 자료들을 어떻게 평가할 수 있을까요?

교사 비키가 평가를 위한 몇 가지 방법을 알아보고 알려 주기로 했잖아. 브렛, 넌 여러 책을 다양하게 읽어 보라고 제안했고. 그리고 헨리가 외국 책을 두루 읽어서 비교해 볼 수 있다고 제안한 것 같은데…….. 그 밖에 다른 아이디어는 없니?

마리 전문가를 만나 보면 좋겠어요. 역사가를 한 분 초대해서 우리가 무엇을 할 수 있는지, 또 궁금한 것들을 묻고 답을 들으면 어떨까요? 우리 동네에 대학에서 역사를 가르치는 교수님이 한 분 사시거든요. 부탁하면 틀림없이 우리 반에 와 주실 텐데…….

비키 (어이가 없다는 듯 어깨를 으쓱하며) 또 한 사람의 남성 역사학자군!

마리 내가 보기에 그분은 공정해. 실제로 역사책에 드러난 성차별주의에 대해 그분한테 물어보면 되잖아.

낸시 참고문헌 목록에 실려 있는 책 가운데 몇 권 빌려다 주시겠어요?

교사 부교재들 말이니?

낸시 예.

마샤 스페인과 미국 전쟁에 대해서는 다른 자료들을 훑어본 뒤에 다시 이야기하는 편이 나을 것 같아. 사실 난 우리가 지금껏 읽어 온 내용이 모두 진실이 아닐 수도 있다는 생각에 좀 당혹스러워. 비키가 이야기할 때 이런 생각이 들었어. 비키 말이 옳고, 우리가 그동안 읽어 온 책 가운데 어느 것도 여성을 중요하게 다룬 것은 없었다고. 심지어 그들이 정말로 중요했을 때조차도 말이야. 그러니 그들이 서술한 나머지 것들도 어떻게 신뢰할 수 있겠어?

교사 너희 모두 독서를 하기 전에 역사적 서술 방식에 대해 배우고 역사책을 평가하는 게 어떤 이득을 주는지 잘 알고 있구나.

마샤 예.

일동 (고개를 끄덕인다.)

교사 좋아. 그렇다면 누가 무슨 일을 맡으면 좋을지 시간 계획표를 짜 보자꾸나. 나는 다음 주 화요일까지 도서관에서 참고 자료들을 빌려 오마. 비키는 언제까지 약속한 보고서를 작성할 수 있을 것 같니?
(이후 이 모임에 참석한 사람 모두 과제를 나눠 맡았다.)

10분도 안 되는 이 짤막한 토론은 수업의 방향을 역사적 참고 자료의 탐구, 학교 역사 수업에서 활용되는 교과서 및 기타 서적들을 평가하기 위한 일련의 기준을 정하는 일로 급선회시켰다.

교사가 문제의 열두 가지 대화법 가운데 어느 한 가지도 사용하지 않고 거의 전적으로 적극적 듣기에만 의존했다는 사실을 알겠는가? 이게 바로 효과적인 토론의 핵심 열쇠다.

토론을 촉진하기 위해 적극적 듣기를 활용하는 교사는 대개 집단 구성원의 구체적인 관심사, 재능, 강점, 약점 등을 발견할 수 있다. 특별한 재능이나 강점은 전체 학급(또는 토론 집단)이 본받을 수 있도록 조치하고, 결점과 약점은 차후 교육 내용을 정하는 데 참고한다.

여기에서 특히 유념할 것은 실제로 평가하거나 평가하겠다고 겁주는 것처럼 토론을 위축시키는 요소는 없다는 점이다. 토론 집단을 운영하는 것은 점수를 매기거나 판단을 하기 위해서가 아니라 학습을 심화시키고 풍부하게 할 목적임을 분명히 인식해야 한다. 모두 볼 수 있게 보드나 칠판에 쓰지 않는 한 무언가를 적고 있는 교사의 모습은 학생에게 부담을 줄 수 있다.

동료들이 어떤 평가를 내릴지 우려하는 것 또한 참여를 꺼리게 만든다. 다음은 교사가 어떤 학생이 다른 학생에게 어떤 부정적인 평가를 했을 때 적절히 대응하기 위해 적극적 듣기를 활용한 토론의 한 장면이다.

마거릿 …… 그래서 저는 근해에서 석유를 채취하는 일은
　　　　금지되어야 한다고 생각합니다.
스티브 그거야말로 바보 같은 소리야. 네가 그 일에 대해
　　　　뭘 안다고 그래?

마거릿   (당황하며) 음, 내 말을 유심히 들었다면 너도 잘
        알았을 거야. 이것으로 제 이야기를 모두 마칩니다.

교사   마거릿, 네 견해를 확신하고 있을 텐데 스티브가
        선뜻 동의하지 않아 속상하겠구나.

마거릿   맞아요! 스티브는 자기가 무슨 말을 하고 있는지
        잘 모르는 친구예요.

교사   스티브가 알고 있는 사실에 의문을 품고 있나 보다.

마거릿   (고개를 끄덕인다.)

교사   그리고 스티브. 너는 마거릿이 발표한 내용에 상
        당한 반감이 있는 것 같은데, 정말 의견이 다른 거
        니?

스티브   네, 맞아요. (석유 생산이 왜 더 많이 필요한지에
        대한 정보를 계속 늘어놓는다.)

교사   그러니까 너는 그 문제를 마거릿과는 다른 각도에
        서 보는 거구나.

마거릿   네. 저는 우리에게 석유가 더 많이 필요하다는 점
        에 대해서는 스티브와 입장이 같아요. 하지만 텍
        사스나 캘리포니아의 해안에서처럼 근해를 기름
        유출의 위험에 빠뜨릴 순 없어요.

스티브   글쎄, 기름은 유출되지 않는다니깐.

교사   아, 스티브가 동의하지 않는 건 근해의 석유 채취
        를 해야 하느냐 말아야 하느냐가 아니라 해안 기
        름 유출에 관한 것인 듯해.

스티브   (동의한다.)

태도에 대해 직접 평가하지 않으면서도 이 교사는 학생들이 자기 견해를 분명히 밝히고 그 문제에 대해 새로 의견을 개진하도록 이끌고 있다. 같은 토론을 다음과 같이 이어 갔다고 가정해 보자. 교사가 좋은 태도를 가르치려고 설교하고 논리로 접근하면 이 토론에 이견을 내는 것이나 다름없다.

마거릿   …… 그래서 저는 근해에서 석유를 채취하는 일은 금지되어야 한다고 생각합니다.

스티브   그거야말로 바보 같은 소리야. 네가 그 일에 대해 뭘 안다고 그래?

마거릿   (당황하며) 음, 내 말을 유심히 들었다면 너도 잘 알았을 거야. 이것으로 제 이야기를 모두 마칩니다.

교사   너희 둘, 잠깐만. 다투거나 비방하는 건 전혀 도움이 안 돼. 스티브! 만일 선뜻 동의하지 못하겠으면 "내 생각은 좀 달라" 하고 이야기해. 네가 마거릿에게 동의하지 않는다고 바보 같다고 말하면 곤란하지. 그리고 마거릿! 스티브는 이야기를 분명 잘 듣고 있었어. 그가 찬성하지 않는다고 해서 네 말을 주의 깊게 듣지 않았다고 단정 지으면 안 돼. 좋아, 계속해 봐.

마거릿   제 말은 다 끝났는데요.

스티브   (침묵)

유감스럽게도 주제를 중심으로 학급에서 토론하는 수업

방식은 고학년이나 되어야 시도해 볼 수 있다는 생각이 널리 퍼져 있다. 이런 통념은 어느 정도는 진실이다. 하지만 몇 학년이든 간에 모든 학생은 교사의 질문이나 지시, 안내 없이도 생산적인 토론을 할 수 있다.

일리노이주 시카고 교외에 살고 있는 마를린 앤더슨 교사는 독서 능력이 떨어져 보충 수업을 듣게 된 초등학교 3학년 남학생 9명의 학급 토론을 녹음한 테이프를 우리에게 들려주었다. 7명은 1학년과 2학년 때 낙제한 경험이 있고, 한 명은 2년간 정서 장애아 학급 소속이었다. 모두 말이나 글로 자신을 표현하는 데 서툴렀다. 다음은 이 아이들이 교실에서 어떤 텔레비전 프로그램을 시청한 직후 벌인 토론을 녹음한 내용이다. 교사가 '도어 오프너'를 간혹 사용하긴 하지만 거의 전적으로 적극적 듣기에 기대고 있음에 주목하라.

교사   우리가 본 텔레비전 프로그램에 대해 한번 생각해 볼까? 내용이 뭐였는지 모두에게 소개해 줄 사람?

마크   근사한 빙상 스케이터가 되고 싶어 했던 여자애가 한 명 있었어요. 그런데 스케이트장에 갔을 때 넘어졌고 그 아이를 보고 모두 비웃었어요.

제리   선생님도 덩달아 한 번 넘어졌고, 선생님 역시 사람들에게 놀림받았어요.

잭   그러고 나서 나중에 선생님은 다시 비웃음을 사고 싶지 않아서 거짓말을 했고요.

마크   사람들이 여자애를 너무 심하게 비웃은 나머지 다음번에 아이들이 스케이트를 타러 갔을 때 여자애는 무릎 주변을 붕대로 칭칭 동여매고 나타나 다리를 다쳐서 스케이트를 탈 수 없다고 둘러댔어요.

교사 그 여자애는 다시는 놀림당하지 않으려고 거짓말을 한 거구나.

잭 네. 선생님도 그랬잖아요. 선생님은 모임이 있어서 스케이트를 타러 갈 수 없다고 했는데, 아이들은 방과 후에 선생님을 보았죠. 선생님은 실은 약속이 없었어요.

교사 선생님도 거짓말을 할 수 있다는 사실에 많이 놀랐나 보다.

일동 정말 그랬어요.

제리 그래도 비아냥거리는 게 좋은 건 아니잖아요.

마크 사람들은 여자애가 칠판 앞으로 나갔을 때도 비웃었어요. 당황해서 맞춤법도 틀리고 말았고요.

제리 그 장면 너무 슬펐어요.

톰 사람들이 또 비웃을지도 모른다며 그 애는 무슨 일을 하든 움츠러들었어요.

교사 무슨 일을 시도하는 데 겁을 먹었구나.

켄 또 너무 두려운 나머지 상황을 자꾸 속여야 했어요.

일동 맞아, 정말 그랬어.

교사 누군가 자기를 비웃어서 당황했던 사람 있니?

톰 저는 언젠가 무슨 일을 했는데 아이들이 '푸하' 하고 웃음을 터뜨리던 기억이 나요. 정말 아찔했어요.

제리   저도 그런 일이 있었어요.

마크   그럴 때면 정말이지 크게 상처받아요.

교사   너무 고통스럽지.

톰   그 고통은 정말 심해서 마치 창자가 뒤틀리는 것
      같다니까요.

마크   아니면 심장을 후벼 파는 것 같거나.

제리   너무 심하게 상처받으면 비아냥거리는 사람들에
      게 달려가서 면상에다 주먹을 퍽 날리고 싶어진다
      니까요.

마크   아니면 흠씬 두들겨 패 주거나.

쿠르트 전 언젠가 친구 집에 가서 공을 가지고 논 적이 있
      었거든요. 그런데 우리보다 덩치 큰 녀석들이 다
      가와서는 제가 던진 공을 채 가고 저를 놀려 댔어
      요. 그런데 저보다 덩치 큰 애들을 어떻게 때릴 수
      있겠어요?

교사   자기보다 덩치가 큰 사람에게는 누구나 큰 위협을
      느끼고 괴로워하게 되는 법이지.

쿠르트 저는 별수 없이 그냥 집으로 돌아왔어요.

교사   사람들은 놀림감이 되지 않으려고 갖은 수단을 다
      동원하잖아.

제리   어떤 사람들은 다투거나 주먹질을 해요.

마크   어떤 사람들은 거짓말을 하고요.

톰   꾸며 대기를 일삼는 사람들에 대해서는 어떻게 생
      각하세요?

마크   제 생각으로는 아무도 비아냥거리지 못하게 하려면 자기가 하는 모든 일에 능숙해지면 될 것 같은데…….

쿠르트 하지만 어떻게 모든 일에 전문가가 될 수 있겠어?

교사   언제나 완벽하다는 건 불가능에 가까워.

쿠르트 정말 그래요.

마크   저는 롤러스케이트를 멋지게 타려고 열심히 연습하고 있거든요. 다른 사람들이 빈정대도 상관없어요. 누가 뭐래도 저는 꿋꿋하게 연습하니까요.

쿠르트 롤러스케이트 타는 일뿐 아니라 무슨 일을 하더라도 다른 사람이 우리를 비웃을 수 있어. 학교 숙제를 하려고 낑낑대고 있을 때나 우리가 뭔가 잘 이해하지 못할 때…….

톰   그러면 거짓말을 하거나 꾸며 대야 해.

교사   '사소한 거짓말'과 '심각한 거짓말' 간에 무슨 차이가 있는지 궁금하구나.

마크   분명히 차이가 있죠. 그런데 사소한 거짓말은 서서히 심각한 거짓말로 바뀔 수 있어요. 작은 거짓말이라도 밥 먹듯이 하게 되면 결국에는 큰 거짓말쟁이가 되잖아요.

교사   거짓말도 습관이 될 수 있구나.

일동   그럼요!

쿠르트 사소한 거짓말은 심각한 거짓말만큼 그렇게 큰 말썽을 일으키지는 않잖아요.

잭   언젠가 엄마한테 거짓말을 한 적이 있거든요. 어
       쩌다 보니 집에 늦었는데 거짓말로 방과 후에 학
       교에 남아 있어야 했다고 둘러댔어요.

교사   어떻게든 그 상황을 모면해 보려고 거짓말을 했던
       거구나?

잭   사실 그 전에는 한 번도 거짓말을 해 본 적이 없었
       거든요. 그래서 거짓말을 하면 어떻게 되는지 알
       고 싶었던 것 같아요.

교사   거짓말을 할 때 무슨 느낌인지 느껴 보고 거짓말을
       하면 무슨 일이 일어나는지도 확인하고 싶었구나.

잭   결국 금세 탄로 나고 말았고, 일주일간 집 밖에 나
       가 놀 수 없었어요. 결과적으로 훨씬 나빴어요.

제리   거짓말을 하면 죄책감이 들어요.

마크   저는 당황하게 되더라고요.

제리   솔직히 털어놓는 게 더 나아.

교사   사람들은 더러 체면을 차리려고 사소한 거짓말을
       꾸며 대곤 하지. 누구 이 말이 무슨 뜻인지 아는 사
       람?

톰   사람들은 너무 솔직하게 말하는 사람을 별로 좋아
       하지 않잖아요.

교사   누구라도 다른 사람이 자기를 좋아해 주길 바라
       지. 우리는 진실을 말하게 되면 사람들이 우릴 꺼
       리게 될까 봐 두려워 해. 그래서 사소한 거짓말을
       하게 된다 이거지?

톰   대충 그래요.

교사   세 가지 가운데 너희에게는 뭐가 가장 소중한지
        궁금하다. 친구들이 나를 어떻게 생각하느냐, 나
        스스로 나를 어떻게 생각하느냐, 아니면 어른들이
        나를 어떻게 생각하느냐.

제리   그야 당연히 어른들이 나를 어떻게 생각하느냐죠.
        만일 어른들이 우리를 좋아하지 않으면 우리를 다
        른 사람에게 맡기거나 팔아먹을 거예요. 어른들은
        "이 애는 좋은 애가 아니야. 이 애를 버리고 다른
        애를 데려와야겠어" 하고 생각하겠죠.

쿠르트 에이, 그렇다고 어떻게 사람을 팔아먹냐?

제리   그래도 우리를 좋아하지 않으면 어른들은 매를 들
        고 우릴 마구 때릴 수 있잖아.

교사   어른들에게 버림받거나 상처 입길 바라지 않으니
        너희는 어른들이 너희를 어떻게 생각하느냐가 제
        일 중요한 거구나.

제리   당연하죠.

마크   저는 자기 자신을 어떻게 생각하느냐가 더 중요하
        다고 생각해요. 왜냐면 우리가 우리 자신을 좋아
        하지 않는 거야말로 수치스러운 일이니까요. 만일
        우리가 자신을 좋아하지 않으면 제아무리 다른 사
        람이 우리를 좋아한다 해도 행복할 수 없어요.

톰   나는 세 가지 가운데 어느 것도 중요하지 않은 건
        없다고 생각해요. 친구도 필요하고, 또 자신을 좋

아할 필요도 있죠. 만일 그러지 않는다면 우리가 무슨 일을 저지를지는 아무도 몰라요. 심하면 자살하려 들지도 몰라요. 그렇다고 부모님을 갈아 치울 수도 없는 노릇이고.

제리   예. 저 역시 그렇게 생각해요.

교사   이제 톰의 말에 모두 동의하는구나.

제리   그래요!

마크   만약 우리가 세 가지 다 만족시킬 수 있다면 사람들이 더는 우릴 비웃지 않을 거예요.

톰   그러면 항상 웃으면서 살 수 있을 텐데……

제리   맞아요. 하지만 전 이제는 화도 안 나는 것 같아요. 이제는 남들이 이죽거리면 그냥 무시하거나, 덩달아 따라 웃거나 할 수 있을 것 같아요.

교사   이제 너를 한결 너그럽게 생각하게 되었구나.

제리   맞아요.

교사   좋아. 여러분, 오늘은 이것으로 마쳐야겠어요. 정말 흥미로운 토론이었어요.

제리   이런 식으로 토론하니까 정말 좋네요.

교사   함께 보낸 시간의 소중함을 모두가 느껴서 기쁘구나.

일동   예. 저희 모두 그랬어요.

교사는 이 흥미진진한 토론이 끝나고 연이어 일어난 사건에 대해 다음과 같이 덧붙였다.

우리가 토론을 마쳤을 때 제리는 녹음한 토론 내용을 들을 수 있겠느냐고 물어 왔어요. 저는 좋다고 허락했고, 제리는 미술실로 가서 커다란 종이와 크레용을 가지고 돌아왔어요. 그 애는 녹음기를 작동시키고는 음량을 최대로 해 놓고 토론 내용을 다시 듣더군요. 그리고는 노랑, 주황, 초록, 보라 같은 밝은 색깔을 이용해 과감한 손놀림으로 뭔가 그리기 시작했어요. 그림을 거의 다 완성해 갈 무렵 제가 말을 걸었어요.

교사　너 오늘 기분이 아주 좋고 행복해 보인다.
제리　네! 노랑하고 주황은 우리가 오늘 느꼈던 즐거운 감정이고요, 초록하고 보라는 날아갈 듯한 감정이에요.

그러고 나서 제리는 검정 크레용을 들더니 밝은색은 언뜻언뜻 보이게만 하고 검은색으로 전체를 칠해 버렸다.

교사　밝은 감정을 상당히 좋지 않은 감정이 덮어 버렸구나.
제리　이건 우리 독서 모임이에요. 그런데 아직도 진짜 안 좋은 감정이 많이 남아 있거든요. 그래도 좋은 감정이 검은색을 뚫고 조금씩 나오고 있어요.

이 교사의 학급 토론에서 우리는 8살 내지 9살 아이들이 매우 중요한 두 가지 주제, 즉 '다른 사람에 대한 비판'과 '거짓 말'을 제법 심도 있게 탐구하고 있음을 알 수 있다.

적극적 듣기는 아이들이 마음의 문을 열고 솔직해지게 만든다. 평가하지 않음으로써 교사는 토론을 전적으로 학생들이 이끌어 가도록 두었다. 이것이야말로 최적의 교육이다.

앞의 내용에서는 이 '비지시적 토론' 유형이 학생 각자에게 어떤 효과를 발했는지가 그다지 확연하게 드러나 있지 않다. 교사의 말에 따르면 제법 많은 이야기를 했던 제리는 이전에는 교실에서 이루어지는 집단 활동에 단 한 차례도 참가해본 적이 없다고 했다. 평소에는 심하게 말을 더듬어서 그다지 말을 많이 하지 않으려고 하던 잭도 그날따라 마음의 문을 활짝 열고 수시로 이야기했는데, 조금도 더듬거리지 않았다고도 했다.

학생의 반발이나 저항에 대처할 수 있다

모든 교사는 때로 저항을 받곤 한다. 학생은 교사가 가르치고자 하는 바를 늘 배우고 싶어 하지는 않는다. 하지만 유감스럽게도 대다수 교사가 이러한 학생들의 저항을 곤란을 겪고 있다는 신호로 해석하지 못한다. 따라서 저항에 귀 기울이는 대신 의사소통 문제를 들이대며 대처하려 한다. 다음은 실제로 일어났던 교실 사례들이다.

1) 초등학교 교사가 학생들에게 공을 여섯 개 그려 보라고

시켰다.

마트 공을 잘 못 그리겠어요.

교사 어! 공은 그리기 아주 쉬워. 잘 그렸네, 뭐. [안심시키기, 지지하기]

마트 아니에요. 잘 못 그렸어요.

2) 초등학교 1학년 교실에서 학급 아이들이 그림을 그리고 있다.

토드 선생님, 제 그림 아주 엉망이에요. 그래서 못 내겠어요. 제 그림 볼 생각은 하지 마세요.

교사 나는 네가 잘 그렸을 거라고 믿어. 정말로 네 그림을 보고 싶단다. 그러니 부디 내렴. [안심시키기]

토드 (그러자 막무가내로 도화지를 자기 책상 위에 뒤집어 놓고 보여 주지 않는다.)

교사 토드, 당장 그림을 내! [명령하기, 지시하기]

3) 개학 첫날. 초등학교 2학년 에디는 창문 밖을 하염없이 내다보고 있다.

교사 에디, 지금 뭐 하는 거니?

에디 아무것도 안 해요. (잠시 말이 없더니) 우린 꼭 매일매일 학교에 나와야만 하나요?

교사 물론 나와야지. 작년에도 매일 학교에 다녔잖니. 갑자기 무엇 때문에 우리가 매일 학교에 다닐 필요가 없다고 생각하게 됐니? [논리 사용하기, 캐묻기, 질문하기]

4) 고등학교 영어 시간에 학생들이 할당된 과제물을 읽고 있다. 코리는 눈을 감은 채 책상에 엎드려 있다.

교사　코리. 무슨 문제 있니? 따분해? [해석하기]

코리　아니에요. 약간 졸릴 뿐이에요.

교사　(웃으면서) 베개라도 갖다주랴? 아니면 자장가라도 불러 줘? (코리를 제외한 모든 학생이 키득거렸다.) [조롱하기]

5) 폴은 다른 초등학교 4학년생들은 불과 몇 분 내에 마친 숙제를 오전 내내 붙들고 낑낑거리고 있다. 거의 쉬는 시간이 다 되어 가는데도 여전히 끝내지 못한 상태다.

폴　숙제를 다 마치지 못하겠어요.

교사　폴, 쉬는 시간을 건너뛰는 한이 있어도 숙제는 다 마쳐야지. 그래야 너한테 다른 일을 하라고 할 수 있지 않겠니? [윽박지르기, 제안하기]

이렇게 학습에 저항하는 태도를 보이는 까닭은 앞서 본 직사각형의 교수-학습 가능 영역 가운데 문제없음 영역에서 벗어나 학생들이 어떤 삶의 문제에 시달리고 있기 때문이다. 이럴 때 교사가 할 일은 문제를 겪고 있는 학생을 벌주는 것이 아니라 그가 되도록 빨리 배우는 데 집중할 수 있도록 돕는 것이다.

다음은 교사가 묻지도 않고, 논리를 동원하지도 않으며 학생 말을 수용적으로 경청한다면 앞의 세 번째 상황이 어떻게 달라지는지를 보여 준다.

6) 개학 첫날. 초등학교 2학년 에디는 창문 밖을 하염없이 내다보고 있다.

교사   에디, 지금 뭐 하는 거니?

에디   아무것도 안 해요. (잠시 말이 없더니) 우린 꼭 매일 매일 학교에 나와야만 하나요?

교사   교실에 앉아 있는 대신 밖으로 나가고 싶구나?

에디   예, 그래요. 여기선 할 수 있는 게 아무것도 없어요. 종일 의자에 앉아 문제나 풀고 책이나 읽어야 하잖아요.

교사   여름 방학 때처럼 밖에서 신나게 놀았으면 하는 거야?

에디   예. 게임도 하고 수영도 하고 나무도 타고요.

교사   재미있었겠구나. 그 모든 걸 포기하고 다시 학교에 다니자니 좀이 쑤시는 건 당연해.

에디   예. 여름이 빨리 돌아왔으면 좋겠어요.

교사   벌써 다음 여름이 오길 손꼽아 기다리고 있겠구나.

에디   예. 내년 여름이 되면 그땐 제가 원하는 걸 할 수 있잖아요.

여기에서는 교사가 매일 학교에 다녀야 하느냐는 에디의 질문을 그가 가진 어떤 문제의 기호로 듣는다. 말 끝나기 무섭게 대꾸하는 대신 교사는 그 질문 뒤에 숨겨진 감정에 귀 기울이고 있다. '독특하게 기호화된' 질문은 학생이 문제를 겪고 있음을 나타내는 소중한 단서다. 너무 대답이 뻔하거나, 부적절해 보이거나, 그 학생에 대해 그간 알고 있는 바와 도무지 어울리지 않거나, 얼토당토않아서 귀에 거슬린다거나 하는 질문은 독특하게 기호화된 것이라고 보면 된다.

다음은 전혀 답을 구하는 것 같지 않은 질문 몇 가지를 예시해 본 것이다. 고도로 기호화된 이 같은 메시지 속에는 어떤 문제가 숨어 있기 마련이다.

"죽으면 기분이 어떨까요?"

"이 내용, 시험에 나오나요?"

"왜 체육 시간이면 꼭 체육복으로 갈아입어야 하는 거죠?"

"수학이 과학보다 더 중요한가요?"

"아직도 쉬는 시간 아닌가요?"

"왜 남학생들은 만날 과시하려고만 들까요?"

"엔지니어가 되려면 수학 공부를 그렇게까지 열심히 해야
   하나요?"

"선생님, 여드름 난 적 있었어요?"

"왜 꼭 이런 내용을 배워야 하는 거죠?"

이 같은 질문은 적극적 듣기가 필요하다는 메시지를 비롯해 숱한 신호와 단서들을 전달해 준다. 이따금 다음과 같은 말로 달리 표현될 수도 있다. "선생님이 제 나이였을 때 여드름 났을 거라는 데 내기할게요." "죽으면 틀림없이 끔찍한 느낌이 들 거예요." 질문하는 형식이든 주장하는 형식이든 이런 메시지는 진짜 문제에 다가가기 위한 적극적 듣기 같은 반응이 필

요하다는 신호다.

다음 대화에서처럼 학생이 저항하고 있다는 것을 쉽게 포착할 수도 있다.

교사 ······ 그래서 유엔은 전쟁 아닌 협상을 통해 국가 간 문제를 타결하기 위한 포럼을 개최할 목적으로 창립되었다.

학생 그거야말로 터무니없는 소리예요. 선생님도 지금 무슨 말을 하고 계시는지 잘 모르는 것 같네요.

교사 이 이야기를 들으니 화가 나니?

학생 어떻게 아셨어요? 그건 강대국이 침탈하더라도 민중이 동요하지 않도록 하려고 기성 체제가 유포한 정치적 선전 같은 거예요.

교사 너는 유엔을 믿지 않는구나. 민중을 돕기보다는 억압하는 장치로 보는 거야.

학생 (한결 누그러져서) 예. 유엔은 제2차 세계대전 기간에 창설되었죠, 맞죠? 지금 세계를 한번 보세요. 전쟁, 기근, 에너지 위기, 오염, 인구 과잉······. 우리는 유엔이 없을 때도 이런 문제에 시달렸어요. 유엔은 강대국들의 정부나 다름없어요. 그들은 하나같이 썩었죠.

교사 유엔의 무능함에 크게 실망하고 있구나.

학생 예. 하지만 그건 유엔만의 잘못은 아니지요. 산업이 지구를 망치도록 방치한 것도, 전쟁을 시작한 것도

바로 유엔 산하 국가들이니까요……. 그들이 하는
일이라곤 유엔에서 허튼소리나 지껄이는 게 고작
이에요.

교사 환경 문제와 전쟁을 걱정하고 있구나. 그런데 그동
안 유엔이 그것들을 끝내는 데 아무것도 기여하지
못하니 실망한 거야, 맞니?

학생 맞아요. 우리는 우선 우리 정부를 정화하기 위해 뭔
가 해야 해요. 그러면 아마 유엔도 그걸 보고 교훈
을 얻고 세계에 뭔가 보탬을 주기 시작할 거예요.

교사 우리 정부를 개선하는 게 급선무고, 그러고 나서
더 광범위한 문제에 주력해야 한다고 생각하고 있
구나.

학생 맞아요.

분명하고 적대적인 저항은 여러 면에서 은밀하고 숨겨진
저항보다 대처하기가 쉽다. 교사는 대체로 '학생에게 계기를
부여하는' 말이나 행동을 한다. 그러면 학생은 서슴없이 말을
토해 내거나 내면의 근심을 털어 버리고 싶어 한다. 유엔을 비
판하던 이 학생처럼, 생각을 표현함으로써 다시 학습하고 경청
할 준비를 하는 것이다. 우리는 교사들에게 이런 상황을 학생
의 감정이나 태도, 사고방식, 편견, 개념 따위를 격의 없이 표출
하는 계기로 만들어 보라고 독려한다.

T.E.T. 강사들은 늘 이렇게 말한다. 당신과 자꾸 '대결하려
드는' 학생을 교실에 있는 가장 절친한 친구로 생각하라고. 그

는 틀림없이 비슷한 견해를 가지고 있되 그걸 솔직하게 토로하지 못하는 다른 누군가를 대변하고 있는 것이다.

학생은 대체로 노골적으로 반대 의사를 내비치지는 않으므로 순순히 따른다고 해서 동의하는 것으로 받아들이면 오산이다. T.E.T. 수업에서 한 교사는 이와 관련한 경험을 다음과 같이 들려주었다.

우리 학구(學區)에서는 약물 교육을 돕는 상담가를 몇 고용했습니다. 한번은 교육청에서 파견된 어떤 인사가 세미나를 주도했는데, 저로서도 이해하기 힘든 많은 사실과 자료들을 학생들에게 마구 퍼붓다시피 했습니다. 정작 세미나에서는 어떤 학생도 이의를 달지 않았지요. 하지만 수업이 끝나고 주차장에서 아이들이 나누는 이야기를 여러분이 들었으면 좋았을 겁니다.

언어적인 것이든 비언어적인 것이든 학생이 가르침에 저항하면서 보내는 감지하기 어려운 미묘한 단서에 귀 기울이면 교사는 교실 환경을 개방하고 생산성을 높이고 더 풍부하게 배우도록 할 수 있다. 또 이 '주차장'에서와 같은 볼멘소리도 현저히 줄일 수 있다.

의존적인 학생을 도울 수 있다

학부모와 교사들이 의사소통에 문제를 일으키는 대화법을 습관적으로 사용하면 학생들은 나름의 대처 방식을 취한다. 경고·명령·위협·지시·교화·교수·교육·평가·진단·공감·후원·위안·칭찬·질문·유머·정형화·비난 같은 어른의 메시지에 대처하는 가장 일반적인 방식은 순종적이고, 의존적이고, 여간해선 말을 안 하는 학생이 되는 것이다.

교직 경력이 20년 넘는 한 초등학교 교사는 순종적인 학생들과 관련해 다음 이야기를 들려주었다.

오래 가르치면 가르칠수록 웬만하면 말을 아끼는 아이들이 한층 더 염려됩니다. 제가 가르치는 학생 가운데는 좀 잠자코 있어 주었으면 싶은 학생들도 더러 있지만, 끊임없이 관심을 보이지 않으면 아무것도 할 수 없는 학생들도 있지요. 오늘은 그런 아이들에 대해 이야기하려고 합니다. 혼자 있으면 몽상 세계에 빠져들고, 도무지 잘못할 기회를 자신에게 용납하지 않으며, 어쩌다 실수라도 저지르게 되면 큰 소리로 울음을 터뜨리는 그런 학생들 말이에요. 저를 정말로 섬뜩하게 만드는 학생들은 항상 예절 바르고, "예, 선생님" 하고 공손하게 대꾸하며, 제가 말한 것이라면 빼놓지 않고 따르지만 정작 마음속은 억눌린 불평불만으로 부글부글 끓고 있는 아이들입니다. 오랜 세월 동안 여러 학생을 지켜봐 왔는데, 말수 적은 이런 아이들이야말로 정말 심각한 문제를 지니고 있다는 사실을 발견했습니다.

제리 파버는 대학 단계의 경우 이러한 대응 기제가 얼마나 삶을 굴절시키는지를 다음과 같이 예리하게 파헤치는 기사를 썼다.

그들이 12년간 공교육 과정을 수료한 것이 모두 헛일이라고는 단언할 수 없다. 최소한 한 가지, 딱 한 가지 사실만은 또렷이 알게 되었기 때문이다. 그동안 배운 수학은 깡그리 잊어버렸고, 문학도 차츰 두려워하고 싫어하게 되었다. 생기도 잃어버린 것 같다고 했다. 허나 오직 한 가지, 명령만큼은 일사불란하게 잘 따를 수 있게 되었다고 한다. 대학 신입생들은 내게 과제물을 들고 찾아와 그것을 반으로 접어도 되는지, 이름을 위쪽 오른쪽 구석에 써야 하는지 어떤지 시시콜콜한 것들을 묻곤 한다. 그럴 때면 나는 그들을 불러 세우고, 가엾고 고통에 시달리는 그들의 머리를 쓰다듬어 주고 싶은 충동에 사로잡힌다.

가엾고 고통에 시달리는 학생의 머리를 쓰다듬어 주고 싶다는 파버의 마음이야 수긍할 만하지만, 의존적인 학생들은 한결 더 심각한 욕구, 즉 독립과 자율을 쟁취하고 싶은 욕구를 지니고 있음을 기억해야 한다.

타인의 자원보다 자기가 가진 자원을 더 많이 활용하는 능력을 길러 주려면 교사는 문제를 누가 가지고 있는지를 분명하게 규정할 필요가 있다. 재차 강조하건대 학생의 행동을 직사각형 내의 적절한 위치에 배치하는 것이 급선무다.

초등학교 2학년생이 교사에게 "지붕을 어떻게 그려야 할지 잘 모르겠어요"라고 말했다고 해 보자. 적잖은 교사들이 온당치 못하게도 그 문제를 자기 문제로 본다("내가 나서서 이 문제를 풀어 주어야 한다"). 자연 이 행동을 직사각형 창의 아랫부분에 둔다([그림 17] 참조).

교사가 해결해야 할 문제

← 학생이 지붕을 그리지 못해 난감해하고 있다.

[그림 17]

이 행동을 교사가 해결해야 할 문제 영역에 둠으로써 교사는 본의 아니게 의존성의 씨앗을 뿌리고 있는 셈이다. 일단 교사가 문제를 도맡으면 다음 수순은 대개 열두 가지 문제의 대화법 가운데 하나를 들이대 학생의 감정을 바꿔 보도록 강요하거나, 다시 해 보라고 다그치거나, 지붕을 어떻게 그리는지 손수 시범을 보여 주는 해로운 행동을 하는 것이다. 이 행동은 모두 의존성을 더욱 강화하는 결과를 낳는다.

독립성과 자기책임성을 향한 동기는 각자의 내면에 강하게 도사리고 있다. 이 동기는 화강암 덩어리 같은 것으로, 서서히 마모되다 보면 끝내는 하찮은 크기로 작아져 버린다. 자신의 행위가 자기를 제외한 다른 누구에게도 영향을 주지 않는 상황에서 학생이 교사가 규정한 청사진에 동조하도록 강요당하면 그 학생의 독립성은 그때마다 조금씩 손상을 입는다. 자연히 이후에는 찍소리 않고 지시에 따를 가능성이 점점 커진다.

다음은 교사가 누구의 문제인가를 엉뚱하게 규정하고 그에 따라 문제가 있는 대화법을 사용함으로써 어떻게 학생의 독립성을 해치는지 보여 주는 몇 가지 사례다.

1) 교사   찰스. 넌 너무 말수가 적어. 토론 시간에 더 적극적으로 참여하면 좋겠다.

   교사는 어떤 식으로든 찰스의 과묵함에 분명한 영향을 받지 않았음에도 그것을 교사가 해결해야 할 문제 영역에 두었다. 그리고는 부정적인 평가를 하고 해법을 제시했다.

2) 랜디   제겐 수학이 너무 어려워요.

   교사   그렇지 않아, 랜디. 넌 뭔가 어려운 상황에 부닥치면 해 보지도 않고 지레 포기한다는 게 늘 문제야. 그러지 말고 다시 해 봐.

   교사는 랜디의 메시지를 잘못 해석했고, 그래서 그의 말을 부정하고, 랜디가 왜 그렇게 느끼고 있는지 분석했다. 마침내는 해결책까지 제시했다.

3) 신디   (10분 동안 교사의 책상에 네 번째 찾아왔다.) 이 답이 맞나요?

교사　넌 이미 그 답이 맞는지 알고 있어, 신디. 그런데 왜
　　　이렇게 계속 물으러 와서 성가시게 구는 거니?

교사는 신디의 확신 부족과 인정받고 싶어 하는 욕구를
교사가 해결해야 할 문제 영역에 놓고, 신디를 분석하고,
왜 그랬는지 캐묻듯이 질문했다.

4)　교사　(숫기가 부족한 알프레드가 과제물에는 손을 놓
　　　　　고 한눈팔면서 종이에 낙서하는 모습을 지켜보
　　　　　고 있다.) 지금 뭐 하고 있니, 알프레드?

　　알프레드　아무것도 아니에요. (종이를 공책 속으로 슬그
　　　　　머니 집어넣는다.)

　　교사　수업 시간에 하는 내용이 별로 재미가 없는 모
　　　　　양이구나.

　　알프레드　(기어들어 가는 목소리로) 아니에요.

　　교사　솔직히 말해! 이 수업이 따분한 거니?

　　알프레드　정말 그게 아니라니까요.

　　교사　그렇다면 대체 왜 그렇게 멍청하게 시간만 버리
　　　　　고 있니? 너한테 뭐가 득이 될지 안다면 부지런
　　　　　히 이 과제에 집중해야 할 텐데 말이야.

　　알프레드　(교사가 자리를 뜨자마자 다시 낙서하기 시작했
　　　　　다.)

교사는 알프레드의 무관심과 무료함을 교사가 해결해야
할 문제로 잘못 규정하고 캐묻듯이 질문하고 위협까지
했다.

5) 교사   (엘로이즈가 손을 책상 위에 올려놓은 채 흐느
            껴 울고 있다.) 무슨 문제라도 있니, 엘로이즈?

    엘로이즈 (울음소리를 죽이며) 저도 잘 모르겠어요.

    교사   울고 있었잖아. 대체 무엇 때문에 그래?

    엘로이즈 (흐느끼면서) 저를 좋아하는 사람은 아무도 없
            어요.

    교사   (의자를 잡아당기며 엘로이즈 옆에 바싹 다가앉
            아 그녀 어깨에 팔을 올린다.) 단지 그렇게 보일
            뿐이야. 모두 널 좋아해! 지금처럼 울 때만 빼
            면 넌 언제나 귀엽고 사랑스럽단다. 자, 힘을 내!
            (볼을 어루만지면서) 이제 좀 기분이 나아졌니?

    교사는 엘로이즈의 기분을 인정해 주지 않았고, 순식간에
    질문과 분석, 부정적인 내용을 곁들인 긍정적인 평가를 고
    루 했고, 급기야 엘로이즈에게 힘을 내라고 명령까지 내
    렸다.

    매일, 매주 이런 식의 상호 작용을 거듭하다 보면 학생은
마침내 자신의 감정을 신뢰하지 못하고, 점차 다른 사람이 강
요하는 식으로 느끼고 행동하는 '더 안전한' 길을 찾게 된다.

    학생은 누구랄 것 없이 자신을 괴롭히는 감정을 겪게 마
련이고, 문제를 일으키는 식으로 곧잘 행동하곤 한다. 이럴 때
는 학생의 감정과 문제의 소유권을 빼앗지 않는 것이 학생을
돕는 최선의 방책이다. 학생 스스로 내적 갈등에 대한 해법을
모색하도록 적극적 듣기를 활용한다면 교사는 학생의 독립성

과 자기책임성이라는 화강암 덩어리를 키워 줄 수 있다.

　다음은 학생이 해결해야 할 문제임에도 교사가 해결해야 할 문제처럼 생각하는 사례들을 열거한 것이다.

- ▶ 부르스는 숙제를 마칠 수 없을 것 같다.
- ▶ 앨리스는 자신이 못생겼다고 생각한다.
- ▶ 할은 휴가에 대해 여태 결정을 못 내리고 있다.
- ▶ 테리는 부모님을 극도로 미워한다.
- ▶ 로런스는 자기보다 덩치 큰 아이들을 두려워한다.
- ▶ 게일은 자기가 임신했다고 생각한다.
- ▶ 로버트는 팀에서 잘려서 크게 실망했다.
- ▶ 마고에게는 친구가 없다.
- ▶ 에밀리는 피아노 레슨을 받는 일이 질색이다.
- ▶ 켄은 중요한 테니스 경기에 져 골이 나 있다.
- ▶ 빌은 자칫 실수라도 하면 사람들이 놀리지 않을까 걱정하고 있다.
- ▶ 도니는 어두운 것을 무서워한다.
- ▶ 카렌은 자신이 미련하다고 생각한다.
- ▶ 그레이스는 다른 학생들의 행동에 충격을 받았다.
- ▶ 필립은 12 이상의 수로 나누는 나눗셈 문제를 어려워한다.
- ▶ 마누엘은 불을 무서워한다.
- ▶ 몰리는 유치원에 한사코 가고 싶지 않아 한다.

　학생은 불가피하게 일상에서 이런 문제들에 부딪히기 마

런이다. 이 문제들은 결국 그들의 것이다. 이겨 내려고 씨름하다가 마침내 문제 해결에 이르게 되면서 학생은 부정적인 감정을 어떻게 다스리는지, 어떻게 타개책에 도달할 수 있는지 자연스럽게 배운다. 학생은 자기 자원을 활용하고, 자신의 감정을 신뢰하고, 자신이 내린 결정의 성과를 누리면서 살아가는 데 필요한 자기 확신, 자율성, 독립성을 키울 수 있다.

교사가 끼칠 수 있는 가장 커다란 해악은 학생을 보호하려고 허겁지겁 학생 문제에 개입함으로써 학생 스스로 내린 해법의 결과를 누릴 중대한 기회를 차단하는 일이다.

다음은 학교에 수학 준비물을 챙겨 오지 못한 학생과 마를린 앤더슨 교사 사이에 일어난 일이다. 교사가 적극적 듣기를 활용함으로써 어떻게 학생이 자기 문제의 주인이 되도록 유도하는지, 그리고 학생이 얼마나 발 빠르게 자신만의 해답에 도달하는지 유의해 보라.

학생 수학 준비물을 깜빡하고 집에 놓고 왔어요.

교사 음, 그랬구나.

학생 예. 수학책, 그리고 제가 하던 과제물 시험지가 있어야 되는데…….

교사 함께 생각해 볼 방법이 뭐가 있을까?

학생 엄마한테 전화해서 좀 가져다 달라고 할 수 있을 텐데……. 하지만 엄마는 전화벨 소리를 잘 못 들으시거든요.

교사 그렇다면 그건 좋은 방법이 아닐 수도 있겠구나.

학생 수학 교실에서 수학책을 한 권 가져오고 과제물 시
     험지를 새로 한 장 더 받으면 될 것 같아요.
교사 그럼 문제가 모두 풀린 것처럼 들리는데?
학생 예.

유사한 상황에서 대다수 교사들은 훈계하거나 나무라거
나 이렇게 소리칠 것이다. "빨리 집에 돌아가 준비물 챙겨 와!"

학생 중심의 토론에 효과적이다

학교에서 일어나는 실로 수많은 사건들이 학생의 생각에 자극
을 주고 위협을 가하고 영향을 미치기 때문에 학생들이 처음
부터 끝까지 학습에 집중하기란 매우 어렵다. 초등학생에게는
새로 전학 온 학생, 유별난 날씨, 운동장에서 벌어지는 싸움, 학
교 옆을 지나는 소방차, 다가오는 휴일 같은 일이 다 사건으로
여겨지곤 하는데 이 모든 것 때문에 학습에 일시적으로 방해
받을 수 있다. 중고등학생에게는 농구 토너먼트, 중요한 시합,
폭력의 위협, 주요 사회 사건, 국가적인 재앙 따위 모두가 방해
요소일 것이다. 방해받으면 학생은 눈에 띌 정도로 정서적으로
흔들리고, 공부에 집중하기 어렵다. 이런 감정을 애써 외면하
거나 감추거나 무시하면 모두에게 낭패감을 안겨 줄 것이다.
  학생의 정신이 딴 데 팔려 있다고 알려 주는 신호나 단서
를 포착할 줄 아는 교사는 학습 활동과 관련된 모든 계획을 잠
시 보류함으로써 학생이 자기감정을 다스리도록 도와준다. 그

리고는 감정을 토로할 수 있도록 학급 토론을 주선한다. 거듭 강조하건대 이때 요청되는 기술은 무엇보다 적극적 듣기다.

교사들은 학생 중심의 토론을 하면 학생의 감정이 차츰 진정되어 간다고 말한다. 이 토론은 자기감정과 태도를 들여다 보게 함으로써 필연적으로 가치문제를 붙들고 씨름하도록 이 끄는 더 심화된 결과를 낳기도 한다. 이것이야말로 진정한 지적 성장을 북돋워 준다.

적잖은 수의 교사들이 학생 중심의 토론을 정규 커리큘럼 에 배치하려고 하며, 학생 스스로 토론하고 싶어 하는 내용을 이야기하게끔 한다. 이러한 토론은 대개 자유롭게 답할 수 있 는 열린 질문을 던지는 것으로 시작된다. "오늘은 무슨 이야기 를 해 볼까?"처럼 포괄적인 질문도 할 수 있고, "최근 학교 내에 서 툭하면 싸움이 벌어지고 있는데 이에 대한 너희 생각은 어 떠니?"처럼 더 구체적인 질문으로 시작할 수 있다. 이런 식의 도어 오프너를 던진 후에는 전적으로 적극적 듣기만을 활용한 다. 대화의 내용을 명료하게 하고, 말을 돌려서 표현해 봄으로 써 정확하게 이해했는지 확인받고, 학생의 생각과 감정을 수긍 하고 수용한다는 사실을 그들에게 전해 주기 위함이다.

초등학교 고학년을 담당하는 한 교사는 학생 중심의 토론 에 관한 경험을 다음과 같이 들려주었다.

토론들은 정말이지 유용했어요. 저는 11살이나 12살배기 아이들이 세상 이치를 깨닫는 것이 얼마나 대단한 일인지 를 그동안 까맣게 잊어버리고 있었어요. 아이들이 품고 있는 생각의 양에 놀랐고, 아울러 그들이 지닌 상당한 통찰에도 놀랐습니다. 아이들은 어떻게 하면 식당 음식이 개선될 수 있는가 하는 일상적인 문제들도 이야기하기는 했지만, '정직이란 무엇인가?' '사람들은 과연 자기 잇속을 챙기기 위해 다른 사람을 통제할 권리가 있는가?' 같은 제법 난해한 주제들도 이야기했습니다. 저조차 성인이 된 이후에나 진지하게 고민해 본 정말로 묵직한 주제들이었지요. 상충하는 온갖 견해나 감정을 다루는 방법 가운데 학급 토론보다 더 멋진 방법은 없다고 생각합니다.

이보다 더 극적이고 혼란스러운 사건이 T.E.T. 수업에 등록한 보스턴 출신의 한 교사가 담당하는 교실에서 일어났다. 다음은 매사추세츠의 T.E.T. 강사인 캐서린 P. 뉴먼이 제출한 보고서 내용이다.

받아쓰기 수업이 막 시작되고, 몇몇 학부모들이 수업을 참관하기 위해 교실들에 와 계셨을 때였습니다. 칠판에 글씨를 쓰다 뒤돌아보니 빅이 마이크에게 다가가 주먹질을 하고 있었습니다. 두 아이를 떼어 놓으려 하자 빅이 저에게 버럭 화를 내면서 완전히 이성을 잃은 아이처럼 굴더군요. 저는 빅의 흥분을 가라앉힐 생각으로 그를 잠시 교실 밖으로 내보낸 후 수업을 재개했습니다. 얼마 지나지 않아 교장 선생님이 빅을 다시 교실로 들여보냈고, 그는 주먹을 부르르 움켜쥐면서 자기 자리에 앉았습니다. 빅에게 공부할 준비가 됐냐고 묻자 안 됐다는 몸짓을 했고, 그래서 그냥 내버려 두었습니다. 처음에는 학부모들이 수업 참관을 마치고 돌아갈 때까지 빅 문제를 참고 기다릴 작정이었습니다. 하지만 곧 정상적인 수업 모습을 학부모에게 보여주는 것보다는 빅을 돕는 문제가 더 시급하다고 판단하게 되었습니다. 그래서 학생들에게 의자를 둥글게 재배치하라고 일렀습니다. 빅은 제 말을 따르지 않았습니다. 저는 빅의 의자를 둘 만한 공간을 남겨 두라고 했고, 빅이 마음만 먹으면 언제든 토론에 함께할 수 있도록 환경을 만들었습니다. 토론이 시작되고 저는 아이들에게 빅이 마이크를 때릴 때 무척 놀랐고 학부모들이 그 자리에 있어서 더 당황했다고 털어놓았습니다. 또 빅이 저렇게 화가 많이 나 있어 기분이 언짢고, 마이크 기분은 어떨지 궁금하다고 말했습니다. 아이들은 대체로 비슷한 감정을 느꼈다고 돌아가며 말했습니다. 하지만 23명 가운데 6명은 아무 말도 하지 않았습니다. 마이크는 말없이 통과했지만, 그의 얼굴에 미소가 번지더군요. 그때 밥이 받아쓰기 수업이 시작되기 전 간식 시간에 마이크가 빅을 귀찮게 굴어서 시작된 일이니 빅의 잘못만은 아니라고 했습니다.

교사   (밥에게) 마이크가 빅을 골나게 할 무슨 일인가를 한 거니?

밥   빅의 책상으로 가더니 빅의 프레첼 과자를 빼앗아 갔어요. (빅이 바로 이때 토론 대열에 합류했다.)

마이크   아니에요. 전 안 그랬어요.

학생들   맞아. 너 그랬잖아.

빅   분명히 마이크가 그랬어요. 얀이 저한테 프레첼 과자를 몇 개 주었는데 마이크가 그걸 다 뺏어 먹었어요.

교사   마이크가 먹어도 되냐고 묻지도 않고 네 프레첼을 뺏어 먹었단 말이지?

빅   예.

교사   마이크. 빅은 얀이 자기한테 준 프레첼을 네가 가져갔다고 말하는데?

마이크   얀이 저도 먹어도 좋다고 한 걸로 받아들였어요.

얀   저는 빅에게 프레첼을 몇 개 주었는데, 마이크가 그걸 가져가서 빅한테 조금 더 주었어요. 그런데 마이크는 그것마저 다 가져갔죠.

딕   마이크는 매번 그런 식이에요. 우리에게 치사한 짓을 해요. 옆을 지나다 몸을 쾅 부딪친다거나 다리를 걸어 넘어지게 한다거나. 그리고 자긴 아무 잘못 없다는 듯이 얄밉게 굴어요.

교사   마이크가 오늘 한 일은 예외적인 일이 아니란 말이지?

일동   예.

교사   마이크가 친구들을 속상하게 만드는 일을 자꾸 하는구나?

딕   정말 그래요.

교사 　마이크, 친구들은 네가 자기네들을 화나게 하는
　　　 일을 곧잘 한다고 느끼는 것 같구나.

마이크 (아무 대꾸가 없다.)

교사 　친구들을 골탕 먹이려고 저지르는 일들 때문에 친
　　　 구들이 속상해하면 다른 사람에게 폐를 끼치는 꼴
　　　 이 되는데…….

마이크 저는 애들을 괴롭히지 않았어요. 다만 애들이 저
　　　 를 싫어할 뿐이에요.

교사 　누구도 널 좋아하지 않는다고 느끼고 있는 거니?

마이크 몇 명은 아니지만요.

교사 　친구 몇은 너를 좋아하고, 또 몇은 그렇지 않구나.

마이크 네. 절 싫어하는 애들은 쉬는 시간에 제가 놀지 못
　　　 하게 만들어요.

교사 　쉬는 시간에 그 애들과 게임을 같이 하고 싶은가
　　　 보다.

마이크 축구랑 킥볼을 하고 싶어요. 하지만 딕이랑 빅이
　　　 저더러 할 수 없다고 말해요.

교사 　네가 같이 놀 수 있냐고 물었을 때 딕이랑 빅이 안
　　　 된다고 했단 말이니?

마이크 제 실력으론 어림없다는 거예요.

딕 　　우리는 마이크가 경기를 잘할 수 없다고 말하지는
　　　 않았어요. 다만 우리끼리만으로 충분하다는 거지.

교사 　너희 가운데 몇 명이 쉬는 시간에 하는 게임에 누
　　　 가 합류할지를 정하는 모양이구나.

도널드   그 애들은 새로운 사람은 필요 없다고 하죠.

브루스   톰과 커트는 물건을 빼앗아 가기도 해요.

시드   맞아요. 그 애들은 자기들에게 유리한 규칙을 새
로 만들고 자기들 맘에 안 드는 규칙은 무시해 버
려요. 그걸 따지면 그 애들은 그런 규칙이 있는 줄
은 몰랐다고 오리발이고요.

교사   톰과 커트는 9반 애들이지?

학생들   예, 맞아요.

교사   우리에게 지금 몇 가지 문제가 있는 것처럼 들리
는구나. 마이크와 빅이 처음 겪은 문제로 거슬러
올라가 보자. 곧 점심시간이 될 거야. 식사 마치고
모든 학생이 골고루 경기에 참여할 묘안을 이야기
해 보자. 마이크도 그렇지만 다른 사람들도 경기
에 참가하고 싶어 하는 것 같으니. 빅이랑 마이크,
너희 다른 문제 있니? 쉬는 시간에 일어난 일에 대
해 더 말하고 싶은 것 있으면 해 봐.

빅   마이크가 제 물건을 다시는 안 가져가길 바랄 뿐
이에요.

교사   앞으로 마이크가 묻지도 않고 네 것에 손을 대면
화날 거라는 말이지?

빅   따귀를 한 대 날려 줄 거예요.

교사   다시 그런 일이 생기면 마이크를 때려 주고 싶을
만큼 울화가 치밀 거라는 말이구나.

빅   네.

교사 골이 날 수는 있어, 빅. 하지만 학교에는 싸우지 말
      라는 교칙이 있으니 화를 삭이려면 다른 방법을
      찾아야 할 거다. 마이크를 때려 주는 것 말고 뭘
      할 수 있을까?

빅   저한테 문제가 있어요. 부모님도 싸우지 말라고
      말하고, 교칙에도 싸울 수 없게 돼 있잖아요.

교사 도대체 어떻게 하면 좋을지 너로선 판단하기 어렵
      다는 소리로 들리는구나.

빅   학교에선 무조건 다투면 안 되잖아요. 싸우면 벌
      을 받게 되니까요.

베스 네가 그 사실을 선생님께 이르면 되잖아?

린다 마이크가 뺏어 먹지 않도록 빅이 먼저 마이크에게
      과자를 좀 줄 수도 있는 문제 아냐?

빌   아니면 마이크에게 날 좀 가만 내버려 두라고 부
      드럽게 말할 수도 있고.

빅   마이크가 질척대지 않고 먼저 나한테 달라고 했더
      라면 나도 어련히 알아서 먼저 과자를 나누어 주
      었을 거야.

교사 마이크, 빅은 네가 먼저 물어보았다면 과자를 얼
      마든지 나누어 주었을 거라고 말하는구나. 빅은
      네가 자길 좀 귀찮게 하지 말아 주었으면 하고 바
      라는 것 같아.

마이크 그깟 과자쯤이야 아무래도 좋아요. 다음 쉬는 시
      간부터는 킥볼 경기에 참여하고 싶어요.

교사　　마이크는 빅이랑 다른 학생들과 경기를 할 수만
　　　　있다면 한결 행복할 거라고 느끼고 있네. 그런데
　　　　친구들이랑 함께하고 싶다면 우선 친구들에게 짓
　　　　궂게 구는 걸 자제하면 될 것 같다.

마이크　그럴게요. 저는 어떻게든 친구들이랑 경기하고 싶
　　　　거든요.

이 한 차례의 토론에서 아주 중대한 문제들이 제법 많이
다루어졌다. 빅의 분노가 누그러졌고, 마이크가 친구들에게 무
언가를 배웠으며, 문제 해결 결과 학급 전체에게 이익이 돌아
갔다. 그리고 학생들이 교사의 대화 방식으로 만족감을 느꼈
고, 학급 구성원들이 마이크의 소외감을 더 깊이 이해하게 되
었다.

분명 받아쓰기 수업 시간에 빅이 마이크를 때린 사건은
학급 전체를 큰 혼란에 빠뜨렸다. 가르치는 데도 배우는 데도
시선을 빼앗겨 방해가 되었다. 교사는 현명하게도(그리고 학
부모가 수업을 참관하고 있는데도 용기 있게) 수업을 전면 중
단하고 서둘러 학급 회의를 소집했다. 그는 문제를 타개할 수
있는 학생의 능력을 한껏 신뢰했고, 결과적으로 그의 믿음은
입증되었다.

다시금 적극적 듣기가 교사의 가장 핵심적인 도구임이 증
명되었다. 그 성과는 누구도 쉽게 예측할 수 없는 놀랄 만한 것
이다.

학부모와 교사의 면담에 유용하게 활용된다

대다수 학구(學區)는 교사-학부모 면담이 얼마나 유용한지 깨닫고 적극적으로 추진하고 있다. 대개 이런 면담을 하는 공식적인 목적은 학생이 학업 성취도가 얼마나 되는지 공유하기 위함이다. 하지만 한 번이라도 참가해 본 경험이 있는 교사라면 누구나 이 면담이 이런 주제와는 상당히 동떨어져 있고, 그래서 얼마나 혼란스럽고 낭패감을 주는지 익히 알고 있다.

학구에서는 학부모-교사 면담에서 드러나는 비학문적 문제를 다룰 수 있는 적절한 기술을 좀처럼 가르쳐 주지 않는다. 다음은 학부모들이 면담에서 제기하는 다양한 주제와 감정의 극히 일부만을 나열해 본 것이다.

▶ 다른 교사들에 대한 반감

▶ 이웃의 소문

▶ 개인적인 부부 문제 및 가족 문제

▶ 형편없는 성적을 받은 아이를 심하게 혼내 주겠다고 윽박지르는 상황

▶ 부진한 아이 성적으로 교사에게 나는 화

▶ 미심쩍거나 비합법적인 행동들

▶ 학교, 학구, 교육 제도에 대한 비난

▶ 학교가 채택하거나 폐기했으면 하는 특정 교수 방법론에 대한 강력한 요청

▶ 모욕을 주고 경멸했다는 이유로 교사에게 보복하겠다고

억박지르는 상황

▶ 자녀에 대한 과잉보호와 분에 넘치는 관심, 또는 관심 결여

▶ 흐느껴 울거나 소리소리 지르거나 음탕한 말을 내뱉는 등
의 강한 감정 표현

교사들은 학부모-교사 면담에서 거론될 수 있는 이 같은
수백 가지 문제에 제대로 준비돼 있지 않다. 따라서 이들 문제
는 교사를 어리벙벙하거나 무기력하게, 아니면 방어적이거나
적대적으로 만든다.

T.E.T.에서 교육받은 교사들은 이들 상황에 무모하지도 모
자라지도 않은 적절한 수준으로 대응하는 법을 알게 된다. 우
선 교사는 문제의 주인이 누구인지 판단한다. 이렇게 자문하는
식이다. "이 학부모가 표현한 감정이나 행동은 '실질적이고도
구체적으로' 내게 영향을 주는 문제인가? 지금 악감정에 사로
잡혀 있는 건 학부모인가 나인가?"

문제의 소유권이 학부모에게 있음을 깨닫고 나면 다음과
같은 일련의 질문을 연이어 떠올릴 수 있다. "나는 문제가 있는
이 학부모를 도울 시간이 있는가? 이 학부모를 거들 용의가 있
는가? 나는 이 학부모가 자신의 해법을 발견하고 자기 문제를
풀도록 인도할 능력이 있는가? 진정으로 이 학부모의 감정을
수용할 수 있는가?"

마음속으로 '직사각형 창'을 그려 보고, 그 행동을 학부모
가 해결해야 할 문제 영역에 있음을 판단한 뒤 조력자가 되겠
다고 작정하고 나면, 교사가 챙겨야 할 가장 중요한 무기는 역

시 적극적 듣기다. 하지만 학부모의 행동이 실질적이고도 구체적으로 교사에게 영향을 미친다면 적극적 듣기는 그다지 좋은 무기가 되지 못한다.

[그림 18]은 문제를 누가 가지고 있는지 한눈에 볼 수 있게 도식화하고 있다. 교사는 학부모가 제기한 질문·발언·문제들을 나타내는 각 항목을 직사각형 창에 배치해 두었다.

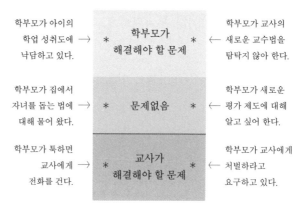

학부모가 아이의 학업 성취도에 낙담하고 있다.	→	* 학부모가 해결해야 할 문제 *	←	학부모가 교사의 새로운 교수법을 탐탁지 않아 한다.
학부모가 집에서 자녀를 돕는 법에 대해 물어 왔다.	→	* 문제없음 *	←	학부모가 새로운 평가 제도에 대해 알고 싶어 한다.
학부모가 툭하면 교사에게 전화를 건다.	→	* 교사가 해결해야 할 문제 *	←	학부모가 교사에게 처벌하라고 요구하고 있다.

[그림 18]

학부모-교사 면담에서 불거진 대다수 문제는 학부모가 해결해야 한다. 만일 교사가 시간이 있고, 수용할 수 있다고 느끼고, 기꺼이 도와주고 싶다면 적극적 듣기가 적합하다. 만일 문제가 너무 복잡해 보이거나 장황해서 시간을 내기 어렵다면 교사는 더 많은 시간을 마련하여 따로 면담하자고 제안할 수도 있다. 만일 어떤 이유로 적극적 듣기의 조건이 충족되지 않거나, 학부모의 감정을 수용하기 버겁다고 느낀다면 솔직하게 사정을 털어놓아야 한다. (이 책의 5장에서 수용하기 곤란한 상황을 다루는 법을 설명해 놓았다.)

문제없음 영역에서는 교사가 정보 요구에 응할 수도 있고, 자료를 제공하고 대안을 제시하여 적절히 도움을 줄 수도 있다. 만일 어떤 학부모가 "우리 아이가 집에서 공부하도록 도우려면 어떻게 해야 하나요?" 하고 묻는다면, 이 질문은 분명 정보를 요구하는 것이다. 학부모는 단순히 자녀가 숙제하는 것을 돕는 기술이나 학교에서 배운 내용을 복습하게 하는 방법을 알고 싶은 것이다. 이때 교사는 학부모를 도울 지식을 편안하게 알려 주면 된다.

하지만 이러한 메시지가 과연 정보를 묻는 단순한 질문에 그치는지, 아니면 학부모가 보내려고 애쓰는 다른 메시지의 기호인지 간파하려면 자세히 살펴보아야 한다. 교사는 우선 학부모가 진정으로 의미하는 바를 허물없이 이야기하도록 다음과 같이 적극적 듣기를 동원해 볼 수 있다. "어떻게 하면 조니에게 도움을 줄지 몰라 난감하신 거죠?" 만약 학부모가 주저 없이 "예" 하고 대답한다면 교사는 뭐든 자기가 알고 있는 유용한 정보를 제공해 주는 것만으로 충분하다. 한편 학부모가 그 문제에 대해 더 많은 메시지로 대응한다면("아니, 그게 아니고요. 저는 단지 아이가 더 열심히 공부해 주었으면 하고 바랄 따름인데 그렇지가 못한 것 같아서요") 적극적 듣기를 더 해야 한다.

다음은 T.E.T. 수업에 참여한 보스턴 출신의 한 교사가 학부모와의 면담에서 주고받은 대화 내용이다. 학부모와 교사를 위한 학년 모임에 이어 이루어진 면담으로, 새로운 유형의 통지표에 대해 논의하는 자리였다. 어떻게 해서 적극적 듣기가 학부모의 적대감을 차근차근 풀어 주는지 주목해 보자.

학부모 (통지표를 마구 흔들면서 교실로 들어온다.) 이것 때문에 열받아서 선생님을 찾아온 거예요!

교사 통지표 때문에 화가 단단히 나신 모양이군요.

학부모 그래요! 저는 이 통지표가 정말 마음에 안 들어요. 저뿐 아니고 맘에 든다는 사람 하나도 못 봤어요.

교사 예전에 성적 매기던 방식이 더 좋으신가 보죠?

학부모 예. 작년에 이걸 평가해 달라고 요청했을 때 저는 정말 시간을 많이 들여 제 생각을 정성스럽게 적어 냈어요. 이야기를 건네 본 다른 학부모들도 이 방식에 반대하는 평가를 썼다고들 하던데요.

교사 어머님께서는 자신의 감정을 솔직하게 표현했는데, 아무런 소용이 없었다고 느끼시는 거군요.

학부모 전혀 소용이 없었어요. 이번 가을에 통지표에 대해 평가된 서류를 읽어 보니까 대체로 반응들이 좋게 나와 있더군요. 대체 누가 그렇게 호평한 건지는 몰라도 아무튼 전 정말 탐탁지 않네요. 그런 좋은 평을 한 사람들이 대체 누구죠?

교사 그 평가지는 이 지역에 있는 모든 초등학생 학부모들에게서 모은 겁니다.

학부모 그랬군요. 어젯밤에 저도 그 모임에 참석했어요. 그 자리에서 새로운 통지표 형식에 적극적으로 찬성하는 학부모가 일부 있다고 듣기는 했어요. 저도 그것이 어떤 학생에게는 잘 맞을 수도 있다고 생각해요. 하지만 저는 딸아이의 진척에 대해 더 많은 걸 알고 싶어요.

교사   올해 바뀐 통지표가 자녀에 관해 진정으로 알고 싶어 하는 것을 제공해 주지는 못한다고 보시는 거죠?

학부모   그래요. 작년보다 개선된 부분도 얼마간 있기는 해요. 논평도 훨씬 많아졌고 내용도 한결 구체적이에요. 다만 저는 딸아이가 수업 시간에 무슨 일을 하는지 더 확실하게 알았으면 하는 거예요. 하지만 그 애가 진정으로 관심과 적성을 보이는 분야가 뭔지 아직 모르겠어요. 좋은 게 좋은 거라는 식의 논평만으로는 부족해요. 딸아이가 모범생이라는 건 잘 알겠는데, 어떻게 그렇게 하나같이 좋기만 하다는 건지 의아할 따름이에요.

교사   어머님께서는 아이가 구체적인 과목에서 정확히 어떻게 잘하고 있는지 알고 싶으신 거군요.

학부모   그래요. 딸아이가 유독 잘하는 분야가 있다면 말이에요.

교사   (학교 프로그램에는 뭐가 있고 각각 어떻게 나뉘어 있는지, 각 과목이 포괄하는 내용은 무엇인지, 이 학생은 어떤 식의 진전을 보였는지 학부모에게 길고 소상하게 들려주었다.)

학부모   처음보다 한결 기분이 나아졌어요. 딸아이가 하고
         있는 일에 대해 더 잘 알게 된 것 같은 느낌이에
         요. 선생님을 개인적으로 비난하려던 건 전혀 아
         니었어요. 선생님들도 새로운 통지표에 맞춰 각자
         그저 할 수 있는 한 최선을 다할 따름이라는 사실
         을 충분히 알게 되었고요.

교사   조금도 기분 상하지 않았으니 염려 마셔요. 어머
         님께서 생각하는 바를 솔직하게 털어놓으시는 게
         오히려 좋습니다. 그게 서로를 이해할 수 있는 유
         일한 길이니까요.

학부모-교사-학생 삼자 면담

많은 교사들이 학부모-교사 면담에 제3의 구성원으로 학생
을 참여시키는 일의 의미를 공감하기 시작했다. 이 면담의 핵
심 주제는 학생의 성취도일 수밖에 없고, 그 점에 관해 학생 자
신보다 더 잘 알 수 있는 사람은 없다고 판단한 것이다. 학생과
교사가 학생의 학업 성취도를 함께 계획하고 합의하고 평가하
고 있을 때 특히 더 그렇다.

　학생은 자기가 배제될 경우 학부모-교사 면담을 상당히
위협적으로 느낄 수 있다. 학부모와 교사가 자기에게 딴죽을
걸려고 작당하고, 당혹스러울 수도 있는 정보를 폭로하고, 자
기를 따돌린 채 자기에 대한 결정을 내리려고 비밀리에 만난
다고 받아들이기 때문이다.

삼자 면담을 시도하고 있는 교사들은 그 결과에 대해 긍정적인 반응을 보인다. 그 이점은 다음과 같다.

- ▶ 학생이 한결 마음을 놓는다.
- ▶ 주제를 두고 토론할 때 덜 헤매기 때문에 시간을 절약할 수 있다.
- ▶ 학부모는 더 온전하고 정확한 정보를 얻을 수 있다.
- ▶ 학부모, 학생의 견해차를 손쉽게 좁힐 수 있다.
- ▶ 모든 이가 다른 사람의 의견을 직접 듣게 되기 때문에 오해의 소지가 현저히 줄어든다.
- ▶ 이후 더 효과적으로 학습하도록 계획할 수 있다.
- ▶ 학부모와 학생의 유대가 더욱 강화된다.
- ▶ 교육 과정을 경쟁이라기보다 협력적인 것으로 여길 가능성이 커진다.
- ▶ 의사결정 과정에 직접 참여하므로 결정 사항을 준수하려는 학생의 의지가 강해진다.
- ▶ 모든 참가자가 협력해야겠다는 느낌을 더 강하게 갖는다.

삼자 면담을 처음 시도했을 때 대다수 교사들은 그 지지자들에게 열렬한 호응을 얻었다고 말한다. 하지만 더러 완강한 학부모 저항에 부딪히기도 한다. 그 가운데는 적극적 듣기로 응해야 하는 것도 있다. 자신이 이해받는다고 느껴야 비로소 실망감, 기대감, 우려 같은 감정이 진정되고 다독여질 수 있기 때문이다. 학부모가 이 모임에 학생이 포함되는 것을 그다지 달가워하지 않는 가장 일반적인 이유는 자신만의 문제를 사적으로 이야기하고 싶은 욕구 때문이라고 교사들은 말한다. 그러므로 삼자 면담에 대한 학부모의 반감은 다른 기회에 학부모와 단독으로 면담할 약속을 정하면 자연스럽게 줄어든다.

적극적 듣기는 인생을 살면서 만나게 되는 숱한 문제를 수습하도록 타인을 돕는 데 사용할 수 있는 중요한 기술이다. 이것은 성장, 독립심, 자신감, 자기 신뢰를 촉진한다. 학생의 학습을 전적으로 책임져야 한다는 불가능에 가까운 교사의 강박 관념을 덜어 주고, 가장 숭고한 의미의 '가르칠 자유'를 부여한다. 적극적 듣기는 학급을 따뜻함, 이해, 안정감, 성장의 장으로 탈바꿈하는 데 가장 결정적인 요소로, '가르침은 사랑의 한 가지 방법'이라는 격언을 구현하는 지름길이다.

5

교사가 문제를 느낄 때 대처하는 방법

학급의 학습 환경을 최상으로 유지하려는 노력이 힘에 부치고 수시로 실의를 안겨 준다고 느끼는 교사들이 많다. 대다수 학생이 자기 욕구를 실현하려고 애쓰지만, 아닌 학생도 더러 있다. 만사 귀찮아하는 학생, 사나운 학생, 고집불통 학생, 부산스러운 학생, 공격적인 학생, 건망증이 심한 학생, 자기 잇속만 챙기는 학생, 배려심이 모자란 학생, 얼빠진 아이처럼 행동하는 학생, 파괴적인 행동을 저지를 우려가 많은 학생은 언제나 있기 마련이다.

학부모들이 집에서 자녀를 다루기가 정말 어렵다고 울상 지으면 교사로서는 당연히 이렇게 묻고 싶어진다. "그러니 한 반에 그런 애들을 한꺼번에 30명씩 데리고 있으면서, 그 애들에게 뭔가 의미 있는 것을 가르칠 책임까지 떠안고 있는 저는 어떻겠어요?"

두말할 나위 없이 교직은 힘든 직종이다. 한 중학교 교사가 솔직하게 털어놓은 다음 이야기에서 볼 수 있듯이 많은 교사가 시도 때도 없이 짜증 나거나 좌절하거나 격분하곤 한다.

하루가 반쯤 지날 때부터 저는 어서 하루가 끝나기만을 손꼽아 기다립니다. 퇴근할 때가 되면 감정의 밑천이 거의 드러나고요. 몸을 추슬러 집으로 돌아갈 힘조차 남아 있지 않을 때가 허다하죠. 집에 돌아가면 그저 혼자 있고 싶은 마음뿐입니다. 날이 갈수록 결혼 생활은 피폐해져 가고요. 저는 이제 가르침이 가치 있는 일이라고 생각하지 않습니다. 아이들은 제게서 너무 많은 것을 빼앗아 갑니다.

가르치는 일이 참으로 어렵고 감정 소모가 많은 일이기는 하지만 이 교사의 피로감은 가르치는 일이 힘든 노동이어서라기보다는 좌절감을 주기 때문인 듯하다. 만족하면서 열심히 일하면 그렇게까지 정신이 피로해지지는 않는다. 이 장에서는 왜 교사들이 위의 교사처럼 지칠 대로 지친 채 좌절감을 안고 하루를 마감하게 되는지 알아보려 한다.

교사가 문제를 느낄 때 해야 할 일

이 책의 3장과 4장은 학생이 자기 인생에서 문제를 겪고 있는 상황, 즉 변화를 꾀할 책임이 학생에게 있는 상황에 초점을 맞추었다. 이런 경우에는 학생에게 주도성을 부여하고 그 스스로 문제를 풀도록 돕기 위한 기술로 적극적 듣기를 활용하면 된다. 따라서 교사로서는 그 문제가 학생의 것임을 확실하게 인식하는 일이 급선무다.

한편 교사들이 자신이 소유한 문제를 정확히 숙지하는 것 역시 중요하다. 교사에게 스스로가 문제의 주인이라고 말해 주는 단서는 바로 교사 자신의 감정, 즉 성가심, 좌절감, 분노, 화, 정신산란, 짜증 같은 것이다. 이런 내적 감정이 긴장, 불쾌감, 위장 장애, 두통, 신경과민 등 육체적 증상으로 드러나는 때도 있다. 교사들은 이러한 감정이나 반응에 책임을 져야 한다. 그렇지 않으면 앞 사례처럼 좌절감에 빠지고 기진맥진해지기 때문이다.

다음은 교사의 문제인 일반적인 상황 몇 가지다.

▶ 학생이 새 책상을 후벼 파 훼손하고 있다.
▶ 몇몇 학생이 다른 학생과 이야기를 나누고 있는데 훼방을 놓는다.
▶ 학생이 사용한 참고서들을 책장에 다시 꽂지 않고 사방에 늘어놓았다.
▶ 학생이 걸핏하면 지각하고 학급을 휘저어 놓는다.
▶ 학생이 종이를 낭비한다.
▶ 학생이 빌려 온 실험실 기자재를 반납하지 않았다.
▶ 몇몇 학생이 교사의 사진 암실에서 담배를 피우고 있다.
▶ 학생이 다른 학생을 고자질하느라 교사의 시간을 너무 많이 빼앗는다.
▶ 학생이 사탕을 먹고 껍질을 아무렇게나 바닥에 던져두었다.

- 학생 몇이 교사와 다른 친구들 귀에 거슬릴 정도로 시끄럽게 입씨름하고 있다.
- 학생이 캐비닛 여기저기에 페인트를 칠하려고 한다.
- 교사가 지시를 내리는 와중에 학생 몇이 큰 소리로 떠든다.

이러한 수백 가지 학생 행동들은 실질적으로나 잠재적으로 교사의 정당한 욕구를 방해한다. 실질적이고도 구체적으로 교사의 욕구 충족을 방해하거나 방해할 것 같은 위협을 가한다. 책상을 훼손하고, 수업을 방해하고, 참고서를 잃어버리고, 다른 사람이 어질러 놓은 것들을 치우는 일 따위를 달가워하는 교사는 아무도 없다. 교사도 사람이다. 교사도 자기만의 정당한 욕구가 있고, '도저히 참을 수 없는' 수백 가지 학생 행동과 부딪치기 마련이다. 이러한 행동들은 교사의 직사각형 창에서 아랫부분, 즉 수용 한계선 하단에 놓인다.

이런 수용 불가능한 행동은 적극적 듣기로 대처할 수 있는 성질의 것이 아니다. 그렇다고 이것을 모르는 체하면서 문제없음 영역에서처럼 무심하게 원래 역할을 계속할 수도 없는 노릇이다. 이런 행동에 대해서는 교사 자신을 위해서도 효과적인 조치를 취해야 한다.

학생이 문제를 느끼고 있을 때의 교사 입장과 교사 자신이 문제를 느낄 때의 교사 입장 사이에는 분명 차이가 있다. 이러한 차이를 정리해 보면 다음 표와 같다. 이 표는 교사에게 문제를 겪는 학생을 돕는 일과 문제를 겪고 있는 자신을 돕는 일은 서로 다른 상호 작용이자 과정임을 보여 준다. 표에서 보는 바와 같이 두 개의 과제는 상반된 태도를 요구한다.

학생이 문제를 느끼고 있을 때	교사가 문제를 느끼고 있을 때
학생이 의사소통을 주도한다.	교사가 의사소통을 주도한다.
교사는 경청자다.	교사는 발신자다.
교사는 상담가다.	교사는 영향을 주는 사람이다.
교사는 학생을 돕고 싶어 한다.	교사는 자신을 스스로 도울 의지가 있다.
교사는 학생의 해결책을 수용한다.	교사는 해법에 만족할 수 있어야 한다.
교사는 주로 학생의 욕구에 관심이 있다.	교사는 주로 자신의 욕구에 관심이 있다.
교사는 문제 해결에 수동적이다.	교사는 문제 해결에 적극적이다.

누가 문제를 소유하고 있느냐에 따라 달라지는 교사의 태도를 통해 교사들이 얻을 수 있는 교훈은 아주 명백하다.

1 교사는 우선 학생의 행동을 직사각형 창 가운데 정확한 위치에 배치해야 한다.
2 학생이 해결해야 할 문제 영역에 배치했다면, 교사는 상담가가 되는 것이 적절하고 수용하는 언어를 사용하는 편이 효과적이다.
3 교사가 해결해야 할 문제라면, 상담가 같은 자세는 부적절하며 수용의 언어는 비효과적이고 거짓된 것이기 쉽다.

그렇다면 어떤 문제를 수용할 수 없다고 정확하게 규정하고, 그것을 교사가 해결해야 할 문제 영역에 둔다면 교사들은 과연 어떻게 할 수 있을까? 이런 식으로 생각해 보자. 자신의 욕구 충족을 위해 수용하기 힘든 행동을 수정하려 할 때 고려해 볼 변수는 학생, 환경, 교사 자신 이렇게 세 가지다. 교사는 각 차원에서 저마다 다른 영향을 미칠 수 있다.

1　학생의 행동을 수정하기 위한 시도
2　환경을 변화시키기 위한 시도
3　자신을 변화시키기 위한 시도

다음 예를 보고 생각해 보라. 교사 윌리엄스는 보살피거나 보강해 주지 않으면 과제를 계속해 나갈 수 없을 것 같은 학생 때문에 시도 때도 없이 방해를 받고 있다. 이것은 윌리엄스로서는 도저히 참을 수 없는 상황이고, 그래서 그녀는 문제를 하나 안게 되었다. 윌리엄스는 무엇을 할 수 있을까?

1　윌리엄스는 자신을 그만 괴롭히라는 메시지를 보냄으로써 학생과 '대결'을 벌일 수 있다. [학생 변화시키기]
2　윌리엄스는 학생에게 자기 점검 프로그램을 해 보라고 제안할 수 있다. [환경 변화시키기]
3　윌리엄스는 자신에게 이렇게 말할 수 있다. "그 애는 그저 의존적인 학생일 뿐이고, 곧 그런 습관에서 벗어날 수 있을 거야." "그 애는 분명 다른 학생보다 내 시간을 더 많이 필요로 하고 있어." [스스로 변화하기]

이 장에서는 이 세 가지 가운데 첫 번째 안, 즉 학생을 변화시키는 상황만을 다루려고 한다. 나머지 두 가지는 이어지는 장들에서 다루겠다.

학생과 대결할 때 효과가 없는 메시지

T.E.T. 과정에서 '대결한다(confront)'는 용어는 타인의 행동이 자신의 권리를 분명히 침해한다는 사실을 전하고자 그에게 분연히 맞서는 행동을 표현하려고 의도적으로 사용하는 용어다. 이것은 자기 욕구를 반드시 충족시킬 책임을 떠안는 용기 있는 행동이자 적극적인 태도다. 자기 보호 욕구에 따라 맞서게 되는 대결은 어떤 의미에서는 자신을 지키기 위한 순수한 의도에서 비롯된 행동이다.

T.E.T. 강사는 교사들에게 학생 행동 가운데 용서할 수 없는 전형적인 행동을 제시하고 학생과 어떻게 대결할 것인지 알려 달라고 했다. 그 결과 놀랍게도 교사들이 보내는 메시지 중 90~95퍼센트가 다음과 같은 결과를 가져올 수 있는 대결 메시지였다.

1 학생은 변화를 한사코 거부한다.
2 학생은 교사가 자신을 어리석거나 구제 불능이라고 생각한다고 느낀다.
3 학생은 교사가 자신을 감정과 욕구를 지닌 사람으로 조금도 배려하지 못한다는 인상을 받는다.

4 학생은 분노, 죄책감, 부끄러움, 당혹감에 시달린다.

5 학생의 자존감은 서서히 사그라진다.

6 학생은 스스로 방어해야 한다고 느낀다.

7 학생은 자신이 복수하는 건 정당하다는 날 선 생각을 한다.

8 학생은 주춤하고, 지레 포기하고, 시도해 보려고 하지 않는다.

누구든 이런 결과를 반길 교사는 없다. 일반적으로 교사들은 "나 역시 내 욕구가 충족되기를 바랐을 뿐이야"라고 말할 것이다. 교사들은 자신이 보내는 메시지가 학생에게 얼마나 큰 효력을 미치는지 그렇게 심각하게 생각하지 않는다. 그들은 그저 자기 부모나 이전에 자기를 가르친 교사들이 자기에게 늘 쏟아 내던 가락을 무심코 되풀이할 따름이다. 한 교사는 학급 대결 상황에 대한 감정을 다음과 같이 표현했다.

제가 학생에게 건네는 말들이란 하나같이 예전에 제가 선생님들에게서 정말 듣기 싫어하던 바로 그런 유의 것들이라는 사실을 깨닫고 정말 당황했습니다. 왜 그랬을까요? 저는 어쩌다가 학교를 혐오하게 하고 선생님들을 싫어하게 한 그 말들을 글자 하나 안 틀리고 고스란히 되풀이하게 되었을까요?

누구나 마찬가지지만 이 교사 역시 특히 긴장이 가득한 상황에서는 반사적으로, 또 '프로그램화된' 대로 반응한 것이다. 도무지 다른 대안적인 방식은 떠올릴 수 없어서 그렇게 했을 것이다.

학생과 대결할 때 교사가 보내는 메시지는 대체로 다음 세 가지 범주로 나눌 수 있다.

  1 해결법을 제시하는 메시지
  2 신랄한 비난의 메시지
  3 우회적인 메시지

해결법을 제시하는 메시지가 실패하는 까닭

해결법을 제시하는 메시지는 학생에게 행동을 변화시키는 법(무엇을 해야 하는지, 어떻게 하는 게 현명한지)을 말해 준다. 교사는 이런 메시지 속에 '학생' 소유 문제의 타개책을 담고 학생이 선택해 주기를 바란다.

T.E.T. 수업 참가자들은 과거에 자신을 가르친 교사들이 어떻게 대결했는지 떠올려 보라고 요청하면 흔히 '해결법을 일방적으로 밀어붙였다'고 말했다. 그들은 해결법을 제시하는 메시지의 부정적인 효과를 생생하게 떠올렸다. 한 교사는 이렇게 말했다.

선생님들은 항상 제게 명령을 내렸고 입버릇처럼 교장 선생님께 보내 버리겠다거나 부모님을 부르겠다고 윽박지르곤 했습니다. 저는 그게 끔찍하게 싫었어요. 그래서 오로지 그들에게 보복할 심산으로 곧잘 '못된' 아이가 되곤 했습니다. 교무실에 몰래 들어가 선생님들의 평가 장부를 여러 쪽 풀로 붙여 놓거나 그 비슷한 야비한 행동을 자주 저질렀습니다. 저는 아직까지도 개중 몇 가지는 온당한 행동이었다고 생각하고 있어요.

또 다른 교사는 이렇게 말했다.

선생님들이 습관처럼 제게 버럭 소리를 지르실 때면 참으로 황당했어요. 하지만 제가 할 수 있는 일이란 선생님들에게 굴복해서 찍소리 않고 그대로 따르는 것밖엔 없었고요. 그게 아니라면 아예 내놓고 나쁜 학생이 되든가…….

과거 자신의 교사들에게 이 같은 방식으로 대응한 전례를 새삼스럽게 떠올릴 수 있는 교사들로서는 자기 역시 학생들에게 해결법을 제시하는 메시지를 상습적으로 쏟아붓고 있다는 사실을 깨달으면 당연히 뜨끔하게 된다. 지금의 학생들이라고 해서 학창 시절의 자신들과 다르게 처신해야 할 이유가 대체 무엇이란 말인가? 해결법을 제시하는 메시지에는 다음 다섯 가지 의미가 있다.

1. 명령, 지배, 지시
"그 껌 당장 뱉어!"
"빨리 자리에 앉지 못해!"

2. 경고, 위협

"만일 너희가 줄을 제대로 맞춰 서지 않는다면 종일 거기에 세워 놓을 테니 그리 알아라."

"야, 한 번만 더 그러면 방과 후에 남길 거야."

3. 교화, 설교

"그렇게 하는 게 좋지 않다는 것쯤은 알고 있었어야지."

"4학년씩이나 되었으면 뭐가 옳은지 정도는 알아야 할 거 아냐?"

4. 충고, 해결책 제시, 제안

"내가 너라면 진작 일을 시작하고도 남았겠다."

"수업 시간 말고 이따 쉬는 시간에 떠들어라."

5. 가르치기, 훈계, 논리적으로 따지기

"그렇게 노닥거리면 숙제는 영영 못 끝내."

"책은 낙서하라고 있는 게 아니고 읽으라고 있는 거야."

교사들이 저마다 이 메시지들을 발신하는 장치가 되기로 자청하고 나서기라도 한 듯하다. 이러한 메시지는 전국 어느 교실에서나 심심찮게 접할 수 있는 귀에 익은 것들이다. 발신 장치라는 비유는 결코 터무니없는 것이 아니다. 교사들은 대결해야 할 것 같은 상황에 대응하는 법을 자기 부모나 과거 자신의 교사들에게서 너무 자주 듣고 전수받았다. 그래서 학생들

눈에 교사들은 지칠 줄 모르고 해결법을 쏟아 내는 기계쯤으로 비치는 것이다.

대다수 교사가 해결법을 제시하는 메시지를 자기 욕구를 충족시키기 위한 가장 발 빠르고 효과적인 방법이라고 생각하는 듯하다. 학생이 교사를 '성가시게 하는' 어떤 행동을 저질렀을 때 그에게 무슨 말을 건네거나 그만두라고 압력을 가하는 것이 대체 뭐가 문제란 말인가?

문제는 없다. 문제라고 한다면 이런 메시지가 별반 효력이 없다는 사실뿐이다. 설사 효과가 있다고 하더라도 '넌 너무 아둔해서 내가 어떤 식으로 도와주는지 도무지 종잡을 수 없을걸?' 하는 은밀한 메시지를 숨기고 있는 탓에 교사가 감내해야 하는 희생이 매우 크다. 감춰진 메시지를 간파한 학생으로서는 부아가 치밀 수밖에 없으니 말이다.

해결법을 제시하는 메시지는 다음과 같은 메시지를 은근히 내포하고 있다. '내가 윗사람이고 너보다 큰 힘을 가지고 있어.' '내가 곧 법이야. 내가 변하라고 말했으니 넌 변해야 마땅해.' 이러한 메시지에 학생이 저항하고 보복하려 드는 건 전혀 이상한 노릇이 아니다.

해결법을 제시하는 메시지로 기대할 수 있는 최상의 결과는 학생이 고분고분 따르는 것, 부정적 태도 변화를 수반하는 긍정적 행동 변화이므로 언제나 학생이 교사를 역습할 위험이 도사리고 있다. 학생은 지시받은 대로 껌을 뱉을 수는 있지만, 교사의 지시에 적의를 품고 다음에는 더 조심스럽게 껌을 씹어 절대 발각당하지 않겠노라고 작심할 것이다.

차차 검토하게 될 남은 두 가지 효과 없는 대결(신랄한 비난의 메시지와 우회적인 메시지)과 마찬가지로 해결법을 제시하는 메시지는 교사 자신이 아니라 오직 학생에 관해서만 이야기할 뿐이다. 따라서 학생은 자기 행동이 교사에게 어떤 식으로 영향을 끼치는지 도무지 알 길이 없다. 다만 교사가 어떤 구체적인 방식으로 자신을 변화시키려고 발버둥질하는지만 인식할 따름이다. 학생은 교사에 대해 다음과 같이 부정확하게 추론하기 쉽다. 괴팍하고 불공정하고 자상치 못하고 치졸하고 부당하고 고집불통이고 뻐기고 권력 지향적이고 고지식하고 냉혹하고 억지스럽고 편협하다……. 알 만하다는 듯 지레넘겨짚으면 학생으로서는 교사의 감정이나 상황에 신경 쓸 아무런 이유도 없다. 그러기는커녕 도리어 반격하거나, 저항하거나, 자신의 타개책을 부과하기에 급급한 교사의 시도를 좌절시키기 위한 전략을 세우는 데 온통 관심을 쏟을 것이다.

비난하는 메시지가 실패하는 까닭

해결법을 제시하는 메시지보다 한층 더 해로운 것이 바로 창피 주고, 인신공격하고, 자아상을 서서히 훼손시키는 신랄한 비난의 메시지다. 이 메시지는 평가, 면박, 조롱, 판단 등을 전한다. 이 메시지는 다음 여섯 가지 범주로 분류할 수 있다.

1. 판단, 비판, 의견 불일치, 비난
"이제 보니까 늘 너한테서부터 말썽이 비롯되는구나."

"넌 참 못된 녀석이구나."
"이런 망나니 같으니라고."

2. 매도, 정형화, 조소
"오늘 야생동물처럼 사납게 구는구나."

3. 해석, 분석, 진단
"주위의 관심을 끌어 보려고 그런 짓을 저지르는 거야."

4. 칭찬, 동의, 긍정적인 평가
"넌 훌륭한 학생이 될 자질을 갖추고 있어."
"노력만 하면 너도 얼마든지 근사한 일을 해낼 수 있어."

5. 공감, 안심시키기, 편들기
"이렇게 더운 날 가만히 앉아 있는 건 정말 고역이다, 그렇지 않니?"
"오늘 밤 경기가 있다는 거 잘 안다만, 3시까지 학교에 남아 있어야 한다는 사실 유념해라."

6. 질문하기, 캐묻기, 신문하기, 반대 신문하기
"대체 왜 자리에서 일어나는 거니?"
"교실에서 그렇게 한시도 입을 가만 놔두지 않고 떠들어 대면서 어떻게 이 과목을 무난히 통과하길 바라니?"
"어째서 쓴 물건들을 다시 제자리에 돌려놓지 않는 거지?"

이 여섯 가지 메시지는 학생에 대해 교사가 내리는 부정적인 판단(신랄한 비난)을 담고 있다. 하나같이 낯익지 않은가? 귀에 못이 박이도록 듣는 이런 메시지, 그리고 그 무수한 변종 메시지들은 자신에게 문제를 안긴 학생에게 책임을 전가하고 그들을 면박 준다. 학생이 문제라고 낙인찍는 것이다. 학생은 해결법을 제시하는 메시지와 마찬가지로 이런 메시지를 통해서도 교사가 무슨 문제를 느끼는지도 알 수 없다. 교사도 욕구와 감정을 지닌 인간이라는 평범한 사실을 깨달을 기회 자체를 박탈당한 셈이다.

긍정적인 자아 개념을 이미 가진 학생들은 신랄한 비난의 메시지를 들어도 교사가 자기를 잘 모른다며 가볍게 넘기고 자신의 신념대로 행동하겠지만, 이런 학생들은 흔치 않다. 대다수 학생들은 유감스럽게도 스스로 조금이나마 가치 있는 존재임을 확인하려고 몸부림친다. 이들은 '나는 그다지 훌륭한 인간이 아니다'라는 자기 평가를 내린다. 교사의 부정적인 평가는 가뜩이나 보잘것없는 이런 자아상을 더욱 형편없이 만든다.

학생은 비난의 메시지를 들으면 두 가지 태도를 보인다. 가벼이 듣고 넘겨 버리거나(이럴 때 어떠한 긍정적인 행동 변화도 일어나지 않으며, 학생은 교사의 인격을 부정적으로 추론한다), 자신에 대한 부정적인 생각들을 더 심화하는 것이다. 둘 가운데 어떤 것이든 학생은 '너는 뭔가 좀 이상해. 제발 나한테 이런 말썽 좀 일으키지 마라'와 같은 교사의 숨은 메시지를 간파한다. 공격당한다는 느낌에 사로잡힌 학생으로서는 그에 대항해 자기를 방어하지 않을 수 없다. 저항하고, 대들고, 교사의 평가가 그릇되었음을 증명하는 데 주력하거나 비난에서 벗어날 전략을 다채롭게 모색할 것이다. 적잖은 학생들은 "아무래도 상관없어. 어디 계속해 봐. 무슨 짓이든 할 테면 해 보라지!" 같은 말로 자신을 방어한다.

신랄한 비난의 메시지에 진정으로 건강하게 대응하는 것은 그 메시지를 조롱하거나 웃어넘기는 것이다. 하지만 불행하게도 이런 식으로 교사와 대결할 수 있는 담력을 지닌 학생은 거의 없다.

우회적인 메시지가 실패하는 까닭

우회적인 메시지에는 놀리기, 짓궂게 굴기, 빈정거리기, 객쩍은 농담하기, 주의를 환기하는 말하기 따위가 포함된다.

"네 신발, 탁탁거리기는 해도 예쁘긴 하구나."
"이런 장난꾸러기 반을 맡기는 생전 처음이다."
"너한테 부탁한 내가 바보지."
"어릿광대 쇼가 끝나기를 언제까지 기다려야 하지?"
"사람들이 언제 널 교장 선생님으로 뽑았는지 모르겠구나."
"너도 이다음에 선생 해라. 꼭 너 같은 학생 100명만 만나면 내 속이 다 시원하겠다."
"코미디 다 끝났으면 아까 하다 만 거 마저 하자꾸나."

해결법을 제시하는 메시지나 신랄한 비난의 메시지가 크

나큰 위험을 내포하고 있다는 사실에 공감하는 교사들은 더러 이러한 우회적인 메시지를 사용하곤 한다. 설사 정교하게 은폐되어 있다 해도 학생들이 우회적인 메시지의 진의를 알아챘으면 하는 바람 때문이다. 우회하는 메시지는 (해결법이나 신랄한 비난과 비교해 볼 때) 상대적으로 점잖으므로 이런 메시지를 보내고 싶은 유혹에 빠진다.

하지만 우회적인 메시지 역시 거의 실효성이 없다. 오해 없이 받아들여지기가 극히 어렵기 때문이다. 설령 학생들이 진의를 제대로 알아챈다고 하더라도 학생은 이런 메시지를 구사하는 교사를 솔직하지 못하고 엉큼하거나 야비하다고 여긴다. 다음과 같은 숨은 메시지를 읽기 때문이다. '내가 너와 정면 대결한다면 너는 날 달가워하지 않을지도 몰라.' '너를 격의 없고 솔직하게 대하기엔 너무 부담스러워.' 자연히 학생은 교사를 믿지 않으며 자기를 교묘히 조작하려는 존재로 받아들인다. 주눅 들게 만드는 빈정거림을 제외한 다른 우회적인 메시지들을 들으면 학생은 교사가 다르게 행동하도록 자신을 구슬리려 한다고 여긴다. 하지만 이런 메시지는 너무 힘이 없거나 우스꽝스러워서 전혀 도움이 되지 못한다.

이쯤 되면 독자들은 비효과적인 대결 메시지 목록이 3장에서 기술한 바 있는 비효과적인 상담 메시지 목록(열두 가지 대화 장벽)과 정확히 일치한다는 사실을 깨달을 것이다. 이 메시지들도 문제를 겪는 학생을 돕는 데 비효과적인 만큼이나 교사 자신이 해결해야 할 문제를 푸는 데도 효과가 없는 셈이다.

실제로 이 전형적인 열두 가지 대화법은 '수용 불가의 언어'이기 때문에 학생 행동을 수용하기 어려울 때는 사용해도 무방할 것도 같다. 하지만 교사가 원하는 바, 즉 학생 행동의 변화를 결코 보장해 주지 못할뿐더러 학생의 자존감이나 교사와의 관계에 찬물을 끼얹는 위험만 초래할 공산이 크다.

이제 우리는 학생의 자아상이나 교사-학생 관계를 금 가게 할 소지를 줄이면서 학생의 행동 변화를 적극적으로 끌어낼 건설적인 대결 방법을 제시하려고 한다.

너-메시지와 나-메시지

지난 수년간 T.E.T. 과정을 진행하면서 우리는 대결 메시지에 대해 생각하고 그것을 분류하는 방법을 한 가지 더 발견했다. 대다수 교사가 이 방법이 이해하기 쉬울뿐더러 교실에서의 대화 습관을 바꾸려 할 때 매우 유용하다고 말한다.

열두 가지 대화 장벽이 하나같이 '너'라는 대명사를 포함하고 있거나 아니면 "쓰레기통 비워라!"라는 문장에는 사실 '네가 쓰레기통 비워라'라는 식으로 '너'를 내포하고 있다는 점에 주목하라. 대다수의 대결 메시지가 '너-메시지'라는 사실을 발견한 교사들은 깜짝 놀란다.

"(너) 당장 그만두지 못해!" [명령하기]
"(너) 잠자코 있는 게 좋을 거야." [경고하기]
"(너) 그러는 게 좋지 않다는 것쯤은 알았어야지." [교화하기]
"너도 노력하면 할 수 있어." [논리 들이대기]

"(너) 내가 보여 준 대로 해 봐."[해법 제시하기, 명령하기]

"너는 신중하지 못한 게 늘 탈이야."[비판하기]

"너 지금 꼭 어린애처럼 구는구나."[비난하기]

"너 지금 복수하려는 거니?"[분석하기]

"너는 언제나 훌륭한 학생이지."[긍정적인 평가]

"(너) 내일 되면 기분이 한결 나아질 거다."[안심시키기]

"(너) 왜 그렇게 했니?"[질문하기]

"너 아인슈타인이었구나?"[빈정거리기]

이러한 너-메시지는 어느 것 하나 교사에 관한 정보는 드러내 주지 않는다. 온통 학생만을 겨냥할 뿐이다. 만일 교사가 학생 행동을 보고 어떻게 느꼈는지, 아니면 그 행동이 자기에게 어떻게 분명한 영향을 주었는지 이야기한다면 그 메시지는 너-메시지가 아니라 '나-메시지'가 될 것이다.

"너희가 어질러 놓은 별별 잡동사니를 다 치워야 하니 나로서는 도저히 다른 일을 할 수가 없구나."
"너희가 떠들어 대는 통에 나 지금 신경이 곤두서 죽겠어."
"누군가 괴로움을 당하는 걸 보면 나는 정말 화가 나."

나-메시지가 무슨 일이 일어난 데 대한 책임을 어떤 식으로 그 문제의 소재지(교사나 문제를 겪고 있는 사람)에 두는지 주목하라. 그러므로 나-메시지는 '책임을 끌어안는 메시지'라고 불릴 수도 있다.

너-메시지가 효과적이지 않은 이유

너-메시지와 나-메시지의 차이점을 확실하게 인식하려면 이 두 유형을 한 사람이 다른 사람과 의사소통하는 모델인 3장의 [그림 15]와 관련지어 볼 필요가 있다.

수학의 분수를 어려워하는 몇몇 학생을 개인 지도하고 있는데 영리한 한 학생이 연거푸 방해하는 바람에 교사가 잔뜩 짜증이 나 있다고 하자. 이 학생의 방해는 교사에게 문제를 안겨 주고 있다. 즉 교사가 문제의 당사자인 것이다.

학생에게 이런 감정을 기호화할 목적으로 교사는 대체로 [그림 19]에서 보는 바와 같은 너-메시지 기호를 선택할 가능성이 많다.

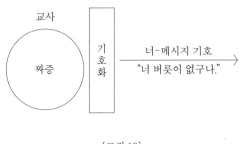

[그림 19]

교사가 자기 안의 감정과 정확하게 일치되는 기호를 택했다면 그건 분명 '나 짜증 나 미치겠다' 같은 나-메시지가 되었을 것이다.

너 지향의 메시지를 보내는 교사는 사실상 자기와 상관있는 욕구를 가졌다는 이유로 애꿎게 학생을 나무라는 꼴이다.

따라서 너-메시지는 교사 내부에서 일어나는 감정을 내비쳐 주는 하나의 기호이기는 하지만, 모호하기 짝이 없는 기호일뿐 더러 그 감정의 책임을 엉뚱한 곳으로 전가한다.

교사의 내적 상태에 대한 확실한 기호는 언제나 다음과 같은 나-메시지다. '그렇게 삔질나게 방해하면 이 집단과 공부 하는 게 나는 정말이지 짜증 나.' 너-메시지는 학생에 대한 부 정적인 판단이지만, 이러한 나-메시지는 교사가 경험하고 있 는 바를 가감 없이 드러내 준다.

이제 상반된 메시지를 담고 있는 [그림 20]과 [그림 21]을 대조해 보자. 그리고 학생이 그 메시지들을 각각 어떤 식으로 받아들이는지 알아보자.

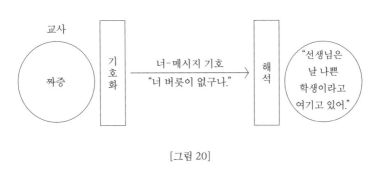

[그림 20]

[그림 21]

첫 번째 메시지에서 학생은 자신에 대한 평가를 듣게 된다. 그리고 이러한 너-메시지를 거의 예외 없이 자기가 얼마나 나쁜지에 대한 평가(신랄한 비난)로 받아들인다. 반면 두 번째 나-메시지를 통해서는 교사에 대한 사실 진술로 해석할 수 있게 된다.

나-메시지가 효과적인 이유

나-메시지는 두 가지 점에서 '책임을 끌어안는 메시지'라고 말할 수 있다. 첫째, 나-메시지를 보내는 교사는 자기 내부 상태에 대한 책임을 스스로 끌어안으며(자기 자신의 외침에 귀 기울이며), 자신에 대한 평가를 학생과 공유할 만큼 충분히 개방적이어야 할 책임까지 떠맡게 된다. 둘째, 나-메시지는 학생의 행동에 대한 책임성은 전적으로 학생에게 남겨 둔다. 아울러 나-메시지는 학생을 울화통 터지게 만들고 속이기를 일삼도록 충동질하는 것이 아니라 배려하고 도와주려는 마음이 생기게 함으로써 너-메시지가 동반하기 쉬운 부정적인 영향을 줄여 준다.

나-메시지는 효과적인 대결을 위한 다음 세 가지 중요한 조건을 만족시킨다. 첫째, 변화 의지를 촉진할 가능성을 키운다. 둘째, 학생에 대한 부정적인 평가를 최소화한다. 셋째, 교사-학생 관계를 파괴하지 않는다.

교실에서 처음으로 나-메시지로 말해 본 어떤 교사는 다음과 같이 말했다.

저는 처음에 울며 겨자 먹기 식으로 학생들에게 나-메시지를 시도해 보았습니다. 학생들은 다루기가 정말 까다롭거든요. 마침내 없는 용기를 쥐어짜서 교실 뒤 세면장 부근에서 수성 페인트로 장난을 치고 있는 아이들에게 강한 나-메시지를 보냈습니다. 이렇게 말이죠. "너희가 페인트를 마구 뒤섞어 세면대와 탁자에 쏟아부으면 나중에 내가 혼자 그걸 치워야 하잖아. 아니면 관리인 아저씨한테 잔소리를 듣든가……. 너희 다 돌아가고 난 뒤에 혼자 청소하는 일이 나로서는 너무 벅차다. 너희가 그렇게 못 하도록 막아야 하는데, 도무지 속수무책이라는 느낌이 드는구나." 말을 마치고 애들이 어떻게 나올지 기다렸습니다. 저는 정말 그 애들이 저를 비웃고 여느 때처럼 '내가 알 게 뭐람?' 하는 태도를 보일 거라고 예상했거든요. 그런데 그게 아니었어요! 그 애들은 제가 화났다는 걸 알고는 무척 놀랐다는 듯이 잠시 거기 서서 저를 망연히 바라보았습니다. 이윽고 한 아이가 일행을 향해 말했어요. "자, 우리 어서 치우자." 순간 제 눈과 귀를 의심했죠. 아직껏 완벽하지는 않지만 아이들은 이제 누가 더럽혔든 상관 않고 매일매일 세면대와 탁자를 청소하고 있답니다.

이 교사의 경험은 그렇게 특별한 것이 아니다. 대다수 교사는 직접적이고 격의 없이 대면하기 위해서, 즉 자신을 진솔하게 내보이기 위해서 용기를 내야 한다. 하지만 한 번 위험을 감수한 교사들은 거의 예외 없이 '나쁘다'거나 '생각 없다'고 여기던 학생들이 예상보다 훨씬 분에 넘치는 배려로 응대해 준다는 사실을 알게 된다.

또 한 사람의 교사는 죄의식을 유발하는 비난성의 너-메시지에서 훨씬 위험이 덜한 나-메시지로 이행하는 것이 얼마나 힘겨웠는지를 다음과 같이 털어놓았다.

제가 줄곧 사용해 오던 너-메시지가 학생에게도 그렇고 저하고의 관계에 나쁘게 작용한다는 걸 머리로는 확실히 알고 있었죠. 그런데도 그걸 나-메시지로 대체하기란 정말 쉬운 노릇이 아니었어요. 달라진다는 게 너무도 어렵더라고요. 첫 번째로 '나'라는 대명사를 사용하는 게 좀 무식하고 졸렬하다고 배웠기 때문인데요. 저를 가르친 선생님들은 제가 1인칭으로 저에 대한 글을 썼을 때 원고지를 온통 빨간 펜으로 도배해 놓다시피 했었거든요. 그리고 이게 더 심각한 문제였을 텐데, 두 번째는 어릴 때부터 자기감정을 내비치지 말라고, 다른 사람이 내 감정을 알게 만드는 것은 남자답지 못한 나약함의 징표라고 배웠거든요. 애면글면 노력하고는 있지만 저는 아직껏 제 감정을 깨닫는 게 상당히 어려워요. 저는 밤낮없이 뭔가에 성이 나 있는데, 그 분노를 넘어 진정으로 저를 괴롭히고 있는 문제가 과연 뭔지 알아내야 할 것 같습니다.

학생은 이런 고뇌에 빠진 교사를 진정한 한 인간으로 바라본다. 실망감, 상처, 화, 두려움 따위 감정에 얼마든지 빠질 수 있는 인간 말이다. 교사가 자신의 감정을 우선 자신에게, 그다음 다른 사람에게 내비칠 줄 아는 심리적 안정성을 개발해야 하는 이유다. 학생은 교사 역시 자기와 다를 바 없는 약하고 상처받기 쉬운 존재라는 사실을, 심지어 어떨 때는 불평도 하고 겁도 낼 줄 아는 인간이라는 사실을 기쁘게 깨닫는다. 하지만 많은 교사들이 자신의 실제 모습을 내보이는 것을 대단히 위협적으로 받아들인다. 학생이 품고 있으리라 짐작되는 교사상(즉 신과 같은 완벽함, 대담무쌍함, 평정 등을 고루 갖춘 교사)이 여지없이 깨지리라고 생각하기 때문이다. 교사들은 있는 그대로의 자기 모습을 드러내면 학생들이 자기를 더는 존경하지 않을 것이라고 걱정한다. 이런 두려움에 시달리는 교사들은 자신의 감정을 감추기에 급급하다. 그래서 인간적일 수밖에 없는 자신의 실체를 내비치기보다 학생에게 비난의 화살을 돌리는 너-메시지를 사용하는 것이다.

T.E.T. 수업에서 강사들은 종종 교사들에게 자기를 가르친 과거 선생님들의 이름을 한번 쭉 적어 보라고 한다. 대다수가 그동안 자신을 가르쳤던 선생님들 이름을 거의 기억해 내지 못한다. 짧게는 1년 아니면 그 이상의 많은 시간을 함께 지낸 의미 있는 사람들을 어떻게 그렇게 까맣게 잊어버릴 수 있을까? 관계에 친밀감이 전혀 없었기 때문은 아닐까? 기억에서 사라진 교사들은 학생 삶에서 '실제 인간'으로 존재하지 않았던 셈이다.

하지만 나-메시지는 친밀감을 형성해 준다. 이 메시지는 교사를 진솔하고 정직하고 살아 숨 쉬는 인간, 뜻깊은 관계를 맺을 수 있는 인간으로 비치게 한다. 과거 교사들 목록을 죽 훑어보던 한 교사는 이렇게 말했다.

> 밀러 선생님을 결코 잊을 수 없을 거예요. 우리에게 정말 솔직했어요. 선생님은 절대로 무슨 거짓 시늉을 한다거나 우리를 놀리는 법이 없었고요. 이렇게 말하곤 하셨죠. "너희가 생각하는 대로 말해라." T.E.T. 과정을 듣고서야 선생님이 다른 교사들처럼 너-메시지를 보내는 대신 나-메시지를 보냈다는 사실을 깨닫게 됐습니다. 당시 저는 밀러 선생님을 사랑했고, 지금도 여전히 사랑하고 있어요.

나-메시지의 구성 요소

하지만 교사들은 나-메시지를 보내는 일이 그리 녹록치 않음을 이내 깨닫는다. 나-메시지가 학생에게 최상의 영향을 미치려면 다음 세 가지 요소를 갖춰야만 한다. 무엇보다 먼저 학생은 그 메시지를 통해 교사에게 무슨 문제가 있는지 알아챌 수 있어야 한다. 교사가 어째서 대결하려 하는지 학생으로서 도무지 종잡을 수 없다면 메시지를 더 효과적으로 바꿔야 한다.

먼저 수용할 수 없는 행동에 대해 비판과 판단을 배제한 채 표현하는 것이 나-메시지로서 훌륭한 첫걸음이 된다.

"나는 종이가 바닥에 널려 있는 것을 볼 때면……"
"나는 새 책인데 몇 쪽이 찢겨 나간 것을 볼 때면……"

"나는 탁자에 놔둔 자료들을 찾을 수 없을 때면……"
"나는 뭔가 지시를 하고 있을 때 방해받을 때면……"

이런 진술은 한결같이 '학생의 행동으로 인한 사태'를 언급하고 있다는 사실에 주목해 보라.

이따금 어떤 학생의 '구체적인 행동'에 교사의 관심이 쏠릴 수 있다. 다음 예에서는 '너'라는 대명사가 사용되고 있긴 하지만 일반적인 너-메시지와 달리 비난이나 평가, 타개책, 훈계 등이 담겨 있지 않다.

"네가 그렇게 쿵쿵 뛸 때면……"
"네가 운동장에서 조니를 밀 때면……"
"네가 나를 방해할 때면……"

기자라면 누구나 발생한 일만을 곧이곧대로 보고하는 것(사실 기술)과 사설로 논하는 것(논평) 간의 차이를 분간할 줄 안다. 손색없는 나-메시지는 논평을 배제한 사실 기술에 비할 수 있다. 어떤 사건에 관한 기술에 평가가 담기면 어떻게 되는지 잘 살펴보라.

"내가 여기 있는 어떤 말썽꾸러기를 믿을 수 없다는 사실을 깨닫게 될 때……"
"너희가 서로를 그렇게 배려하지 못할 때……"
"너희가 바닥을 그렇게 너절하게 어지럽혀 놓을 때……"

"너희가 싸움꾼처럼 굴 때······"

심지어 '나'로 시작되는 첫 번째 것까지 포함해 위의 말들이 모두 너-메시지인 한 그것들은 행동에 관한 기술로 시작되더라도 결국 평가와 판단을 내포하게 된다. 우리는 '판단'을 실은 나-메시지를 '위장된 너-메시지'라고 부른다.

훌륭한 나-메시지는 한결같이 '······ 할 때면'으로 이루어져 있다는 사실에 주목하라. 교사에게 문제를 안겨 준 구체적인 행동을 언제 했는지 학생에게 정확히 일러 줄 필요가 있기 때문이다. 교사가 늘 화가 나 있는 것은 아니다. 화는 바로 구체적인 행동이나 상황에 대처해야 할 때 난다. 이것은 교사가 그 학생의 일반적인 성격을 마음에 들어 하지 않아서, 또는 그 학생을 평소에도 수용하지 못해서가 아니라 단지 구체적인 상황에서 문제 행동을 했을 때만 문제가 되는 것이라는 의미를 전달한다. 그러므로 학생으로서는 그 구체적인 행동만 바꾸면 교사를 문제에서 벗어나도록 도와줄 수 있는 셈이다. 만일 교사의 메시지를 너 전체를 받아들일 수 없다는 메시지로 받아들이면 학생은 분명 허둥지둥할 것이다. 대체 어디서부터 손을 대야 하는가? 교사에게 수용되려면 도대체 무엇을 어떻게 해야 한단 말인가?

나-메시지의 세 가지 구성 요소 가운데 이제 말하려는 이 두 번째가 교사들이 가장 전달하기 어려워하는 부분이다. 학생의 특정 행동이 교사에게 미치는 '실질적이고도 구체적인 영향'을 확실히 밝히는 것이다.

"네가 문을 잠그지 않고 그냥 열어 두면(평가 없는 기술),
내 물건을 간혹 도둑맞곤 해(분명한 영향)."
"페인트를 벽장에 다시 갖다 두지 않으면(평가 없는 기술),
나는 그것들을 다 모아서 치우는 데 시간을 너무 많이 들
여야 해(분명한 영향)."

실질적이고도 구체적인 영향이라는 표현이 의미하는 바
는 정확히 무엇인가? 우리 경험에 따르면 교사가 주장하는 영
향이라는 것이 학생 눈에 실제적이고 확연하게 보이지 않으
면 나-메시지는 별반 효력이 없다. 학생은 이렇게 혼자 속으
로 생각한다. "물건을 잃어버릴 수도 있긴 하겠네." 아니면 이
렇게 혼잣말을 할 수도 있다. "물건을 설마 잃어버리기야 하겠
어?" 하지만 자신의 행동이 교사에게 실질적인 문제를 안겨 주
었음을(또는 장차 그런 문제를 일으킬 수도 있음을) 수긍하면,
학생은 자기 행동을 변화시키려는 동기가 더 많이 생긴다. 학
생으로서야 '나쁜 사람'으로 비치는 것이 기꺼울 리 없다. 대다
수 학생이 교사가 자신을 좋아해 주기를 바란다. 학생들은 흔
히 자기 행동이 다른 사람에게 어떻게 작용하는지 잘 깨닫지
못한다. 그들은 다만 자신의 욕구를 채우려는 의도에서 그런
행동을 했을 뿐이다. 다행인지 불행인지 그들은 그렇게 하면
다른 사람에게 문제를 안겨 줄 수도 있다는 사실을 잘 알지 못
한다. 자기 행동이 불러일으킨 결과에 대해 듣게 된 학생들은
일반적으로 "저런, 죄송하게 됐어요. 그런 줄은 꿈에도 몰랐네
요……" 같은 반응을 보인다.

자신에게 분명하고 구체적인 영향도 주지 않는 행동을 변화시키려는 메시지를 보내는 데 만성이 돼 있는 교사들은 자신이 받는 분명하고 구체적인 영향을 나-메시지에 포함하여 말하기를 상당히 어려워한다. 학생 행동에 전혀 영향을 받지 않으면서도 그것이 '좋고 나쁜 것'인지, '옳고 그른 것'인지 하는 경직된 잣대를 고지식하게 들이대 왔기 때문이다("네 긴 머리를 도저히 눈 뜨고는 못 봐 주겠다"). 하지만 이런 말을 한다 해도 학생들은 교사가 분명하게 영향을 받고 있다는 사실을 수긍하지 못한다. 학생이 자기 행동을 변화시키려는 마음을 전혀 갖지 못하게 되는 것도 바로 이 때문이다.

따라서 처음 나-메시지 보내는 법을 익힐 때 교사는 학생 행동을 두 개의 범주, 즉 분명한 영향을 주는 것과 그렇지 않은 것으로 구분해 볼 필요가 있다. 이 가운데 첫 번째 범주에서만 나-메시지의 효과를 기대할 수 있다.

나-메시지의 세 번째 구성 요소는 학생의 행동으로 분명한 영향을 받고 있기 때문에 교사 내면에서 발생한 '감정'을 이야기하는 것이다.

네가 복도에서 그렇게 발을 떡 버티고 서 있으면(학생 행동에 대한 기술), 내가 걸려서 넘어지기 쉬워서(분명한 영향), 넘어지거나 다칠까 봐 겁이 난다(교사의 감정).

교사는 그 행동이 초래할 수 있을 법한 영향(발에 걸려 넘어지기)과 그 영향으로 인해 두려움이라는 감정이 생긴다는 사실을 이야기하고 있다. 행동 → 영향 → 감정, 이 순서는 감정이 학생의 행동 탓이 아니라 일어날 수 있을 법한 상황 탓이라는 메시지를 전달한다. 교사는 학생 발 때문에 다칠까 봐 겁나는 것이 아니라 넘어져서 다칠까 봐 겁나는 것이다. 따라서 학생은 교사의 두려움이 자기 행동과 직접 관련되어 있다고 느낄 때보다 한결 덜 방어적이 된다.

　　이런 논리적 순서는 중요하긴 하지만 절대적인 것은 아니다. 어떤 순서가 되든 간에(심지어 하나의 구성 요소가 빠지더라도) 나-메시지는 학생에게 '어떤 상태에 처해 있는지'에 대한 교사의 정직하고 허심탄회한 말로 비칠 것이다. 합리적인 나-메시지는 비난하는 너-메시지나 어설픈 우회적 메시지보다 훨씬 바람직하다.

나-메시지를 보낸 후 적극적 듣기로 전환하기

나-메시지가 너-메시지보다 방어 본능을 덜 자극한다고는 하지만, 어떤 메시지로 표현되든 간에 자기 행동이 다른 사람에게 문제가 된다는 소리를 듣고 싶어 하는 사람은 없다. 아주 잘 구성된 나-메시지조차도 상처받는 느낌, 미안한 느낌, 놀라움, 당혹감, 방어하고 싶은 느낌, 따지고 싶은 느낌, 심지어 서글픈 느낌까지도 불러일으킬 수 있다. 학생으로서는 '네 행동은 수용하기 곤란하고 골치 아프고 내게 해를 끼친다'는 교사의 메시지를 확실하게 듣는 셈이다. 교사와 직면함으로써 이제 학생에게 문제가 발생했으므로, 학생의 첫 반응은 그에 대한 신호나 단서가 될 수 있다. 학생으로서는 새로 문제를 하나 떠안게 되는 것이다.

교사들은 이들 단서나 신호를 유의하여 포착하고, 발 빠르게 대결에서 적극적 듣기로 자세를 전환할 필요가 있다. 대결에서 상담으로 전환하면 학생이 새로운 문제에 잘 대처할 수 있다. 아울러 이러한 변화는 학생 반응을 교사가 이해하고 수용할 수 있음을 보여 준다. 자세 변화가 없을 때 어떻게 되는지 보여 주는 대화를 살펴보자.

교사　앨런, 너 자꾸 수업에 지각하면 나는 문제를 하나 더 떠맡게 되는 것이나 다름없어. 네가 늦게 들어오면 하던 일이 뭐든 간에 잠시 중단할 수밖에 없단 말이다. 그러면 정신이 산만해지고 짜증스럽기까지 하단다. [첫 번째 나-메시지]

앨런　그런데 제가 최근에 할 일이 너무 많아 이따금 수업 시간을 제대로 맞출 수 없어서 그랬어요.

교사　다 좋다만 정말이지 끝까지 모른 척할 재간이 없구나. 도저히 더는 안 되겠어. [두 번째 나-메시지]

앨런　저는 선생님께서 그 일을 대수롭지 않게 받아들이셨으면 해요.

교사　그런 식으로 말하면 정말이지 내 호의가 무시당한다는 느낌이 든다. [세 번째 나-메시지]

앨런　그렇게 개인적으로 받아들이지 마세요. 제가 지각해도 그냥 무시하고 문제 삼지 마시라고요.

교사　나한테 이래라저래라 하지 마라. 이제부터는 무조건 제시간에 맞춰 와라. [너-메시지]

앨런　(아니꼽다는 듯이 건들거리며) 잔소리하시는 거예요?

교사는 첫 번째 나-메시지를 보낸 후 학생이 보인 방어 자세를 제대로 알아차리지 못했다. 이것은 교사와 학생의 불안을 한꺼번에 증폭시켰다. 양편 모두 화가 나서 냉담하게 돌아서는 결과를 당연히 예측할 수 있다.

다음은 교사가 나-메시지를 보낸 후 신속하게 자세를 변경해 그 메시지에 대한 학생의 반응을 경청하면 같은 상황이라도 어떻게 달라지는지 예시한 것이다.

교사　앨런, 너 자꾸 수업에 지각하면 나는 문제를 하나 더 떠맡게 되는 것이나 다름없어. 네가 늦게 들어오면 하던 일이 뭐든 간에 잠시 중단할 수밖에 없단 말이다. 그러면 정신이 산만해지고 짜증스럽기까지 하다. [나-메시지]

앨런　그런데 제가 최근에 할 일이 워낙 많아 이따금 수업 시간을 제대로 맞출 수 없어서 그랬어요.

교사　그렇구나. 무슨 새로운 문제가 생긴 모양이지? [적극적 듣기]

앨런　네. 셀러스 선생님이 3교시 후에 화학 실험실에서 4교시 준비하는 걸 좀 도와 달라고 부탁했거든요. 그 일이 제법 많거든요.

교사 네게 그런 부탁을 해서 정말 기뻤겠구나. [적극적 듣기]

앨런 맞아요! 그 일을 잘해 내면 다음 해에는 실험실 조
교가 될 수도 있어요. 그럼 그걸 직업으로 삼을 수
도 있을 테고요.

교사 보수도 넉넉히 받겠구나. 그것도 꽤 중요한 일이
지. [적극적 듣기]

앨런 예. 제가 자꾸 늦어서 선생님이 화나셨다는 거 알겠
어요. 그게 문제가 될 수도 있다고는 미처 생각을
못 했어요. 조용하게 살짝 들어오려고 제 딴엔 노력
하고 있었거든요.

교사 조용히 들어오려고 애썼는데도 내가 문제 삼아서
약간 놀랐겠구나. [적극적 듣기]

앨런 그렇게까지 놀란 건 아니에요. 선생님께서 뭘 지적
하시려는 건지 알아요. 선생님께서는 하던 일을 중
단하고 출석부를 작성하셔야 하잖아요. 실은 셀러
스 선생님과 너무 오래 이야기하느라고 늦었을 때
가 많아요. 그게 문제 된다고 말하고 몇 분 일찍 마
치고 오도록 해 볼게요.

교사 그러면 나로서야 더할 나위 없이 좋지. 고맙구나,
앨런.

앨런 문제없어요!

이 대화에서 교사는 첫 번째 나-메시지에서 자기 문제를

펼쳐 보였지만, 앨런이 자기 문제를 충분히 다룰 수 있도록 바로 적극적 듣기로 돌아섰고, 덕분에 앨런이 교사를 돕기로 마음먹을 수 있었다.

화를 다스리는 방법

T.E.T. 수업을 받은 교사들은 한시바삐 교실로 돌아가 '말썽꾸러기'들과 부대낄 날을 손꼽아 기다린다. 하지만 그 열의는 금방 꺾이고, 간단한 일에도 화를 내고, 학생들을 두려워하거나 학생들을 더 공격적이고 반항하도록 내몰기도 한다. 우리는 그런 분노의 나-메시지에 대해 더 깊이 분석하고 토론하면서 많은 것들을 알게 되었다.

　나-메시지의 세 번째 구성 요소를 이루는 감정이 '화'일 때, 학생은 그 대결을 자신을 꾸짖고 신랄하게 비난하는 메시지로 인식하기 쉽다. 화는 교사의 내적 감정을 내비치기보다 비난의 화살을 학생에게 돌리는 것처럼 보인다. 학생은 "나 화났어" 같은 나-메시지를 "나 너 때문에 화났어" 또는 "네가 날 화나게 만들었어"로 해석하기 쉽다. T.E.T. 수업에서는 교사에게 화는 일차적인 감정을 경험한 후에 생긴다는 사실을 이해시키려고 애쓴다. 화는 이차적인 감정이다. 다음은 화가 어떻게 작용하는지 예시한 사례다.

　존스 씨가 초등학교 교정을 돌아보고 있을 때였다. 학생한 명이 돌을 던졌고, 그의 머리를 아슬아슬하게 빗나갔다. 존스 씨의 최초 '본능적' 반응은 두려움이었다. 그는 냅다 운동장을 가로질러 달려가서는 큰소리로 "내가 순시하고 있을 때 다시는 교정에 돌멩이 따위를 던지지 마라!"고 위협적인 너-메시지를 보내면서 '화난 시늉을 했다'. 그가 화낸 목적은 돌 던진 학생을 혼내 주거나 자신을 놀라게 한 죄책감을 그에게 안겨 주려는 것이었다. 아울러 다시는 돌 따위를 던지지 않도록 학생이 충분히 각성하기를 바라는 마음에서였을 수도 있다.

T.E.T. 수업에 참가한 교사들은 (화가 아닌) 다른 어떤 일차적인 감정을 불러일으키는 행동을 했다는 이유로 학생을 벌주거나 그에게 교훈을 심어 주려는 목적에서 화를 담은 메시지를 내뱉는 것임을 시인했다.

화는 진실한 정서나 감정이라기보다 일부러 꾸며 낸 제스처나 '거짓 시늉'으로 여겨지기 쉽다. 흔한 일이지만 화내는 척을 하면 정말로 심장 박동이 빨라진다든지 오한이 느껴진다든지 하는 생리적인 감각을 체험할 수도 있다.

다음은 최초의 감정을 경험한 후 화를 스스로 부채질하는 교사들에 관한 예다.

전시품을 다는 한 학생이 창문에 아슬아슬하게 매달려 있어 꼭 떨어질 것만 같다. 교사의 최초 감정은 두려움이다. 하지만 교사는 화가 난 듯 말한다. "당장 내려와. 왜 이렇게 조심성이 없니!"

소풍 가는 길에 학생 한 명이 사라졌다. 교사의 최초 감정은 걱정이다. 그런데 마침내 아이를 찾았을 때 교사는 화난 듯이 군다. 그리고 이렇게 소리친다. "다신 대열에서 이탈하지 마라! 넌 대체 왜 규칙을 따르지 않는 거니?"

교사가 재미있는 자료를 보여 줄 채비를 하려고 잠시 자리를 비웠다. 학생들은 옆 친구에게 잡담을 쓴 쪽지를 건네면서 떠들거나 지루한 나머지 몸을 비비 꼬고 있다. 교사의 최초 감정은 실망이다. 하지만 교사는 버럭 화를 내며 이렇게 말한다. "이런 배은망덕한 녀석들 보라고 자료를 재밌게 만들려고 기를 쓴 내가 바보지. 이게 얼마나 고마운 일인지 모르니?"

한 학생이 분수의 덧셈 개념을 이해하지 못하고 있다. 교사의 최초 감정은 좌절이다. 그런데 교사는 화내면서 소리쳤다. "넌 노력조차 하지 않고 있어. 이건 쉬운 문제라 3학년 아이들도 다 풀 수 있다고."

혼을 내거나 교훈을 안겨 줄 목적으로 화를 내 봐야 거의 아무 소용이 없다는 사실에 교사들은 순순히 고개를 끄덕인다. 만일 그런 시도가 정말 효과가 있었다면 지상에서 빚어지는 온갖 문제들이 이미 흔적도 없이 사라졌을 것이다.

어떻게 하면 좀 다르게 행동할 수 있을까?

T.E.T. 수업에서는 화를 이차적인 감정으로 인식하고 대

신 일차적인 감정을 담은 나-메시지를 보내는 데 주력하도록 지도한다. 일차적인 감정을 표현하고 나면 현저히 차이가 생긴다. 일차적인 감정은 대체로 화보다 한결 가벼운 감정이다. 이 차이를 알고 나면 교사들은 화란 내부에서 부글거리며 한껏 부풀다 마침내 터져 버리는, 그리하여 터무니없이 효과를 반감시키는 것임을 간파한다.

한 T.E.T. 수업 참가자는 어떤 학생과 부대낀 경험, 그리고 그 관계에서 느낀 화라는 감정에 대해 다음과 같이 이야기했다.

저를 일부러 화나게 하려고 무슨 일인가 꾸미고 있다고 딱 꼬집어 말할 수는 없지만 어쩐지 찰스만 보면 늘 미칠 것 같았어요. 그저 '여러 가지 일 가운데 하나'일 뿐이라고 애써 외면하려고도 해 봤고요. 실제로도 찰스는 옳지 않은 방식으로 저를 슬슬 약 올리는 아이 가운데 한 명일 뿐이었으니까요. 하지만 전 좀처럼 화를 누그러뜨릴 재간이 없었습니다. 이 수업에서 화에 관해 공부하기 시작했을 때 저는 '찰스에 대한 나의 일차 감정은 무엇인가?' 자문해 보았습니다. 저는 실제보다 더 불안정해 보일까 봐 제가 깨닫게 된 바를 한사코 시인하지 않으려고 했던 것 같아요. 하지만 제 일차적인 감정은 그 무엇도 아닌 두려움이었습니다. 저는 찰스의 뛰어난 명민함과 예리한 말들 때문에 다른 학생들 앞에서 우스워질까 봐 전전긍긍했거든요. 지난주에 찰스에게 방과 후에 좀 남으라고 부탁하고는 솔직하게 제 감정을 털어놓았습니다. 사소한 점까지도 세세하게 설명해 달라고 다그칠 때나 대답하기 힘든 기술적인 질문을 해 올 때면 제가 얼마나 질겁하는지……. 찰스는 약간 충격을 받은 것 같았는데, 바로 이렇게 대꾸하더군요. 선생님을 애먹이려고 일부러 그런 건 절대 아니었다고, 정말로 제 '환심을 사고 싶어서' 그랬던 거라고요. 우리는 웃으면서 이야기를 마무리할 수 있었고, 그 후에는 그애 때문에 위협을 느끼지 않았습니다. 그 애가 깜빡하고 또다시 세세한 답변을 요구해 올 때면 웃으면서 "어이 찰스 군, 지금 내 환심을 얻고 싶은 거야?" 하며 여유 있게 넘길 수 있게 되었답니다.

이 교사는 자신의 일차적인 감정이 무슨 심각한 근거를 지니고 있었던 건 아니라는 사실, 따라서 벌을 주거나 화를 담은 너-메시지를 동원할 필요가 없었다는 사실을 깨달았다. 이 교사의 경험은 자신의 일차적인 감정을 수용하고 그것을 솔직하게 털어놓으면 사태가 어떻게 진전될지 잘 보여 준다.

T.E.T. 수업에서 한 학교 상담 교사는 자기 아들에 대한 분노의 원인을 밝히려고 고투했던 경험을 다음과 같이 용기 있게 털어놓았다.

저는 화를 이차 감정으로 간주하는 설명을 도저히 받아들일 수 없었습니다. 왜냐면 저를 괴롭힌다는 이유로 아들을 비난할 게 아니라 저를 점검해야 한다는 의미였으니까요. 최근 몇 달 동안 아들 그레이와 저는 서로를 향해 마구 소리를 질러 대는 원수나 진배없었습니다. 아들은 제가 질이 나쁘다고 생각하는 녀석들이랑 몰려다녔어요. 음, 아마 누군가는 저처럼 딱 부러지게 질이 나쁘다고 표현하지 않을지도 모르지만, 그 애들은 담배도 피우고, 술도 마시고, 별볼 일 없는 여자애들이랑 어울리거든요. 이제 와 돌이켜 보니 제가 '누군가의 친구를 보면 그가 어떤 사람인지 확실히 알 수 있다' 같은 숱한 너-메시지로 꽤 심하게 그레이를 다그쳤다는 사실을 알겠더군요. 제가 그런 말을 하면 그레이는 자신에 대한 비난을 당장 집어치우라고 대들었고, 저는 거의 미칠 지경이 되었지요. 음……, 지난주 수업을 끝내고 집으로 들어가기 전에 잠시 혼자 드라이브를 하면서 제 화 속에 과연 어떤 진짜 감정이 숨어 있는지 찬찬히 들여다보았습니다. 앞서 말했듯이 저는 T.E.T.의 설명 방식이나 그레이가 옳고, 결국 제가 문제라는 사실을 인정하기가 두려웠습니다. 그래서 T.E.T. 이론의 허점을 들추어내려고 애썼던지도 모르겠어요. 하지만 며칠이 지나고 마침내 이런 결론에 도달했습니다. '너-메시지로 한사코 그레이를 야단친 이유는 내가 그레이에게 실망했기 때문이다.' 그걸 깨닫자 잠시나마 기분이 꽤 가벼워지더군요. 그리고 이렇게 자문해 보았습니다. '좋아. 그렇다면 그 실망감 아래에는 무엇이 숨어 있을까?' 진짜 일차 감정은 무엇일까? 짐작하실지 모르겠지만 그것은 다름 아닌 두려움이었습니다. 학교 사람들이 내 아들이 같이 어울려 다니는 애들을 보면 나에 대해 무슨 말을 할까, '과연 대단한 상담 교사네. 자기 아들은 건달들하고 뭉쳐 다니게 가만 놔두는 걸 보면!' 이러면서 이죽대지나 않을까? 그 사실을 깨닫고 나니 더는 그레이와 대결할 필요를 못 느끼겠더라고요. 빌어먹을! 그 생각이 나를 그동안 서서히 갉아먹도록 내버려 뒀던 거예요. 저는 그레이에게 내 안에 있는 어떤 감정 때문에 소리를 질렀던 거라는 사실을 깨닫게 되었다고, 앞으로는 절대 그렇게 하지 않을 작정이라고 말했습니다. 그레이는 그저 "예" 하고 대꾸하고 말았지만, 최근 며칠 사이 우리는 다시 예전처럼 서로에게 말을 걸기 시작했습니다. 그러는 동안 저는 아들이 실은 그 친구들 없이는 못 살 정도로 그 애들을 애지중지하는 건 아니라는 사실도 알게 되었고요.

이 아버지는 동료의 시선을 지나치게 의식한 나머지 자기 아들에 대한 화와 분노를 키웠다. 화와 분노는 관계를 망가뜨리기 쉽다. 그는 자신의 일차적인 감정을 발견하고서야 비로소 그 감정에 관한 책임과 소유권을 온전히 끌어안을 수 있었다. 이전과 다르게 행동하기로 작정했다는 사실을 아들에게 들려주었고, 그와 대결해야 할 필요도 느끼지 못했다.

나-메시지에도 위험이 따르는가?

지금껏 너-메시지의 위험성이 크다는 사실은 누누이 강조했다. 그런데 교사들은 더러 이런 질문을 던지기도 한다. "나-메시지에도 위험이 따르나요?" 물론 그렇다. 이미 알고 있겠지만, 그 내용을 찬찬히 검토해 볼 필요가 있다.

최초로 나-메시지를 시도할 때 대다수 사람들이 느끼는 가장 커다란 위험은 분명 자기를 노출하는 데 대한 부담일 것이다. 나-메시지는 나 자신에 관한 진술이요, 나의 내면적인 감정과 욕구를 드러내는 일이요, 다른 사람에 의해 좌우되지 않는 나만의 고유한 정보다.

사람들은 나-메시지를 보내면 타인들이 내 실체에 대해 시시콜콜한 부분까지 알게 되지나 않을까 우려한다. 자기를 가감 없이 내비치고 나서 사람들에게 거부당하면 이전과는 비길 수 없는 고통에 시달리게 될 테고, 그것이야말로 자기가 담당했던 어떤 배역이 아니라 진짜 자기 모습을 거부당하는 일일 거라 생각하는 것이다. 따라서 자기 가치를 높이 평가하는 사람보다 자존감이 낮은 사람이 자신을 드러내는 일에 한결 더 부정적이다.

그러나 자기를 노출하지 않으면 친밀감 있는 관계를 만들지 못하고 피상적인 관계만 맺기 쉬우며, 무책임하게 행동하고, 역할을 연기할 수 있다는 문제가 생긴다. 나-메시지를 시도하는 교사들은 거의 예외 없이 '진짜' 자기 모습을 보여 주는 것은 위험보다 이득이 훨씬 많다고 말한다.

두 번째 위험은 자신을 변화시켜야 한다는 부담감이다. 나-메시지를 보내기 시작한 사람들은 이전보다 훨씬 신중하게 상황을 분석해야 할 필요가 있다고, 그리고 ('나쁜' 아이들과 싸다니는 아들을 둔 학교 상담 교사의 예에서처럼) 학생이 아닌 바로 자신을 바꿔야 한다고 말한다. 너-메시지는 언제나 잘못이나 비난의 대상을 외부에서 찾기 때문에 자기 변화는 전혀 고려 사항이 아니다. 대결 후에 곧장 적극적 듣기로 돌아서면 해결책으로 이끄는 새로운 정보들을 쉽게 발견할 수 있어서 교사의 자기 변화가 한결 촉진된다.

세 번째 위험은 책임 소재의 변화다. 사람들에게 가장 어려운(하지만 가장 뜻깊은) 일은 바로 스스로 책임지는 것이다. 그릇된 모든 일을 자기 아닌 다른 누구의 불찰로 떠넘기면 편하긴 하다. 너-메시지는 책임 소재를 외부에 두는 반면 나-메시지는 자기 상황에 대한 책임을 자기가 짊어진다. 우리는 나-메시지의 몇 가지 위험을 거꾸로 자기가 성장하는 좋은 기회로 받아들이라고 권고한다. 자기 삶이 변한다는 것은 위험한 일이기도 하지만 자신이 성장한다는 증거이기도 하고, 한결 더 풍요롭고 충만하고 보람찬 삶이 된다면 그런 위험은 보상받고도 남을 것이다.

한 교사는 이렇게 말했다. "나-메시지를 통해 이제는 제 욕구를 충족할 수 있게 되었고, 아이들은 여전히 저를 좋아해요. 그러니 그 정도 위험은 달게 받을 만하지요."

나-메시지의 효과

교사들은 학생과 나-메시지로 대결하는 방식이 가져다주는 괄목할 만한 성과가 있다고 한목소리를 낸다. 교사들의 감정을 알고 나면 학생들은 이런 반응을 보인다고 한다.

"저 때문에 선생님이 그렇게 괴로우실 줄 몰랐어요."

"선생님께서 제게 그렇게까지 관심이 많으신 줄은 전혀 몰랐어요."

"저희가 선생님께 괴로움을 안겨 드릴 수 있다고는 생각해 보지 못했어요."

나이와 상관없이 사람들은 흔히 자기 행동이 타인에게 어떤 영향을 미치는지 제대로 인식하지 못한다. 하지만 한 번이라도 비난 섞이지 않은 진솔한 방식으로 어떤 영향을 주고 있는지 듣게 되면 제아무리 어린 학생들이라 해도 교사가 기대하는 것보다 더 교사의 욕구를 배려하려고 하기 마련이다. 우리는 이런 현상을 거듭 목격해 왔다. 나-메시지는 '사려 없음'을 '사려 깊음'으로 바꾸어 놓는다.

반항아나 문제아를 위한 특수학교의 교장 G 씨는 나-메시지 효과에 대해 다음과 같은 극적인 이야기를 들려주었다.

몇몇 남자아이들이 학교 규칙을 계속 무시하는데 저는 몇 주 동안 화를 억누르며 참았습니다. 그러다 어느 날 교장실 창문 밖을 내다보니 이놈들이 교정에서 아무렇지도 않다는 듯 담배를 피우는 게 눈에 들어오더군요. 당연히 교칙 위반이죠. 이제 더는 못 봐주겠더라고요. T.E.T. 코스를 들은 터라 저는 건물 밖으로 나가서 애들한테 내 감정을 이야기하기 시작했어요. "정말 속상하다! 나는 너희들이 어떻게든 학교를 졸업할 수 있게 하려고 최선을 다했는데.

이 일에 몸과 마음을 다 바쳤다고. 그런데 너희들은 어떻게 교칙을 아무렇지도 않게 위반하니? 복장 규제도 합리적으로 완화하려고 얼마나 애썼는데, 너희는 그 규정조차도 안 지키지. 담배 피우는 것도 교칙 위반이잖아. 정말 지금이라도 이 학교 그만두고 보통 학교에 가고 싶다. 거기에서는 적어도 내가 뭔가 한다는 생각이 들 테니. 이 학교에서는 내가 완전히 실패했다는 생각만 들어."

그날 오후 그 아이들이 불쑥 제 방을 찾아왔습니다. "선생님, 오늘 아침에 일어난 일을 내내 생각해 봤는데요, 선생님이 그렇게까지 속상하실 줄은 몰랐어요. 전에는 화내지 않으셨잖아요. 다른 교장 선생님은 싫어요. 그래서 말인데요, 이제부터는 학교에서 담배 피우지 않을게요. 다른 교칙도 지키려고 노력할게요."

이 말을 듣고 나는 어안이 벙벙했습니다. 곧 정신을 차리고 아이들을 데리고 옆방으로 가서 복장 규정에 관해 이야기를 나누었습니다. 아이들과 요즘 어떤 패션이 유행이고 뭐는 아닌지 이야기하면서 얼마나 재미있던지요. 아이들과 가까워진 기분이었습니다. 방에서 나갈 때는 같이 문제를 해결했을 때 생기는 따뜻한 감정과 친밀감을 느꼈습니다.

이 일화는 어른들이 허심탄회하게 대해 주기만 한다면 아이들이 얼마나 책임감 있게 보답하고 반응해 오는지를 여실히 보여 준다. 학교에서는 교사나 행정가들이 어른의 욕구에 기꺼이 순응하려는 학생의 자발적 의지를 너무나 쉽게 평가절하하곤 한다.

교사들은 자신이 나-메시지를 사용하면 학생도 서서히 따라서 다른 학생들이나 교사에게 정직한 메시지를 보내기 시작한다고 말한다. 학생은 교사를 본보기로 삼기 마련이다. 학생이 효과적인, 또는 비효과적인 대인관계 행동을 배울 때 교사보다 더 영향력 있는 존재는 없다.

T.E.T. 수업을 수료한 지 3주째 접어들 무렵 세인트루이스 출신의 한 교사가 희색이 만면한 채 자기가 가르치는 중학교 2학년 학생이 학교장에게 이런 메시지를 보내는 것을 들었다고 전해 주었다. "윌슨 교장 선생님, 선생님께서 교실 문밖에서 그렇게 왔다 갔다 하며 안에서 나누는 이야기를 엿들으시면 학생들은 선생님을 의심스럽게 여기고 어떻게 해야 할지 종잡을 수 없어 합니다."

교사는 이렇게 덧붙였다. "제가 사용한 나-메시지가 저에게 도움이 되었을 뿐만 아니라 학생들에게 모범이 된 게 틀림없어요."

그렇다면 학생의 그 말이 학교장에게는 어떤 영향을 주었을까? 그 교사가 말했다. "그 후론 단 한 번도 교장 선생님이 어느 교실이든 안을 기웃거리며 문밖에서 서성이는 모습을 볼 수 없었어요."

6

환경을 바꿔
교실의 학습 분위기 조성하기

교실 환경을 바꾸는 것만으로도 학생들이 교사가 수용할 수 없는 행동을 하는 것을 미리 방지할 수 있다. 이것은 학생이 아니라 교실의 물리적·심리적 특성을 바꾼다는 것을 의미한다.

이 방법이 어째서 효과적일까? 경험을 통해 알고 있다시피 불행하게도 교실은 대부분 학생들이 학습에 몰두하고 공부를 하고 싶도록 설계·구성·배치되어 있지 않다. 교실 환경 때문에 학생들이 부산스럽고 산만해지면 교사로서는 그 행동을 받아들일 수 없고, 가르치려는 노력도 수포로 돌아가기 십상이다. 환경을 바꾸는 것만으로도 교사는 가르치고 학생은 배우는 시간을 대폭 늘릴 수 있다.

교실 환경을 바꾸기 위한 창조적 사고

오늘날 교사들은 교수법이 점차 변화함에 따라 교실의 물리적인 한계를 차츰 깨닫고 있다. 대규모 그룹에게 강의하는 방식에서 소규모 그룹에게 개별화된 교육을 하는 방식으로 바뀌었지만, 교사에게 주어진 환경은 예나 지금이나 여전하다. 기존의 강의식에 맞춰진 교실에서 새로운 방식으로 가르치길 기대하는 것이다.

1900년대 초에 설립된 노후한 초등학교에 몸담고 있는 한 교사는 T.E.T. 수업에서 이 문제에 대해 이렇게 말했다.

미국인들은 교육을 얼마나 가치 있게 생각하는지 자주 이야기하지만, 저는 그게 과연 사실인지 의심스럽습니다. 제가 근무하는 학교 교실은 칙칙하고 어두컴컴하고, 의자는 부서지기 일보 직전이고, 바닥은 여기저기 삐걱거립니다. 옆 교실에서 핀 떨어지는 소리까지 들릴 정도로 방음도 엉망입니다. 저는 이런 교실에서 에너지 넘치는 8살 30명이 저마다 흥미를 가지고 학습에 열중하도록 만들어야 합니다. 그러면서 한편으로는, 복도에서 울리는 소음을 줄이기 위해 그 아이들을 조용히 시켜야 할 임무까지 떠안았습니다. 만약 어떤 어른 집단에게 아이들이 허구한 날 해야 하는 유의 일을 강요한다면 그들이 노조를 결성하고, 더 나은 근무 환경을 쟁취하기 위해 파업을 강행하려고 거리로 나설 거라 확신합니다.

매트가 깔려 있고, 방음 장치가 잘 되어 있어 소음을 흡수하고, 냉방 장치로 실내 온도를 24도로 쾌적하게 유지하며,

밝게 페인트칠 되어 있는 최신식 건물에서조차 여러 명을 상대적으로 좁은 공간에 몰아넣는다면 문제 행동을 일으킬 수 있다.

교실 환경을 능률적으로 바꾸려면 환경 변화에 따른 창조적인 대안을 마련해야 한다. 어떻게 해야 교사들이 수용 불가능한 행동을 크게 줄일 수 있을까?

일상적인 것에서, 전통적인 것에서, 익숙한 것에서 벗어나는 일은 그리 호락호락하지 않다. 보이드 레인 박사는 학교에서의 창조적 과정을 가로막는 요인 165개를 정리했다. 그 가운데 몇 가지다.

▶ 그렇게 해 본 적이 있지만 아무 소용 없었다.

▶ 학교 행정가들이 받아들이지 않을 것이다.

▶ 지역 사회가 이해하지 못할 것이다.

▶ 예산이 넉넉하지 않다.

▶ 너무 급진적이다.

▶ 너무 고루하다.

▶ 교사 노조가 할 일이다.

▶ 사람들이 준비되어 있지 않다.

▶ 너무 늦었다.

▶ 시기상조다.

▶ 채 거기까지 여력이 미치지 못한다.

▶ 사공이 너무 많다.

▶ 압박을 심하게 받게 될 것이다.

보이드 레인의 '창조의 장애물'은 하나같이 평가하는 표현들인데, 3장에서 지적했듯이 평가하거나 평가하겠다는 으름장을 놓는 것만큼 창조성을 가로막는 것도 드물다. 대다수 교사가 창조적 사고를 자극하는 절차나 방법(사회과학자들이 개인이나 집단의 창조성을 분출하는 데 보탬이 된다고 밝힌 법칙이나 지침)이 없다며 아쉬워한다.

T.E.T.에서는 새롭고 창조적인 아이디어를 개발하는 검증된 절차인 '창조적인 브레인스토밍'을 지도한다. 다음은 혼자서나 집단으로 브레인스토밍을 하는 데 필요한 지침 여덟 가지다.

1 간섭받지 않고, 집중하기 쉬운 장소를 택한다.

2 구체적인 문제, 예컨대 '어떻게 하면 교실 자료를 더 잘 정리 정돈하고 보관할 수 있을까' 같은 문제가 무엇인지 결정한다.

3 브레인스토밍을 하는 데 쓸 시간을 정한다.

4 브레인스토밍을 하며 나온 모든 아이디어를 녹음하거나 기록한다.

5 질보다도 양이 중요하기 때문에 아이디어를 많이 낸다.

6 막연하고 추상적인 아이디어도 환영한다. 실질적이고 실용적이고 합리적인 아이디어로만 국한하지 않는다. 포괄적인 것일수록 더 좋다.

7 평가하지 않는다. 평가는 모든 아이디어를 모은 뒤에 따로 한다.

8 이따금 판단 기준을 바꿔 본다. "학생들은 어떻게 이 문제를 타개할 수 있을까? 전문가라면 과연 어떻게 이것을 해결할까?"

이 과정에 모두가 참여하면 그 집단 구성원들이 서로의 아이디어에 편승할 수 있다는 확실한 이점이 있다. '혼자보다 둘이 머리를 맞대는 편이 훨씬 낫다'는 격언은 이 과정에 제격이다. 교실 환경을 바꾸는 데 이 방법을 활용하면 좋은 결과를 얻을 수 있다.

교실 환경을 바꾸기 위한 여덟 가지 방법

교실 환경을 변화시키는 데 창조적인 아이디어를 내 보라고 요구하면 교사들은 대개 '환경' 같은 추상적인 개념에 초점을 맞추는 일을 상당히 어려워한다. 환경의 구성 요소는 무엇인가? 어떤 요소를 변화시킬 수 있는가? 어디서부터 손을 대야 하는가?

환경 변화와 관련한 작업을 덜 모호하고 명확하게 만들기 위해 내용을 세분화해 보면 다음과 같다.

1 환경을 풍부하게 하기
2 환경을 간소하게 하기
3 환경을 제한하기
4 환경을 확대하기

5 환경을 재정비하기

6 환경을 단순하게 하기

7 환경을 체계화하기

8 환경을 미리 구상하기

이제 여덟 가지 범주에 포함된 교사들의 구체적인 아이디어를 각각 살펴보자.

학습 환경을 풍부하게 만든다

대다수 교사들은 학습 환경을 풍부하게 만드는 방법은 이미 잘 알고 있다. 충분히 교육받았으며 환경을 변화시키는 다른 어떤 방식들보다 여기에 많은 시간을 할애해 왔기 때문이다. 하지만 수용하기 힘든 학생 행동을 예방하거나 근절하기 위한 수단으로 풍부한 환경을 활용하는 교사는 거의 없다. 이를 오직 교수법으로 받아들일 따름이다. 학생들은 크게 좌절하거나 따분할 때, 단조롭고 지루한 환경에 오래 갇혀 있을 때 수용 불가능한 행동을 한다. 학생들에게 선택의 기회를 주고 선택 과목을 다양하게 활용하도록 교실 환경을 풍부하게 하면 학생들은 무료함을 덜 느끼고 수용 불가능한 행동이나 골치 아픈 행동을 덜 한다. T.E.T. 수업에서 교사들은 별로 힘들이지 않고 학생의 감각을 더 많이 자극할 다음과 같은 아이디어를 수두룩하게 생각해 냈다.

▶ 조명을 다양하게 활용한다.

- ▶ 음악을 켠다.

- ▶ 학습실을 별도로 마련한다.

- ▶ 도서실을 마련한다.

- ▶ 공작, 핑거페인팅, 점토, 수채화, 유화, 나무 조각, 금속 조
  각 등을 할 수 있는 미술실을 마련한다.

- ▶ 오디오나 비디오 자료를 활용한다.

- ▶ 밝은 색으로 장식한다.

- ▶ 전시물을 게시한다.

- ▶ '그룹 토의' 구역을 마련한다.

- ▶ 작은 무대를 설치하고 연극을 상연한다.

- ▶ '창조적인 작문 교실'을 설치한다.

- ▶ 초대 연사를 모신다.

시선을 분산시키는 주변 환경을 간소하게 만든다

학생들은 이따금 환경이 너무 자극적인 탓에 부적절하거나 수
용하기 힘든 행동을 저지르기도 한다. 분에 넘치는 자극은 모
자란 자극과 마찬가지로 좌절감을 안겨 줄 수 있다. 크리스마
스 날 선물을 너무 많이 받아서 다음 상자에 뭐가 들어 있을까
궁금한 나머지 정작 지금 열어 보고 있는 선물에는 어떠한 기
쁨도 맛보지 못하는 것처럼, 학생들은 선택할 것이 너무 많은
번잡한 환경에 압도될 수 있다. 주의력 결핍 과잉행동 장애가
있는 학생은 특히 더 그렇다. T.E.T. 참여 교사들은 한정적이나
마 교실 환경을 간소하게 만들기 위한 아이디어를 다음과 같
이 제안했다.

- ▶ 조도를 약간 낮춘다.
- ▶ 소란스러운 활동을 하는 카펫 공간을 줄인다.
- ▶ 지금 당장 필요한 것을 빼고는 나머지 재료는 한쪽으로 치워 둔다.
- ▶ 재료 활용에 대한 계획을 세우고 이용에 제한을 둔다.
- ▶ '침묵의 시간'을 마련한다.
- ▶ 학습을 위한 개인 열람실을 마련한다.
- ▶ 오디오, 비디오 장비를 활용할 때는 이어폰을 사용한다.
- ▶ 칸막이를 두어 교실을 구획한다.
- ▶ 학생과 교사 모두 실내화를 신는다.
- ▶ 텔레비전, 영화, 슬라이드 같은 '집중을 돕는' 기자재를 활용한다.
- ▶ '명상실'을 마련한다.

학생이 받아들일 수 있는 범위 내에서 교실 환경을 제한한다

어떤 행동은 그 행동 자체가 잘못이라기보다는 적절하지 않은 장소, 적절하지 않은 시간에 행했기 때문에 받아들여지지 못하기도 한다. 예컨대 교실 어느 한 곳에서만 페인트를 사용하게 하면 많은 문제를 예방할 수 있다.

학교는 일정한 시간에 일정한 장소에 참석할 것을 요구하는 제도이기 때문에 학교의 본질 자체가 어떤 점에서는 환경상의 제약이나 다름없다. 대다수 학생들은 사리에 맞기만 하다면, 그 이유를 수긍할 수만 있다면 자유를 제약받아도 기꺼이 감수한다. 다음은 환경을 제약하는 데서 교사들이 시도해 보고 싶어 하는 아이디어 몇 가지다.

- ▶ 특정 행동(예컨대 미술, 음악, 공부, 토론)을 위한 공간을 미리 지정해 둔다.
- ▶ 한꺼번에 한 장소에 모이는 학생 수를 제한한다.
- ▶ 학생들이 어떤 활동을 할 때 장소를 지정해 준다.
- ▶ 학습을 위한 개인 열람실을 활용한다.
- ▶ 시끌벅적한 행동은 특정 장소에서만 하도록 제한한다.
- ▶ 이동을 제한하는 동선을 짠다.
- ▶ 장비를 돌아가면서 사용하도록 계획한다.

교실만이 학습이 이루어지는 공간은 아니다

학생들은 지나치게 제약이 많거나, 그 제약이 너무 오래 지속되는 환경에서도 바람직하지 않은 행동을 할 수 있다. 현명한 교사는 교실 환경을 외부 세계로까지 연장하는 방안을 모색할 줄 안다. 다음은 몇 가지 실현 가능한 제안들이다.

- ▶ 학습을 위한 여행을 마련한다.
- ▶ 교정 안팎 구역이나 행사를 활용한다.
- ▶ 도서관 시설을 이용한다.
- ▶ 체육관, 식당 등을 다용도로 활용한다.
- ▶ 사람이나 물건 등 외부 자원을 활용한다.
- ▶ 가끔씩 교실을 터서 쓴다.

- ▸ 소그룹을 허용하는 팀 학습을 실시한다.
- ▸ 고학년생이 저학년생을 지도하게 한다.
- ▸ 때론 강당이나 인근 잔디밭에서도 수업한다.
- ▸ 교사가 다양한 소그룹과 만날 수 있도록 조력자나 보조 교사의 도움을 받는다.
- ▸ 전문가, 전문 상남가, 숙련가 들의 도움을 받는다.

동선을 고려하여 교실 환경을 재정비한다

학생들은 때로 환경이 너무 어수선해서 자신에게나 다른 사람에게 문제를 일으키기도 한다. 심지어 가로질러 걷는 것마저 요령이 필요한 교실도 있다. 어느 초등학교 교사는 산만한 학생 한 명에게 나-메시지를 거듭 보냈으나 아이 행동에 변화가 없자 찬찬히 관찰해 보았다. 그리고 교실의 동선에 문제가 있다는 사실을 발견했다. 모든 학생이 그 학생 옆을 지나가도록 되어 있었던 것이다. 다른 학생들이 이 학생의 자리를 지나면서 '지나가도 되는지' 묻지 않고도 연필을 깎으러 갔다 오고, 필요한 재료를 챙겨 오고, 여기저기 자유롭게 이동할 수 있게 동선을 바꾸자 문제는 저절로 사라졌다. 수용할 수 없었던 그 학생의 행동은 수용할 수 있는 행동으로 바뀌었고 결국 나-메시지를 보낼 필요도 사라졌다. 다음은 문제를 사전에 방지하기 위한 교실 환경 재정비 방안들이다.

- ▸ 사용하지 않는 교육 재료는 치운다.
- ▸ 동선을 효율적으로 설계한다.

- 토론을 위해 책상을 원형으로 재배치한다.
- 사용하지 않는 가구는 없앤다.
- 전자 제품은 세면대에서 멀리 둔다.
- 한 가지 활동에 쓰이는 자료들은 한곳에 모두 모아 둔다.
- 연필깎이, 쓰레기통은 여러 개 비치한다.
- 사용할 때 세심하게 감독해야 하는 위험한 교육 재료는 학생 손이 닿지 않는 높은 선반이나 벽장에 보관한다.
- 개인 용도의 기자재나 기계는 한 번에 한 사람씩만 사용할 수 있도록 개인 열람실이나 그 비슷한 장소에 둔다.
- 수시로 사용하는 장식장은 아예 문을 떼 버린다.
- 옷가지나 도시락은 출입문 가까이에 둔다.

학생의 관점에서 교실 환경을 단순화한다

주위 환경이 점점 복잡해지고 있는 터라 복잡한 환경의 부작용에 대한 관심도 덩달아 커지고 있다. 교실 환경 역시 필요 이상으로 복잡하고, 학생이 감당하기에는 너무 어수선할지 모른다. 성인 키에 맞춰 만들어진 환경에서 지내야 하는 어린 학생들에게는 특히 그럴 것이다. 저명한 가족치료 전문가 버지니아 새티어는 어른들에게 집에서 무릎 꿇은 자세로 한번 지내 보라고 권하곤 한다. 이런 경험은 어린 자녀의 관점으로 새롭게 집안 환경을 바라보게 한다. 이는 어린 학생을 가르치는 교사에게도 유용하다.

교실 환경은 여러 면에서 아이들에게 복잡하게 느껴질 수 있다. 보험증서를 이해하고자 고심해 본 적이 있는 사람이라면 누구나 복잡한 규칙·규정·절차·의례 따위가 크나큰 낭패감을 불러일으킬 수 있다는 말에 쉽게 공감할 것이다. 다음은 교사들이 교실 환경을 단순화하는 방법으로 제안한 것들이다.

- ▶ 교육 재료, 도서, 도구와 장비는 학생 손이 닿을 수 있는 곳에 둔다.
- ▶ 절차와 규칙을 재점검하고, 너무 복잡하다고 판단되면 단순한 것으로 교체한다.
- ▶ 규칙, 정책, 규정 등은 눈에 잘 띄는 곳에 붙여 둔다.
- ▶ 출입문 손잡이, 여타 가구의 손잡이나 고리의 위치를 아이들 키에 맞게 낮춘다.
- ▶ 높은 장식장 옆에는 작은 디딤대를 둔다.
- ▶ 학생 스스로 정리할 수 있도록 운동 기구 보관함을 둔다.
- ▶ 학생이 사용하는 기계나 장비의 작동법과 주의 사항을 적어 둔다.
- ▶ 서랍장, 장식장, 서류함, 보관함 등은 가능하면 다른 색깔로 구분한다.
- ▶ 거의 사용하지 않거나 사용이 뜸한 장비나 가구, 교육 재료는 치워 버린다.

교실 환경을 체계적으로 조직화한다

혼란이나 거듭되는 수고를 줄이는 가장 손쉬운 방법은 사태 전개의 체계를 마련하는 일이다. 일부 관료주의에서 관찰할 수 있듯이 업무 자체보다 체계가 더 중요해질 위험은 항상 도사리고 있지만, 소규모 그룹이나 교실 같은 비교적 친밀한 공간에서는 그럴 우려가 상대적으로 적다. 다음은 T.E.T.에서 브레인스토밍 한 교사들이 교실 체계화에 대해 제출한 안들이다.

- ▶ 특정 업무를 특정 학생들에게 할당한다.
- ▶ 도서나 다른 교육 재료의 대출 절차를 마련한다.
- ▶ 교사와 함께할 시간 계획을 위해 은행처럼 '번호표' 제도를 활용한다.
- ▶ 알파벳이나 색깔 등을 이용해 서류 정돈 체계를 정한다. 하나의 활동에 필요한 모든 것을 한꺼번에 담아 두는 함을 마련한다.
- ▶ 할당된 역할이 이행되었는지 여부를 체크해 담아 두는 바구니를 설치한다.
- ▶ 출결 체크, 문 열고 닫기, 대금 수거, 청소, 교육 재료 재고 조사 등 일상적인 학급 업무의 담당자를 정해서 관리하고, 누구나 내용을 확인할 수 있게 한다.
- ▶ 일이 완료되었는지 확인하는 점검표(조종사가 사용하는 비행 전 체크리스트와 유사한)를 개발한다.
- ▶ 실험실 기자재의 조립이나 분해 같은 복잡한 작동법을 예시하는 작업 공정도를 개발한다.

환경 변화에 대해 미리 계획하고 정보를 공개한다

사전에 계획하는 일은 다른 여느 곳에서와 마찬가지로 교실에서 생길 법한 문제를 예방해 준다. 다가오는 행사를 공동으로 계획하고 학생이 기대하는 바에 대해 상의하기, 문제가 일어나기 전에 학교 정책에 대해 논의하기, 일상적으로 부딪치는 문제(지각, 늦잠, 교사의 결근, 대리 교사 문제, 별난 날씨, 늦은 과제 제출, 비상사태와 그에 대비한 훈련 등)에 대한 대처법 주지하기 같은 조치들은 각종 문제에 어떻게 대처해야 할지를 사전에 숙지하는 데 도움을 준다. 이렇게 사진에 준비해 두면 특별한 상황에 직면하더라도 학생들이 혼란스러워하거나 당황하지 않는다.

T.E.T. 강사들은 "올해 학교나 교실에서 일어나리라 예상되는 문제 행동에는 어떤 것들이 있습니까?" 하는 질문을 던진다. 교사들은 해마다 자신들을 괴롭히는 만성적인 문제를 죽 적어 내려간다. 미리 계획을 세우고 정보를 공개하면 이 가운데 놀랄 만큼 많은 문제가 저절로 사라진다. 다음은 사전 계획을 세움으로써 문제를 예방할 수 있는 아이디어들이다.

- ▶ 학생에게 새로운 장비의 작동법을 실연하는 훈련 시간을 마련한다.
- ▶ 특이하거나 복잡한 절차에 대비하기 위해 리허설이나 예행연습을 진행한다.
- ▶ 학년 초에 성적 매기는 법과 평가 절차에 대해 토론한다.
- ▶ 대리 교사를 거드는 법을 계획하고 예행연습을 한다.
- ▶ 숙지해야 할 주요 자료나 행사에 대해서는 구두로 고지한 후 그 내용을 적어 벽에 붙여 둔다.
- ▶ 일정을 적은 개인용 달력을 만들어 사용한다. 한 부를 복사

해 하나는 집에서, 다른 하나는 학교에서 사용한다.

▶ 교사나 학생이 버겁다고 느끼는 학교 규칙이나 정책에 관해 허심탄회하게 토론한다. 그리고 이 규칙과 정책을 위반했을 때의 벌칙도 미리 숙지하도록 지도한다.

▶ 학생에게 도서, 교육 재료, 시설 등을 사용하는 데 따른 비용과 제약점을 일러 준다.

▶ 나이 어린 학생들, 갓 입학하거나 전학 온 학생들에게는 학교를 소개하는 오리엔테이션과 학교 여기저기를 안내받으며 돌아볼 수 있게 한다.

▶ 상담 교사, 심리학자, 버스 기사, 행정가, 커리큘럼 전문가, 사서, 보건 교사 등 교직원들이 어떤 식으로 도움을 줄 수 있는지 학생들에게 이야기할 시간을 따로 마련한다.

'무엇'을 '어떻게' 해야 할지 알게 되면 학생은 한결 융통성 있고 여유 있게 자기 직분을 다할 수 있다. 적잖은 교사들이 환경을 변화시키는 여덟 가지 방법을 학생들과 공유하고 같이 아이디어를 모아 만족스러운 성과를 얻을 수 있다.

혁신적인 교사라면 교실이 그저 자기만의 것이 아님을, 그속에서 함께 살아가는 모든 이의 것임을 틀림없이 알고 있다. '교사의 교실'에 적응하기 위해 학생이 바뀌기만을 기대하는 것은 공정하지 못하다. 생활 환경과 학습 환경을 설계하는 데 동참할 기회를 얻은 학생은 거기에 훨씬 더 많은 투자를 하고 더 강한 주인 의식과 책임감을 느낀다. 이러한 감정은 학생과 일상적으로 부대끼는 교사에게도 상당히 도움이 된다.

교실에서 보내는 시간의 질을 개선하는 방법

더 나은 학습 환경을 계획하는 또 한 가지 방법은 교사와 학생들이 교실에서 어떻게 공존할 수 있을지, 그들의 욕구는 무엇인지, 그 욕구는 어떻게 충족될 수 있을지를 자세히 조사하는 것이다.

노련한 교사는 이른바 직사각형의 문제없음 영역이나 교수-학습 영역에서조차 더러 문제가 발생할 수 있다는 사실을 잊지 않는다. 교사-학생 관계, 학생-학생 관계에 아무 탈이 없어 보여도 뭔가 문제가 일어날 가능성은 얼마든지 있다. 한 학생이 별다른 이유도 없이 다른 학생을 때린다거나, 어떤 학생이 자신을 따돌렸다며 친구들을 향해 소리를 지르기 시작했다거나, 전에는 잘 느끼지 못했던 성가신 소음이나 소동을 교사가 불현듯 의식하게 되었다거나……. 우리는 교수-학습 환경의 성격을 점검해 보아야 비로소 이런 문제 행동을 이해할 수 있고 그에 건설적으로 대처할 수 있다.

교수와 학습이 이루어지는 문제없음 영역에는 세 가지 종류의 다른 시간대가 존재한다. 자유 시간, 개인 시간, 일대일 시간이 그것이다(이 개념은 T.E.T. 강사 마이클 릴리브리지와 게리 클러큰이 고안해 낸 것이다).

자유 시간

교실은 살아 숨 쉬는 북적이는 공간이다. 20명, 30명, 또는 그 이상의 학생들을 교실이라는 좁디좁은 공간에 집어넣고 고요하고 정적이기를 기대한다는 것은 무리한 일이다. 교사와 학생은 오감을 동원해 자신들의 환경에 반응한다. 자극을 부단히 받아들이고 검토하고 처리한다. 이러한 사실은 교사와 학생에게 무엇을 의미하는가? 다음은 초등학교 교실의 일반적인 상황이다.

교사는 구두로 읽기를 지도하려고 학생 6명과 함께 작은 탁자에 둘러앉아 있다. 학생들은 교사가 마련한 화법, 발성법, 어휘 훈련 등에 관한 학습 자료들을 가지고 있다. 그들은 큰 소리로 돌아가며 읽기를 한다. 교실 다른 곳에서는 다른 무리의 학생들이 지금 만들고 있는 그림을 어느 벽에 붙일까 조용히 상의하면서 미술 작업에 열중해 있다. 또 한 무리의 학생들은 수학 교실에서 물건 몇 개를 요란하게 떨어뜨려 보며 뭔가 작동하는 법을 알아냈는지 흥분해서 아우성치고 있다. 나머지 학생들은 책장 부근에서 책을 읽거나, 연필을 깎거나, 책상에서 물건을 찾거나, 발을 끌며 걷거나, 기침하거나, 낮은 소리로 소곤거리거나, 크레용을 빌려 쓰고 있거나("네 빨강색 크레용 좀 써도 되니? 내 것이 부러졌거든"), 서로 도와 가며 과제를 하고 있다.

교실에 있는 교사와 학생들은 너나없이 이런 갖가지 자극들에 거의 파묻히다시피 할 지경이다. 사람의 몸이나 갓 깎은 연필 같은 것에서 풍기는 냄새, 움직이는 사람들의 광경·색깔·

그림자, 사람들의 목소리, 움직이는 의자 소리, 거친 숨소리, 조작하거나 가지고 놀거나 옮기는 물건들의 달그락거리는 소리, 무거운 의자를 끄는 느낌, 근육에 쥐가 난 느낌, 도화지·크레용·물감의 질감, 자를 때 나는 가위의 예리한 소리……. 사람들은 이런 수천 가지 감각적인 자극을 숨 돌릴 틈 없이 잇따라 받아들이고 처리한다.

학생들은 점차 성장해 가면서 밀려드는 이런 자극을 선별하는 법, 즉 어떤 소리나 감정, 광경, 맛에는 주의를 기울이고 어떤 것은 흘려버려야 하는지를 분간할 수 있게 된다. 주의를 기울이지 않는 것에도 에너지가 필요하다. 집중이란 대체로 한두 가지를 제외한 다른 모든 자극에 대한 지각을 억누르는 데 에너지를 들이는 것이다. 여러 연구 결과에 따르면 비교적 동기화가 잘되어 있는 성인들도 한 번에 20분 이상 집중하기가 어렵고, 더 나이 어린 학생의 집중 시간은 그보다 훨씬 짧다고 한다. 어느 한순간 학생이 지각을 억누르는 데 필요한 에너지를 쓰지 못하는 상황에 이를 수 있다. 그 학생은 자기가 식은땀을 흘리고 있다는 사실을, 같은 자리에 너무 오래 앉아 있어서 다리가 저리다는 사실을, 다른 학생들이 너무 가까이에서 북적거리고 있다는 사실을, 수학 교실에 있는 친구들이 너무 소란스럽다는 사실을 문득 깨닫는다. 이 모든 걸 참을 수 없어진 학생은 다짜고짜 소리를 지르기 시작한다. "저리 좀 가!" "나 좀 가만 내버려 둬." "여긴 너무 더워!" 산만함을 감당할 능력이 한계에 다다른 것이다. 학생은 자유 시간이 어서 끝나서 너무 많은 자극에서 빨리 벗어나고 싶어했다.

[그림 22]의 직사각형 창을 보자. 우리는 문제없음 영역 (교수-학습 가능 영역) 속 (1)에 자유 시간을 배치했다. (2)와 (3)은 교실에서 학생과 교사가 경험하는 다른 두 가지 종류의 시간, 즉 개인 시간과 일대일 시간을 나타낸다.

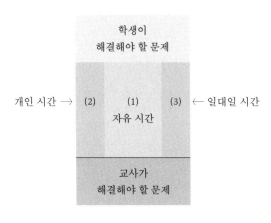

[그림 22]

개인 시간

[그림 22]에 표현된 (2) 개인 시간에는 감각적인 자극이 줄어든다. 인간관계에서 빚어지는 스트레스를 다스리고 수많은 자극에 대한 지각을 억누르는 데 과도하게 에너지를 쓰면 대부분 사람들에게는 거기에서 벗어나 에너지가 덜 들고 관리하고 개입할 여지가 적은 환경으로 도망치고 싶은 욕구가 생긴다. 학생과 교사 모두 가끔은 자극이 현저하게 줄어든 호젓한 환경에서 아무와도 부딪치지 않은 채 한가로이 지내고 싶을 때가 있다.

개인 시간을 갖지 못하면 사람들은 신경이 날카로워지고

예민해지며 괴팍해지고 타인들과 사이좋게 지내기가 곤란해진다. 그렇지 않으면 개인 시간을 확보하기 위해 교실에서 몽상에 젖거나 공상에 잠기기, 심하게 행동해서 아예 교실 밖으로 쫓겨나기, 귀가 조치 당하기, 전문 상담가에게 떠맡겨지기 같은 '비합법적인' 방법을 추구하게 된다. 하루 가운데 가장 험악해지는 순간은 바로 마무리 직전, 즉 늦은 오후라고들 말한다. 대부분 학생과 교사가 에너지가 거의 바닥나서 다른 사람들과 부대끼는 일이나 교실의 혼란을 더는 참기 힘든 지경에 이르기 때문이다.

이러한 욕구가 정당함을 확실하게 인식할 필요가 있다. 학생들은 사람들로 북적이는 정신 사나운 틈에서 벗어나 혼자 있는 시간을 얻을 수 있어야 한다. 천천히 생각하고, 입력된 정보를 차분히 처리하고, 머리를 식히고, 재충전하고, 자신 말고는 다른 누구도 신경 쓰거나 어떤 일도 책임지지 않아도 되는 시간 말이다.

다른 모든 인간 특성과 마찬가지로 개인 시간을 확보하고자 하는 욕구는 사람마다 제각각이고, 한 개인이 느끼는 욕구도 시시각각 달라진다. 불과 몇 분만 복잡한 교실에서 벗어나 있어도 앞서 이야기한 자유 시간을 확장할 수 있는 교사와 학생의 능력은 놀랄 정도로 커진다.

T.E.T.에서는 교사와 학생의 개인 시간 확보라는 소중한 욕구를 충족시키는 방안을 모색하는 브레인스토밍 과정에 교사들을 참여시킨다. 그 방안은 무궁무진하지만, 그 가운데 몇 가지만 소개하면 다음과 같다.

▶ 교실에 '정숙 코너'를 마련한다.

▶ 개인 학습 열람실을 마련한다.

▶ 교실 밖에 '혼자 있을 수 있는 공간'을 마련한다.

▶ 작은 개인 방이나 커다란 창고를 활용한다.

▶ 남는 시간에 도서실이나 사무실, 창고 등을 활용할 수 있게 조율한다.

▶ 스크린, 개인용 열람석, 판지로 만든 은신처 등을 활용한다.

▶ 사전 조정을 통해 교실에서 잠시 나가 있는 시간을 확보한다.

▶ 다른 모든 소음을 차단하기 위해 헤드폰이나 이어폰을 활용한다.

▶ 교실을 구획 지어 사용하거나, 교사나 학생이 다른 사람과 신체 접촉을 피해 교실 밖으로 나갈 여지를 마련한다.

▶ 수면용 마스크(눈가리개) 또는 방음용 귀마개를 쓴다.

▶ 학교 내에 있는 산책로, 오솔길, 보도를 활용한다.

▶ 풀밭, 나무 아래, 인적이 드문 운동장 스탠드 같은 조용한 '명상의 장소'를 활용한다.

▶ 교사가 가끔 숨을 돌릴 수 있도록 협력 활동이나 팀 학습을 실시한다.

일대일 시간

[그림 22]의 (3)은 '개인 간' 혹은 '일대일'로 가장 잘 표현될 수 있는 시간을 나타낸다. 인간의 상호 작용은 두 사람 사이에서, 또는 기껏해야 세 사람 사이에서 가장 잘 일어난다고 한다. 집

단 상황에 부닥친 사람들을 유심히 관찰해 보면 이런 사실을 잘 알 수 있다. 유명 연사, 연예인, 강연자에 의한 일방적인 의사소통은 대규모 집단도 잘 참아 낸다. 하지만 긴밀한 의사소통이 필요할 때 사람들은 둘이 짝을 짓거나 셋이 상호 작용한다는 사실에 주목하라.

사람들은 의사소통하고자 하는 욕구가 강렬하고, 그 욕구를 충족시키기에 적합한 소규모 집단을 고집하는 경향이 강하다. 학생이 관계 맺을 수 있는 가장 소중한 사람, 교실에서 그들에게 가장 의미 있는 사람은 두말할 나위 없이 교사다. 직사각형의 교수-학습 가능 영역에서 교사와 갖는 이런 시간이 필요하다고 느끼는 학생은 우격다짐으로라도 일대일 관계를 만들어 내려고 한다. 이런 상황은 교사에게 문제를 일으킨다. 다른 말로 하자면, 수두룩한 학생의 비행은, 설령 그것이 교사와의 관계에 부정적이고 골치 아프게 작용한다 하더라도, 애초에는 교사와 상호 작용하고 싶은 학생의 욕구에서 빚어진 것이라는 의미다.

학생은 다른 학생들과도 일대일 관계를 강하게 맺고 싶어한다. 다시 강조하건대 이런 타당한 욕구 충족을 가로막는 학급 환경은 '타당하지 않은 갖은 방법을 동원해서라도' 그 욕구를 채우고 싶어 하도록 내몬다.

교사들은 곧잘 "모든 학생들의 욕구를 하나하나 충족시켜 줄 시간이 없다"고 푸념하곤 한다. 이것은 때로 '너무 힘에 부친다'는 신호다. 교직이 고된 업무가 되는 까닭은 학생의 욕구, 능력, 역량, 성격 들이 거의 획일적이라고 보는 경향도 한몫한다. 하루도 거르지 않고 30명에서 150명에 이르는 수많은 학생의 욕구를 일일이 충족시켜 주는 교사는 찾아볼 수 없다. 모든 학생의 욕구는 한결같지 않다. 면담을 자주 하고 싶어 하는 학생도 있지만 그렇지 않은 학생도 있다. 원하는 면담 시간도 각각 다르다. 따라서 마음만 먹으면 언제든지 교사와 일대일 시간을 가질 수 있다는 사실을 알기만 한다면 대다수 학생들은 자기 욕구가 당장 충족되지 않아도(때로 제법 오랫동안 보류된다 해도) 얼마든지 그 상황을 감내할 수 있다. 동료들과의 일대일 시간에 대한 욕구 역시 마찬가지다. 이런 장치가 없으면 교실은 제대로 굴러가지 못할 것이다.

일에 빠져 허우적대는 교사들은 대체로 너무 많은 시간을 개별 학생의 문제를 다루는 데 할애하고 있다고 시인한다. 학생들과 가끔 관계를 맺는, 실현 가능하면서도 바람직한 계획을 세우는 대신 수용할 수 없는 행동을 저지른 학생을 상대하는 데 지나치게 오랜 시간을 허비하는 것이다. 이럴 때 바랄 수 있는 최상은 관계가 심각하게 망가지지 않게만 막는 것이다.

관계는 재건할 수 있다. 다만 그러려면 학생과 문제없음 영역에서 일대일 시간을 가져야 한다.

문제없음 영역의 잠재성

교사가 좌절하는 이유 가운데 하나는 자신의 본분인 가르침에 온전히 집중할 수 없는 데서 비롯된다. T.E.T. 과정을 들으러 여기저기에서 온 수많은 교사들은 하나같이 학습을 순조롭게 진행할 수 있는 시간이 크게 부족하다며 볼멘소리를 냈다. 어떤 이들은 도무지 가르치기가 어렵고, 학습 흥미가 떨어지고, 학습 동기가 낮고, 기강이 제대로 안 서 있다는 등의 이유로 요즘 학생들을 탓하느라 바쁘다. 한 교사는 이렇게 말했다. "아이들 흥미를 끌려면 제가 연예인이 되거나 텔레비전과 경쟁해야 할 것 같은 기분이 들어요. 하지만 제가 방송사에서 돈을 받는 건 아니잖아요?"

요즘 아이들은 딱 한 가지 점에서 틀림없이 이전 세대와는 다르다. 세상에 대한 정보를 구하기가 상대적으로 어려웠던 시절에 성장한 젊은이들과 대조해 볼 때 오늘날의 학령기 아이들은 걸어 다니는 백과사전이라고 할 수 있다. 따라서 지식과 정보를 나누어 주는 일로 교사 역할을 한정한다면 이처럼 닳고 닳은 청중들에게 학교는 따분하기 짝이 없는 공간으로 보일 수밖에 없다. 좋든 싫든 텔레비전이나 인터넷이 정보 분배자로서의 학교 개념을 일거에 용도 폐기해 버린 지 이미 오래됐으니 말이다.

탐구 학습법, 정보 획득·처리법, 가치 구분법, 문제 해결법 등의 환경을 제공하는 한두 발짝 앞서가는 학교에 몸담은 교사들조차 진정으로 가르치고 배우는 시간을 넉넉히 확보하는 데는 여전히 애를 먹는다.

교사들에게 문제없음 영역을 확대하는 기술을 제공하는 이유는 학생이 문제를 겪고 있으면 학습하는 데 방해받고, 학생이 교사에게 문제를 던져 주게 되니 가르침도 중단될 수 있기 때문이다. 문제없음 영역에서는 관계 또한 개선되고 견고해진다. 이 책의 3장과 4장에서 설명했듯이 적극적 듣기와 그 밖의 여러 상담 기법을 활용하면 교사-학생 관계에 따뜻함과 친밀감이 생긴다. 직사각형의 문제없음 영역에서 교사가 가르치고 학생이 배울 때도 마찬가지다.

교사는 가르칠 수 있을 때 비로소 만족하며, 학생이 의욕적으로 배우고자 할 때 그들에게 따뜻한 감정을 품을 수 있다. 학생 역시 본디 배우는 것을 좋아하며, 학습을 북돋울 줄 아는 교사에게 호감을 느낀다. 반대 경우에 교사는 가르치는 일을 방해하는 학생을 괘씸하게 여기고, 학생은 '학교에서는 뭐 하나 제대로 배우는 게 없어'라고 구시렁거리며 교사와 학교를 혐오한다.

효과적인 교사 역할이라는 이론적인 개념에는 문제없음 영역, 그리고 그 안에서 발달하고 있는 따뜻하고 친근한 관계와 관련된 이상한 역설이 하나 있다. 의사소통을 가로막는 열두 가지 대화법은 학생이 문제를 겪고 있을 때, 또는 교사가 문제를 지니고 있을 때에는 도무지 먹혀들지 않고 해롭기까지 하지만, 교수-학습이 원활하게 진행 중일 때(문제없음 영역)는 웬만해선 의사소통을 방해하거나 자존감을 훼손하지 않는다는 점이다. 교사와 학생의 욕구가 모두 충족되어서 교사-학생 관계가 원만할 때는 지시하고, 경고하는 교사의 행동은 물론, 심지어 빈정거리고, 비난하고, 농담을 던지는 교사의 행동까지도 받아들여진다.

고등학교 연극 지도 교사와 상당한 자질을 지닌 그의 지도 학생 사이에서 이루어진 다음 상호 작용을 살펴보고 관계의 성격을 평가해 보라. 따뜻하고 친밀한 관계로 보이는가? 교사가 문제의 대화법을 사용하는데도 학생이 어떻게 반응하는지 주목해 보라. 그것들은 결코 문제로 느껴지지 않는다.

교사 샐리, 이제 무대에 올라야 할 시간이다. 어서 서둘러라. [지시하기, 명령하기]

샐리 오오, 다음이 제 차례군요.

교사 이번에는, 샐리. 화내는 연기를 더 실감 나게 해 봐. [충고하기]

샐리 예. 그럴게요.

교사 진짜 화난 것처럼 보이지 않으면 아무도 마지막 장면에서 네 깊은 상처를 이해할 수 없을 거야. [경고하기]

샐리 테이블을 꽝 쳐 볼까요?

교사 그건 좀 웃기지. 삼류 배우가 될 필요까진 없어. [부정적인 평가, 비난하기]

샐리 농담이에요. 어떻게 하면 좋을지 가르쳐 주세요!

교사 계속 날 짜증 나게 하려는 거니? [분석하기]

샐리 아차, 들켰다!

교사 자, 의미 있는 일이라면 제대로 해야지. 네가 어련히 알아서 잘하리라는 걸 난 알고 있다. [설교하기, 안심시키기]

샐리 알겠어요.

교사 대사는 모두 기억하고 있겠지? [질문하기]

샐리 당연하죠, 완벽하게…….

교사   좋아. 이번 기회에 사라 베른하르트〖프랑스 출생의
     영국 연극배우(1844~1923)┆옮긴이〗를 눌러 보자
     고! [농담하기]

이 대화가 교사에게 주는 교훈은 분명하다. 관계가 문제없
음 영역에 있다면 교사는 어떤 종류의 메시지를 구사해도 대
체로 무방하다. 거침없고 자유롭다. 당신은 당신 자신이 될 수
있다. 어릿광대, 집적대는 사람, 조언자, 잔소리꾼, 비평가, 공사
장 감독도 될 수 있고, 그 모든 것의 조합으로서의 어떤 존재도
될 수 있다.

   교사는 가르치고 학생은 배울 수 있을 때, 교사와 학생 모
두 인간이 될 수 있을 때 교실에서 이루어지는 활동은 비로소
모두에게 기쁨을 안겨 준다.

7

교실에서 일어날 수밖에 없는 갈등

인간관계에서 갈등은 피할 길 없고, 교사-학생 관계 역시 예외가 아니다. T.E.T.에서 훈련받은 교사들도 수시로 갈등에 직면하기는 매일반이다. 아주 사소한 것에서부터 제법 심각한 것까지 다양하다. 교사의 나-메시지가 수용 불가능한 행동을 고치는 데 그다지 효과적이지 않거나, 그들의 노력이 교실 환경을 바꾸는 데 제대로 먹혀들지 않는 상황도 자주 일어난다. 이러한 방법들이 효과를 내지 못하면 교사들은 고뇌에 빠진다.

대결하고 환경을 바꿔도 실패하는 이유는 대개 (1) 수용 불가능한 학생 행동을 바꿔 보려는 욕구가 너무 무모해서 학생이 그것을 감당할 수 없거나 변화를 거부하려 들기 때문이거나, (2) 교사와의 관계가 너무 하찮아서 학생으로서는 교사의 욕구 충족에 협조할 아무런 이유가 없기 때문이다. 결과적으로 대부분 교실에서 교사와 학생은 '욕구 간의 갈등' 상황에 직면하게 된다. 교사들은 이렇게 말한다.

저는 하루를 마감할 즈음 교실을 치우는 데 시간을 뺏기는 게 얼마나 질색인지 학급 아이들에게 하소연하곤 합니다. 하지만 애들은 여전히 날이면 날마다 교실을 난장판으로 만들어 놓기 일쑤죠.

도시에서 열리는 회의에 참석해야 해서 평소보다 일찍 학교에서 나가야 했던 날이었어요. 저는 미리 그 사실을 학급 아이들에게 알리고 마지막 종이 울리면 서둘러 교실을 떠나 달라고 부탁했습니다. 하지만 종이 울렸는데도 애들은 꿈지럭거리면서 도무지 제 말을 아랑곳하지 않는 눈치였어요. 화가 치밀어 오른 저는 급기야 애들에게 "당장 나가지 못해!" 하고 버럭 고함을 지르고 말았습니다.

제가 담당한 5학년 아이들은 운동장 비품을 꺼내서 가지고 노는 데는 선수들이지만 도통 제자리에 돌려놓을 줄을 모릅니다. 그걸 잃어버리면 다시 살 때 돈이 얼마나 많이 드는지, 체육 선생님에게 제가 또 얼마나 핀잔을 들어야 하는지 알아듣게 말했는데도 모두 나 몰라라 하더군요. 오죽하면 그 애들이 저를 골탕 먹이려고 일부러 비품을 빼돌리는 게 아닌가 의심스러울 지경이라니까요.

알바는 온순한 학생이지만 때론 저를 미치게 만들어요. 그 애가 또 언제 느닷없이 제 눈앞에서 사라져 버릴지 도무지 예측을 못 하겠어요. "말도 하지 않고 사라지면 선생님이 너무 놀란단다" 하고 그 애에게 여러 차례 일렀어요. 그 애 하나 때문에 자리를 떠서 나머지 유치원생들을 불안한 상태로 방치할 순 없잖아요? 도대체 어떻게 해야 좋을지 모르겠어요.

대다수 교사에게는 이런 충돌 상황이 그리 낯설지 않을 것이다. 그리고 성공하지 못하리라는 것을 알면서도 그 문제를 해소하기 위해 소중한 수업 시간을 허비한다.

[그림 23]은 직사각형 창에서 '욕구 간의 갈등' 상황을 예시한 것이다. 아랫부분은 교수-학습 가능 영역(문제없음 영역)이 어떻게 해서 환경의 변화나 나-메시지 대결을 통해 확장될 수 있는지 보여 준다. 그럼에도 직사각형의 맨 하단 영역은 여전히 사라지지 않고 남아 있다는 사실에 유의하라. 이는 욕구 간의 갈등 상황을 낳는 수용 불가능한 행동은 변함없이

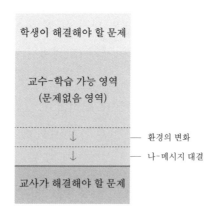

[그림 23]

그대로임을 시사한다.

이 장에서 우리는 직사각형 내에 있는 욕구 간의 갈등 영역을 다룰 것이다. 갈등이란 대체 무엇인가? 과연 무엇이 갈등을 유발하는가? 교사들은 갈등을 없애기 위해 어떻게 하는가? 그 결과 학생과 교사에게 무슨 일이 일어나는가?

갈등이란 대체 무엇인가?

웹스터 사전에 따르면 '갈등'은 라틴어 'conflictus(함께 투쟁한다)'에서 유래했다고 한다. 유사어로는 불화, 전쟁, 전투, 충돌 등이 있다. 동사 '갈등한다'는 적대감을 표출하거나 전투에서 격돌하는 것을 의미한다.

갈등은 두 사람(그 이상) 간의 인간관계에서 누군가의 행동이 상대의 욕구 충족을 방해할 때, 또는 두 사람(그 이상)의 가치가 부딪칠 때 그들 사이에서 일어나는 각축과 충돌을 의미한다. 여기서는 학생의 행동이 교사의 욕구 충족을 '분명하고 구체적으로' 방해할 때, 즉 자신의 욕구를 충족하고 권리를 행사하고 본분을 다하려는 교사를 학생이 방해할 때 발생하는 갈등만 다룬다(가치 충돌 문제는 10장에서 별도로 다룰 예정이다).

교사의 욕구와 학생의 욕구 간에 갈등이 생기는 일은 피할 수 없다. 갈등은 일어나지 않을 수 없을뿐더러 꽤 자주 일어난다. 이 사실은 '훌륭한' 교사와 '훌륭한' 학생 사이에는 어떤 식의 충돌도 있어선 안 된다고 들어 온 교사들로서는 그 자체만으로도 이미 문제라고 느낀다. 이들로서는 갈등은 모든 인간 상호 작용의 일부이며 좋은 것도 나쁜 것도 아니라는 사실을 받아들이기가 그리 쉽지 않다.

하지만 어떤 관계에서 발생하는 갈등의 빈도는 그 관계의 건강도나 만족도와는 아무런 상관이 없다는 연구 결과가 속속 나오고 있다. 오직 문제 되는 것은 풀리지 않은 갈등의 횟수와 갈등 타개에 동원되는 방법뿐이다.

무엇이 갈등을 일으키는가?

갈등은 교사 또는 학생, 둘 가운데 어느 한쪽만 느끼는 것이 아니다. 갈등은 늘 쌍방의 욕구를 동시에 포함하며, 그래서 양자가 문제를 안고 있다고 말해야 옳다.

학생이 교실을 난장판으로 만들어 놓는 바람에 일과를 마칠 무렵 교실을 치우느라 시간을 소모해야 하는 교사의 상황을 보자. 여기에서 갈등은 무엇인가? 교사는 청소하는 데 시간을 허비하지 않을 권리가 있다. 학생들이 교실을 어지럽히고 난 후 자발적으로 청소하는 것도 아니다. 이 상황에는 양자의 욕구가 모두 포함되어 있다.

갈등이 사소한 의견 차이든 심각한 일대 결전이든 그 원인은 대체로 대동소이하다. 한편 또는 양자 모두 이렇게 말하는 것이다. "네가 지금 하는 (또는 하지 않는) 일이 내 삶을 큰 곤란에 빠뜨리고 있어!"

갈등 상황에서 욕구가 지나치게 강렬하면, 이미 언급했다시피 나-메시지는 거의 효력을 발하지 못한다. '꿈에 그리던 이상형'과 데이트하고 싶은 욕구가 강한 남학생은 수업 시간에 제때 들어오려 하지 않고 복도에서 그 이상형과 어떻게든 더 오래 대화하려고 시간을 끌 것이다. 이때 교사가 나-메시지를 보내면 학생 태도는 아마도 이쯤 될 것이다. "예. 저도 선생님 심정은 충분히 이해해요. 선생님이 언짢아지기를 바라는 건 결코 아니지만, 지금으로서는 이 아이와 이야기하는 일이 제게 훨씬 더 소중한걸요."

교사는 대체로 어떻게 갈등을 풀어 왔나?

교사들은 거의 예외 없이 갈등 해소를 승리와 패배라는 이분법적 개념으로 바라본다. 이러한 승리-패배 지향성은 학생을 두고 교사들이 나누는 다음과 같은 말들에 여실히 드러난다.

"만일 애들이 기어오르려고 하면 정말 미칠 거야."

"오늘날 학교 문제라면 우리 교사들이 아니라 학생들이 핸들을 쥐고 있다는 점이지."

"아이들이 모든 전투의 승리자지."

"무슨 수로 우리가 아이들을 당할 수 있겠어? 행정가들은 무능하고 우리를 지원해 주지 못해. 그러니 우리 교사들로서야 학생들에게 손을 들 수밖에……."

"나? 나야 뭐 얼마간은 승자고 또 얼마간은 패자지. 그저 늘 그 거물들을 상대로 이기려고 고군분투할 따름이야."

"요즘 아이들은 이전의 우리하고 달라서 통 교사의 권위를 존중할 줄 모른단 말이야."

이어지는 다음 이야기는 너무나 흔하게 접할 수 있는데, 마치 어떻게 하면 교사들이 학생들을 이길 수 있는지 보장하는 교육 철학을 대변하는 것처럼 보인다.

교장이 업무 첫날 가장 먼저 한 일은 우리 햇병아리 교사들을 한자리에 불러 놓고 '학급 경영법'이라는 제목의 강연을 한 것이었어요. 내용은 간단했어요. 우리가 해야 할 일이라곤 학기초 처음 몇 주 동안 허튼소리 않고 무섭게 굴어서 기강을 확 잡는 것이 거의 전부라고요. 학생들이 누가 윗사람인지 확연히 인식하면 그때부터는 한결 수월해질 거라면서요.

하지만 교실에서 갈등이 일어난다는 사실 자체를 껄끄러운 눈길로 바라보는 교사들로서는 이 같은 '학급 경영법'을 수용하기가 꺼림칙하다. T.E.T. 수업에서 한 초등학교 교사는 이와 관련한 심경을 다음과 같이 토로했다.

저는 저를 늘 이른바 '허용적인 교사'라고 생각해 왔어요. 다른 선생님들이 아이들 기강을 잡겠다고 고래고래 소리를 지르거나 고함을 쳐 대는 일은 딱 질색이거든요. 그래서 그들과는 다른 방식을 모색해 보려고, 아이들이 일으키는 문제 때문에 괴롭지 않은 것처럼 보이려고 무던히 애 쓰고 있어요.

이런 승리-패배 지향성은 학교에서 흔히 일어나는 까다로 운 '훈육' 문제에서 가장 극명하게 불거진다. 교사들은 오직 다음의 두 가지 접근법 가운데 하나만을 택해야 하는 것처럼 생각하고 있다. 무서운 교사가 될 것이냐 인자한 교사가 될 것이냐, 근엄한 교사가 될 것이냐 너그러운 교사가 될 것이냐, 권위적인 교사가 될 것이냐 허용적인 교사가 될 것이냐……. 교사와 학생 관계를 무슨 권력 투쟁, 전투나 싸움쯤으로 간주하는 것이다. 그러니 학생 편에서야 거꾸로 교사를 천적으로, 그러니까 무슨 수단을 써서라도 저항해야 할 독재자로, 아니면 너 끈히 속여 먹을 수 있는 어리숙한 인간쯤으로 보는 것이 그리 무리한 일만은 아니다.

갈등이 발생하면 늘 그렇듯 교사는 자신이 승자가 되기 위해, 최소한 패자는 되지 않기 위해 그 갈등을 무마하려 든다. 이 사실은 어김없이 그 싸움이 학생의 실패로 귀결되거나 최소한 둘 간의 무승부로 마무리됨을 의미한다. 이들의 맞은편에 서 있는 다른 부류의 교사들(예컨대 툭하면 아이들에게 고함을 치거나 소리소리 지르기를 일삼는 동료 교사를 매우 마땅찮아 하는 교사)은 거꾸로 웬만하면 학생에게 져 주어야 한다고 생각한다. 이런 물렁한 태도 역시 학생의 자연스러운 동기를 꺾는 것은 옳지 않으며, 아이들 영혼에 상처를 줄 가능성을 줄이기 위해서는 받아들이기 힘든 행동도 잘 참아 내는 것이 교사의 도리라고 생각하는 교사들 사이에 널리 퍼져 있다.

허용의 결과, 더러 교사의 영혼이 상처 입는 사례가 생기기도 하지만 이런 이야기는 좀처럼 들리지 않는다.

교사와 학생의 힘겨루기
—누가 이기고 누가 질 것인가?

교육에서 너무 과용·오용되는 '권위적'이라는 용어와 '허용적'이라는 용어는 그동안 감정적 뉘앙스를 풍기면서 열띤 논쟁을 일으켜 왔다. T.E.T. 수업에서는 이런 혼란과 과열을 피하기 위해 이기거나 지는 접근 방법을 방법 1과 방법 2로 따로 구분해 부르고 있다. 방법 1에서는 교사가 갈등의 승자고 학생이 패자다. 역으로 방법 2에서는 교사가 패자고 학생이 승자다.

예를 들어 대다수 고등학교에서 교사들은 다음 상황에서처럼 걸핏하면 수업에 지각하는 학생들 문제로 골머리를 앓고 있다.

과학 교사인 존스 씨는 수업을 시작할 때 그날 할 활동 내용을 간단하게 말해 준다. 그런데 실비아는 툭하면 지각한다. 그래서 존스 씨는 수업 시작할 때 했던 소개말을 되풀이해야 하고, 지금 뭘 하고 있느냐는 실비아 질문에 일일이 대꾸하느라 수업을 진행하는 데 방해받고 있다.

방법 1로 대처하면 이렇게 될 것이다.

존스   네가 그렇게 늦으면 너로서는 수업 시작할 때 일
     러 준 지시를 놓치게 되는 셈이고, 나로서는 네게
     뭘 해야 하는지 또 이야기하려고 시간을 빼앗겨
     야 해. 이제 그렇게 하기가 신물 나는구나.

실비아   예. 연보 만드는 일에 참여하고 있는데 인쇄소 마
       감 일정에 맞추느라 요즘 눈코 뜰 새 없이 바빴
       거든요. 제가 자꾸 늦는 건 그 때문이에요.

존스   나도 실비아 네가 연보 편집부 일원이고, 그 일이
     중요하다는 것쯤은 잘 알고 있다. 하지만 이 과학
     수업 역시 중요하긴 매한가지야. 만일 네가 이 수
     업을 수료하지 못하면 졸업이 어려울 수도 있다
     는 사실쯤은 알고 있겠지?

실비아   저는 지금까지 시험을 모두 무난히 통과했잖아
       요. 선생님께서 제가 정시에 들어왔다면 하지 않
       아도 될 말을 되풀이해야 한다는 그 이유 하나
       때문에 제가 그렇게 정신없이 서둘러야 한다고
       는 생각지 않는데요. 말씀 한 번 더 하시는 게 뭐
       그리 어려운가요?

존스   나도 처음부터 그런 건 아니었어. 하지만 다른 부
     서에서 일하고 있다 해도 너를 늘 특별 대우하
     는 게 나로서는 이제 지친다. 이제부터는 수업 시
     간에 맞춰 들어오든지, 아니면 아예 들어오지를
     마라.

실비아   그렇지만…….

존스	자꾸 그렇지만, 그렇지만 하고 토 달지 마. 만일 이 수업에 통과하고 싶다면 다른 학생들처럼 정시에 들어와! 잔말 말고 어서 자리에 앉아라.
실비아	(씩씩거리면서) 좋아요. 그렇게 해 볼게요.

이 상황에서 교사는 미리 준비한 갈등의 '승자' 해법을 사용했다. 처음에 교사는 '실비아는 시간 맞춰 수업에 들어와야 한다'는 사실을 학생에게 일러 주기 위해 설득을 시도했다. 하지만 실비아가 다소 저항하자 이번에는 거대한 무기를 꺼내 들고 협박하기 시작했다. 실비아더러 시간 맞춰 수업에 들어오든가 아니면 필수 과목에서 낙제하는 위험을 감수하든가 둘 중 하나를 선택하라는 것이다. 이렇게 권력을 과시하는 교사 앞에서 실비아는 분개하면서도 어쩔 도리 없이 굴복했다. [그림 24]는 방법 1의 상황을 나타낸다.

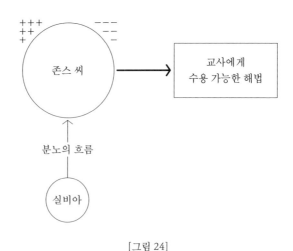

[그림 24]

다음은 같은 상황에서 방법 2가 전개되는 방식이다.

존스   네가 그렇게 늦으면 너로서는 수업 시작할 때 일
러 준 지시를 놓치게 되는 셈이고, 나로서는 네게
뭘 해야 하는지 또 이야기하려고 시간을 빼앗겨
야 해. 이제 그렇게 하기가 신물 나는구나.

실비아   예. 연보 만드는 일에 참여하고 있는데 인쇄소 마
감 일정에 맞추느라 요즘 눈코 뜰 새 없이 바빴
거든요. 제가 자꾸 늦는 건 그 때문이에요.

존스   나도 실비아 네가 연보 편집부 일원이고, 그 일이
중요하다는 것쯤은 잘 알고 있다. 하지만 이 과학
수업 역시 중요하긴 매한가지야. 만일 네가 이 수
업을 수료하지 못하면 졸업이 어려울 수도 있다
는 사실쯤은 알고 있겠지?

실비아   그렇다면 굳이 선생님 수업을 고집할 이유가 없
어요. 매그너슨 선생님 수업으로 수강 변경할 수
도 있는걸요.

존스   그 선생님 반은 이미 정원이 꽉 찼다. 이 반 인원
이 훨씬 적어. 나는 네가 그 선생님 반으로 옮길
수 있을 거라곤 생각지 않는다.

실비아   천만에요. 그 선생님은 틀림없이 절 받아 주실 거
예요. 그리고 수업에 몇 분 늦는다고 저를 이렇
게 괴롭히지도 않으실 테고요. 제가 중요한 일을
한다는 걸 아실 테니까요. 선생님께서 아이들을

못살게 굴 의향이라면 저한테 이러실 게 아니라 허구한 날 담배나 피우면서 화장실 주위를 어슬 렁거리는 남학생들한테 소리를 지르시는 게 어 때요?

존스 이봐, 실비아. 나는 누구도 괴롭히고 싶은 맘 없 어. 너와 잘 지내기 싫어서 이러는 게 아니다. 네 가 다른 반으로 옮기기를 바라는 건 아냐.

실비아 좋아요. 제가 몇 분 늦는 것 가지고 선생님께서 그렇게 신경이 쓰인다면 어떻게 해 봐야죠. 매일 늦지는 않도록 노력해 볼게요.

존스 좋다, 좋아! 늦어야 할 일이 있다면 어쩌겠니, 그 래야지. 나는 다만 그런 일이 매일 똑같이 되풀이 되지 않기를 바랄 따름이다.

갈등을 푸는 방법 2에서는 학생이 거대한 무기를 들고 협 박함으로써(다른 반으로 옮기겠다고 윽박지름으로써) 교사의 해법에 저항했다. 존스 씨는 꼼짝없이 굴복하고 말았지만 흔 쾌한 기분은 아니었다. 방법 2는 [그림 25]에 표현돼 있다. 교 사와 학생의 태도가 각각의 방법에서 매우 흡사하다는 사실에 주목해 보라. 존스 씨와 실비아는 각자 이렇게 생각하고 있다. '나는 내 방식을 원해. 그리고 그걸 쟁취하기 위해 너와 싸울 용의가 있다고!' 이러한 전투태세에 또 한 가지 태도가 가세한 다. "만일 그게 네 마음에 들지 않으면 좀 곤란해." 방법 1과 방 법 2에서 사람들은 온통 경쟁 심리, 억지 고집, 무례, 배려 부족,

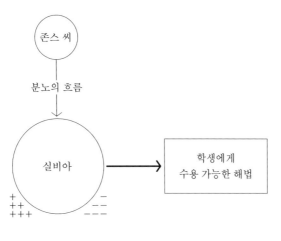

[그림 25]

상대 욕구에 대한 무시 등으로 얼룩져 있다. 이 두 가지 방법은 보통 패자에게 분노나 울화 같은 감정을 안겨 준다.

온갖 종류의 학교에서 모여든 교사 수천 명과 작업해 온 T.E.T. 강사들은 놀랄 만큼 많은 교사들이 방법 1과 방법 2 두 가지 가운데 하나를 쓰고 있고, 그렇지 않다고 해도 순간순간 기분에 따라 둘 사이를 우왕좌왕한다는 사실을 알게 되었다. 이렇게 이기거나 지는 갈등 해결 방법 말고는 어떤 대안이 있을 수 있겠다는 생각을 한 번이라도 진지하게 해 본 교사는 거의 없었다.

더 심각한 것은 자신이 이 두 가지 방법 가운데 '한 가지' 방법을 실제로 사용하고 있다는 사실조차 제대로 의식하지 못하는 교사가 태반이라는 점이다. 대다수 교사들은 임기응변으로 대처하거나 맹목적으로 위험을 무릅쓴다. 이들은 부모나 자기가 학생 때 만난 교사의 전철을 고스란히 되밟는 식으로 갈등을 해결하고자 한다.

갈등 해결 방법과 학생의 행동 사이에 관계가 있음을 깨닫는 교사 역시 극소수에 지나지 않는다. T.E.T. 수업에 참여한 대다수 교사에게 방법 1과 방법 2가 지닌 한계와 영향력을 고찰해 보게 하려는 것은 바로 이 때문이다. 이를 통해 교사들은 교실에서 자신들이 도대체 무슨 일을 저지르고 있는지 평가해 볼 수 있다.

힘과 권위를 이용하는 방법 1

가정에서나 직장 또는 사업장, 그 밖의 여러 조직에서 권위적인 방법으로 갈등을 해결하려는 시도가 미치는 결과에 대해서는 이미 적잖은 연구가 이루어졌다. 이들 연구의 주요 내용은 T.E.T. 수업에 참여한 교사들에게 방법 1을 사용할 때 정확히 무슨 일이 일어나는지 이해하는 데 도움을 준다.

1 긴급한 조치가 필요한 상황에서는 신속하고 효율적이다("당장 그 칼을 내려놔!").
2 수많은 사람이 관여하고 있어서 도무지 어떤 사태에 관해 이야기 나누기가 곤란할 때는 유일한 선택 방법이 될 수도 있다("무도회는 모두 끝났습니다. 15분 후에 문을 닫아야 하니까 모두 속히 나가 주세요").
3 승자에 대한 패자의 울분, 때로 심한 적대감을 불러일으킬 수 있다. 무엇을 하라는 지시를 듣거나 자신의 욕구가 좌절되는 것을 반길 사람은 아무도 없다.

4 대체로 해결책을 이행하게끔 패자를 동기화시키지 못한다. 그저 해결책을 이행하는 시늉만 하는 패자도 간혹 볼 수 있다.

5 흔히 승자에게 거창한 집행의 노력을 요구한다("나는 교실에서 경찰관으로서 내 시간의 절반 정도를 허비하고 있다"). 집행자가 자리를 비우면 패자들은 딴청을 피우며 해법을 따르지 않기 일쑤다.

6 책임감과 자발성의 성장을 저해하고, 의존성을 키우며, 누군가 자기가 무엇을 해야 할지 일러 주기를 은근히 바라게 만든다.

7 주로 두려움에서 비롯된 순종과 굴종을 조장한다. 또 협력하려는 마음이나 상대 욕구를 배려하는 마음이 커 가지 못하게 막는다. 협력은 학생에게 무언가 하게 강요해서는 절대 조성되지 않는다.

8 창조성, 탐구심, 혁신을 가로막는다. 이러한 자질은 두려움과 억압이 팽배한 분위기에서는 좀처럼 피어날 수 없다.

9 낮은 생산성, 저조한 사기, 낮은 직업 만족도, 높은 이직률(탈락률)을 낳는다.

10 자기 훈련과 자기 통제의 발전을 저해한다. 교사가 권력을 휘두르면 자기 통제를 개발할 기회는 원천적으로 봉쇄된다.

11 자기만의 창조적인 해법, 즉 심리학자들이 말하는 '근사한 해법(elegant solution)'이 나올 기회를 가로막는다.

12 때로 승자에게조차 죄책감을 안겨 준다("이것은 너보다는

나에게 더 큰 상처를 입힌다." "난 단지 널 위해서 이렇게 하고 있을 뿐이야").

13 흔히 순종을 끌어내기 위해 권위와 권력에 의존하게 만든다(우리는 이 장 뒷부분에서 방법 1의 이 중대한 특징을 더 자세히 고찰할 것이다).

학생의 뜻에 따르는 방법 2

다음은 '좋아, 내가 지고 네가 승자다'는 식의 허용적인 갈등 해결 방법인 방법 2의 특징과 효과를 연구한 결과 가운데 일부 나열한 것이다.

1 신속할 수는 있다. 교사는 져 줌으로써 분란을 일으키지 않은 채 갈등을 타개하게 된다.

2 승자를 향한 패자의 분노와 적대감을 불러일으킨다. 시도 때도 없이 져 주기만 하는 교사는 학생에게도 그렇지만, 결국에는 교직 생활 자체에 신물을 느낀다.

3 승자(학생)의 이기심, 협력 결핍, 다른 사람에 대한 배려 부족 등을 조장한다. 학생을 관리하고 통제할 수 없어지는 데다 학급이 무질서해져 혼돈 그 자체가 된다.

4 방법 1보다 학생의 창조성과 자발성을 더 촉진해 줄 여지가 있다. 하지만 그러기 위해 교사의 희생을 너무나 과도하게 요구한다.

5 의외로 생산성을 높이 올리거나 사기를 조장하지는 못한다. 학생들은 대개 부산스럽고 통제 불능인 반 친구를 못

마땅하게 여긴다. 거의 되는 일이 없으니 시간을 많이 낭비하게 된다.

6 승자(학생)에게 교사의 욕구 충족을 가로막았다는 데 대한 죄책감을 안겨 준다.

7 학생이 교사를 존경하지 못하게 만든다. 학생은 교사를 마냥 만만하게 대해도 좋을 나약하고 무능한 존재로 간주한다.

8 흔히 승자(학생)를 권위와 권력에 기대게 만든다.

교사 편의에 따라 방법 1과 방법 2를 혼용하는 경우

전적으로 방법 1만 사용하거나 방법 2만 사용하는 교사는 존재하지 않는다. 누구도 철저히 권위적이거나 철저히 허용적이거나 하지는 않은 것이다. 하지만 어느 때는 방법 1을 쓰고 또 금방 돌아서서 방법 2를 쓰면 학생들은 혼란에 빠진다. 이러한 교사의 태도는 학생들을 어리둥절하게 한다. 어느 날에는 짝과 잡담하는 게 큰 잘못이었는데, 다음 날 교사는 같은 상황을 보고 그저 웃기만 한다. 분명 이런 이중성은 학생을 지속적으로 시험한다는 인상을 풍긴다. 어느 때는 너무 무섭고 또 어느 때는 너무 관대한 교사를 대할 때면 학생은 늘 신경을 곤두세워야 한다. 다음과 같은 질문에 답하는 데 시간을 쏟아부어야 한다. "오늘 선생님은 내 행동을 어떻게 판단할까?"

방법 2에 익숙한 교사들은 학생이 원하는 것이면 무엇이든 대체로 허용해 준다. 그러다가 상황이 너무 혼란스럽고 도저히 수용하기 힘든 행동들로 걷잡을 수 없어지면 질서를 회복하기 위해 권력을 휘두르는 방법 1의 해결 방법을 돌연 사용하곤 한다. 이런 식의 비일관성은 학생뿐 아니라 교사 자신에게도 큰 혼란을 안겨 준다.

교사는 무슨 일이 벌어질지 앞서 예측하고 있는 학생보다 한층 더 심각한 분열 상태에 빠질 수 있다. 대체로 허용적인 교사는 자신의 느닷없는 감정 폭발에 죄책감을 느낀다. 특히 감정 폭발의 계기가 된 사건이 너무나 사소한 것일 때는 더더욱 그렇다. 이러한 죄책감은 교사를 다시 더 관대하게 만들며 '무엇을 하든 놔두는' 식의 태도를 취하게 한다. 설상가상으로 학생은 교사들 간의 차이 때문에 혼란이 더하다. 설령 교사들의 속내를 '꿰뚫어 보는' 데 일가견이 있다 해도 학생의 뜻을 따르는 방법 2의 수업에서 즉각적인 복종을 강요하는 꼬장꼬장한 교사의 방법 1 수업으로 단숨에 전환하기란 그리 쉬운 일이 아니다.

이러한 불균형은 교사들이 '동일한' 훈육 방법에 대해 밑도 끝도 없는 격론을 벌이는 이유가 된다. 많은 교사들은 "이 혼란에 종지부를 찍으려면 대변인이 하나로 결집된 의견을 표명하듯이 우리도 한목소리를 내야 합니다"라고 외친다. 그럼에도 방법 1과 방법 2는 지칠 줄 모르고 계속 격전하고 있다.

방법 1과 방법 2는 각각 어떻게 힘에 기대는가

방법 1과 방법 2는 하나같이 충돌 과정에서 기본적으로 권력에 기대는 방법이다. 방법 1에서 교사는 학생의 패배를 대가로 치르면서 이기기 위해 권력을 사용한다. 방법 2에서는 학생이 교사의 패배를 딛고 승리하기 위해 맘껏 휘두를 수 있는 무기를 동원한다.

권력이란 과연 무엇인가? 권력은 대체 어디에서 오는가? 권력은 보거나 느낄 수 있는가? 분명 권력은, 더러 그럴 때도 있긴 하지만, 그저 물리적인 힘에 불과한 어떤 것만은 아니다. 그럼 전달될 수 있는 무슨 언어 같은 것인가? 그것도 아니라면 대체 무엇이란 말인가?

권력은 권위를 지닌 사람의 마음과 밀접하게 관련되어 있다. 만일 어떤 교사가 학생에게 권위가 있다면 그는 권력을 쥐고 있는 것인가? 권력을 쥐려면 권위가 있어야 하는가? 반대로 권위를 가지려면 권력이 있어야 하는가? 이런 질문들은 상당히 중요하다. '권력'과 '권위'라는 용어는 학교의 갈등을 다루는 토론에서 곧잘 동원되기 때문에 더 소상하게 살펴보아야 한다.

교실에서 권위가 필요한가?

교사에게 "교실에서 학생을 통제하려면 권위를 사용할 필요가 있는가?"라고 물어보면 많은 교사가 "그렇다"고 말할 것이다. 오히려 "당연한 거 아니에요? 교사에게는 마땅히 권위가 필요하죠"라면서 의아해할 것이다. 더 나아가 "권위 없이 무슨 수로 기강을 잡고 질서 있고 정숙하게 할 수 있나요?"라고 반문할지도 모른다.

교사는 으레 권위를 사용해야 한다는 생각은 그동안 학교에(사회에도) 너무나 깊게 뿌리박혀 있는 사고로, 이 문제에 이의를 제기하거나 도전하는 사람은 세상 물정 모르는 어리석은 사람이거나 심지어 국가 정책에 반기를 드는 자로까지 여겨질 수 있었다. 이런 통념은 우리 사회에서 아이를 키우는 학부모 방식에 유구한 전통 개념으로 자리 잡았다. 자녀를 훈련시키거나 통제하거나 교육하려 할 때 권위를 사용할 필요성에 의문을 품는 학부모는 극소수에 지나지 않는다. 따라서 학부모는 자녀를 가르치는 교사에게 자신의 권위를 위임하는 것을 당연시한다. 우리 사회는 이렇게 교사에게도 학부모의 권위를 허용해 왔다.

P.E.T.나 T.E.T. 과정을 통해 학부모와 교사 수천 명을 만나면서 확인한 바에 따르면 아이나 학생에게 권위를 사용할 필요성(또는 정당성)에 대해 굳건한 신념을 가진 사람 가운데 정작 자신들이 그렇게나 중요하게 여기는 '권위'를 제대로 이해하고 있는 이들은 흔치 않다. 의외가 아닐 수 없다. 그들은 대부분 이 용어를 제대로 정의조차 하지 못했다. 게다가 그것이 자라나는 아이에게 어떻게 작용하며 교실에서 가르치고 배우는 것을 어떤 식으로 방해하는지도 깨닫지 못했다. 교사와 학부모 대부분은 권위가 어떻게 인간관계를 냉각시키고 망가뜨리는지 전혀 이해하지 못하고 있다.

권위를 이해하기 위한 첫걸음은 이 용어가 전혀 다른 두 가지 개념을 포함하고 있음을 인식하는 것이다. 한 가지 유형의 권위는 교사의 교수 능력을 향상시키고 다른 하나는 감소시키기 때문에, 권위의 필요성에 관한 그간의 논쟁이 그렇게 지지부진했던 것이다.

유형 1: 지혜와 전문 지식에 바탕을 둔 권위

권위의 한 가지 유형은 전문 기술, 지식, 경험 등에 근거한다 ("그는 이 분야의 권위자야." "그의 말은 권위가 있어"). 학생에게 교사나 어른은 하나같이 이런 유의 권위를 가지고 있는 것으로 비친다. 우월한 판단력, 위대한 통찰력, 무한한 정보력, 놀라운 미래 예견력 따위를 지닌, 자신보다 더 현명한 존재로 여겨지는 것이다. 이런 유의 권위는 어떤 한 사람이 보기에 다른 어떤 한 사람이 가지고 있으리라 판단되는 지혜와 전문 지식을 근거로 부여되거나 획득한 것이다.

점차 성장해 가면서 아이들은 자신들이 보아 온 전지전능한 어른들이 실은 오류투성이고 무한한 지혜를 지니고 있지도 않으며 걸핏하면 판단 착오를 저지른다는 사실을 서서히 간파한다. 누구나 한 번쯤은 자기 부모가 실수를 저지를 수도, 실제로 잘못을 범하기도 한다는 사실을 발견하고 환멸을 느꼈던 적이 있었을 것이다. 대개 부모가 부당한 권위를 지니려고 하면 할수록 훗날 자녀가 직면하게 되는 환멸의 크기는 그만큼 커진다.

'권력'이라는 용어를 직접 사용하지는 않더라도 적잖은 교사들은 학생을 상대로 '슈퍼맨 같은 권력을 지닌 척하기'라 부름 직한 게임을 즐긴다. 그들은 자기 전문 지식을 넘어서는 권위를 부여해 주도록, 교사의 의견을 사실로 받아들이도록, 거짓된 어른의 지혜를 따르도록 학생들을 부단히 부추긴다. 지혜가 반드시 나이와 함수 관계에 있는 것은 아니라는 사실, 그리고 한 분야의 전문 지식이 다른 분야의 전문 지식을 저절로 보장해 주는 것은 아니라는 사실을 깨달은 학생들은 이런 교사들에게 큰 환멸을 느낀다.

교사가 부여받거나 획득한 권위의 결과로 학생에게 얼마나 지대한 영향을 미쳐 왔는지, 그리고 실제 가진 전문 지식을 넘어서까지 권위를 확대하지 않도록 얼마나 조심해야 하는지를 이해하는 일이 무엇보다 시급하다. 물론 교사라면 누구나 훈련과 교육에 전문 지식을 갖추고 있기 마련이다. 이에 따른 정당한 권위를 학생에게 행사하는 것은 교수 활동에서 중요하고도 타당하다.

하지만 어린아이일수록 교사에게 이런 유의 권위를 과도하게 부여하는 경향이 있다. 어른의 권위를 과대평가하는 것이다. 초등학생에게 자기 모습과 교사의 모습을 동시에 그려 보라고 하면 이 사실을 확인할 수 있다. 일반적으로 교사는 종이를 가득 채워 거대하게 그리지만, 아이 자신은 그 막강한 어른의 그늘에 가려진 자그마한 존재인 것처럼 작게 그린다. 이러한 '심리적 크기'의 차이는 교사의 말과 행동에 무게를 더해 준다.

대체로 교사와 학생의 심리적 크기 차는 학생이 점차 성장하고, 덩치가 커지고, 더 성숙해지고, 지식을 두루 갖추게 되면서 서서히 좁혀진다. 직접 획득한 것이 아니거나 비현실적으로 부여된 권위는 차츰 줄어들기 마련이다. 이와는 달리 진정한 전문 지식을 통해 획득한 교사의 권위는 시간이 지나도 줄어들지 않는다. 오히려 늘어날 수도 있다. 그리고 이러한 권위는 교실에서 거의 문제를 일으키지 않는다.

유형 2: 권력을 바탕으로 한 권위

이것과 전혀 다른 유의 권위는 학생에게 보상을 내리거나 학생을 처벌하는 교사의 권력에서 온다. 권력에 기초한 이러한 권위는 첫째 교사가 학생이 필요로 하거나 원하는 무엇인가 (주로 보상)를 나눠 주는 권력을 소유하고 있다는 사실에서, 둘째 교사가 학생을 불편하게 하거나 고통을 줄 수 있는 권력을 장악하고 있다는 사실에서 나온다.

교사가 보상을 내릴 수 있는 권력은 학생의 의존성에 기인한다. 유치원생이나 어린이집 원생 자격으로 학교에 첫발을 내디딘 학생은 이미 얼마간 스스로 세상을 헤쳐 나갈 준비가 되어 있기도 하지만, 자기 욕구의 상당 부분을 채울 때 여전히 학부모나 교사, 그 밖의 어른들에게 크게 의존한다. 어른에게 기대고 있으니 어른은 자연스럽게 막강해지는 셈이다.

교사들, 특히 어린 학생을 담당하는 교사들은 학생의 욕구를 상당 부분 채울 수단을 거의 독점하고 있다. 학생이 점차 자라나고 교사에게서 서서히 독립하면서 이러한 권력은 조금씩 작아진다. 그렇더라도 학생이 학교를 완전히 떠나기 전까지는 교사들이 그의 욕구를 충족시키는 주요 수단을 상당수 보유하고 있다. 이것은 교사에게 실질적인 권력을 안겨 준다. '권위를 사용해야 할' 때 교사가 동원하는 권력이 바로 이것이다. 교사가 "나는 교실에서 충분한 권위를 가지고 있지 못해"라고 투덜거린다면 보상을 하거나 벌을 내리는 권력이 더 넉넉하게 필요하다는 의미다. "요즘 아이들은 통 권위를 무서워할 줄 모른다니까" 하고 푸념하는 교사가 있다면 그는 보상하고 처벌할 방편이 부족하고 비효과적이라고 한탄하는 것이다.

우리가 '권위적인 교사'라고 할 때는 교실에서 학생을 통제하기 위해 보상이나 처벌을 내리는 권력에 지나치게 의존하는 교사를 일컫는다.

교사의 권력이 지니는 심각한 한계

권력(권위)은 의심의 여지 없이 학생을 통제하기 위한 수단으로 지난 수천 년 동안 사용되어 온 도구다. 그래서인지 교사 권력이 얼마나 심각한 한계를 지니고 있고 위험한지 절감하는 교사는 극히 드물다.

교사는 힘에 의존할 수밖에 없는가?

어떤 교사들은 오로지 학생이 도움을 아쉬워하거나 박탈되어 있거나 무력하거나 의존적일 때만 교실에서 권력을 행사한다. 어린아이들은 더 의존적이고 많은 보상에 반응한다. 아이들이 점차 나이 들어 가고 자신들이 원하는 것을 교사에게 의존하는 정도가 덜해지면 교사들은 보상할 권력을 잃게 된다. 이것이 바로 중학교나 고등학교 교사들이 더러, 초등학생과 달리 나이 든 학생에게 보상이 잘 먹혀들지 않는다고 불평하는 이유다.

아이의 학령이 올라가면서 교사는 처벌할 권력 역시 잃어버린다. 나이 어린 학생을 대상으로 하는 교사들은 처벌에 과하게 기댄다. 그들은 학생이 원하는 뭔가를 주지 않는 식으로 처벌을 내리거나, 심리적·물리적으로 학생에게 불편함이나 고통을 주는 식으로 행동할 수 있다. 찰싹 때리기, 호되게 꾸짖기, 과제 더 내주기, 낙제 점수 주기, 방과 후 교실에 남기기, 비아냥거리기, 모욕 주기, 무안하게 만드는 언사 퍼붓기, 학급이나 학교 일에서 빼기, 교실 구석에 세워 두기, 부모에게 이르기……. 그 밖에도 학생들이 교사를 두려워하며 굴복하도록 만들기 위한 수많은 벌칙들이 있다.

학생이 대적하기 두려울 만큼 교사의 심리적·육체적 크기가 충분히 우월하다면 이런 처벌은 꽤 유효하다. 적어도 최소한의 동조를 얻어 낼 수는 있다. 하지만 학생이 점차 자신에게 영향을 주는 교사의 능력을 겁내지 않게 되면서 교사의 권력은 차츰 줄어든다. 두려움이 사라지면 자연히 동조하지도 않는다.

얄궂게도 대다수 교사가 실제로 학생들이 보이는 의존성이나 두려움을 바람직한 특성이라고는 보지 않는다. 여기에 딜레마가 있다. 교사는 너나없이 입으로는 두려움 없고 독립적이고 자율적이고 기강이 잘 잡힌 학생을 바란다고 하지만, 막상 이런 학생에게는 자기 권력이 잘 먹혀들지 않는다는 사실을 발견하면 당혹스러워한다. 한 중학교 수학 교사는 교장에게 이렇게 말했다.

저는 조지를 돕고 싶어요. 그런데 저로서는 그 애가 했으면 하고 바라는 것을 어느 것 하나 성사시킬 수가 없어요. 그 애는 한사코 '자기가' 하고 싶은 일만 하려고 합니다. 그 애에게 말을 듣지 않으면 낙제 점수를 주겠다고 을러 보기도 했지만 콧방귀도 뀌지 않더군요. 저한테 맘대로 해 보라고, 자기는 F학점도 여러 차례 받아 봤다고 하더라니까요. 그래서 이번에는 정학을 시키겠다고 협박했더니 어깨를 한 번 으쓱하고는 피식 웃어 버리지 뭐예요. 그 애는 정말 제가 자기를 포기해 주었으면 하고 내심 바라는 것 같아요. 도대체 어떻게 하면 좋을까요?

분명 조지는 교사를 별로 두려워하지는 않는다. 더는 교사에게 의존하지 않아도 되는 시점에 이르렀다. 이제 조지는 거꾸로 교사를 궁지로 몰아넣고 있다.

교사가 시시각각 권위를 상실해 가는 과정은 [그림 26]에 잘 나타나 있다. 그림에서 보상은 +로, 처벌은 -로 표현되어 있다.

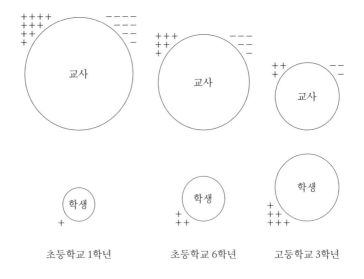

[그림 26]

이제 막 초등학교에 들어가는 아이들의 경우 좀처럼 자기 노력만으로 욕구를 충족하지 못한다. 그렇기 때문에 이들을 대상으로 하는 교사는 보상과 처벌을 가하는 방법을 다채롭게 구사할 수 있다. 그러나 고등학교 3학년생은 스스로 활동(스포츠, 여자 친구·남자 친구, 자동차, 여행 등)을 통해 원하는 것 대부분을 제힘으로 얻는다(즉 자기 욕구를 스스로 충족시킬 수 있다). 이때쯤 되면 교사는 성적 정도를 제외하고는 효과적인 보상 방법도 갖고 있지 못하고, 정학 정도를 빼면 별다른 효과적인 처벌 수단도 확보하고 있지 못하다.

청소년을 상대하는 교사들이 무력감에 시달리는 건 그리 이상한 현상이 아니다. 효과적인 보상이나 처벌의 여지가 거의 바닥난 상태이기 때문이다. 학년이 높은 학생일수록 보상이나 처벌을 이용해 행동을 조정하려는 교사에게 결코 호락호락 당하지 않는다. 이때가 바로 반항한다, 권위에 대한 존경심이 부족하다, 어른의 권위에 저항하려 든다는 등의 이유로 교사가 학생을 비난하기 시작하는 때다.

요컨대 학생은 학년이 올라갈수록 훨씬 더 독립적이 되기 때문에(자기 욕구를 스스로 채울 수 있기 때문에), 교사에게 점점 더 힘에 부치는 만만찮은 상대가 된다. 그런데 교사들은 대부분 권력을 쥐고 통제하던 기존 관행을 반성 없이 고수하기 때문에 청소년은 자연 반항적이고 독립적이고 저항하고 보복하는 행태로 맞서려 한다.

지난 10년 동안 미국에서는 세대 차이, 청소년의 반항, 성장기 아이들의 스트레스 등을 검토하고 진단하는 서적이나 논문이 봇물 터지듯 쏟아졌다. 하지만 이것들은 대개 신체적 변화, 성정체성 고민, 새로운 사회적 요구, 어른이 되기 위한 몸부림 등에 초점을 맞추고 있다. 이는 부정확한 정보다. 청소년기의 긴장감이나 반항심을 자연스럽고 정상적이라고 주장하는 듯한 인상을 풍기기 때문이다.

우리는 여기에서 청소년의 반항기, 청소년기의 질풍과 노도(sturm und drang), 젊은이를 상대하는 일의 어려움, 이른바 세대 차이 등이 결코 피할 수 없는 일이 아니라는 사실을 지적하고자 한다. 초등학교 이상 중등 단계에서 교사-학생 관계는 훨씬 더 팽팽한 긴장에 차 있다. 아이가 성장하는 것은 아랑곳하지 않고 교사들이 어린애에게나 먹힐 법한 보상과 처벌이라는 권력에 여전히 의존하려 들기 때문이다. 해를 거듭하면서 아이들은 교사의 이런 무모한 접근에 울분, 적대감, 반발, 저항, 앙갚음의 강도를 더해 가며 대응한다.

T.E.T.에서 공부한 교사들은 다음과 같은 지적에 쉽게 고개를 끄덕인다. 학생은 본디부터 학교에서 교사에게 저항하게 되어 있지는 않다. 다만 교사가 부당하게 권력을 휘두르면 그에 맞서 반기를 들 뿐이다. 교사의 권력을 포기하라. 그러면 학생이 반항하는 일은 현저히 학교에서 자취를 감출 것이다.

교사 권력은 학생을 파괴한다

갈등 해결을 위해 방법 1을 사용하지 말자고 강력하게 반대하는 까닭은 교사 권력이 학생에게 파괴적인 영향력을 미치기 때문이다. 방법 1은 '권위'를 가장한 권력에 의존하는데, 권력은 모든 인간관계에서 막대한 파괴력을 과시한다. 시인 퍼시 비시 셸리를 인용하자면, "모든 것을 일순간 초토화시키는 전염병처럼 권력은 손닿는 모든 것을 오염시킨다."

탁월한 시인이나 정치인들이 수 세기 동안 뼈저리게 실감해 온 권력의 부패와 오염이 이른바 학교라는 기관에서보다 더 극명하게 표출되는 곳은 없다. 학교는 권력이 인간관계를 구속하도록 방치하는 거의 마지막 보루다.

많은 사람이 자기 때와는 달리 요즘 학생들이 학교에서 교사나 행정가의 서슬 퍼런 권력에 저항하거나 보복을 감행한다고 생각한다("요즘 세대는 뭔가 문제가 있어"). 이들은 학생이 학교의 권위를 받아들이고 그에 건설적으로 대응했던 옛날을 향수에 젖은 채 그리워한다. 본인들만의 착각인데도 말이다.

이러한 믿음은 T.E.T. 수업에서 맹렬히 공격받는다. 강사는 교사들에게 과거 학창 시절을, 교사와 행정가가 휘두르는 권력의 대상이 되었던 시절을 회상해 보라고 청한다. "무엇을 경험했는가?" "당시 심정은 어땠는가?" "어떤 식으로 대응했는가?" "학교에서 어른들이 규정해 놓은 방식대로 행동하도록 보상을 주거나 처벌을 가하는 시도들에 어떻게 저항했는가?"

교사들은 생생하게 기억했다. 15~20년이 지난 그 고통스러운 사건을 떠올리며 당시에 느꼈던 것만큼 분노하고 눈물을 흘리기도 한다. 교사들이 자신의 감정이나 대응 기제를 이야기할 때 강사는 한쪽에는 감정을, 다른 한쪽에는 대응 기제를 그대로 칠판에 받아 적는다. 대개 그 목록은 다음의 표와 같이 예시될 수 있다.

감정	대응 기제
분노, 화, 적대감	반항하기, 저항하기, 도전하기
좌절감	보복하기, 되받아치기, 역공하기
미움	거짓말하기, 굽실거리기, 감정 숨기기
당혹감	다른 사람 헐뜯기, 고자질하기
무가치감	부정행위 하기, 남의 것 베끼기, 도용하기
두려움, 걱정, 불안감	뻐기기, 약한 애들 곯려 주기, 다른 사람의 약점 들추기
불행감, 슬픔, 침울함	기를 쓰고 이기려 들기
비통함, 앙심	조직 만들기, 패거리 형성하기
무력감, 정체감	굴종하기, 순종하기('충견' 또는 '교사의 애완동물' 되기)
억지 고집	아부·아첨하기
경쟁심	동조하기, 복지부동(위험 감수하지 않기), 새로운 것은 시도하지 않기
굴욕감, 무관심	물러나 있기, 중도 탈락하기, 몽상에 빠지기, 퇴행하기

　　교사들은 칠판에 적어 놓은 두 가지 목록을 보면서 거의 비슷한 반응을 보인다. "이상하다. 왜 감정이나 대응 기제가 하나같이 이렇게 부정적이고 '나쁜' 것들뿐이지? 분명 권력과 권위에는 긍정적이고 '좋은' 효과도 있을 텐데 말이야." 자기들 스스로 목록을 정리했음에도, "강사님께서 일부러 부정적인 것들만 모아 우리에게 보여 준 거 아니에요?"라며 의아해한다. 그러면 강사는 긍정적이거나 '좋은' 반응을 추가해 보라고 한다. 다음 가운데 하나를 적어 내는 경우는 더러 있어도 의미 있는 다른 뭔가를 제출하는 사람은 거의 없다.

"나는 복종하는 법을 배워서, 교사들이 시키는 일을 잘 해 내는 법을 익혔다."

"최고 성적을 얻기 위해 전보다 더 악착같이 공부했다."

"그들에게 나도 제법이라는 사실을 보여 주기로 작정했다."

"어떨 때는 내가 서열상 어느 자리인지 따지지 않아도 된 다는 게 오히려 속 편하게 느껴지기도 했다. 나는 내가 기 둥 맨 아랫단이라는 걸 똑똑히 알고 있었다."

만일 독자들이 자기감정과 대응 기제를 떠올려 보려 애쓴 다 해도 이 목록과 크게 다르지 않을 것이다. 이런 훈련을 하는 목적은 교사들이 학창 시절 학생으로서 권위와 권력에 맞섰던 방식대로 요즘 학생들도 그렇게 하는 것이라는 사실을 깨닫게 하기 위함이다.

지금부터는 학교에서 학생이 구사하는 대응 기제를 더 소 상하게 살펴볼 것이다. 이 대응 기제를 완전히 이해한다면 교 사들은 권위와 권력 사용을 한결 자제하게 될 것이고, 대신 교 실에서 일어나는 충돌을 해소하는 대안적인 방법을 찾고자 노 력할 것이기 때문이다.

교사의 권력에 대항하는 학생의 대응 기제

반항하기, 저항하기, 도전하기

권위와 권력에 대한 이런 식의 대응은 흔히 볼 수 있다. 사람들 은 자유를 위협받으면 보통 저항하거나 도전한다. 아니면 반발

심리가 일어나 강요받은 것과 정반대로 행동하며 일부러 어깃장을 놓기도 한다.

연필깎이를 내려놓고 당장 제자리로 돌아가 앉으라는 명령을 받은 학생이 어떻게 행동하는지 유심히 살펴보라. 그가 한사코 이런저런 구실을 찾아 뭉그적거리면서 애꿎은 연필만 몽당연필이 될 때까지 계속해서 깎아 대는 모습을 볼 수 있을 것이다.

교사들은 더러 반항하는 학생에게 교실 밖에 나가 있으라고, 그리고는 다시 조용조용 들어오라고 명령하곤 한다. 하지만 십중팔구는 얼굴에 능글맞은 웃음을 띤 채 나갈 때보다 더 우당탕거리면서 교실로 들어서는 학생의 모습을 어이없이 지켜보아야 했을 것이다.

한 고등학생은 상담 시간에 다음과 같은 이야기를 들려주었다.

> 저는 학교에서 좋은 성적을 받으려고 노력조차 안 할 거예요. 부모님께서 저한테 모범생이 되라고 심하게 닦달하셔서요. 만일 제가 좋은 성적을 받으면 부모님이야 당연히 기쁘시겠지만, 그렇게 되면 결과적으로 부모님이 옳고 부모님이 이긴 셈이 되잖아요. 저는 엄마 아빠가 그런 식으로 느끼도록 놔두고 싶지 않아요. 그래서 공부 안 하는 거예요.

저학년이건 고학년이건 할 것 없이 학생들은 권력을 동원해 행동을 수정하려 드는 교사의 노력에 나름대로 도전하거나 저항하는 방법을 찾는다. 한 중학생은 이렇게 말했다.

> 교복 치마가 짧다며 저를 못살게 구는 가정경제학 선생님이 계시거든요. 저는 그 수업에 들어가기 직전이면 치마를 훨씬 더 짧아 보이게 하려고 허릿단을 한껏 걷어 올려요. 그러면 선생님은 당황해서 어쩔 줄 몰라 해요. 교실을 나올 때는 치마를 원래 길이로 되돌려 놓죠. 치마를 어떻게 입어라 마라, 이제 그 선생님은 저한테 그런 말 못 하실걸요?

보복하기, 되받아치기, 역공하기

기본적인 욕구를 충족하는 데 신세 지고 있는 존재에게 보복을 감행하는 것은 오랜 옛날부터 있어 온 지극히 인간적인 반응이다. 그런데도 사람들은 이런 행동에 새삼스럽게 놀란다. 인간의 역사를 돌이켜보면 권력자들에게 저항하고, 죽음을 불사하며 적대적 방법으로 그들에게 보복을 감행하려 한 사실을 쉽게 찾을 수 있다. '권위'를 가지고 학생을 지배하려 드는 교사는 결국 학생들에게 이와 비슷한 공격과 앙갚음, 복수를 받을 위험을 상당 정도 감수하지 않을 수 없다.

"다 너희를 위해 이러는 것이다" 또는 "언젠가 나를 고마워할 날이 올 거다." 이런 말로 자신의 권력 사용을 은폐하려는, 언뜻 보아 자비롭고 온정적인 교사들에게 오히려 학생들이 더 노골적으로 저항하고 보복할 수도 있다. 학생들은 그런 교사에게 패배했다는 울분과 좌절에 더해, 자기를 도와주려고 무던히 애쓰는 '인자한' 손을 물어뜯었다는 죄책감까지 얹은 '이중 구속(double bond)'을 느끼게 되기 때문이다. 그레고리 베이트슨의 정신분열증 유형에 관한 연구에 따르면 이 이중 구속은 내적 긴장감을 유발한다. 아예 철저한 독재자는 자비로운 폭군보다 대하기가 한결 편하다. 악의에 찬 폭군은 적어도 죄책감 없이 맘껏 미워할 수 있기 때문이다.

'반격하기'라는 대응 기제는 실은 학생이 권력을 휘두르는 교사에게 맞서는 가장 건전한 반응이다. 묵묵히 순종하거나 뒷걸음질 치지 않고 '투사'가 되는 길이 학생 자신의 정신 건강에는 한결 이롭기 때문이다.

거짓말하기, 굽실거리기, 감정 숨기기

거짓말은 교사의 권력에 맞설 때 가장 보편적으로 구사하는 방법이다. 학생은 권력을 휘두르는 교사에게 진실을 털어놓는 것이 불리하다는 사실을 금방 알아챈다. 이 게임의 제목은 아마도 '벌을 피하기 위해 아무 말로나 얼버무리기'가 될 것이다. 학생은 단도직입적인 질문을 받았을 경우를 제외하고는 절대로 '이실직고해서는 안 된다'는 사실을 깨닫고, 오직 교사가 처벌과 책임의 소재를 딴 데서 찾도록 어떻게든 둘러대기에 급급하다.

학생은 또한 '들통나지 않기' 전략을 구사함으로써 권력을 행사하는 교사에게 맞선다. 이 게임에서의 패배는 오직 무슨 잘못을 했다는 사실이 탄로 나는 것뿐이다. 결국 권력 지향적인 교사와 학교는 정부 조직의 최상층에 이르기까지 우리 사회 전반에 나쁜 영향을 끼치는 이런 유의 윤리를 학생들에게 체계적으로 가르치고 있는 셈이다.

이 게임의 규칙은 간단하다. 교사 편에서는 권력을 쥐고 규칙을 정하며 그것을 의무적으로 집행하는 것이다. 학생 편에서는 그 규칙을 최대한 위반하면서도 지능적인 방식을 써서 교사에게 들통이 나지 않는 것이다. 만일 발각되면, 그럴듯한 거짓말로 얼버무린다. 한 학교 교장은 '들통나지 않기' 게임의 달인인 학생과의 충돌에 대해 다음과 같이 말했다.

어느 날 제가 있는 교장실로 운전자 한 명이 눈에 쌍심지를 켜고 들어왔습니다. 우리 학교 학생 하나가 돌을 던져서 자기 차를 망가뜨리고 차창을 깼다면서 몹시 성이 났더군요. 수많은 목격자 증언으로 돌 던진 남학생을 재빨리 찾았습니다. 추궁을 받은 그 남학생은 돌멩이를 몇 개 던진 건 사실이지만 전부 거리를 향해 던지지는 않았기 때문에 차창에 맞았을 리가 없다고 막무가내로 우겨 댔고요. 아무튼 그 학생은 흥분을 가라앉히지 못하는 차주에게 돌을 던지는 건 잘못이고 책임 있는 행동이 아니라는 요지의 설교를 들어야 했지요. 일장연설을 늘어놓은 차주가 재차 다그쳐 물었습니다. "이봐, 학생. 이 일로 뭔가 배운 바가 있겠지?" 학생은 그 말에 이렇게 되받아치더군요 "예. 다음번에는 나무 뒤에 숨어서 돌을 던져 아무도 눈치채지 못하게 해야겠다는 것을 배웠네요."

다른 사람 헐뜯기, 고자질하기

처벌을 즐기는 교사에게 대처하는 자연스러운 방법의 하나는 기를 쓰고 책임을 다른 사람에게 떠넘기는 것이다. 이때의 공식도 단순하다. "만일 다른 학생을 나쁘게 보이도록 한다면 상대적으로 나는 더 좋게 보일 것이다(최소한 더 나쁘게 보이지는 않을 것이다)." 다음과 같은 메시지는 모든 교사에게 너무나 낯익다.

"그 애가 절 먼저 때렸어요."
"그 애가 먼저 시작한 일이에요."
"조니가 저를 밀었어요."
"선생님, 쟤들 지금 물감 던지고 있어요."

걸핏하면 보상을 남용함으로써 좋은 행동을 고취하고자 하는 교사들은 그 보상을 앞다투어 차지할 목적으로 서로 경쟁하도록 학생을 내몰거나 다른 학생들을 고자질하도록 충동질할 가능성이 크다.

"저는 수보다 더 빨리 제 자리를 치웠어요."
"프랭크와 칼은 맨날 쪽지를 주고받는대요."

학생으로서야 보상은 자기가 제일 많이 받고 벌은 자기를 뺀 다른 학생들이 받았으면 하고 바라는 것이 지극히 당연하다.

부정행위 하기, 남의 것 베끼기, 도용하기

교사 권력의 원천이랄 수 있는 평가 제도는 부정행위, 베끼기, 도용하기 등을 조장한다. 상당수 학생이 이러한 부정행위에도 각종 유형이 존재한다는 사실을 순순히 인정한다. 발각될 위험성이 높음에도 일부 학생들은 벌을 받거나 형편없는 성적을 받거나 교사에게 야단맞느니 부정행위를 감행하는 편을 택한다. 대다수 교사가 알다시피 제법 명석한 학생들마저 베끼기 같은 부정행위에 가담한다. 높은 점수를 받아서 보상받고 싶은 욕구가 훨씬 강렬하기 때문이다.

뻐기기, 약한 애들 곯려 주기, 다른 사람의 약점 들추기

권력을 사용하며 약자인 학생을 괴롭히거나 그들 앞에서 힘자랑하는 교사들은 아이들에게 그것을 본뜰 모델 역할을 자임하는 셈이다.

몇 년 전 이런 대응 기제에 대한 가장 일반적인 반응을 표현한 네 컷 만화가 《새터데이 이브닝 포스트(The Saturday Evening Post)》 표지에 실린 적이 있다. 첫 번째 칸에는 무안해하며 풀 죽은 채 서 있는 노동자의 얼굴을 향해 손가락질하며 호되게 야단치는 고용주의 모습이 그려져 있다. 두 번째 칸에서 그 노동자는 집에 돌아와 기진맥진해 있는 아내에게 버럭 성질을 부린다. 세 번째 칸에서는 그 아내가 어린 아들에게 고래고래 악을 쓰고 있다. 마지막 칸에는 그 아이가 집에서 기르는 개에게 분풀이하는 장면이 담겨 있다.

이런 현상은 권력 지향적인 학교에서 다반사로 일어난다. 학교 운동장이나 복도를 유심히 살펴보라. 시비가 얼마나 잦은지, 약한 학생에게 짓궂게 구는 행동이 얼마나 숱하게 자행되는지. 권력에 기대는 방법 1이 교사-학생의 갈등을 일거에 타개해 주는 확실한 방법이라면 그것이 운동장에서까지 모방되고 전수되는 것이야 시간문제 아니겠는가?

기를 쓰고 이기려 들기

보상과 처벌이 팽배해 있는 분위기에서 학생은 '이기는 것' '잘 보이는 것'의 가치를 일찌감치 간파한다. 패배하거나 '밉보이는 것'을 한사코 피하는 법도 재빠르게 터득한다. 교사는 연일 칭찬하거나, 노트에 평가 내용을 기록하거나, 특혜를 주거나, 우등상을 수여하거나, 미소를 보내거나, 머리를 쓰다듬어 주는 식으로 학생들을 대한다. '윗사람에게 잘 보여 얻은 신용' 덕을 톡톡히 보고 있는 아이들은 어떻게든 기필코 승리하려 하고 최고의 반열에 오르려 하고 동료를 짓밟고 올라서려 한다. 그리 놀랄 일도 아니다. 문제는 모든 아이가 다 승리할 수 없고, 오직 소수만이 승리하고 올라설 수 있다는 엄혹한 현실일 따름이다.

그렇다면 지적으로나 신체적으로 능력이 부족하거나 평균에 지나지 않는 학생에게는 대체 무슨 일이 일어나겠는가? 대다수 학교에서 이런 학생들은 교사나 학교로부터 부적절하고 무능하고 평균치에도 못 미치고 성적 부진아에 패자라는 사실을 직간접적으로 주입받고 있다. 다른 학생들이 보상받는 장면을 부러운 눈길로 쳐다보면서 박수나 쳐 주는 삶을 일상적으로 감내해야 할 운명인 것이다. 이런 학생들은 자존감이 떨어지며, 허탈함이나 패배감 같은 감정을 느낀다. 또 아예 체념해 버리기도 한다. 보상이 남용되는 분위기가 보상을 받을 수 있는 학생보다 그럴 수 없는 학생에게 한층 더 해롭게 작용한다는 것은 분명한 사실이다.

조직 만들기, 패거리 형성하기

학생은 자신들도 조직을 꾸림으로써 교사가 부리는 권위와 권력에 맞서곤 한다. 대부분 비공식적이긴 하지만 최근에는 합법적으로 인정받는 조직도 더러 있다. 직장이나 사업장 소속 근로자가 관리자의 권력에 대응하려고 조직을 결성하는 것과 마찬가지로 학생들 역시 '대동단결해야 힘을 과시할 수 있다'는 사실을 자연스럽게 터득한다.

집단적으로 학교 당국에 대항하려는 학생들의 노력은 대체로 무위로 돌아가거나 끝내 스스로 와해되기 십상이다. 하지만 최근 몇 년 동안 학생들은 시위하고 탄원하고 교내 신문에 기고하거나 학교 조직에서의 발언권을 더 많이 요구하는 활동 등을 하여 저항하는 데 성공을 거두기도 했다.

학생들이 학교나 교사의 권력에 맞서려고 동맹을 맺어야 한다고 생각하는 일은 학생과 학교를 두 개의 집단으로 대립시키는 일이므로 다소 유감스럽지만, 이런 대응 기제는 학교나 교사의 권력과 권위에 대한 수많은 대응 방법 가운데 (학생들에게든 다른 사람에게든) 가장 덜 파괴적이다.

굴복하기, 순종하기

방법 1을 즐겨 사용하는 교사는 학생이 자신의 결정과 제재를 순순히 받아들이고 제발 좀 말썽을 일으키지 말아 주었으면 한다. 하지만 처벌이 과해서 학생이 겁을 먹는 경우를 제외하고는 좀처럼 교사가 원하는 대로 굴복하지는 않는다. 오늘날 대부분 주에서는 교사가 학생에게 너무 야비한 굴복을 강요하는 벌을 주면 고소를 당할 수도 있다. 따라서 학생이 알아서 죽은 듯이 방법 1의 처분을 감수했으면 하는 건 대단히 비현실적인 바람이다.

학생은 고분고분 무릎을 꿇기보다 '수동적'이면서도 '공격적'으로 변해 간다. 겉으로는 굴복하는 척해도 속으로는 저항하는 것이다. 이런 전략 가운데는 적잖은 권력을 소유한 교사의 비위를 맞추려고 학생이 고안한 게임도 더러 있다. 꿀 먹은 벙어리처럼 굴기, 교사가 듣고 싶은 대로 말하기, 미소 짓기, 고개 주억거리기, 맞장구치기, 입에 발린 소리 하기, 존경하는 체하기……. 이 모든 것이 교사가 자신에게 까다롭게 굴지 않고 특혜와 보상을 베풀어 주길 은근히 바라면서 개발한 대응 전략이다. 학생은 점점 더 지능적으로 이런 게임을 수행할 수 있다. 설령 교사가 눈치채지 못한다 해도 학생은 이런 전략 속에 숨겨진 위선을 똑똑히 간파하고 있다.

어떤 학생은 지나친 처벌이 없을 때조차 납득할 수 없는 여러 이유로 권력에 순응하고 복종하는 길을 택하기도 한다. 교사의 권력은 아주 어린 학생에게는 순종을 훨씬 잘 끌어낼 수 있는 것처럼 보인다. 어린 학생에게는 교사에게 앙갚음하거나 반항하는 일은 생각조차 못 하거나 너무 위험하게 여겨질 것이다. 어린아이가 점차 자라나 청소년이 되면 순종과 굴복은 전투적이거나 반항적인 대응 기제로 돌변하기도 한다. 모범생이던 아이가 하루아침에 포악해지면서 자기 부모나 다른 어른을 살해한다는 뉴스 같은 데서 보듯 대단히 위험천만한 것일 수 있다.

　고분고분하게 성장해 온 순종적인 학생은 어른이 되어서도 권좌에 앉아 있는 사람에게 깊은 두려움을 가진다. 이들은 자기 인생을 통틀어 항상 권위에 묵묵히 따르고, 자기 욕구를 부정하고, 자기를 찾거나 권리를 주장하기를 두려워하고, 충돌을 꺼리는 어린아이로 남는다.

아부·아첨하기

권위에 맞서는 한 가지 확실한 대응 기제는 보상이나 처벌을 내릴 권력자의 '비위를 맞추는 것'이다. 학생들은 교사가 보상이나 처벌을 공평하고 일관되게 나눠 주지 않는다는 사실을 일찌감치 깨닫는다. 학생들은 교사를 '자기편으로 끌어들일 수 있다'. 교사라고 해서 어느 학생을 선호하고 편애하는 일에서 자유로울 수 없다. 아부나 아첨에 초연할 수도 없으며, '자기 뜻을 잘 따르는 학생'에게는 어떻게든 시혜를 베풀기 마련이다.

　하지만 교사의 비위를 맞추고자 하는 학생의 행동은 동료 학생들에게 분노를 살 수 있다. 다른 학생들은 '교사 비위를 잘 맞추는' 친구의 저의를 의심하거나 그가 학급에서 누리는 지위와 혜택을 탐내는 탓에 그를 조롱하거나 따돌린다.

동조하기, 복지부동, 새로운 것은 시도하지 않기

조직에서 권위적인 업무 환경이 혁신적 사고를 질식시키는 것과 마찬가지로 교사의 권력과 권위 또한 창조성보다는 획일성을 조장하기 쉽다. 방법 1이 횡행하는 교실에서는 우수한 학생조차 창조적인 동기를 억제하는 법, 동조하는 법을 빨리 터득한다. 창조성은 학생이 몇 번이고 자유롭게 시행착오를 거듭해볼 수 있는 분위기에서, 한 가지 단일한 표준에 동조하는 것이 아니라 차이가 존중되는 환경에서만 꽃필 수 있다. 유능한 학생은 이 게임을 어떻게 치러야 하는지, 어떻게 하면 교사의 환심을 살 수 있는지, 어떻게 하면 조화를 이루고 말썽에 휘말리지 않는지, 그리고 어떻게 하면 교사를 흡족하게 만들지 똑똑히 파악하고 있다. 이들은 안전과 동일성이라는 커튼 뒤에 몸을 숨기고 있다. 한 고등학생은 그런 상황을 이렇게 표현했다.

학교에 가면 저는 회색분자로 변신하고, 제가 원하는 게 아니라 선생님들이 원하는 걸 해요. 선생님들이 나눠 주는 시험지를 채우고, 웬만하면 눈에 띄지 않으려고 잔머리를 굴리지요. 학교를 벗어나서야 저는 비로소 저 자신으로 다시 돌아와요.

실의에 잠긴 적잖은 학생들이 선택하는 대응 방법의 공식은 이렇다. "보상을 얻거나 처벌을 피하기 위해서라면 학급에서 벌어지는 골치 아픈 일에 연루되지 않을 것이며, 타당하다고들 하는 바에 동조할 것이다. 그럭저럭 지낼 수 있는 데 필요한 것 이상의 일은 결코 나서서 하지 않을 것이고, 정상에서 이탈하는 행동은 정녕코 저지르지 않을 것이다."

물러나 있기, 중도 탈락하기,
몽상에 빠지기, 퇴행하기

교사나 행정가의 권위를 참아 내기가 벅찰 때 학생은 심리적으로나 물리적으로 뒤로 물러나 있거나 그 상황을 회피하려 든다. 이것은 매우 자연스러운 자기 보호 전략이다. 주체할 수 없거나 너무나 고통스러운 상황에 부닥친 사람은 누구라도 거기에서 벗어나려고 몸부림치거나 그 고통의 원천에서 비켜나려 애쓰기 마련이다.

이런 식의 물러나 있기를 조장하는 학교는 대부분 보상이 거창하고 처벌이 너무 가혹하다. 이런 학교에서는 처벌이 일관성 없이 행해지고, 과업이 너무 까다로워 도무지 보상받을 기회를 잡기가 어렵고(상대적으로 처벌은 심하고), 학생 간의 경쟁이 최고조에 달한다.

유감스럽게도 보상이나 처벌이 동기 유발 도구로 남발되는 학급의 경우 학습 속도가 더딘 학생들, 성장이 부진한 아이들, 유난히 수줍음을 타거나 내성적인 학생들은 그로 인해 생긴 갈등은 알아서 해결하도록 방치되곤 한다. 능력이 모자란 학생들이나 보잘것없는 자아 개념을 가진 학생들은 이런 보상에 능동적으로 대처하지 못하는 탓에 훨씬 더 물러나 있기 기제를 택하게 된다. 이들 기제는 일시적인 현실 도피에서부터 상습적인 현실 도피까지 다양한데, 다음과 같은 것들이 포함된다.

- ▶ 몽상하기, 환상에 빠지기
- ▶ 스위치 꺼 버리기, 수동성, 무관심
- ▶ 유아기적 행동으로 퇴행하기
- ▶ 고독을 자처하기, 친구 관계 꺼리기
- ▶ 학교 공포증
- ▶ 집이나 학교에서 탈주하기
- ▶ 신경성 신체 증세(열, 위장 장애, 편두통)
- ▶ 무단결석
- ▶ 약물 남용
- ▶ 강박적 폭식
- ▶ 의기소침, 자폐적 성향

방법 1의 대안으로 방법 2를 사용하면
안 되는 이유

방법 1과 그에 근거한 권력의 사용이 지닌 파괴력을 잘 알고 있는 사람들은 이런 질문을 던질 수 있다. "위험 부담이 그렇게 크고, 학생에게 그렇게 무자비한 영향을 미치고, 교사 자신에게도 낭패감을 안겨 주는데 왜 교사들은 한사코 방법 1을 고수하려고 할까요?"

앞서 언급한 바와 같이 답은 명백하다. 방법 1보다 더 수용하기 힘든 방법 2를 제외하고는 다른 대안을 모르기 때문이다. 만일 갈등 해결을 승리-패배라는 틀로 바라보는 교사가 자신이 승자고 학생이 패자가 되는 방법 1을 사용하지 않는다면, 그가 취할 수 있는 것이라곤 교사가 패자고 학생이 승자가 되는 방법 2밖에 없다. 하지만 어느 교사가 처음부터 갈등 해결의 패자를 자처하고 싶겠는가?

학생들의 의견에 무조건 따르는 갈등 해결 방법인 방법 2에서 교사는 터무니없이 불리하다. 그들은 자기 욕구를 충족시킬 수 없고, 고통을 겪게 되고, 자기 본분을 제대로 수행하기조차 어려워진다. 교직이 무거운 짐, 심지어 악몽처럼 끔찍한 일로 다가온다.

학생의 권력에 굴복하게 되면, 즉 학생에 의해 통제되고 조작되고 떠밀리고 괴로움을 당하게 되면 교사도 별수 없이 자신만의 대응 기제를 개발한다. 권력에 저항하는 학생의 반응들이 보이는 대응 기제가 이 맥락에서는 교사에게 그대로 적용된다. 학생이건 교사건 갈등의 패자는 무언가 도모하지 않을 수 없다. 욕구가 충족되지 않으면 누구라도 그에 대처하는 법을 모색하기 마련이다. 다음은 그런 대응 기제의 몇 가지 예다.

1 교실에서 예고 없이 시험을 치르거나, 학생 본분에 어긋나는 사소한 잘못이나 비행을 이유로 성적을 낮게 주거나, 시험을 까다롭게 출제하는 식으로 보복한다.

2 더 많은 권력을 얻기 위해, 아니면 더 많은 행정적 지원을 받기 위해 동료 교사와 유기적으로 연대한다.

3 교장으로 역부족일 때는 교육감이나 교원 노조에 도움을 청한다.

4 사직하거나 다른 학교로 전근을 간다.

5 과음, 강박적 폭식, 공상하기 등을 통해 현실을 도피한다.

6 위궤양 같은 여러 신경성 신체 증상을 키운다.

7 동료와 전혀 왕래하지 않는 식으로 물러나 앉는다.

8 가장 인기 있는 선생님, '좋은 선생님', 성적 잘 주는 선생님이라는 평을 들으려고 노력하는 식으로 학생들에게 아부한다.

9 튀지 않는다. 새로운 것은 시도하지 않으며 최소로 필요한 일만 그럭저럭 해 나간다.

결코 보기 좋은 그림이라고는 할 수 없지만 권위적인 역할을 포기하라고 압력을 받긴 하나 막상 갈등 해결의 대안적인 방법을 알지 못하는 교사들이 마지못해 학생들을 허용하는 척하는 모습은 학교에서 심심찮게 목격된다.

힘과 권위로 승자가 된 교사에게 돌아오는 것은 무엇인가?

이기거나 지는 접근 방식이 교실 갈등 해결에 동원될 경우 승자 역시 그 대가를 치른다. 권력을 대단히 가치 있게 여기는 사회에서는 그것을 휘두르는 사람에게 미치는 부정적인 효과를 이해하는 사람이 드물다. 하지만 "권력은 부패하기 마련이며, 절대 권력은 절대적으로 부패하기 마련"이라는 액턴 경의 법칙은 여전히 유효하다.

우선 교사 권력은 그 희생자인 학생에게도 권력을 준다.

반대 권력을 창출함으로써 자멸을 초래하는 것이다. 권력은 대응 권력을 불러일으킨다. "왕좌에 앉은 자의 머릿속에는 늘 불안감이 드리워져 있다"는 말은 군주와 마찬가지로 교사에게도 적용될 수 있다. 교사의 권력은 저항, 앙갚음, 반발심을 부추기며, 때로 가해자를 거꾸러뜨리려고 피해자들이 조직화를 시도하고 싶은 마음을 일으킨다. 이러한 사태는 교사들에게 통제하려면 더 많은 권력을 획득하고 사용해야 한다는 확신을 심어 준다. 교사는 지시하는 규칙을 만들고 제재하기 위해 더 노력해야 한다. 그리고 숨돌릴 틈 없이 경계 태세를 강화해야 한다. 그 결과 교실에서 교수-학습 시간은 점점 줄어들게 된다.

둘째, 권력을 사용하면 교사의 영향력이 줄어든다. 교사의 권력은 진정으로 학생에게 영향을 미치지 않는다. 어떤 구체적인 방식으로 행동하도록 학생을 설득하거나 확신시키거나 교육하거나 동기화시키는 것이 아니라 행동을 강요하거나 금지할 따름이다. 이것이 바로 권위와 권력이 제거되면(예컨대 교사가 교실을 비운다든지 하면) 학생이 대체로 이전 행동으로 고스란히 되돌아가는 이유다. 교사는 권력과 권위 사용을 거부함으로써 학생에게 더 많은 영향력을 행사할 수 있다, 이 말은 역설적으로 들리지만 움직일 수 없는 우리 삶의 진리다.

셋째, 권력을 쓰면 결코 학생과 따뜻하고 즐겁고 우호적인 관계를 맺을 수 없다. 권력에 기대는 교사는 두고두고 이 세 번째 결과에 시달린다. 학생은 방법 1을 고집하는 교사를 외면하고, 심지어 미워하기까지 한다. 역겹고 적대적인 관계에 처한 사람들이 매일 얼굴을 맞댄 채 살아가야 한다면 그거야말로 참기 힘든 고역이 아닐 수 없다.

다른 사람에게 권력을 휘두르는 일도 그렇지만 특히 그 상대가 권력을 쥔 자보다 힘없는 존재이면 죄책감이 든다. 노골적으로 권력을 행사하는 일을 반기는 교사는 그리 많지 않다. 아이들 위에 군림하려 들거나 아이들을 벌주는 일을 즐기는 교사는 흔치 않다. "벌을 줄 때면 너희보다 내가 더 많이 상처받는다"는 말은 단지 권력을 쓰는 자신을 합리화하기 위한 것만은 아니다. 일반적인 죄책감을 드러내는 말이다.

권력을 행사하는 학생 역시 그 권력에 의해 타락하기 쉽다. 이들은 실의에 빠진 교사뿐 아니라 자기 욕구 충족을 가로막는 이들은 누구도 용납하지 않는, 오만하고 내적 통제에 서툴고 자기중심적인 인간이 되기 쉽다. 방법 1을 사용하는 교사들처럼 이들 학생 역시 폭군이 될 공산이 크다. 다른 사람들의 감정, 욕구, 개성 따위는 대수롭잖게 묵살해 버리는 존재가 되는 것이다.

권력은 노여움을 낳는다. 권력을 휘두르는 학생은 교사나 동료 학생을 분노케 한다. 이런 학생에게 좋은 감정을 품기는 어렵다. 미루어 헤아릴 수 있듯이 이들은 이내 이 사실을 감지하고 사랑받지 못한다는 사실을 뼈저리게 느끼게 된다.

힘과 권위가 필요하다는 주장의 근거들

권력과 권위는 왜 그렇게 뿌리가 깊고, 왜 그렇게 학교에서 보편적으로 용인되고 있는가? 대체 무엇 때문에 권력과 권위가 학생의 성장을 저해하고 교사를 참담하게 만들도록 방치되고 있는가?

교사나 행정가를 대상으로 교육하면서 우리는 학교 관련자들이 권위에 대해 시대착오적인 사고를 하고 있다는 데, 또 학생 통제를 목적으로 하는 권력 사용을 합리화하고 정당화하고 있다는 데 충격을 받았다.

연륜은 곧 지혜다?

권력과 권위의 지위에 있는 교사들은 스스로 지도를 받는 학생보다 더 지혜로운 존재라고 합리화한다. 이들은 이렇게 말한다. "어쨌든 우리가 경험이 더 많은 건 틀림없는 사실 아냐? 만일 그렇지 않다면 우리가 왜 지도자나 권위자의 자리에 있겠어?" 다음과 같은 유사한 생각들도 있다.

"나보다 더 잘 아는 사람은 별로 없어."
"교사는 경험이 더 풍부하잖아."
"학생들은 무지해."
"학생은 아직 미숙한 존재지."
"이건 정말로 너희를 위한 일이야."

매사추세츠 대학교의 교육학과 교수인 드와이트 앨런은 "교사가 명민하게 만들어 주기 전까지 아이들은 어리석은 존재에 불과하다는 생각이야말로 가장 미련한 신화"라고 말한다. 이 신화는 학생을 훈련하고 통제해야만 하는 작은 악마처럼 간주한다는 점에서 원죄 신화와 다를 것이 없다는 것이다.

다른 사람에게 권위나 권력을 휘두르는 사람은 너나없이 '피지배자'를 낮게 평가하며 자기 행동을 합리화해 왔다. 흑인은 인종적으로 열등하기 때문에 투표를 허용해서는 안 된다거나 여성은 본래부터 비합리적이고 감정적인 존재라거나 대중은 너무 무지해서 국가를 다스리는 일에 의견을 낼 수 없다는 식으로 말이다.

행동의 범위를 정해 주지 않으면 학생은 불안해한다?

아이들은 어떤 행동의 한계나 제한이 없으면 안절부절못하기 때문에 어른들이 그것을 정해 주는 식의 권위를 행사하는 것을 오히려 반긴다고 믿는 사람들이 많다.

즉 학생들은 교사가 수용 불가능하다고 말하기 전에 자기 행동이 어느 선까지 받아들여질 수 있는지 알고 싶어 하기 때문에 미리 교사들이 그런 한계를 제시해야만 비로소 수용 불가능한 행동을 저지르지 않게 되고, 한계를 애매하게 정하면 학생들은 안정감을 잃고 불안해한다는 것이다.

하지만 학생이 교사가 수용할 수 있는 한계를 알고 싶어 한다는 것과 참여나 개입을 배제한 채 교사가 일방적이고 독단적으로 그 한계를 정하기를 바라는 것은 별개의 문제다. 오히려 다음과 같이 말하는 편이 훨씬 더 정확할 것이다.

학생은 교사가 자기 행동을 어떻게 느끼는지에 대한 정보를 원하거나 필요로 한다. 그래서 교사에게 수용 불가능할 수도 있는 행동을 자발적으로 수정하길 원한다. 학생은 교사가 권위를 행사하겠다고 윽박지르거나 권위를 동원하여 자기 행동을 수정하거나 한계 짓게 되길 바라지 않는다. 대신 자기 행동이 분명 제약을 당하거나 수정되어야 할 필요가 있다는 사실이 명확할 때에 한해서, 자기 행동에 대해 스스로 한계를 정할 수 있기를 바란다. 어른과 마찬가지로 학생 역시 자기 행동을 책임지고 싶어 하는 법이다.

교사는 공동체의 기준과 가치를 전수할 도덕적 책무가 있다?

학생에게 권력을 행사하는 것을 정당화하는 다른 근거는 교사에게는 공동체의 기준과 가치를 전수(심지어 부과)할 도덕적 책무가 있다는 것이다.

교사의 혼란은 '문화 전수자'로서의 여할을 부과하고 있는 사회의 강요에서 비롯된다. '문화'가 과연 무엇인지 알려 주는 지침이 뚜렷하지 않은 시대에 교사가 이런 역할까지 떠맡는 것은 심각한 문제를 일으킨다. 인류학자들은 미국 문화란 따로 존재하지 않으며, 다만 유동을 거듭하는 하위문화의 복합체일 뿐이라고들 한다. 이런 사실은 '공동체가 수용할 수 있는 표준' 집행을 대단히 까다롭게 만든다.

게다가 이와 관련한 부수적인 문제들도 덩달아 수면 위로 떠오른다. '공동체'란 대체 누구를 지칭하는가? 무엇이 바람직한 행동인가? 누가 그것을 판단하는가? 만일 공동체가 잘못되었다면 어떻게 되는가?

이러한 질문들은 일단 논외로 하자. 아무튼 공동체가 수용할 수 있는 행동을 강제할 때도 권력이 사용된다면 반발이 일어나리라는 것은 당연하다. 권력은 결코 사람을 감화시킬 수 없다. 이는 모든 삶에 보편적으로 적용되는 법칙이다. 권력을 쥐고 있는 교사의 억지만으로는 결코 학생을 설득하거나 교육할 수 없다. 학생은 그저 권력의 폭압이 잦아들 때까지, 그래서 자기 내키는 대로 할 수 있을 때까지 어느 게 더 나을까 저울질하면서 교사의 뜻에 순순히 따를지, 저항할지, 잠자코 있을지를 판단할 따름이다. 실제로 권력을 사용하는 교사는 오히려 가치 전수자로서 자신의 영향력을 해치고 있다.

교사는 물론 학생에게 영향력을 미치기 위해 노력해야 할 의무가 있다. 하지만 그것을 효율적으로 해내려면 모든 강요와 강압을 전면 부정해야 한다.

통제가 안 되는 학생에게는
부득이 힘을 사용해야 한다?

"권력을 부득이하게 써야 할 아이도 있지 않은가?" 이런 질문을 하는 교사는 거의 예외 없이 권력에 대해 공격, 저항, 투쟁 같은 대응 기제로 맞서는 학생을 염두에 두고 있다. 하지만 이런 학생들에게 더 많은 권력을 행사하는 것은 근본적인 문제만 더욱 키울 따름이다. 학생은 더욱 강하게 같은 행동 양상으로 대응해 오거나, 교사가 한결 대처하기 까다롭도록 아예 지하로 잠적해 버리기 때문이다.

통제할 수 없는 이런 학생에게는 더 많은, 또는 더 나은 외적 통제는 절대 필요하지 않다. 오직 자신의 내적 통제만이 필요할 뿐이다. 그런데 이것은 관련 맺고 있는 상대의 욕구뿐 아니라 자신의 욕구 또한 존중되는 관계에서만 비롯될 수 있다.

권력은 대체로 해롭지만
일관되게 사용하면 괜찮다?

적잖은 교사들이 자기의 훈육 방법을 한결같이 '엄격하지만 공정하다'면서 권위주의를 합리화하는 경향을 보인다. "나는 학생에게 권위를 사용해도 괜찮다. 왜냐하면 보상이나 처벌을 가할 때 일관성 있고 공평하기 때문이다"라는 것이다.

물론 일관성이나 공정함이 중요하긴 하지만, 그것은 어디까지나 권력과 권위를 사용할 때에 한해서다. 만약 권력을 사용하는 교사들만 있다면, 당연히 학생은 공정하고 일관성 있는 교사를 선호할 것이다. 이 '만약'이라는 조건부는 대단히 중요하다. 권력과 권위는 대체로 해롭다. 일관되지 못하게 사용되면 훨씬 더 해롭다. 그러므로 권력은 온화하고 일관성 있게 적용되기만 한다면 정당화될 수 있다고 가정하는 것 자체가 모순이다. 학생은 '결코' 권력이나 권위에 통제당하고 싶어 하지 않는다. 하지만 부득이 교사의 권력 앞에 서게 된다면 그때는 분명 '엄격하지만 공정'했으면 하고 바란다. 어떤 행동은 일관되게 보상받고 또 어떤 행동은 일관되게 처벌받는지 알 수 있다면, 예측 가능성과 안정성을 어느 정도 확보할 수 있다. 권력이 교사의 기분에 따라 멋대로 집행되면 학생은 좌절하고 당혹하며 신경쇠약을 겪게 될 것이다.

8

교실에서 무패 방법이 효과적인 이유

그동안 학교 및 교육 제도 전반을 비판해 온 사람들 가운데 건설적인 대안과 해법을 낸 이들은 얼마 되지 않는다. 이들은 대체로 교실이 무관심한 아이들(학습을 위한 최소한의 준비도 하지 못한 아이들)과 적대적이며 반항적인 아이들로 구성된 너무나 무력하고 억압된 곳이라고 주장해 왔다. 이런 두 부류의 아이들 모두에게 학습은 최소한으로밖에 이루어지지 않고 있으며, 이들이 실제로 배우고 있는 것은 배워야 할 내용과는 너무나 거리가 멀다고도 지적한다. 이들은 '숨은 교육과정 (hidden curriculum)', 즉 학생이 수학, 과학, 어학, 기타 교사가 가르치는 내용을 배우는 대신 교육 제도에 대항하는 방법을 익히면서 체득하는 온갖 '은밀한' 기술들에 대해 실망스러운 투로 논하기도 한다.

이 비판론자들은 '교육'이 이루어지는 장소의 비인간화된 분위기에 대해 장탄식을 토해 내기도 한다. 창의성을 질식시키고 평범함을 장려하는 환경 말이다. 적잖은 이들이 학교를 감옥 또는 강제 수용소와 같은 곳으로 묘사한다. 찰스 실버먼은 자신의 책 《교실의 위기(Crisis in the Classroom)》에서 학교를 다음과 같이 표현했다.

> 상당수 학교에서 펼쳐지고 있는 야만적이고 비인간화되고 부적절한 삶을 결코 대수롭지 않게 여겨선 안 된다. 우리 아이들 대다수가 다녀야만 하는 학교에서 인간의 창의적인 정신은 지속적으로 말살당하고 있다.

이것은 신뢰할 만한 학자의 강도 높은 비난이다. 그의 말은 정말 사실일까? 과연 학교가 인간성을 파괴하고 좌절시키는, 그렇게까지 나쁜 곳인가?

결론부터 말하자면 '그렇다'. 이런 학교가 존재한다는 것은 엄연한 현실이다. 그렇지 않은 학교라 하더라도 이런 학급은 더러 섞여 있기 마련이다. 하지만 우리는 모든 학교가 하나같이 억압적이고 단조로우며 비인간적인 공간이기만 한 것은 아니라는 사실도 잘 알고 있다. 어떤 학교는 그렇고, 어떤 학교는 그렇지 않다. 사람들은 흔히 학생의 창의성에 찬물을 끼얹는 비인간적인 학교가 있다며 학교는 온통 나쁘다거나 공교육 제도 전반이 완전히 실패했다고 성급하게 일반화하려는 경향을 보인다. 그러나 그보다는 교육 제도에 포함된 어떤 점이 달라질 필요가 있으며, 다른 어떤 곳에서보다 그러한 변화가 훨씬 시급한 곳이 있다고 말하는 편이 더 현명하다.

최근 비판론자들이 교육에 대한 인식과 관심의 수준을 높이면서 의미 있는 목적에 이바지하고 있는 건 어느 정도 사실이다. 하지만 그들의 비판은 변화를 갈망하는 교사들의 노력에는 별반 보탬이 되지 못한다.

비판론자들은 다음 두 가지 중요한 이유로 학교의 변화를 촉진하는 데 실패해 왔다. 첫째, 그들은 대체로 원인보다는 증상에 초점을 맞춘다. 학생의 무관심이나 분노에 대해 언급할 때면 그들은 문제 자체보다는 증상으로서의 태도·감정·행동을 묘사한다. 이러한 증상들이 개선되어야 한다는 데에야 이견이 있을 리 없다. 하지만 학교 전반의 심각한 문제들을 치유하기 위해 학생의 무관심 문제를 다루려는 것은 마치 폐렴을 치료하기 위해 콧물이 흐르는 코를 처치하는 것과 같은 어리석은 일이다.

7장에서 학생의 부정적인 감정과 행동이 교사 권력에 맞서는 대응 기제라는 사실을 지적한 바 있다. 이러한 행동과 감정의 원인은 교사와 학생 사이의 갈등, 그리고 학생과 학생 사이의 갈등을 푸는 데 중요한 열쇠가 된다. 원인이 변하지 않는 한 어떠한 미봉책이나 수습책도 갈등의 근본 원인을 해결하지는 못한다.

이 장에서는 갈등을 해결하는 대안적인 방법, 즉 학생과 부딪치는 문제를 다룸에 있어 급진적인 변화, 즉 대증요법이 아니라 문제의 근원을 파헤치는 변화를 꾀하는 데 도움이 되는 방법을 제공하려 한다.

비판론자들이 변화를 촉진하는 데 실패한 두 번째 이유는 사태가 얼마나 심각한가에 대해서만 말하고 정작 '더 좋은 학교'에 관한 이상적 모델이나 비전을 제시하지 못했으며, 또 그런 학교가 되기 위한 실질적인 지침을 제공하는 데까지 발전하지 못했기 때문이다. 아예 학교를 없애자고 주장하는 사람들까지 나오고 있는 판국이다.

누구도 '대립'을 원하지는 않는다. 따라서 갈등을 해소하기 위한 더 참신한 방법이 시급하다. 새로운 문제 해결 과정은 교실과 학교를 점차 발전시키고 교육적 기획 전반을 개선할 수 있는 창의적인 방식을 도출할 것이다. 학교는 지금 건설적인 변화를 추구하기 위한 새로운 철학과 방법론을 필요로 하고 있다.

학교에서 일어나는 억압, 조직적으로 이루어지는 비인간화, 자유의 결핍을 한탄하는 사람들의 맞은편에는 또 한 무리의 비판론자들이 학교가 너무 물렁하다며 목청을 돋우고 있다. 이들은 교육이 제대로 이루어지려면 학생을 엄격하게 관리하고, 규칙을 따르게 만들고, 더 높은 기준을 설정함으로써 교육이야말로 권리라는 것을 일깨워 주어야 한다고 말한다. 하지만 (허용주의에 반대되는 의미의) 비판주의 역시 변화를 갈망하는 교사에게는 별반 도움이 되지 않는다.

학교는 그들이 말하는 것처럼 정말 허용적인가? 오늘의 학교가 너무 '무르고' 자유주의적이고 허용적이라는 비판론자들의 지적은 과연 옳은가? T.E.T. 과정을 수강한 수천 명의 교사와 교육 행정가 들에게서 우리는 학교 갈등이 대개는 허용적인 접근법인 방법 2가 아니라 힘에 의존하는 권위적인 접근법인 방법 1에 의해 해결된다는 사실을 확인할 수 있었다. 교사가 너무 허용적이라고 주장하는 이들은 '허용성'의 개념을 우리와는 전혀 다른 어떤 것으로 정의하고 있거나, 아니면 학교를 속속들이 알지 못하고 있거나, 둘 가운데 하나일 가능성이 크다. 교사들도 사소한 문제야 더러 모른 체하거나 양보할 수 있지만, 중요한 주제로 학생들과 충돌이 심화될 때나 다급한 순간이 닥치면 자신의 주장을 관철하려고 기를 쓰고 힘에 의존한다.

무패 방법이란?

방법 3은 갈등의 당사자들이 서로에게 수용 가능한 해법을 도출하기 위해 협력하는 방법이다. 이것은 누구도 패자가 되지 않게 하는 무패 방법이다. 오랜 세월 이기거나 지는 두 가지 방법에만 갇혀 있던 많은 교사들로서는 이 같은 대안적인 방법이 있다는 사실 자체만으로도 놀란다. 다른 인간관계에서는 방법 3이 일반적으로 쓰이는 갈등 해결 방법임을 알고 있는 교사들마저도 그것을 교사와 학생 관계에 적용해 보는 일은 상상조차 하지 않는 것이 보통이다.

T.E.T. 수업에서 처음으로 무패 방법인 방법 3을 소개받은 교사들은 대체로 다음과 같은 반응을 보인다.

"우리가 유엔에서 국가 간 충돌을 타개했으면 하고 바라던 방식이네요."

"제 아내와 저는 부부 갈등의 대부분을 방법 3으로 풀고 있어요."

"저는 아이들이 싸움을 해결하기 위해 늘 이 방법을 활용하는 것을 봐 왔어요."

"그럴듯하게 들리긴 하지만 어쩐지 비현실적으로 느껴지네요."

"정말 아름다운 이상이에요. 하지만 과연 학교에 적용할 수 있을까요?"

물론 방법 3은 대단히 간단명료하다. 그리고 다른 관계들, 예컨대 부부, 동업자, 친구, 노사 관계에서 발생하는 갈등을 해소하는 데도 적극적으로 활용할 수 있다. 이혼할 때 재산 분쟁 같은 법적 충돌을 법정 밖에서 성공리에 타결하기 위해 이 방법을 사용하기도 한다.

권력이 서로 팽팽한 사이에서 다툼이나 분쟁이 일어난다면 누구도 상대에게 결코 지고 싶어 하지 않기 때문에 힘에 기초한 해결 방법은 혼전 양상을 띠기 쉽다. 방법 3은 비교적 대등한 권력을 지닌 두 사람 또는 두 집단 사이에 빚어지는 갈등을 해소하는 데 유일하게 효과적인 방법이다.

그동안 학부모, 교사, 행정가 들은 방법 3을 자기 자녀나 학생과의 관계에 적용해 볼 엄두를 내지 못했다. 그 관계를 어른에게 일방적으로 유리한 관계로, 힘의 차이가 분명한 관계로 보았기 때문이다. 그래서 승리-패배의 권력 투쟁이 불가피한 듯이 여겼던 것이다.

방법 3은 교실에서 어떤 효력을 발휘하는가?

방법 3은 하나의 과정이다. 서로 갈등을 원만하게 해결하기 위해서는 처음부터 끝까지 대여섯 차례의(또는 상당한) 상호 작용이 필요하다. 교사와 학생 사이의 갈등에서 양자는 현실적이고 유효한 해결 방법을 모색하기 위해 머리를 맞대고 둘의 욕구를 한꺼번에 만족시키는 최상의 해결 방법을 결정한다.

다음 예에서 교사와 학생 아서는 교실 내의 소란 때문에 일어나는 충돌을 풀기 위해 방법 3을 동원하고 있다.

교사　아서, 너희 그룹이 시끄럽게 떠들어서 도무지 일을 할 수가 없구나. 당장 너희를 떼어 놓고 싶은 마음이 굴뚝같아.

아서　저, 선생님께서 다음 주 여행 계획을 짜 보라고 하셨잖아요. 저희가 소리 내지 않고 토론할 수 있는 다른 방법은 생각 못 하겠는걸요?

교사　그건 그렇긴 해. 너희 역시 해야 할 일이 있고, 이야기를 좀 나눠야 하긴 하겠지…….

아서　네. 저희는 오늘 이 과제를 모두 마쳐야 해요. 그렇지 않으면 준비를 마쳐야 하는 월요일까지 자료 복사본을 마련할 수 없잖아요.

교사　오늘까지 일을 다 마쳐야 한다는 생각에 쫓기고 있구나. 하지만 나 역시 너희가 소란스럽게 떠드는 것을 더는 참을 수 없을 지경이다. 정말 내 일에 집중하기가 어려워. 좀 심각하다고.

아서   그러시군요.

교사   우리 모두 만족할 수 있는 무슨 좋은 타개책이 있
      으면 이야기 좀 해 보렴.

아서   글쎄요……. 선생님께서 원하시면 저희가 복도 끝
      에 있는 회의실로 가서 토론을 이어 갈게요. 요즘
      거기가 늘 비어 있거든요.

교사   그러면 나도 좋겠다만, 너희 그 비좁은 방에 들어가
      불편하게 모임을 계속할 수 있겠니? 모두 들어가기
      에는 좀 좁을 텐데 말이다.

아서   괜찮아요. 전에 선생님께서 버럭 고함치셨을 때도
      거기 가서 하면 어떻겠냐는 이야기를 했어요.

교사   하지만 모두에게 만족스러운 해결 방법일까? 너희
      가 계획한 일을 오늘 다 마칠 수 있을 것 같니, 아니
      면 내일 다시 이어서 해야 할 것 같니?

아서   제 생각엔 오늘 다 마무리할 수 있을 거 같아요.

교사가 나-메시지를 통해 아서가 자기의 곤란함을 이해
했는지 확인하는 식으로, 아서의 욕구가 무엇인지 알아내려고
세심하게 경청하는 식으로, 적극적 듣기를 하고 효과적으로 대
결하고 있다는 데 주목하라. 서로의 욕구를 확인하고 나면 교
사와 학생을 동시에 만족시키는 처방을 찾는 일은 그리 어렵
지 않다. 갈등은 순조롭게 마무리되고 양자 모두 승자가 된다.
아무도 힘에 기댈 필요도 없다.

7장에서 고등학교 교사 존스 씨와 (늘 수업에 지각하는) 학생 실비아 사이의 갈등 해결 방법으로 힘에 의존하는 방법 1 과 학생의 뜻에 따르는 방법 2를 대비하여 예로 든 바 있다. 같은 상황에 방법 3을 도입하면 갈등이 어떻게 해결되는지 살펴 보자.

존스　네가 그렇게 늦으면 너로서는 수업 시작할 때 일러 준 지시를 놓치게 되는 셈이고, 나로서는 네게 뭘 해야 하는지 또 이야기하려고 시간을 빼앗겨야 해. 이제 그렇게 하기가 신물 나는구나. [나-메시지]

실비아　예. 연보 만드는 일에 참여하고 있는데 인쇄소 마감 일정에 맞추느라 요즘 눈코 뜰 새 없이 바빴거든요. 제가 자꾸 늦는 건 그 때문이에요.

존스　그렇구나. 연보를 만드는 일에 너무 쫓기다 보니 자꾸 수업에 늦게 된다고 생각하고 있구나. [적극적 듣기]

실비아　예……. 하지만 그것 때문만은 아니에요. 그렇게 말하면 꼭 제가 이 과학 수업을 중요하게 여기지 않는 것처럼 들리잖아요. 선생님 수업은 일 년 내내 듣는 것이고, 연보를 만드는 일은 고작 몇 주일만 하면 되는 일이라서 그런 것뿐이에요. 제 말씀이 무슨 뜻인지 아실 거라고 생각해요.

존스　그러니까 내 수업에 늦는 건 일시적인 상황이라는 뜻이구나. 분명 연보 작업을 마치면 제시간에 맞쳐 들어올 수 있다는 말이지? 그럼 얘기가 달라지지. 당분간만 그렇다는 것이지. 내 말이 맞니? [적극적 듣기]

실비아 그럼요. 다음 주말까지는 교정을 모두 마쳐야 해요. 그러고 나면 다시 제시간에 수업을 들어올 수 있어요.

존스 그럼 얼마 지나지 않아 문제가 저절로 풀리겠구나. [적극적 듣기]

실비아 예.

존스 이제 네가 늦는 이유는 잘 알았다. 하지만 내가 괴로운 건 그것 때문이 아니야. 내가 탐탁지 않은 건 네가 수업에 들어온 후 할 일을 다시 일러 주느라 내 시간을 공연히 허비해야 한다는 점이야. 네가 수업에 늦게 들어오면 나는 뭘 하고 있든 잠깐 중단하고 너한테 다시 같은 말을 되풀이해야 하거든. 그런 일을 단 몇 주라도 반복하고 싶지가 않단다. 이 문제를 해소할 좋은 방안 있으면 말해 줄 수 있겠니?

실비아 (잠시 생각에 잠기더니) 좋아요. 제가 늦는 날이면 조이스에게 제 녹음기를 가지고 있다가 선생님 지시 사항을 녹음해 달라고 부탁하면 어떨까요? 들어와서 재빨리 테이프를 들으면 다른 친구들이 이미 들어서 알고 있는 걸 저도 금세 알게 될 테니까요.

존스　그 방법이 무난해 보이는구나. 만일 네가 조이스에게 교탁에 녹음기를 가져다 놓도록 부탁해 두면 내가 책임지고 지시 사항을 녹음해 주마. 그러고 나서 네가 수업에 들어와 녹음기를 가져가면 되지 않겠니?

실비아　좋아요. 내일부터 당장 녹음기를 가져올게요.

존스　그럼 그때 보자꾸나. 오늘도 잘 지내렴.

　이 대화를 보면 두 사람은 실비아가 제안하고 존스 씨가 동의한 해결 방법을 통해 서로의 욕구를 충족했다. 둘은 이 만남에 좋은 인상을 받고 헤어졌다. 존스 씨가 "오늘도 잘 지내렴" 하고 다정한 인사를 건넨 것이 그 점을 잘 드러내 준다. 이 결과를 앞서 말한 실비아가 패자였던 방법 1, 존스 씨가 패자였던 방법 2와 비교해 보라. 방법 3이 어떻게 긍정적인 감정을 만들어 내는지, 이 '무패(no lose)' 과정이 어떻게 상호 존중의 감정을 갖게 만드는지 확연히 느낄 것이다.

　존스 씨와 실비아의 갈등 해결에서 보듯이 방법 3은 두 가지 '이기거나 지는' 방법론보다 확실한 비교 우위를 점한다. 누가 최종적인 해결 방법을 제시하는가는 그리 중요하지 않다. 이 경우에는 실비아였지만 교사인 존스 씨였다 해도 무방하다. 문제는 누가 최상의 결론을 도출했는가가 아니고 그것이 서로에게 수용 가능한 해결 방법인가 하는 점이기 때문이다. 방법 3은 이런 식으로 교사에게 경쟁 아닌 협력이 문제를 푸는 최상의 열쇠다.

방법 3의 다른 이점은 그 해결 방법이 갈등 관계자를 제외한 다른 누구도 고려할 필요가 없다는 점이다. 수업 지시 사항을 녹음하자는 실비아의 제안을 어떤 교사는 받아들이지 않을 수도 있다. 하지만 존스 씨와 실비아가 그 문제의 당사자이기 때문에 오직 그들만 해결 방법에 만족하면 그뿐이다.

방법 3은 서로의 창의성을 발현하고, 그들이 지닌 문제에 그들만의 독특하고 독창적인 해법을 찾을 자유를 준다. 교사는 학생과의 사이에서 발생하는 많은 충돌이 제아무리 복잡하고 다채롭고 골치 아픈 것이라 해도 오직 이 한 가지 과정만 익힌다면 성공리에 해결할 수 있다.

방법 3은 갈등의 장본인들에게만 해당되는 재능과 기술, 정보를 동원할 뿐 아니라 그 자체의 독특성도 지니고 있다. 즉 그것은 본질적으로 문제를 해결하는 과정이다. 방법 3에서는 갈등을 해결해야 할 문제로 정의하고 처방은 그다음에 모색한다. 다른 갈등 해소법과 비교해 보면 방법 3의 특성이 더 확연해진다. 방법 3은 갈등을 교사와 학생 사이에서 일어나는 건강하고 자연스러운 사건으로 간주한다. 또 갈등은 관계에 찬물을 끼얹는 것이 아니라 관계를 더욱 굳건하게 해 주는 것이라는 사실을 일깨운다. 따라서 교사는 문제를 끌어안는 것을 과거보다 덜 꺼리고, 문제를 그대로 덮어 두기에 급급한 경향도 현저히 줄어든다. 그 결과 갈등은 절로 해소되고, 교사와 학생은 방법 1과 방법 2의 힘겨루기로 인해 서로에게 느끼던 반감과는 다른 긍정적인 인상을 주고받았다.

방법 3을 그림으로 표현하면 다음과 같다.

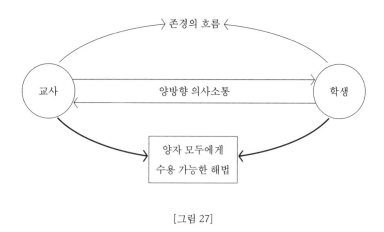

[그림 27]

[그림 27]과 [그림 24](방법 1), [그림 25](방법 2)의 그림에는 큰 차이가 있다는 것을 확인할 수 있다. [그림 27]에서 교사와 학생은 대등한 크기의 원으로 표현되어 있다. 또 이들은 어느 한 편이 군림하는 방법 1이나 방법 2의 수직적인 관계가 아니라 수평적인 관계로 그려져 있다. 방법 3의 그림에서는 어느 한쪽도 다른 한쪽에 비해 우위를 점하고 있지 않으며, 각자 내면에서 일어나는 욕구와 감정을 온전히 전달할 수 있다.

요컨대 방법 3에서는 교사와 학생 모두에게 어떠한 플러스나 마이너스도 필요치 않다. 둘 다 힘을 가지고 있지만(아마도 교사가 훨씬 더 많은 힘을 가지고 있겠지만), 그 힘은 보이지 않으며 실제로 어떻다 해도 별 상관이 없다. 교사는 힘의 행사를 거부하고, 학생은 그 사실을 확연히 인식하고 있다. 따라서 학생도 대항하려 하지 않는다. 방법 3에는 힘과 권위가 끼어들 여지가 없다.

[그림 27]에서 제시하는 해결 방법은 두 사람이 각자의 개

인적인 욕구 충족을 위해 수용 가능한 방법을 찾아내려고 고민하면서 머리를 맞댄 상호 작용의 결과다. 이 해결 방법은 분명 교사와 학생 모두 수용할 수 있다. 쌍방향의 상호 존중이 방법 1과 방법 2에서 보이는 일방향의 분노를 대체하면서 각자의 욕구는 자연스럽게 충족된다.

방법 3을 효과적으로 사용하기 위한 전제 조건

갈등 해결 방법으로서 방법 3의 아이디어를 수용하려면 교사는 적극적 듣기 능력을 갖추어야 한다. 이 기술 하나만 제대로 활용해도 교사는 자신의 욕구에 대해 술술 털어놓도록 학생들을 고무할 수 있다. 학생은 자기 욕구가 이해되고 수용되고 있음을 느끼면 맘 놓고 협상에 돌입하게 된다.

교사 역시 나-메시지를 통해 자신의 욕구를 분명하고 정직하게 털어놓을 수 있어야 한다. 면박하거나 모욕을 주거나 꾸짖는 너-메시지를 들으면 학생은 방법 3에 겁을 낸다. 싸워 보기도 전에 이미 패자로 정해져 있다는 낭패감을 느끼게 된다. 이렇게 되면 학생으로서는 도무지 문제 해결 과정에 협조할 기분이 안 난다.

학생 역시 교사가 (자신이 승자가 되기 위해 기존의 방법 1을 위장한 기법이 아닌) 전혀 다른 방식으로 갈등을 해결하고자 한다는 사실을 믿어 주어야 한다. 교사는 학생에게 신뢰를 얻을 때까지 이런 태도를 다음과 같이 얼마간 의도적으로 이야기를 건넬 필요가 있다.

나는 너희를 이기기 위해 내 힘과 권위를 절대로 사용하지 않을 거야. 너희가 나를 이기려고 시도하는 일 역시 용납하지 않을 거고. 나는 너희 욕구를 존중할 테지만 내 욕구도 존중받길 바란다. 너희 욕구와 내 욕구를 한꺼번에 충족시킬 방안을 찾기 위해 색다른 방법을 한번 시도해 보려고 해. 우리가 추구하는 해결 방법은 우리 모두를 승자로 이끌 거야.

T.E.T.에서는 교사에게 학생을 상대로 사전에 방법 3이 방법 1이나 방법 2와 정확하게 어떤 점에서 다른지를 자세히 일러 주라고 충고한다. 비록 유치원생이라 해도 학생들은 대체로 이런 식의 설명을 잘 알아듣는다. 미리 설명을 들은 학생들은 교사가 또 무슨 수작을 부리려는 건가 하는 의심스러운 눈초리를 거둘 수 있다.

학생에게 방법 3을 제시할 때는 문제 해결의 관점에서 접근하는 것이 좋다. "우리에게 지금 문제가 하나 있어. 어떻게 하면 이 문제를 풀 수 있을지 함께 고민해 보자."

방법 3은 또 학생에게 일종의 수수께끼처럼 비칠 수도 있다. "지혜를 모아 이 문제를 풀어 보자. 이 문제를 해결할 길을 찾을 수 있다면 너희도 기쁠 테고 나도 정말 기쁠 거야." 많은 아이가 수수께끼를 좋아하며, 방법 3이 요구하는 창의적인 도전에 흥미를 느낀다.

방법 3으로 문제를 해결하는 여섯 단계

문제를 해결하려면 갈등을 풀어 나가기까지 순차적인 과정을 밟아야 한다. 방법 3은 교육학자 존 듀이가 제안한 문제 해결 과정 여섯 단계를 독특하게 응용한 것이다. 존 듀이가 '개인'의 삶에서 부딪치는 문제를 푸는 데 과학적인 방법을 도입하려고 시도한 것이라면, 방법 3은 '개인 간' 또는 '집단 간'의 갈등에 과학적인 문제 해결 방법을 적용한 것이다. 그 여섯 단계는 다음과 같다.

1단계: 문제 정의하기
2단계: 가능한 해결 방법들 도출하기
3단계: 해결 방법들 평가하기
4단계: 최상의 해결 방법 선정하기
5단계: 해결 방법을 어떻게 이행할지 결정하기
6단계: 해결 방법이 효과적이었는지 평가하기

이 여섯 단계는 교실에서 방법 3을 활용하는 교사에게 더 없이 소중한 지침이다. 어떤 갈등에서는 하나나 그 이상 단계가 생략될 수도 있지만, 교사는 학생과의 갈등에 매달릴 때 항상 이 여섯 단계를 유념해야 한다. 이제 각 단계를 더 세세하게 검토하고, 각 단계를 활용하는 방법과 각 단계에 숨겨진 일반적인 함정을 피하는 데 쓸모가 있을 제안을 몇 가지 해 보려고 한다.

1단계: 문제 정의하기

어떤 현자는 "소유한 문제를 정확하고 분명하게 정의할 수만 있다면 그 문제는 절반쯤 풀린 것이나 마찬가지"라고 했다. 따라서 1단계는 매우 중요하다. 우리의 경험에 따르면 방법 3이 결렬되거나 실패하는 까닭은 교사가 1단계라는 첫 단추를 엉뚱하게 끼웠기 때문일 때가 많다. 다음은 교사가 문제를 규명하거나 갈등의 정체가 무엇인지 정의하려고 애쓸 때 추구할 점과 피해야 할 점 몇 가지를 나열한 것이다.

1 방법 3이 자신들을 조작하려는 또 하나의 속임수가 아니라는 사실을 학생들이 확실하게 이해할 때까지는 문제 해결에 돌입하지 말아야 한다. 학생에게 사전에 방법 3을 설명해 준 후, 적극적 듣기를 활용해야 한다. 학생들에게 어떤 과정을 이수하거나 책을 읽어서 새로운 문제 해결 방법을 익혔노라고 일러 주면 좋다.
2 갈등의 당사자만을 문제 해결에 참여시켜야 한다. 이들만이 문제 해결에 유용한 정보를 갖고 있으며, 최종 결정에 직접 영향을 받기 때문이다(이들은 새로 정해진 규칙을 따라야만 하는 이들이다).
3 학생이 방법 3에 기꺼이 동참하도록 해야 한다. 방법 3은 자발적인 참여를 요구한다. 학생을 강제해서는 결코 민주적인 과정으로 만들 수 없다.
4 최소한 진행 중인 단계는 마칠 수 있을 만큼 시간을 넉넉하게 확보해야 한다. 한꺼번에 한 가지 문제를 마무리 짓

는 것이 가장 바람직하지만, 더러 불가능할 수도 있고, 무리하게 강행하면 다른 문제가 생길 수도 있다. 문제 해결 과정 여섯 단계 가운데 어느 한 시점에서 중단될 수도, 다음 기회로 미뤄질 수도 있다. 실제로 문제 종류에 따라서는 시간 경과가, 특히 2단계, 3단계, 4단계 이전의 시간 경과가 보탬이 되기도 한다.

5 욕구와 감정을 나-메시지 형태로 확실하게 전해야 한다. 자신의 감정을 미진하게 내비치거나 축소하지 말아야 한다. 학생에게 자신이 느끼는 바를 정확하게 표현해야 한다. 나-메시지를 위한 세 가지 구성 요소의 공식을 따른다. 다시 강조하지만 너-메시지는 문제 해결에 전혀 도움이 되지 않는다.

6 자신의 감정에 대해 지나치게 호들갑 떠는 일 역시 경계해야 한다. 감정을 과장해서 학생을 놀라게 한 뒤 문제 해결 과정에 끌어들이려는 방식은 별반 효과가 없다.

7 교사 자신이 바라는 해결 방법이 아니라 교사가 지닌 문제(타개되지 않은 욕구)에 대해 말해야 한다. 욕구는 그 욕구를 충족시키기 위한 해결 방법과는 별개의 것이다. 사람들은 대체로 욕구와 해결 방법을 제대로 분간하지 못한다. 예컨대 '나는 제발 교실에서 학생들이 좀 조용했으면 한다'는 충족되지 못한 욕구를 해소할 수 있는 해결 방법을 표현한 것이다. 다음이 욕구를 나타내는 진술들이다.

"머리가 지끈지끈하다." "나는 지시 사항을 반복하고 싶지 않다." "나는 함께 작업하고 있는 그룹의 이야기를 통 알아들을 수가 없다."

이런 메시지들은 학생에게 교사의 욕구가 무엇인지 전달해 주고 있다는 사실에 주목해야 한다. 하지만 '나는 제발 교실에서 학생들이 좀 조용했으면 한다'는 말은 학생에게 교사가 원하는 해결 방법을 일러 주는 것이지, 교사 자신의 욕구를 분명히 드러내 주지 않는다.

8 학생이 자기 욕구를 표현하도록 돕기 위해 적극적 듣기를 활용해야 한다. 학생 역시 자기 욕구와 자기가 원하는 해결 방법을 분간하는 데 곤란을 겪기는 마찬가지다. 학생의 욕구와 교사의 욕구 양자가 분명히 이해되기 전에는 절대 2단계로 넘어가지 말아야 한다. 갈등이 복잡하고 충족되지 않은 욕구가 대여섯 가지 혼재되어 있을 때는 칠판이나 보드에 기록해 보면 도움이 된다. 교사나 학생 모두 자기 욕구가 정확하게 표현되었다고 흡족해할 때까지 그 목록을 계속해서 정교하게 다듬는다. 존 듀이가 말한 '문제의 정의'는 해결 방법을 나열하라는 뜻이 아니라, 욕구를 정확히 표현하라는 말임을 명심해야 한다.

9 교사가 이미 정해 놓은 규칙(예컨대 금요일마다 자기 책상을 정리 정돈하라는 규칙)을 두고 생긴 충돌에 최초로 방법 3을 도입하는 일은 가능하면 피해야 한다. 만일 이런 일이 생기면 청소와 관련된 학급 규칙이라는 주제를 새로 논의하고, 학생 참여를 배제한 채 일방적으로 정한 과거 방법 1의 결정 사항은 모두 잊어버리자고 말하는 편이 현명하다.

10 방법 3을 처음으로 사용할 때 교사 자신을 괴롭히는 문제만 들추는 식으로 접근하면 안 된다. "우리가 가진 문제는 과연 무엇일까? 우리의 작업을 더 순탄하게 만들려면 어떤 점이 달라져야 할까? 우리에게 필요한 규칙은 무엇일까? 교실을 개선하는 방법에는 뭐가 있을까?" 같은 질문을 학급에 던지고 문제를 나열해 봄으로써 현안을 제기하는 방식이 바람직하다.

2단계: 가능한 해결 방법들 도출하기

문제를 정확히 정의한 후에는 교사와 학생 모두 해결 방법들을 두루 제시한다. 물론 학생이 방법 3에 아직 서투를 때는 교사가 해결 방법을 제시하기에 앞서 학생들의 생각을 묻고, 그 가운데 몇 개를 취하는 것이 상책이다. 다음 유의 사항들이 도움이 될 것이다.

1 학생이 제안한 해결 방법들을 절대 '평가하지 말라'. 이 점은 특히 중요한데, 이 단계에서 자신이 평가받고 판단된다 싶으면 학생들이 자발적으로 의견을 내는 일을 멈춰 버리기 때문이다. 평가는 3단계에서 이루어져야지 2단계에서 시도되면 절대 안 된다.
2 "이 문제를 푸는 데 도움이 될 만한 무슨 해결 방법들 좀 없을까?" "우리가 제시할 수 있는 의견이 얼마나 많을지 한 번 같이 알아볼까?" 같은 열린 질문과 '도어 오프너'를 도입함으로써 참여를 유도한다. 이 단계에서는 제안된 의

견의 '개수'가 중요하므로 모든 의견을 받아들이되 섣불리 수정하려 들지 말아야 한다. 조잡하고 괴상한 해결 방법을 내도 격려를 아끼지 않는다.

3 특히 많은 의견이 쏟아지고 있는 문제를 다룰 때면 교사가 직접 하든 어떤 학생을 시키든 토론에서 나오는 해결 방법들을 기록하는 것이 좋다. 이때 브레인스토밍 과정 자체가 지연되지 않도록 가능한 한 신속하게 진행하도록 한다. 토론 과정을 녹음해 보는 일은 기록 차원에서도 좋고 여러모로 편리하기도 하고 아이들이 매우 좋아하므로 고려할 만하다.

4 학생에게 자기가 제출한 의견을 정당화하거나 설명하라고 요구하지 말아야 한다.

5 학급 구성원 모두 과정에 참여할 수 있도록 고무하되 억지로 강요하지는 말아야 한다. 발언하라고 특정 학생을 지목하지도 말고, 교실을 이리저리 돌아다니는 일도 삼간다.

6 과정이 지체되면 주의를 재차 집중시키는 다음과 같은 질문을 던진다. "아직껏 아무도 생각해 낸 적 없는 무슨 기발한 방법 없을까?" "우리가 떠올릴 수 있는 해결 방법들이 이 외에도 틀림없이 더 있을 텐데……."

3단계: 해결 방법들 평가하기

1 다음과 같은 열린 질문으로 평가 과정을 시작한다. "이제 너희 맘에 드는 해결 방법과 그렇지 않은 해결 방법에 대해 말해 보는 시간이야. 어떤 걸 선택하고 싶니?" "이 의견

들에 대해 어떻게 생각하니? 이 가운데 가장 좋은 방법은 과연 뭘까?"

2 어떤 이유에서든 누가 제기한 것이든 부정적인 평가를 받은 해결 방법은 남김없이 목록에서 지운다.

3 개진된 의견이나 감정을 참가자 전원이 정확히 알 수 있도록 수시로 적극적 듣기를 활용한다. 3단계에서는 문제 해결을 위한 도우미로서 교사 역할이 매우 중요하다.

4 교사 자신의 의견이나 희망을 밝히는 데도 주저하지 말아야 한다. 스스로 도저히 수용할 수 없는 해결 방법이 선택되게끔 수수방관해서는 안 된다.

5 교사 자신의 감정을 표현하기 위해 다음과 같은 나-메시지를 적극 활용한다. "나는 ……해서 그 의견은 절대 받아들일 수 없다." "나는 ……해서 그 해결 방법이 영 꺼림칙하구나."

6 이제 정리하고 분석할 시간이다. 참가자들에게 자기가 제안한 의견을 변론하도록, 자기 의견이 어떤 점에서 유력한지 모두에게 설명하도록 한다. 교사도 마음에 드는 해결 방법에 대해 의견을 밝힐 수 있다.

7 서두르면 안 된다. 학급 구성원 전체가 한 가지 해결 방법으로 뜻을 모을 수 없다고 판단되면 구성원 전체가 발언하도록 충분한 시간을 확보해야 한다. 의견을 표명하지 않은 일부 참가자들은 다음과 같은 나-메시지로 격려한다. "나는 아직 모든 사람의 의견을 다 듣진 못했어. 한 사람도 빠짐없이 모두의 의견을 듣고 싶단다."

4단계: 최상의 해결 방법 선정하기

1단계, 2단계, 3단계를 신중하게 거쳤다면 4단계는 무난하게 진행할 수 있다. 어느 때는 단연 눈에 띄는 좋은 해결 방법이 도출되기도 한다. 모두 동의하면 4단계는 마무리된다. 하지만 3단계가 끝나는 시점에서 좋은 해결 방법이 하나가 아닌 여러 개로 꼽힐 수도 있다. 이런 일이 생기면 다음 몇 가지 요령이 최종 선택에 도움을 줄 것이다.

1 절대로 투표를 해서는 안 된다. 투표는 만장일치가 아니고서야 늘 승자와 패자가 생기기 마련이다. 투표에서 패한 사람으로서는 당연히 그 해결 방법을 이행하려는 동기가 약할 수밖에 없다. 심지어 이들은 처방이 실패하기를 은근히 바랄 수도 있다. 교사는 전원이 합의할 수 있도록 최선을 다해야 한다.

2 비공식적인 의견 조사를 거칠 수는 있다. 학생들의 의견이 대체로 어떤지 말해 주긴 하지만, 이런 조사를 의무적으로 해야 하는 건 아니다. 학생들에게 수신호로 의견을 표시해 달라고 청한다. 예컨대 '해결 방법에 찬성하는' 사람은 머리 위로 손을 들고, 아직 '결정을 못 내렸거나 머뭇거리고 있는' 경우는 교실 바닥과 평행하게 손을 들고, 해결 방법이 '달갑지 않거나 그에 반대하는' 사람은 손을 바닥으로 떨어뜨리라고 청하는 식이다.

3 제안된 해결 방법들을 요모조모 따져 본다. 학생들에게 각 해결 방법들이 선택되면 각기 어떤 효력이 발생할지 상상

해 보라고 한다. "만일 우리가 이 의견을 시행하면 일이 어떻게 돌아갈 것 같니?" "모두 만족할 수 있을까?" "이걸로 우리 문제를 타개할 수 있을 거라고 생각하니?" "무슨 문제는 없을까?" "뭔가 잘못될 가능성은 없을까?"

4 합의 도출에 매진한다. 학급 구성원 전체가 적어도 그렇게 해 보겠다는 데에 동의하기 전까지는 어떠한 해결 방법도 채택하면 안 된다. 동의가 임박한 시점을 잘 감지하도록 예의 주시한다. 합의에 이르렀는지 확인할 최상의 방법은 이렇게 묻는 것이다. "모두 3번 안에 동의한 것 같은데, 혹시 다른 의견 가진 사람 있니?" 그리고 그 결정을 잠정적인 시안으로 남겨 둔다. 학생들에게 최종적인 결정 사항이 만약 최상이 아니라고 밝혀지면 언제든지 재고해서 바꿀 수 있음을 각인시킨다.

5 모두가 동의한 해결 방법을 적어 둔다. 어떤 교사들은 모든 참가자가 해결 방법의 조건과 협의 사항을 이해하고 그에 동의했음을 알리려고 계약서를 작성할 때처럼 전원에게 서명을 받기도 한다. 이때 망설이는 학생이 눈에 띄면 아직 완벽한 합의에 도달한 것이 아니라는 사실을 재빨리 눈치채야 한다. 이런 사태가 발생하면 그 학생의 감정에 주파수를 맞춰야 한다. 누구도 집단의 압력에 굴하거나 항복하거나 마지못해 따르게 해서는 안 된다. 해결 방법에 대해 석연찮은 감정을 내비치는 학생의 메시지를 기민하게 파악해야 한다. 이럴 때 피드백을 하고 그 감정을 잘 살펴보도록 한다. 내키지 않는 순종은 결코 합의가 아니다.

5단계: 해결 방법을 어떻게 이행할지 결정하기

제아무리 생산적일 것 같았던 문제 해결 방법도 제대로 이행되지 않으면 실패할 수 있다. 이런 일은 누가, 언제까지, 무엇을 해야 할지 확실하게 정하지 않아서 생기는 것이 보통이다. 이 단계를 빠뜨리면 사실상 아무것도 되는 일이 없다.

1. 학생에게 "이 해결 방법이 제대로 추진되려면 무엇부터 손을 대야 할까?" "어떤 일에 누가, 언제까지 책임을 지게 하면 좋을까?" 같은 질문을 던진다.
2. 필요하다면 '수행 기준'이라는 주제를 다뤄 본다. 예컨대 교실을 깨끗하게 유지하기 위한 해결 방법은 자연스럽게 모두 수용할 수 있는 '깨끗함의 기준'에 관한 논의(즉 "어느 정도 되어야 교실이 깨끗하다고 볼 수 있는가?")가 필요하다.
3. 누가, 언제, 무엇을 할 것인가에 관한 결정 사항을 메모해 두거나 교실 벽에 게시해 둔다. 학생 몇 명을 뽑아 결정 사항이 잘 이행되고 있는지 체크하고, 담당자에게 마감이 임박했음을 알리는 역할을 맡길 수도 있다.

6단계: 해결 방법이 효과적이었는지 평가하기

6단계도 중요하지만, 반드시 공식화하지는 않아도 된다. 교사의 노력이 효과적이었는지 검토하기 위한 절차일 뿐이다. 차후에 결과를 가늠하기 위한 질문에는 다음과 같은 것들이 있을 수 있다.

"문제는 사라졌나?"

"우리는 문제를 바로잡는 데 진전을 보았는가?"

"우리의 해결 방법은 좋은 결정이었을까?"

"우리가 수행해 온 일들로 모두 한결 행복해졌는가?"

"우리의 결정은 얼마나 효과적이었는가?"

방법 3의 해결 방법에 대한 효과를 따지는 한 가지 명쾌한 기준은 과연 갈등이, 그에 따른 언짢음, 불만의 원인, 부정적인 감정 따위가 사라졌는가 하는 점이다.

더 공식적으로는 교사가 관련 학생을 모두 모아 놓고 이런 질문을 던져 보는 방법이 있다. "우리의 해결 방법에 대해 너희 모두 여전히 만족하니?" "결정 사항은 차질 없이 진행되고 있니?" "우리가 문제를 해결한 걸까?" 다음은 교사가 방법 3의 효과를 평가할 때 보탬을 주는 제안들이다.

1 문제를 해결해 보겠다는 열의에서 비롯되었기는 하지만 차후에 비현실적이라거나 이행하기에 대단히 까다로운 결정 사항으로 드러날 수 있으니 경계를 늦추지 말아야 한다. 사람들은 애당초 생각한 것보다 약속을 지키는 것이 훨씬 더 어렵다는 사실을 발견하기도 한다. 따라서 관련자들과 함께 시시때때로 그 결정 사항에 관한 의견을 재검토해 보는 것이 현명하다.

2 해결 방법이 문제를 풀지 못한 것으로 판명 났다는 사실은 결국 그 해결 방법에나 그것을 이행하는 과정에 뜻하

지 않은 어려움이 있었음을 의미한다.

3 결정 사항은 무조건 신성하며 바꿀 수 없다는 신념으로 인해 형편없는 결정 사항에 헌신하는 모습을 지켜보는 것만큼 안타까운 일도 없다. 방법 3의 핵심 요지는 모든 사람이 자기 욕구를 충족시킬 창조적인 해결 방법에 도달하는 것이다. 해결 방법이 이 목적에 어긋난다면 당장 폐기하고 다른 해결 방법을 별도로 모색해야 마땅하다.

4 문제를 해결한 것처럼 보일지라도 때로 그 해결 방법을 재검토해 보는 일은 여전히 바람직하다. 상황도 욕구도 변하기 마련이다. 방법 3으로 내린 결정을 절대적인 불변의 것으로 여겨서는 안 된다. 언제라도 재평가하고 더 나은 해결 방법을 모색할 준비를 해야 한다.

우리는 교사들이 실패를 두려워하지 말았으면 한다. 사태가 처음 뜻한 대로 전개되지 않는 것은 학생 때문이 아니라 잘못 결정했기 때문이다.

교실에서 방법 3 적용하기

다음 이야기는 T.E.T. 수업에서 뉴잉글랜드 출신의 한 교사가 제출한 것이다.

교사 나한테는 여러분이 거들어 주었으면 하는 문제가 하나 있어. 너희는 늘 너무 시끄럽게 떠들고 나는 늘 너희를 조용히 시켜야 한다는 강박관념에 시달리고 있다는 거야. 나는 그렇게 하는 게 못마땅해. 너희가 계속 떠들면 나는 지시 사항을 반복해야 하고 이미 이야기했던 수업 재료에 대해서도 또 이야기해야 하거든. 하지만 나는 너희도 이야기할 필요가 있다는 것 역시 알고 있어. 나의 욕구와 너희 욕구를 모두 만족시킬 수 있는 방안이 뭔지 찾아보자. 나도 몇 가지를 제안해 볼게. 너희도 생각나는 게 있으면 뭐든 제안해 보렴. 그러면 칠판에 그 의견들을 적을게. 모든 의견은 어떤 논평도 하지 않고 적을 거야. 나중에 그것들이 어떤지 토론해 보고 너희나 내가 원하지 않는 의견이 있다면 지울게.

(교사는 먼저 자기가 생각하는 대안을 칠판에 적었고, 곧이어 아이들도 의견을 내서 그것을 모두 칠판에 적었다.)

1 자리 재배치하기

2 벌주기

3 원할 때면 언제든 말하기

4 매일 대화를 나눌 일정 시간 가지기

5 다른 사람이 이야기할 때는 떠들지 않기

6 전혀 말하지 않기

7 한 번에 반 학생의 절반만 가르치기(나머지 절반은 맘껏 떠들 수 있음)

8 낮은 목소리로 속삭이기

9 오직 말없이 하는 일만 하기

교사   이제 도저히 받아들일 수 없는 제안들은 지우자. 내 맘에 들지 않는 2번과 3번, 그리고 9번을 빼야겠어. (많은 학생이 2번, 6번, 그리고 7번을 지우라고 제안한다.)

교사   이제 남은 안들을 한 번 살펴보기로 하자. 1번 '자리 재배치하기'는 어때?

베리   선생님께서 언젠가 시도하셨기는 하지만 별로 효과는 없었어요.

(간략한 토론을 거친 후 1번을 지우는 데 전원 합의했다.)

교사   4번 '매일 대화를 나눌 일정 시간 가지기', 이 안은 어때?

(이에 대해서는 아무런 반대도 없었다.)

교사   5번 '다른 사람이 이야기할 때는 떠들지 않기', 그럼 이 안은?

(이 안에 대해서도 아무 이의가 없었다.)

교사   '낮은 목소리로 말하기', 이 의견에 대한 생각은 어때?

(이 안에 대해서 역시 아무도 반대가 없었다.)

교사   이제 4번, 5번, 그리고 8번이 남았어. 누구 더 추가하고 싶은 안이 있는 사람? …… 없어? 좋아. 이것들을 종이에 옮겨 적을 테니 모두 여기에 서명하도록 하자. 우리에게는 이게 일종의 계약이야. 교사와

학급 구성원이 모두 조인한 협정서인 셈이지. 모두
이 계약 사항을 충실히 이행하도록 노력해야 돼. 이
계약이 깨지지 않도록 힘써 보자.

간단한 문제 해결 과정에서 이 교사는 어떤 것은 훌륭하
게 진행했지만, 몇 가지는 개선할 필요가 있었다.

1 교사는 주로 자기 자신의 욕구라는 관점에서 문제를 바라
   보고 자신의 감정을 전달하기 위해 나-메시지를 사용했
   다. 하지만 교사의 나-메시지는 학생들의 소란스러움이
   어떻게 자신에게 '실질적이고도 구체적인 영향'을 미치는
   지 구체적으로 밝히지는 않았다.
2 교사는 왜 학생들이 대화를 나눌 필요가 있는지 탐구해
   보도록 더 적극적으로 격려할 필요가 있었다. 아마 이런
   질문이 보탬이 되었으리라. "그렇게나 자주 이야기를 나누
   고 싶은 너희 욕구를 더 잘 이해할 수 있다면 좋겠다. 대체
   너희 속내가 어떤지 내게 말해 주지 않겠니?"
3 교사는 자기가 삭제한 해결 방법들에 왜 반대했는지 그
   이유를 설명해 주었더라면 좋았을 것이다.
4 문제 해결이 4단계인 의사 결정을 넘어서지 못했다. 교사
   는 다음과 같은 말로 5단계에 학생을 참여시켰어야 했다.
   "이제부터는 과연 어떻게 이걸 실행에 옮길까? 해야 할 일
   이 뭘까? 누가 그 일을 맡으면 좋을까? 어떻게 하면 해결
   방법이 원활하게 작동할 수 있을까?"

5 교사는 다음과 같이 말함으로써 6단계인 평가 계획까지
　세웠어야 했다. "우리 언제 다시 모여서 결정 사항이 잘 실
　천되고 있는지 평가해 볼까?"

다음은 마를린 앤더슨 교사가 자신이 지도하고 있는 초등
학교 3학년 학생 30명과 문제 해결을 위해 회의한 내용이다.
이 학급은 5개월 동안 일주일에 두 번씩 정기적으로 회의를 열
었다.

이 회의는 교사가 적극적 듣기를 유감없이 활용함으로써
학생들과의 상호 작용을 얼마나 잘 북돋울 수 있는지 보여 준
탁월한 예다. 다음 내용을 읽어 보면 적잖은 학생들이 문제에
깊은 관심을 갖고 있다는 인상을 받게 된다. 여기에서 문제는
서로를 분열시키고 대립하게 만드는 교사와 학생과의 갈등이
아니라 바로 '학급의 문제'로 받아들여지고 있다. 교사는 한 명
의 집단 구성원일 뿐인 것처럼 보인다. 분명 교사는 자신의 '심
리적 크기'를 축소하는 데 상당한 역량을 보였다.

교사　오늘 학급 회의에서 토론하고 싶은 안건을 제출해
　　　볼 사람?

빌　　전에 저희 독서 모임에 관한 일을 제안해 보겠다
　　　고 말씀하셨던 거, 기억 안 나세요?

교사　맞아. 하지만 세세한 것까지는 잘 기억나지 않는
　　　구나. 기억을 되살리게 당시 정황을 설명해 줄 수
　　　있겠니?

빌   음……. 저희가 독서 모임을 진행하는 동안 방해
      받는 문제였잖아요.

교사   아, 그랬었지. 그때 우리 모임에 소속되지 않은 다
      른 학생들에게 우리가 피해를 입었었지?

스티브 예. 그리고 저희가 면담을 진행하는 동안에도요.

교사   맞아. 이번 주에 면담을 진행하는 동안에도 상당
      히 방해받았던 것 같다. 자꾸 그런 일이 생기면 나
      로선 학생과 개별 면담을 진행하는 게 너무 어렵
      게 느껴져. 속이 부글부글 끓는다고.

줄리   우리 모두 뭔가 다른 일을 하고 있고, 선생님께선
      개별 면담을 하시는 자습 시간을 말씀하시는 거
      군요?

교사   그래. 문제는 대략 다음 두 가지로 좁혀지는 것 같
      구나. 첫째 아침에는 저마다 개별적으로 공부하는
      자습 시간에 교실에서 방해를 받고 있다는 점이
      고, 둘째 오후에는 많은 아이가 수업을 위해 제각
      각 다른 교실로 이동할 때 교실 밖에서 훼방을 받
      고 있다는 것. 맞지?

일동   예.

교사   문제가 좀 있는 것 같구나.

스티브 확실히 그래요.

교사   지난주에 누군가 우리가 실행할 해결 방법을 제안
      했는데, 그건 '들어오지 마시오'라고 쓰인 경고문
      을 출입문에 붙이자는 거였어.

제이 그 경고문은 어떨 땐 효과가 있었지만 요즘 다시 다른 애들이 여전히 들락날락하면서 우리를 훼방 놓고 있는걸요.

빌 어떤 애들은 물건 챙겨 가는 걸 잊어버리고 다시 그걸 찾으러 오기도 해요.

스티브 그 애들은 왜 자기 교실로 갈 때 물건을 챙겨 가지 않는 거죠?

교사 너희는 그 애들이 애초 자기 교실로 돌아갈 때 물건을 꼭 가져가야 한다고 보는구나.

켄 저는 그 애들이 물건을 찾기 위해 다시 되돌아오느라 시간을 축내려고 일부러 그런 짓을 저지른다고 봐요.

제이 맞아요. 그 애들은 자기 물건이 아닌 뭔가 다른 걸 원하고 있는 것 같아요.

교사 관심을 끌려고 그런다는 뜻이니?

제이 그렇다고 단언할 수는 없지만 그럴 가능성이 크다는 거죠.

줄리 다른 이유도 있어요. 우리 시간도 덩달아 뺏으려는 거예요.

빌 자기들 시간 역시 얼렁뚱땅 때우려는 거고요.

스티브 그 애들은 자기 할 일을 요리조리 피하려고만 들고, 다른 선생님들이랑도 말썽을 빚고 있어요.

교사 그러니까 그 애들은 우리를 방해할 뿐만 아니라 자기들에게까지 해를 입히고 있는 거네?

스티브 바로 그거예요.

교사 설마!

빌 그렇지 않아요.

줄리 친구네 가기 전에 저희 엄마는 늘 이렇게 확인하세
요. "준비물 다 챙겼니? 뭐 잊은 물건은 없어? 나중
에 집에 올 때 그것들 꼭 챙겨 오는 거 잊지 마라."

교사 누군가 물건 잘 챙기라고 상기시켜 주는 것이 너
희는 익숙하구나.

제이 하지만 그걸 체크해 줄 사람이 항상 주위에 있는
건 아니니까 그건 그다지 좋은 방법이 아닌 것 같
아요.

섀넌 저는 제 물건을 잘 챙기는 편인데…….

교사 섀넌은 자기 물건을 책임감 있게 챙기는 것이 자
랑스러운가 보다.

섀넌 예.

빌 방해하는 사람들과 관련해 제게 멋진 아이디어가
하나 있어요.

교사 오, 그 생각을 이야기해 주겠니?

빌 예, 아예 문을 잠그는 거예요.

패티 누군가 문으로 들어오려고 하면 손짓으로 쫓아 버
리면 돼요.

존 만일 선생님이 들어와야 한다면 그땐 어떻게 해?
선생님들은 무슨 수를 쓰든 들어오시고 말잖아.

교사 너희는 어른들이 문에 붙여 둔 쪽지를 유심히 읽

어 보지 않고 우리를 훼방 놓는 것을 본 적이 더러 있는 모양이구나.

존 그럼요. 어른들은 그까짓 쪽지 따위야 쉽게 무시하죠. 자기네들이 무슨 대단한 존재인 줄 안다니까요.

교사 어른들이 그 쪽지에 주의를 기울이지 않는 건 불공정한 것 같구나.

존 정말 그래요. 어른들도 우리 쪽지를 꼭 읽어야만 해요.

스티브 저는 문을 걸어 잠그는 건 별로 좋은 의견이 아니라고 생각해요. 사람들이 어떻게든 문을 여느라고 더욱 덜커덩거리지 않겠어요? 그러면 전보다 더 신경 쓰일 수밖에 없을 거예요.

패티 만약 불이 나서 황급히 빠져나가야 하는 상황이 닥치면 그땐 어떡하지?

줄리 상상만 해도 정말 끔찍하다.

캐롤 '들어오지 마시오. 바로 당신 말이오'라고 쓴 쪽지를 붙이면 어떨까요?

일동 어, 그거 참 참신한 의견이다.

교사 그 쪽지는 꽤 쓸모가 있겠는걸.

캐롤 그럼 제가 지금 붙어 있는 쪽지를 떼 올게요.

스티브 저는 뒤 문장을 써넣을 수 있는 펜을 준비할게요.

존 '당신'이라는 단어에 밑줄도 긋자.

일동 그래, 좋아. 그건 감정을 싣는다는 의미니까.

(학생 대여섯 명이 쪽지를 새로 쓰고 다시 붙였다.)

교사　다른 의견은 없니?

빌　교실 안에서 방해가 되는 학생들은 어떻게 하죠?

줄리　교실 안의 훼방꾼은 늘 그 애들이 그 애들이에요.

제이　그 애들은 면담에 참석시키지 말아야 해!

교사　지금 보니 너희, 면담을 꽤 소중하게 여기는 모양이구나.

스티브　정말 그래요. 만일 너무 시끄럽게 떠들어 대서 방해하는 사람이 있다면 그런 학생은 절대 선생님과의 면담에 참여시켜선 안 돼요.

존　예. 저도 동감이에요.

캐롤　제 생각은 달라요. 그 애들을 벌주는 것만이 능사는 아니라고 봐요. 그 애들도 아마 면담에 참여하고 싶을 거예요.

빌　저도 반대예요.

섀넌　저는 그 애들의 자유 시간을 빼앗아야 한다고 생각해요.

스티브　우리는 모두 자유 시간이 아쉬우니 그 의견은 별로 좋지 않은 것 같아요.

켄　모두 교실에 있을 때 면담을 방해하는 사람들은 학급 규칙을 어기고 있는 거예요. 그 점에 관해서는 모두 더 주의를 기울여야 해요.

캐롤　우리에게는 이미 학급 규칙이 있으니까 켄 의견에 동의해요. 모두 더 책임을 느껴야 해요.

교사   몇 가지 흥미로운 해결 방법들이 논의되었구나. 나 역시 학급 규칙을 위반하는 학생을 대할 때 더 많은 책임을 느껴야 할 것 같구나.

캐롤   예. 그러면 상당히 도움이 되리라 생각해요.

켄   선생님께서는 규칙을 집행할 때 더 힘을 쓰실 필요가 있을 것 같아요.

교사   누가 오늘 우리가 나눈 이야기를 좀 정리해 볼 수 있을까?

비벌리   제가 해 볼게요. 교실을 떠나는 사람들은 나설 때 자기 물건을 모두 챙겨 가야 한다는 사실을 꼭 기억해야 해요. 그건 우리가 출입문에 이미 쪽지를 붙여 두었고요. 또 우리 모두 자습 시간에 이전보다 더 많이 자제해야 해요. 그래야 선생님과의 개별 면담을 순탄하게 진행할 수 있으니까요. 그리고 앤더슨 선생님은 학급 규칙을 어기는 학생을 더 잘 감독하고, 규칙 집행에 더욱 힘을 쏟기로 하셨어요.

교사   고마워, 비벌리.

이 내용은 초등학교 3학년생들이 책임감과 자기 훈련성을 갖추는 방법을 너끈히 소화해 내고 있음을 잘 보여 준다. 이들은 자기 속내를 솔직하게 털어놓으면서 다른 사람의 의견 역시 귀담아들었다. 심지어 다른 사람에게 비판적일 때조차 아무 거리낌 없이 자신의 감정을 피력했다. 그리고 어른 집단에서도 찾아보기 힘든 정도의 문제 해결 능력을 유감없이 발휘했다. 여러분 역시 이 교사-학생 관계에서 따뜻함과 친밀감을 느꼈을 것이다.

앞서 방법 3식 문제 해결 방법의 예(1단계, 2단계, 3단계, 4단계만으로 진행된 교실 잡담에 관한 갈등)에서와 달리, 이 학급은 이행(5단계)의 문제를 직접 다루었다. 이들은 해결 방법을 '누가' 집행할 것인가 하는 문제를 제기했고, 한 걸음 더 나아가 규칙 위반자를 다룰 때 처벌해도 되는지 여부에 대해서까지 논의를 확장했다.

방법 3이 왜 효과적인가?

몇 가지 실례나 사례 연구를 제시함으로써 무패 방법의 이득과 보상을 어느 정도 명료화하긴 했지만 여전히 모호한 채로 남아 있는 것들도 얼마간 존재한다. 대다수 교사가 방법 3이 과연 시간과 노력을 따로 들여 자신을 변화시킬 만큼 확연하게 가치 있는 일인지 확신하고 싶어 한다.

분노를 일으키지 않는다

누구도 패자가 아닌 채로 갈등이 해결되면 방법 1이나 방법 2를 쓸 때 일어나는 분노는 일지 않는다. 경험에 비추어 보면 두 사람이 서로의 차이를 극복하고 양쪽 욕구를 동시에 충족시키는 해결 방법을 도출했을 때 관계는 더욱 돈독해진다. 사람들은 대체로 상대의 욕구를 희생하면서 자기 욕구를 충족시키는 것보다는 자신의 욕구뿐 아니라 상대의 욕구까지 한꺼번에 충족되는 해결 방법을 선호한다.

왜 그런가? 누군가 패자가 되면 갈등의 승자는 어쩔 수 없이 죄책감에 시달린다. 스포츠나 그 밖의 경쟁적인 게임, 즉 '공인된 갈등'에서마저 승자는 자신의 승리에 관해 양가적인 감정에 빠지는 법이다. 다른 사람을 실의에 빠뜨리고 그에게 좌절감을 안겨 준 장본인이 된다는 것이 마냥 유쾌할 수만은 없기 때문이다.

해결책 이행의 동기를 키운다

많은 교사들이 보고하고 있는 바, 방법 3의 해결 방법을 이행하는 데 학생들이 대단한 열의를 보이는 것은 무엇보다 다음과 같은 '참여의 원칙'이 작용하기 때문이다.

사람들은 스스로 발언할 수 없었을 때와 달리 직접 의사 결정에 참여하게 되면 그 결정 사항을 수용하고 그것을 이행하려는 동기를 갖게 된다.

사람들은 누구나 스스로 주도권을 잡고 싶어 하고, 자기 운명을 스스로 개척할 수 있기를 바란다. 따라서 누군가에게 강요당하거나 제지받으면 분노하거나 저항하며, 삶을 주도할 기회를 허용하지 않는 존재에게 적대감을 갖는다. 이것은 인간이라면 누구에게나 해당되는 보편적인 현상이다. 하지만 학교에 종사하는 여러 교사나 행정가들은 학생 역시 인간이라는 사실을 걸핏하면 잊어버린다.

방법 3이라고 해서 참가자 전원이 결정 사항을 의욕적으로 이행할 것임을 저절로 보장해 주는 것은 결코 아니다. 하지만 문제를 푸는 데 이 방법을 활용하는 교사들은 "어? 깜빡했어요!" "벌써 시간이 그렇게 됐나?" "누가, 제가요?" "저 말고 누구 다른 사람이 하겠거니 하고만 생각했는데……" 같은 반응이 현저히 줄어든다는 사실을 실감한다.

교사가 이런 반응을 접하는 경우는 학생이 무슨 변명을 둘러댈 때가 아니라 진짜로 깜빡 잊었을 때뿐이다. 의사 결정 과정에 참여한 학생들은 결정 사항에 이해관계를 가지고 있고, 열의를 품고 있으며, 그것이 이행되는 것을 지켜보게 된다. 대개 방법 1로 갈등을 해결하는 가정에서 자란 학생이나 방법 1의 갈등 해결밖에 모르는 교사에게 만성이 돼 있는 학생의 경우 방법 3이 또 하나의 절묘한 속임수가 아니라 누구도 지지 않는 무패 방법이라는 사실을 깨달으면 완전히 매료된다. 이들은 자기 삶에 관한 의사 결정에 참여할 기회를 두 번 다시 잃지 않으려고 열의와 적극성을 발휘한다.

"두 사람이 머리를 맞대면 한 사람보다 한결 낫다"

방법 3은 교사와 학생 양자의 경험, 창의적 사고, 지식의 도움이 총동원된다. 그 결과 독특하고 창의적인 해결 방법들이 도출된다. 교사가 아는 것도 경험한 것도 더 많아서 학생을 위한 최상의 것이 뭔지 알고 있다는 합리화는 분명 어떤 문제들에서는 타당할 수도 있다. 하지만 설령 그 말이 사실이라 해도 문제에 쏟게 되는 교사 한 사람의 경험과 지식은 언제나 교사와 학생 양자의 지식과 경험의 합만은 못한 법이다.

교사의 지식과 학생의 지식을 서로 경쟁하게 만드는 일은 오로지 방법 1과 방법 2에나 적합하다. 이기거나 지는 접근 방법은 참가자 양쪽 가운데 한편을 늘 문제 해결에서 배제하기 때문이다. 그러나 갈등에 개입한 쌍방이 각자의 자원을 문제 해결에 동시에 투여하면 양쪽의 지식과 경험은 경쟁하지 않고 하나로 통합된다. 방법 3은 두 개의 요소가 서로를 상승시켜 줌으로써 한쪽이 독자적으로 창출해 낼 수 있는 것 또는 양쪽이 각각 생산해 낼 수 있는 것의 '합'보다 더 나은 무언가를 낳는 과정, 즉 '시너지 효과'를 내는 과정이다.

이러한 시너지 효과는 남부 캘리포니아 출신의 한 초등학교 교사가 T.E.T.에 보고한 다음 경험을 통해 확연히 알 수 있다.

저는 교사가 원하는 의례적인 답변을 할 수 있도록 학급 아이들에게 중요한 질문을 던지는 식으로 아이들을 통솔하곤 했습니다. 예컨대 "여러분, 도서실로 걸어갈 때는 조용히 해야겠지요?" 그러면 학생들은 순한 양처럼 당연히 "예" 하고 대답했습니다. "뛰어도 되나요?" 하고 물어도 아이들은 한결같이 대답했지요. "아니요, 뛰면 안 돼요." 저는 여행을 떠나거나 소방 훈련을 하거나 수업 참관인이 오기 전날이면 으레 학급 아이들에게 '예행연습'을 시키곤 했습니다.

그래요. 아이들은 언제나 제 의견을 잘 따라 주었습니다. 하지만 "아니요, 절대 뛰면 안 돼요"라고 대답해 놓고도 아이들은 언제 그랬냐는 듯 늘 뛰고 밀치고 아우성을 칩니다. 저는 다시 교실로 돌아왔을 때 아이들에게 물었습니다. "우리 약속을 지켜야 하지요, 여러분?" 그러면 보통 "예. 약속은 지켜야 해요" 하는 대답이 이어집니다.

T.E.T. 강사님께서 어떤 학급인가에서 녹음해 온 테이프를 들어 주었을 때, 그 안의 교사 말이 제 귀에 너무 미련스럽게 들렸고, 제가 얼마나 그 교사와 똑같은 말을 밥 먹듯 해 왔는지 깨달았습니다. 저는 뭔가 다른 방법을 시도해 보아야겠다고 마음먹었습니다. 거의 몇 주 동안 학급에서 쉴 새 없이 잔소리를 늘어놓고 있는 한 가지 문제, 즉 쉬는 시간 마치고 때맞춰 수업에 들어오는 문제에 방법 3을 적용해 보기로 한 겁니다.

예전에는 그 문제를 늘 해 오던 식으로만 대처했거든요. 아이들은 번번이 뭉그적거리며 늦게 들어왔고, 저는 그때마다 운동장으로 나가 애들에게 빨리 한 줄로 집합하라고 악을 쓰곤 했습니다. 아이들이 모두 집합해 일렬로 정렬한 후 다시 교실로 들어오기까지는 줄잡아 10분 정도가 소요되었습니다. 일행이 교실에 들어오면 저는 또 물었습니다. "종소리가 울리면 계속 놀아야 하나요, 여러분?" 그러면 아이들은 하나같이 "아니요"라고 대답합니다. 저는 다시 묻습니다. "종이 울리면 어떻게 해야 하지요, 여러분?" 그러면 애들은 합창을 합니다. "한 줄로 집합해요." 그러고 나서 또 제가 말하지요. "이제부터는 여러분에게 일렬로 집합하라고 고함치지 않을 거예요, 알겠어요?" 아이들은 입을 모아 "알겠습니다" 하고 대답하지요. 하지만 이튿날이면 저는 또 밖에 나가 아이들에게 한 줄로 집합하라고 고래고래 소리를 지르고 있고요.

제 말이 믿기시나요? 아무튼 이번 주에 저는 제가 늘 하던 그런 맥 빠진 질문은 집어치우고 대신 '나-메시지'를 보냈습니다. 아이들에게 내가 집합하라고 고함지르기가 얼마나 지긋지긋한지, 교장 선생님이 우리가 허비하는 시간을 이유로 내게 형편없는 평점을 주면 어쩌나 얼마나 전전긍긍하는지 격의 없이 털어놓았습니다. 그러고 나서 아이들의 반응을 기다렸습니다.

애들은 그 바깥 땡볕에서 저를 기다리며 서 있는 게 지겹다고 했고, 도대체 왜 한 줄로 집합해야 하는지 그 이유를 모르겠다고 했어요. 애들은 종이 울렸을 때 왜 그냥 교실로 들어오면 안 되는지 수긍하지 못하겠다고 하더군요.

저는 "그야 뭐 지금껏 늘 한 줄로 집합해 왔잖아" 하고 얼버무렸습니다. 애들은 왜 그래야 하는지 되묻더군요. "그게 일이 돼 가는 일반적인 방식 아닌가?" 하는 것말고는 분명한 이유가 달리 떠오르지 않는다고 답했습니다.

당연히 아이들로서도 납득이 되지 않았겠지요. 그래서 우리는 우리의 욕구를 정의해 보기로 했습니다. 제 욕구는 학생들이 될수록 빨리 질서 정연하고 절도 있는 방식으로 운동장에서 교실로 들어왔으면 하는 것이었어요. 아이들은 자기들을 교실로 이끌고 가려고 무더위 속에서 5분 남짓 한 줄로 서서 기다리다가 제가 오면 군인처럼 행진해야 하는 일을 그만뒀으면 좋겠다고 했고요.

우리는 어떤 학생이 제안한 한 가지 해결 방법을 택하기로 했습니다. 종이 울리면 아이들은 그냥 운동장에서 교실로 걸어 들어오고, 저는 애들과는 별도로 교사 휴게실에서 걸어 나오기로 한 거예요. 그렇게 우리는 따로따로 교실로 들어왔습니다.

오늘까지 사흘 동안 그렇게 해 오고 있습니다. 모두 잘 해내고 있지요. 하루 10분, 한 줄로 집합하는 데 걸리던 시간과 한 줄로 서서 조용히 걸어오라고 설교하느라 허비하곤 했던 숱한 시간을 절약하고 있습니다. 저도 운동장으로 걸어 나갈 필요가 없고요. 무엇보다도 가장 주목할 만한 변화는 우리가 교실에 들어왔을 때 서로를 어떻게 느끼게 되었는가 하는 점이었습니다. 한 줄로 늘어서 조용히 교실로 행진해 들어오던 때는 학생은 학생대로 저는 저대로 서로에게 짜증스럽고 불만 가득했어요. 하지만 이제는 상쾌한 기분으로 교실에 들어옵니다. 아니 그렇게까지는 못 되더라도 최소한 서로에 대해 폭발 직전의 날 선 감정은 없어요. 그러면 오후가 내내 잘 풀리죠.

이 문제에서 가장 어려웠던 점은 아이들을 한 줄로 세울 필요가 없다는 걸 파악하고, 그게 아이들을 교실로 들어오게 할 하나의 방법이 될 순 있어도 서로에게 좋지 않은 해결 방법이었다는 걸 제가 확신하는 일이었습니다.

이 교사는 방법 3을 통해 함께 머리를 맞대고 완전히 다른 시선으로 새롭게 문제를 바라보면 뜻하지 않은 멋진 처방이 나올 수도 있음을 자연스럽게 알게 되었다. 나중에 이 교사는 '한 줄로 세우는 규칙'처럼 아무짝에도 쓸모없는 해결 방법들이 더 남아 있지나 않은지 살펴보려고 나머지 학급 규칙도 다시 검토했다고 한다.

따로 '설득'할 필요가 없다

앞에서 지적했듯 방법 1은 대개 교사가 해결 방법을 제시하고 나면 그것을 설득하는 두 번째 단계(학생에게 그 방법을 납득시키거나 수용하도록 구슬리는 단계)가 필요하다. 학생이 자신의 해결 방법을 교사에게 이해시켜야 하는 것을 제외하면 방법 2 역시 마찬가지다.

방법 3에서는 이 설득이 문제 해결 과정 안(3단계)에 이미 들어 있다. 서로에게 수용 가능한 최종 해결 방법을 취할 때, 교사도 학생도 이미 그 해결 방법을 받아들이고 있기 때문에 별도의 설득 과정은 필요 없다. 따라서 방법 3은 때로 시간을 절감해 준다.

어떠한 힘이나 권위도 필요하지 않다

방법 3으로 얻을 수 있는 가장 큰 이득은 아마도 힘에 따른 심각한 부작용을 줄여 준다는 점, 즉 패자가 관계에 파괴적으로 작용하는 대응 기제를 개발할 필요를 느끼지 않는다는 점일 것이다.

힘에 의존하지 않는 학교는 지금의 학교와는 근본적으로 달라진다. 즉 교사나 어른의 권위에 대응하기 위해 아이들이 다양하게 개발한 대응 기제(공격, 앙갚음, 고의적인 파괴 행위, 조롱하기, 규칙 우습게 보기, 다른 사람 괴롭히기, 다른 사람에게 뒤집어씌우기, 거짓말하기, 떼밀기, 때리기 등)를 고안해 내려고 동원하는 분열적이고 파괴적인 학생 행동이 현저히 줄어든다는 것이다.

학교에서 비롯되는 이러한 극적인 변화의 가장 큰 수혜자는 당연히 교사다. 여느 중고등학교의 대다수 교사와 달리 이런 학교에 근무하면 학교로 향하는 발걸음이 무겁지 않을 것이다.

학생과 교사 사이가 좋아진다

많은 학교 연구자와 비평가가 학생 대다수가 교사를 싫어한다는 사실, 그리고 놀랄 만큼 높은 비율의 교사들 역시 아이들이라면 치를 떤다는 사실을 알게 된다. 두말할 필요도 없이 이런 현실은 갈등 해결에 대한 권위적인 접근법(방법 1), 그리고 허용적인 접근법(방법 2)의 결과다.

방법 3은 상호 존중, 상호 보살핌, 상호 신뢰가 가득한 관계를 만들어 준다. 무패 방법에 의한 갈등 해결은 사람들을 맺어 주고 따뜻한 감정을 불러일으킨다. 힘이나 권위 사용을 자제하는 교사들은 학생들이 자신의 친구가 될 수 있으며, 자기들의 친구가 학생이 될 수 있다는 사실을 발견하고 무척 흐뭇할 것이다.

교사와 학생 사이에 놓인 진짜 문제에
접근할 수 있다

방법 1과 방법 2는 문제를 피상적으로 다룬다. 우리는 이런 문제를 '상황을 떠보는 문제', 즉 문제 해결 과정에 착수하려고 사용되었을 따름인 '안전한' 문제라고 본다. 어떤 교사가 한 학생이 다른 학생들의 이목을 끌면서 조용한 자습 시간에 어릿광대짓을 하는 장면을 목격했다고 가정하자. 교사는 그 학생이 다른 아이들의 관심 대상이 되고 싶어 하고, 중심에 서려는 욕구를 지니고 있다고 넘겨짚는다. 그리고는 그 문제를 위한 해결 방법으로 나름의 조처를 한다. 그 학생이 보여 주고 싶어 하는 어릿광대짓을 교실에 있는 학생들 모두가 볼 수 있도록 교실 앞에 세운 것이다. 하지만 정작 그 학생은 전혀 관심의 초점이 되고 싶었던 것이 아닐 수도 있다. 그의 행동은 교사와 일대일로 만나고 싶어서일 수도, 배우는 내용을 이해하고 싶어서일 수도, 숙제하는 데 개인적으로 도움을 받고 싶어서일 수도 있다. 따로 도움받지 않으면 친구들이 자기를 바보라고 여길까 봐 겁먹고 진짜 자기감정을 숨기려고 일부러 어릿광대짓을 했을 수 있다.

　방법 3을 활용하기 시작한 교사들은 교실 문제에 대한 선입견은 그릇된 것이기 쉽다는 사실을 거듭 강조한다. 어떤 행동을 보았을 때 그것을 두고 억측을 하는 것은 어찌 보면 당연한 일이다. 다음 표는 학생 행동에 대한 그릇된 가정의 예들이다.

　교사들이 학생의 행동 뒤에 숨은 동기를 어림짐작하는 대신 학생과의 갈등을 자신의 충족되지 못한 욕구로 정의하면 (나-메시지로 자신의 욕구를 표현하면), 진짜 문제가 서서히 수면 위로 모습을 드러낸다. 진짜 문제가 무엇인지 알게 되기 전까지는 아무리 그럴듯한 해결 방법이라도 부적절하고 초점을 빗나가기 쉽다.

행동	가정	진짜 문제
영어 수업에 늦는다.	영어를 싫어한다.	수업에 제때 들어오기에는 전 시간 수업 장소에서부터 걸어와야 할 거리가 너무 멀다.
지시를 잘 따르지 않는다.	반항하는 것이다.	이따금 잘 듣지 못하고 지시 사항을 놓친다.
엄마에게 집착한다. 유치원에 가지 않으려고 억지를 부린다.	응석받이거나 아직 철이 덜 들었다.	버림받게 될까 봐 두려워한다.
숙제를 제출하는 법이 없다.	게으르다.	늦은 밤까지 일하느라 숙제할 시간이 없다.
체육 활동에 참여하지 않으려고 한다.	놀림당할까 봐 두려워하고 있다. 놀림을 받아들이지 못한다.	빈혈 때문에 조금만 움직여도 쉽게 피로를 느낀다.

학생을 더 책임감 있고 성숙하게 만든다

학교 행정가나 교사들은 학교의 가장 중요한 목적은 학생을 책임감 있고 성숙한 어른으로 자라게 하는 것이라고 입을 모은다. 이것은 시민 사회에서 요구되는 기본적인 자질이다. 교육학자들은 지난 수십 년 동안 '책임감 있는 시민을 위한 교육'을 매우 중요한(가장 중요한 건 아니지만) 학교의 기능으로 꼽아 왔다.

하지만 이런 이상을 머리로 이해한다고 해서 저절로 구현되는 것은 아니다. 학교가 어른의 힘이나 권위에 과도하게 의존하는 관행을 중단하지 않는 한 학생은 절대로 책임감을 느끼게 되거나 성숙해지지 않는다. 힘을 행사함으로써, 즉 처벌하거나 처벌하겠다고 협박함으로써, 또는 보상하거나 보상을 제거함으로써 아이들을 지배하고 제어하면 그들이 책임감을 갖출 기회는 원천적으로 봉쇄된다. 아이들이 영영 의존성과 미성숙의 덫에 갇히게 된다.

학생들은 특정 행동을 할 것을 강요받으면 책임감 있게 행동할 기회를 잃는다는 사실을 다시금 유념해야 한다. 처벌에 대한 두려움 탓에 마지못해 무슨 일을 하는 것과 스스로 책임감을 느끼고 무슨 일을 하는 것은 그야말로 하늘과 땅 차이다. 만일 학생이 교사의 가르침을 훼방 놓는 어떤 행동인가를 단지 처벌에 대한 두려움 때문에 그만둔다면, 그것은 분명 책임감이나 다른 사람의 욕구를 배려하기 위해 하는 행동과는 거리가 멀다.

교사가 방법 1을 사용하면 학생은 신뢰받고 있지 않고, 책임감 있다고 여겨지지 않고, 다른 사람의 욕구를 배려하면서 행동할 능력이 있다는 평가도 받지 못한다고 느낀다. 사려 깊게 성숙한 행동을 하기에는 아직 어리다는 교사의 메시지를 감지하는 것이다. 이런 메시지를 거듭 접하면 학생은 점차 그것을 기정사실로 믿기 시작한다.

　반면 방법 3은 학생에게 다음과 같은 메시지를 전달한다. 너는 성숙한 행동을 할 능력이 있다, 너는 교사의 감정을 이해할 수 있다, 자기 행동이 다른 사람을 방해한다는 사실을 깨닫게 되면 너는 그 행동을 수정할 수 있다, 너는 스스로 의사 결정할 수 있다, 그 결정 사항을 충실히 이행할 수 있다, 성숙하고 책임 있고 유망한 집단 구성원으로서 참여할 수 있다…….

　무엇보다도 교사들은 힘과 권위를 쥐고 있는 지배자들이 피지배자를 취약하고 무기력하고 의존적이고 미성숙하다고 믿게 해서 그 권력을 지키는 것이라는 사실을 이해해야 한다. 그렇게 되면 힘을 다른 비권력적 방법으로 대체하기 위한 첫발을 내디딜 수 있다.

9

무패 방법을 실천하려면
어떻게 해야 하는가?

방법 3은 어디에나 적용할 수 있다. 갈등은 모든 종류의 학교나 학급, 학생들에게서 가지각색의 문제로 인해 빚어진다. 또 학교 안에서 발견되는 온갖 관계에서 발생한다.

사람들이 개인적이든 집단적이든 타인과 관계 맺을 때 갈등은 언제 어디서나 필연적으로 생긴다. 하지만 유난히 학교에서는 갈등이 지속적이고 자주 일어난다. 학교만큼 그 울타리 내에 그렇게 이질적인 집단들(나이, 인종이나 민족, 지적 수혜, 교육적 전문 지식, 권위 수준, 사회적·정서적 성숙도, 재능의 정도가 저마다 제각각인 사람들)이 모여 있는 곳은 좀처럼 찾아보기 어렵기 때문이다. 학교에서 여러 갈등이 일어나고 있다는 것은 새삼스럽지 않다.

사람들은 학교가 이런 갈등을 줄일 수 있으리라 기대하지 않는다. 이미 학교라는 집단의 다양성 때문에 그게 비현실적이라는 것을 알기 때문이다. 학교의 효율성은 건설적인 기술과 방법으로 사람들을 훈련시켜 갈등을 해소하는 데 있고, 거기에 생존 여부까지 달려 있다고 해도 과언이 아니다. 오늘날 학교는 갈등 관리에 있어 대단히 혁명적으로 변화할 것을 요청받고 있다. 모든 사람이 자기 욕구를 충족시키고 잠재력을 최대한 계발할 수 있도록, 부득이하게 생길 수밖에 없는 갈등을 건설적으로 해소하는 방법을 서둘러 모색해야 한다. 이 과정에는 교사, 학생, 학부모, 교직원, 행정가 들이 고루 동참해야 한다.

이 장에서는 각기 다른 성공 수위를 드러내면서 다양한 관계를 누비는 방법 3의 활약상을 다룬다. 독자들은 방법 3을 시도해 본 교사가 얻게 되는 이득은 물론 그 우려와 난점에 대해서도 얼마간 인식할 수 있을 것이다.

교수-학습 가능 영역에서 발생하는 갈등을 방법 3으로 해결하기

이제 막 방법 3을 배운 교사들은 이 방법론을 주로 학생의 '비행'이 일으킨 갈등(마치 이것이 교사-학생의 유일한 갈등이기라도 한 듯이)의 해결 방법이라고만 오해하기 쉽다. 하지만 실제로 교사-학생의 갈등은 상당 부분 교수-학습 가능 영역의 교사-학생 관계에서 비롯된다. 교사나 어른들은 누구나 예전에 자기를 가르쳤던 교사들과의 관계에서 숙제나 과제물, 기말 논문의 주제 선택, 시험 성적, 구두 보고서에 대한 교사의 평가, 자리 배치, 수행 기준, 자기 이름을 조금밖에 불러 주지 않았던 점 등을 이유로 무수한 충돌을 겪었던 기억을 생생하게 떠올릴 수 있을 것이다.

교사가 가장 빈번하게 권위적인 태도를 보이는 것은 바로 교수-학습 가능 영역에서다. 교육 목표는 대체로 교사의 특권으로 여기고 있어 좀처럼 학생과의 협상 테이블에 올리지 않기 때문이다.

T.E.T. 강사들은 교사들에게 '행동 문제'를 넘어서 사고해 보도록, 학문적인 영역에서 발생한 학생과의 갈등에 방법 3을 적용할 때도 개방적으로 대해 보라고 부추긴다. 교사들은 방법 3이 효력을 발휘하는 학문적인 영역이 예상보다 넓다는 사실을 이내 알아차린다. 다음은 T.E.T. 수업에 참여한 한 고등학교 공작 교사가 들려준 상황이다.

시험을 치르던 날 목공 작업을 하는 2학년생 하나가 저를 찾아왔어요. 늘 고민으로 꽉 차 있고 뭔가 문제를 지닌 학생이었지요. 그 학생이 묻더군요. "저 오늘 꼭 이 시험 치러야 되나요? 어제 결석해서 선반 기계에 대한 수업과 실험을 모두 놓쳤는데요. 저는 숙제를 해야 한다는 사실도 몰랐기 때문에 그것에 관해선 지금 아무것도 모르거든요." 저는 이 일을 문제 해결 기법을 시험해 볼 다시없는 기회로 삼았습니다. 그래서 그 학생에게 다른 학생들이 시험을 치르는 동안 숙제를 하라고 하고, 수업 끝날 때쯤 시간이 나면 다시 말해 보자고 제안했습니다.

학생　다른 학생들이 보는 것과 똑같은 시험을 저도 보면 안 될까요? 단 저는 '오픈북' 형식으로요.

교사   시험 볼 때 책을 참고할 수 있다면 좋겠다고 생각하는구나?

학생   예. 저는 책을 보면 잘할 수 있어요. 언젠가 선생님께서 저희에게 오픈북으로 시험을 치르게 한 거 기억나세요?

교사   시험 볼 때 모두 책을 참고해도 좋다고 했던 그날 말이지? 그때 시험을 더 잘 봤다고 생각하니?

학생   예. 그날은 '모두' 책을 펴 볼 수 있었죠. 하지만 이번 시험에서는 다른 아이들이 저보다 실제로 유리하잖아요. 그 애들은 제가 못 받은 수업도 들었고 실험도 했으니까요. 저는 그 기계를 사용해 본 적조차 없거든요.

교사   네가 수업을 듣지 못했기 때문에 다른 아이들에 비해서 불리하다는 느낌이 드는구나? 만일 네가 오픈북으로 시험을 치르면 그 불이익을 조금이나마 보상받을 수 있다고 생각하는 거지?

학생   맞아요. (잠시 머뭇거리더니) 아니면 시험에 대해서는 다 잊어버리고 그냥 제게 B학점을 주시면 안 될까요? (멋쩍은 듯이 웃는다.)

교사   우리에게는 분명 문제가 있구나. 서로 만족할 수 있는 해법을 찾아보자. 나는 너에게 기계를 다루는 시험을 치르게 하는 것이나 그걸 오픈북으로 하는 건 다소 우려스러워. 어쨌든 나는 네가 공정하게 시험

보고, 안전 수칙을 비롯한 내용 전반을 충분히 익혔는지 확인하고 싶어. 네가 정말로 이해도 하지 못했는데 책을 보고 시험을 치르는 건 아닌지 걱정되는구나.

학생 그건 그래요.

교사 네 문제의 정체가 과연 뭔지 알고 싶다.

학생 무슨 말씀이시죠? 왜 그렇게 하시려는 건데요?

교사 단지 일방적으로 네게 무슨 일을 하라고 일러 주기보다 함께 머리를 맞대고 그 문제를 해결해 보자는 거지.

학생 좋아요. 저도 협조해 볼게요.

교사 좋아. 너는 몸이 아파서 선반 기계에 관한 수업 시간과 실험 시간에 빠졌잖니. 그리고 네가 전에 한 번도 그 기계를 사용해 보지 않았다는 이유로 넌 스스로 다른 아이들에 비해 불리한 처지고, 그 상태로 시험을 치르는 건 불공정하다고 생각하고 있어.

학생 예, 맞아요.

교사 좋아. 몇 가지 다른 대안을 떠올려 보자꾸나. 무슨 좋은 의견 있니?

학생 예. 우선 저는 오픈북으로 시험을 치를 수 있어요. 그런데 선생님은 그렇게 하지는 않으실 거잖아요.

교사 맞아. 하지만 검토해 볼 만한 하나의 안은 될 수 있지. 그리고 또?

학생 없어요.

교사 아까 이야기한 건 어때? 시험은 잊어버리고 너에게
     B학점을 주는 안 말이다.

학생 왜 그렇게까지 말씀하세요? 그렇게도 안 하실 거면
     서…….

교사 아냐. 다른 것들과 함께 그 안도 한 번 생각해 보자
     꾸나. 그러면 우리 둘 다 흡족한 해결책을 찾을 수
     있을 거다.

학생 참 딱한 노릇 같아요. 왜 이렇게까지 해야 하는 거
     죠?

교사 네가 원하지 않을 수도 있는 결정을 나 혼자 일방
     적으로 밀어붙이기보다 우리가 생각할 수 있는 의
     견을 모두 열거해 보자는 취지에서야. 알아듣겠니?

학생 예. 알겠어요.

교사 무슨 다른 의견은 없어?

학생 없어요.

교사 다른 아이들이 보았던 것과 유사한 예전 시험지를
     살펴보면 어떻겠니? 그걸 숙제처럼 풀고 나면 또
     다른 시험도 치를 수 있을 텐데…….

학생 그것도 성적에 들어가나요?

교사 아니야. 하지만 네가 중요한 정보를 얻는 데는 보탬
     이 될 거다.

학생 음! (잠시 생각에 잠기더니) 그럴 수도 있겠네요.

교사 아니면 네가 시험 범위를 다시 읽어 보고 시험을
     치를 수도 있다.

학생 예. 그것도 좋을 것 같아요. 아니면 제가 다시 와서 비디오를 볼 수도 있고요. 그것도 도움이 될 거예요.

교사 방과 후에 실험을 할 수도 있겠다.

학생 예. 그럴 수도 있겠네요.

교사 그 외에 다른 의견 있으면 말해 봐.

학생 이젠 정말 없어요. 벌써 맘에 드는 게 몇 가지 있는 걸요.

교사 좋아. 그럼 우리가 얘기한 목록을 한 번 살펴보자.

1 오픈북 시험

2 시험은 생략하고 그냥 B학점 주기

3 책을 참고하여 연습 삼아 이전 시험지를 풀어 보고, 진짜 시험은 책 없이 보기

4 시험 범위를 다시 읽어 보기

5 비디오 보기

6 방과 후에 다시 와서 실험하기

학생 저는 1번, 3번, 아니면 5번이 좋아요.

교사 차례차례 살펴보자. 1번은 아까 설명했다시피 안전 때문에 기계 시험에서는 내가 받아들이지 못하겠어. 2번은 어떠니?

학생 싫어요. 그건 정말 웃기는 안인 것 같아요. 어쨌든 공평하지 못해요.

교사 나로서는 3번이 무난해 보인다. 네 생각은 어떠니?

학생 저도 그래요. 나쁘지 않아요.

교사 좋아. 일단 3번을 선택해 볼 수 있겠구나.

학생   4번은 썩 좋은 안이 아닌 것 같아요. 저는 그게 그
      다지 득이 될 거라고 보지 않아요. 저한테는 5번이
      가장 좋은 안으로 보여요. 6번도 그럴듯하긴 하지
      만 방과 후에 다시 오기가 어렵거든요.

교사   5번과 6번을 섞어 보면 어떨까? 금요일 자습 시간
      에 여기에 와서 비디오를 보는 거야. 그리고 나서
      다른 아이들이 작업하는 동안 실험할 수 있게 도와
      주마.

학생   그렇게 해 줄 수 있으시겠어요?

교사   너한테 도움이 된다고 판단되면 그렇게 하마. 다른
      아이들 작업하고 있는 동안 중요한 요점에 대해서
      만 개괄하고 다뤄 줄게.

학생   그러면 언제 시험을 보게 되나요?

교사   월요일 자습 시간 어때?

학생   예, 그게 좋겠어요.

이 교사는 나중에 다음과 같이 결과를 보고했다.

놀랍게도 그 해결 방법은 효과가 있었습니다. 그 학생은
이튿날 와서 비디오를 보았고, 저는 핵심적인 안전 요점을
포괄하는 간단한 실연을 해 보였습니다. 학생은 제게 월요
일에 시험을 치르기 전까지 그 시험 범위를 다시 공부하
겠다고 했어요. 학생은 B학점을 받아서 무난히 시험에 통
과했습니다.

설사 학생과 교사 서로가 수용할 수 있는 성공적인 갈등 해결에 미치지는 못한다 하더라도 이 같은 협력의 경험은 틀림없이 관계 개선에 적지 않은 영향을 줄 것이다. 교사가 융통성 있고 다양한 의견에 열린 마음을 갖고 있으면서도 자기 신념은 확고히 지킨다는 사실을 깨닫자 교사에 대한 학생의 감정은 한결 긍정적으로 바뀌었다. 학생이 책임감 있게 협상에서의 자기 몫을 충실히 하는 모습을 보면서 늘 불평불만이 가득한 학생이라고 생각했던 교사의 평가도 달라졌다.

다음은 다른 문제를 해결한 사례다. 9살짜리 남학생들을 담당하고 있는 일리노이의 마를린 앤더슨 교사는 T.E.T.에서 다루는 '정기적인 계획 회의(Periodic Planning Conference, PPC)' 과정, 즉 교육 목표를 정하기 위해 교사와 학생이 방법 3으로 합의하는 과정을 시범 삼아 해 보고 있다. '정기적인 계획 회의'는 방법 3으로 갈등을 해결하는 데 기반이 되는 원칙, 즉 학생은 자신이 참여하거나 발언권을 가진다면 그 결정 사항을 이행하는 데서 한결 더 동기화된다는 원칙에 입각해 있다.

다음 내용은 학생이 자신의 감정을 풀고, 그것을 잘 극복해 가도록, 그 과정에서 부딪치는 장애를 순조롭게 제거하도록, 문제 해결 과정에 자유롭게 참여하도록 돕는 데서 교사의 적극적 듣기 얼마나 효과적인지를 잘 보여 준다.

교사　안녕. 오늘 나와 함께 생각해 봤으면 하는 문제가 좀 있지?

학생　예. 이번 주에는 책을 많이 읽었어요.

교사   정말 이 책을 열심히 읽고 있구나.

학생   이 책들이 모두 같은 내용을 담고 있는지 궁금해요.

교사   '박스카 칠드런(Boxcar Children)' 시리즈가 다 똑같은지 알고 싶은 거로구나.

학생   이 책들은 모두 같은 이야기를 다루고 있나요?

교사   이 시리즈는 등장인물은 같지만, 줄거리는 책마다 다르단다.

학생   아! 그게 바로 제가 궁금해하던 점이에요. 그렇다면 다들 틀림없이 재미있을 거예요.

교사   이런 종류의 책을 더 읽고 싶은 게로구나.

학생   예. 다 읽을 때까지 다른 일에는 집중을 못 하겠어요. 오늘 수학 시간에는 덧셈과 뺄셈을 했는데, 최근에 나눗셈을 공부하고 있어서 그런지 다른 것들은 몽땅 잊어버리는 바람에 잘할 수 없었어요.

교사   그래! 그 쉬운 내용을 완전히 잊었단 말이지?

학생   예. 그래서 시험지를 제대로 다 풀지도 못했어요. 왠지 시험지가 낯설었고, 덧셈과 뺄셈이 뒤죽박죽 되어 마구 헷갈렸어요.

교사   서로 다른 과정을 뒤섞어 놓으면 까다롭게 느껴지기도 하지.

학생   정말 그럴 수도 있나 봐요. 하지만 저는 곱셈은 제법 잘하거든요.

교사   곱셈은 곧잘 하니 자랑스럽나 보다. 수학 선생님께서도 수업을 아주 재미있게 하시는가 봐.

학생 예. 정말 재밌어요. 전에, 그러니까 올 학기초만 해도 저는 학교를 좋아하지 않았거든요. 그런데 서서히 무슨 변화인가가 일어났어요. 그게 뭔지는 잘 짐작이 안 되기는 하는데요, 아무튼 이젠 정말 학교가 좋아졌어요.

교사 와, 그것 참 신나는 기분이겠는걸! 교실에서 네 행동이 눈에 띄게 좋아지고 있다는 건 나도 진작부터 느꼈다. 전엔 체육 교사들이 쉬는 시간에 가끔 벌어지던 쌈박질 때문에 울상이었는데, 최근에는 그런 일이 완전히 사라졌단다.

학생 선생님은 왜 그런 거 같으세요? 예전에 저는 여학생들과 도무지 어울릴 줄을 몰랐거든요. 하지만 이제는 줄리랑도 잘 놀아요. 줄리가 박제한 동물 여러 개 가지고 있는 거 아시죠? 그것도 제가 갖고 놀라고 빌려준 거 거든요. 우리는 쉬는 시간에 그 동물들을 들고 밖에 나가서 놀아요.

교사 예전에는 여학생들과 어울리기 힘들어했니?

학생 예.

교사 여학생들이 두려웠던 거니?

학생 정말 그랬어요. 하지만 이젠 아니에요. 오늘은 켄이랑 놀았어요. 장난감 자동차 몇 대를 가지고요.

교사 그러니까 이제는 남학생과도 여학생과도 잘 놀 수 있게 된 거로구나.

학생 예.

교사	제이, 이야기할 시간이 얼마 남지 않았다. 앞으로 몇 주 동안 네가 어떻게 학습할 계획인지 궁금하다.
학생	예. 저는 기필코 '박스카 칠드런'을 다 읽고 말 거예요. 이 시리즈를 읽고 있는 동안에는 쓰기에 들일 시간이 별로 없다는 거 이해하시겠죠?
교사	너무 읽기에만 치중하다 보니 쓰기에 할애할 시간을 못 내는 모양이구나.
학생	하지만 쓰기에서는 제가 많이 앞서 있잖아요.
교사	지금으로선 쓰기가 안중에 없다는 말이니?
학생	아니에요. 정말로 그렇지는 않아요. 읽기 선생님께 내야 할 과제가 약간 있어서 그런 것뿐이에요.
교사	너한테 전해 줄 대문자와 물음표, 마침표 사용에 관한 시험지가 한 장 있는데…….
학생	아, 거기에 고쳐야 할 곳이 몇 군데 있단 거 저도 알고 있어요.
교사	좋아. 그걸 가지고 다니면 다음 주까지는 수정할 수 있을 거다.
학생	책을 보고 해야 할 미술 숙제도 몇 가지 있어요.
교사	계획을 들려주어 고맙구나, 제이.
학생	별말씀을요.

이 대화를 평가하면서 이 교사는 적극적 듣기와 문제 해결 기법을 숙지하고 있는 교사와의 관계에서 이뤄지는 개별화 교육과 교사와 학생이 함께 교육 목표를 설정하는 일의 치료

적 효과에 대해 다음과 같이 덧붙였다.

> 여기에서 가장 흥미로운 대목은 이 학생의 행동이 이후 어떻게 변했는가 하는 점입니다. 이 학생은 30명 가운데 가장 덩치가 큰 축에 속했는데 늘 불만에 차서 입이 비죽 튀어나와 있었고, 다른 사람들을 헐뜯고 다녔고, 툭하면 싸움에 휘말리곤 했습니다. 그런데 개별화 교육을 시행하고, 목표 달성을 위한 정기적인 계획 회의(PPC)를 통해 교육 목표를 함께 설정하는 데 주력한 지 여섯 달 정도 지나자 이 학생은 행동이나 태도가 놀랄 만큼 바뀌었습니다.

방법 3으로 학생과 학생 사이의
갈등 해결하기

학생들 사이에서 벌어지는 갈등은 당사자들의 교수-학습 시간을 빼앗을 뿐 아니라 전체 학생을 방해한다는 점에서 교실에 상당한 해를 끼친다. 어느 나이대의 아이들이든 불화, 입씨름, 말다툼, 싸움질 따위에서 벗어날 수 없어 충돌이 완전히 사라지기를 바라는 것은 헛된 노릇처럼 보인다.

일반적으로 교사들은 힘을 사용하거나 처벌하겠다고 으름장을 놓거나 실제로 처벌하는 방법을 통해 이러한 학생들 간의 충돌을 무마하려 한다. 이들은 학생들 간의 갈등을 다룰 때 감정이 매우 비효과적이고 무기력하다는 사실을 시인한다.

무패 방법인 방법 3은 교사-학생의 갈등만큼이나 학생-

학생의 갈등에도 효과적이다. 물론 학생-학생의 갈등에서 교사는 두 학생 간에 방법 3의 여섯 단계가 매끄럽게 진행되도록 돕는 역할을 한다는 점이 다르다. 노사를 협상 테이블로 이끄는 중재자 비슷한 역할을 하는 것이다.

이런 역할은 초등학교 4학년생 로라와 앤의 충돌을 해결하기 위해 T 교사가 시도한 다음의 대화에서 잘 살펴볼 수 있다(뉴잉글랜드 출신 T 교사가 제출한 내용이다).

앤 T 선생님, 로라가 저와 함께 앉아 지도 작업을 하려고 하지 않아요.

로라 그건 앤이 작업하려고 하지 않아서일 뿐이에요. 앤은 그저 수다나 떨고 빈둥빈둥 놀 궁리나 하는걸요. 그리고 제 공책에 자꾸 낙서하려고 해요.

앤 낙서하는 시늉을 했을 뿐이지 진짜로 한 건 아니잖아.

교사 너희 둘 다 문제가 있는 것 같네. 두 사람 이야기를 다 들어 봐야 어떤 결론에 이르든 해결책을 찾든 하겠구나.

둘 좋아요. 어떻게 하면 되죠?

교사 너희 기분이 어떤지에 대해서만 말해 주렴. 그러면 귀 기울여 들으마.

앤 로라는 전에 제 옆에 앉았으면 좋겠다고 말해 놓고 이제는 내가 언제 그랬냐는 식이에요. 어쨌든 로라는 진짜 저랑 앉기를 원한 건 아니에요. 그렇게 하

면 선생님이 자기를 예뻐하고 좋은 애라고 생각할
거다 싶어서 그런 것뿐이라고요. 저는 정말로 로라
랑 같이 작업하면 좋겠는데…….

로라 나도 처음에는 너랑 함께 작업하고 싶었어. 하지만
넌 내 작업을 망쳐 놓고 있어. 나는 제발 숙제를 제
시간에 제출했으면 좋겠어. 넌 네 일이 어떻게 되든
아랑곳하지 않으면서 나도 너랑 똑같이 되길 바라
잖아.

교사 앤은 로라랑 이 작업을 같이 하고 싶다는 거구나.
그런데 너희 둘은 서로 의견이 다른 것 같다. 로라
는 앤과 함께 하고 싶었지만 앤이 진지하게 하지
않으니 그러기 곤란하다고 생각하는 것 같고. 이 문
제를 해결할 방안을 있는 대로 나열해 보자.

앤 로라가 더 인내심을 갖고 저를 도우면 돼요.

로라 제가 앤과 떨어져서 따로따로 하면 돼요.

앤 선생님께서 우리 책상을 좀 떨어뜨려 놓으면 어때
요?

로라 (그다지 심각하지는 않게) 선생님께서 '앤은 골칫거
리'라고 쪽지를 써서 앤 어머니에게 보낼 수도 있어
요.

앤 (심각한 표정으로 보복하듯이) 로라 어머니에게는
로라가 완벽주의자처럼 군다고 말할 수 있고요.

로라 앤이 자리에 앉아 묵묵히 할 일을 하고, 빈둥거리며
시간을 때우지나 않으면 돼요.

앤 로라가 자기 하고 있는 부분까지 제가 따라잡을 수
    있게 기다려 주면 돼요.

로라 우리가 다시 시도해 보면 되겠네요.

교사 너희가 말할 때 적어 놓은 가능한 해결 방법들을
     내가 한 번 읽어 볼게. 이것들 가운데 너희 생각에
     는 어떤 게 제일 나은 것 같니? (해결 방법들을 모
     두 읽는다.)

앤 '함께 다시 시도해 보기'요……. 그게 별로 효과가
    없으면 '책상 떨어뜨려 앉기'요.

교사 내가 제안 좀 해도 되겠니? 각자 상대를 어떤 점에
     서 괴롭히는지 잘 알았으니까 하루만 다시 시도해
     보고 서로를 괴롭히는 일은 자제하면 안 될까? 그
     리고 하루가 끝날 즈음 다시 나한테 와서 어떻게
     되었는지 말해 주는 거야. 그때 다 다시 이야기해
     볼 수 있어. 하지만 진짜로 이 일이 잘될 수 있도록
     노력해 보는 거야. 책상을 떨어뜨려 놓을 수도 있겠
     지만, 그건 너무 어그러지기 쉬운 안인 것 같아. 너
     희가 지도 작업과 이 문제를 훌륭하게 해결할 만큼
     충분히 성숙한 아이들이라고 나는 믿어.

이 짤막한 대화 이후의 사태에 대해 T 교사는 이렇게 말
했다.

로라와 앤은 지금 함께 작업하고 있습니다. 그때부터 현재

까지 그만하겠다는 요구 없이 이틀이 지난 상태입니다. 앤은 예전에는 진정한 우정을 확인하기 위해 지나칠 정도로 자기 친구들을 '시험'하는 유형이었지만(그래서 앤의 우정이 툭하면 깨졌고, 그래서 그 상처를 치유하고 싶었기 때문인 듯합니다), 이제는 비로소 친구이자 작업 파트너인 한 사람을 얻게 된 것입니다.

고작 몇 분 사이에 T 교사는 앤에게 개인의 인간관계에 한결같이 적용되는 새로운 모델을 한 가지 제안했다. 이 모델을 수차례 반복하여 동료들과 관계 맺는 앤의 비효율적인 방식을 급속히 바꾸고 앤이 성장하도록 도왔다. 그 결과 T 교사는 가장 진정한 의미의 교육자, 즉 그저 한 사람의 교과 교사가 아니라 학생의 전인적인 성장을 돕는 교육자가 될 수 있었다. 교육의 이상이 실현된 순간이었다.

다음은 T.E.T.를 수강한 한 교사가 학생들 간의 충돌을 해소한 예다. 뉴잉글랜드 출신 J 교사는 자신이 담당하고 있는 초등학교 3학년 남학생들과 방법 3으로 문제를 해결한 사례를 보고했다.

교사   3학년 아이들은 쉬는 시간에 문제가 좀 있는 것 같아. 몇몇 친구들을 경기에 참여하지 못하게 하고, 공을 빼앗거나 훼방을 놓는다고 불평하는 소리를 들었어.

딕   예. 톰과 커트는 밖으로 나오면 대장처럼 굴면서 다른 아이들 위에 군림하려 들어요.

빅　모두 그 애들을 두려워하고 있어요. 이반과 제이는 그 애들과 뭉쳐 다니지만요.

돈　우리가 규칙을 일러 주었지만 그 애들은 전혀 개의치 않고 공을 빼앗아요.

프레드　맞아요. 톰은 운동장에 나오기가 무섭게 공을 빼앗아 달아나 버려요.

딕　우리가 팀을 정하잖아요? 그러면 톰은 자기가 원하는 팀에 막무가내로 들어가 버려요.

마이크　하지만 넌 늘 고함치잖아. "새로운 사람 필요 없어" 하고.

딕　그래. 하지만 시작하고 난 후 새 사람이 등장해서 경기에 합류하려고 하면 좀 곤란하잖아.

마이크　나는 늦게 나타나지 않았어. 너는 내가 운동을 잘 못 할 거라고 지레 그렇게 생각할 뿐이야. 한 번도 경기에 참여해 본 적은 없지만 나도 할 수 있다는 걸 네가 알아주면 좋겠어.

딕　그렇지만…….

교사　마이크, 딕은 네가 경기하는 모습을 볼 기회가 전혀 없어서 과연 네가 어떻게 하는지 알 턱이 없다고 생각하나 봐.

마이크　경기에 직접 뛰지 않으면 누구라도 실력이 향상될 수 없잖아요.

딕　그래, 맞아. 그 말이 옳아. 너는 경기를 할 수 있어.

교사　너희 상당수가 톰과 커트를 두려워하고 있구나. 그리고 그 애들이 공을 빼앗는다고 느끼고 있고.

딕　규칙을 정해서 3학년 교실에 인쇄물을 돌리면 어떨까요? 그러면 모든 아이가 읽어 보게 될 테고, 그러면 그 애들이 공을 빼앗지 않을 텐데 말이죠.

빅　그런 일만 없다면 더 많이 운동할 수 있을 텐데…….

돈　톰과 커트가 그 규칙을 진짜로 알지 못해서 그러는 건지도 몰라요. 규칙을 알 수 있도록 그 애들에게 그걸 한 번 써 보게 하면 어떨까요?

폴　그 규칙을 어떤 식으로 만들 수 있을까?

교사　너희는 3학년생 전원에게 해당되는 규칙을 만들고 싶은 거로구나. 정말 근사한 생각이다. 그 작업을 해 보고 싶은 학생들이 함께 모이면 어떨까? 목록이 준비되면 나한테도 알려 주고 학급 전체가 그걸 가지고 토론할 수 있게 해 주렴.

다음은 이 대화 이후 전개된 상황에 대해 교사는 이렇게 말했다.

남학생 6명 정도가 규칙을 정하는 작업에 부지런히 매달렸습니다. 학급 구성원 전체가 완성된 목록을 보고 나서, 6번 '새로운 참가자 불가'에 대해서만 이의를 제기했습니다. 일단 경기가 시작되면 새로운 선수들은 끼어들지 못하도록 했습니다. 다른 학급을 위해서 6번에 대한 설명을 덧붙인 규칙 용지를 복사했고요. 그 용지는 각 반 교실에 게시되었고, 교사들은 모두 그 결과에 크게 만족했습니다. 다른 반 아이들 누구도 어떤 식으로든 그 규칙에 이의를 달지 않았다는 게 참 흥미롭습니다.

저는 아이들에게 초기에 어떻게 조직을 꾸리는지 일러 주었고, 그들이 자기 문제를 다루는 방식을 지켜보면서 느낀 기쁨을 아이들과 공유했습니다. 마이크는 전보다 한결 행복하다고 했고, 이제는 친구들을 화나게 하는 일도 저지르지 않고 있습니다. 톰과 커트가 어떻다느니 불평하는 아이들도 없습니다.

학생들끼리 심각하게 충돌하면 폭행 사건이 일어날 수도 있고, 어떤 경우에는 그 갈등에 연루된 일원을 지원하기 위해 깡패들이 동원되는 걷잡을 수 없는 사태로 번지기도 한다. 다음은 주로 흑인과 저소득층 출신 아이들로 구성된 로스앤젤레스 와츠 지역에 있는 어떤 학교의 교사가 수년 전 발생한 폭력적인 소요 장면에 대해 들려준 이야기다.

같은 반이던 6학년 여학생 2명은 교실뿐 아니라 어디를 가나 만나기만 하면 서로 치고받으며 싸우는 게 일이었습니다. 둘은 오빠와 언니, 친구들을 있는 대로 그러모았고 둘의 싸움은 급기야 깡패 집단들 간의 패싸움으로까지 번졌습니다. 서열 높은 깡패 가운데 몇이 무기를 소지하고 있었고, 그것을 사용하겠다고 으르고 있던 터라 소요 사태가 발발하기 직전이었습니다.

C 교장, 그리고 두 여학생의 담임 교사가 사태 해결을 위해 회의를 열었지만 아무 소용이 없었습니다. 그들은 한 학생을 다른 반으로 보내는 식으로 두 학생을 떼어 놓자는 데 거의 의견을 모았습니다. 하지만 C 교장은 한 아이를 다른 반으로 옮기기 전에 두 아이 문제를 놓고 그 학급과 맞서 보려고 했습니다. 그리고는 T.E.T. 수업에 함께 참여하던 교사들에게 그 작업에 필요한 나-메시지를 잘 구상할 수 있도록 도와 달라고 부탁했습니다. 교사들은 이러한 처방에 반기를 들었습니다. 싸우고 있는 것은 두 여학생일 뿐 학급 전체가 아니므로 두 학생과만 대결해야 한다고 C 교장을 설득한 것입니다. 잠시 생각에 잠긴 C 교장은 이윽고 그 의견을 받아들였고, 두 여학생을 교장실로 호출하여 문제 해결을 위해 대화해 보라는 제안에 동의했습니다. 교사들은 두 여학생의 싸움이 깡패 집단의 패싸움으로 커지지 않을까 하는 두려움과, 만일 그런 사태가 발생하면 교장으로서는 속수무책일 수밖에 없다는 내용을 C 교장이 나-메시지를 통해 전달할 수 있도록 거들었습니다.

그다음 주에 T.E.T. 수업에서는 그새 일이 어떻게 전개되었는지 이야기해 달라는 요청이 쇄도했습니다. C 교장은 기쁨과 흥분으로 들떠 있는 상태였습니다. 그는 누구라도 자신이 두 여학생과 만난 결과를 알아맞히는 사람이 있으면 즉석에서 100달러를 주겠노라고 큰소리를 쳤습니다. 끝끝내 알아맞히는 사람이 하나도 없다는 사실에 대해 C 교장 자신도 약간 놀라는 눈치였습니다.

두 여학생이 교장실에 들어오자 그는 미리 마련해 간 나-메시지를 아이들에게 들려주었습니다. 그러고 나서 애들의 반응을 보기 위해 돌아앉았습니다. 둘은 한동안 말없이 가만 앉아 있다가 이윽고 약속이나 한 듯 동시에 말을 시작하더니 서로에게 모든 허물의 책임을 뒤집어씌웠답니다. C 교장은 "T.E.T. 과정을 밟기 전에는 이런 식의 사태를 제대로 감당해 본 적이 없었다"고 했습니다.

다음은 무슨 일이 일어났는지에 대해 C 교장이 T.E.T. 수업에 참여한 교사들에게 들려준 내용입니다.

"그 애들은 서로를 향해 욕을 하면서 고래고래 소리를 질렀고, 최악의 결과까지 거론하면서 그렇게 만들어 버리겠노라고 윽박질렀습니다. 몇 주 전이라면 제가 이 아이들이 이렇게 행동하도록 가만 놔두었을 리가 없죠. 그것도 제 집무실에 그러다니요. 하지만 얼마 후 그들이 차츰 진정되기 시작했기 때문에, 적극적 듣기를 할 수 있는 좋은 여건이 된 것 같았어요. 그 애들의 목소리는 평상시 대화 수준의 톤으로 가라앉았고 입에 욕설을 올리진 않았거든요. 그 애들은 마치 다른 무슨 일인가에 착수하기 전에 서로를 향해 속 시원하게 악을 질러 봐야만 했다는 듯이 보였습니다. 그런데 그 애들이 상대를 향해 바락바락 떠든 내용이라곤 둘 가운데 한 아이가 친구들이 보는 앞에서 다른 한 아이를 '거리의 창녀'라고 불렀다는 사실 하나였습니다. 실제로 그 여학생은 자기는 그저 '거리의 창녀 같다'고 했을 뿐 결코 '거리의 창녀'라고는 하지 않았다고 되받았습니다. 그 애들의 감정에 귀 기울이고, 또 그들이 서로 이해할 수 있도록 도우면서 저는 둘 사이의 진짜 차이는, 설마하시겠지만, 화장과 몸치장에 관한 의견 차이일 뿐이라는 사실을 점점 더 확연하게 깨닫게 되었습니다.

제가 지금까지 한 말은 믿을 수 없는 일의 오직 일부분에 지나지 않습니다. 거의 패싸움으로 번질 뻔한 상황에서 아무도 믿지 않은 해결 방법이 도출되었습니다. 두 여학생은 자신들에게 진정으로 아쉬운 것은 여학생의 몸치장을 위한 강의가 하나 있어야 한다는 것이라고 결론지었습니다. 저는 그 애들이 그 강의를 개설하도록 도왔습니다. 한 여교사가 그 학급의 후원자가 되어 주기는 했지만, 백화점이나 미용실, 화장품 회사 등에서 필요한 자원을 끌어모으는 일은 주로 두 여학생이 도맡아 해냈습니다. 이들은 6학년 여학생 38명으로 구성된 모임을 꾸리고, 일주일에 두 차례씩 방과 후에 모여 옷 입는 법이나 화장하는 법을 익히기로 약속했습니다.

저는 방법 3이 정말 효과적이라는 사실을 거듭 확신합니다. 예전 같으면 제 해법이란 게 고작 경찰 부르는 것 말고 달리 뭐가 있었겠습니까?"

물론 심각한 학생과 학생의 갈등에 적용된 방법 3에서 언제나 이런 상상을 초월할 만큼 건설적이고 극적인 해법을 기대할 수 있는 것은 아니다. 하지만 T.E.T. 강사들은 예사롭지 않은 결과, 그리고 '치유 불능이다' '정상이 아니다' '회복 불가능하다'고 여겨지던 관계가 크게 반전된 이야기를 심심찮게 듣는다. 방법 3의 활용 방법을 교사들에게 지도하는 우리는 이런 사건들에 이제 놀라지 않는다. 방법 3은 분명 효과적이고 때로는 기적을 일으키기도 한다. 의미 있는 관계의 변화는 오로지 오랜 기간에 걸친 집중 심리 치료를 받은 후에나 가능하다고 주장하는 심리학 또는 정신의학의 전통 속에서 교육받은 이들에게 방법 3의 긍정적인 효과들은 사실 쉽게 믿기지 않을 것이다.

　여기에서 얻게 되는 교훈은 사뭇 의미심장하다. 전문가들이 영유아의 사회적·심리적 박탈이 미치는 영향에 대해 지나치게 호들갑을 떨어 왔다는 사실, 그리고 수용받고 신뢰하는 분위기 속에서 기본 욕구를 충족시킬 진정한 기회를 제공하는 방법론의 혜택을 받게 된 아이가 얼마나 스스로 변화할 수 있는지 그 능력이 그간 너무 과소평가되어 왔다는 사실이다. 심리적으로 상처받은 아이가 원래 모습을 되찾는 일은 우리 대다수가 상상하는 것보다 훨씬 더 손쉬운 일일 수도 있다.

교실에서 규칙을 정할 때
방법 3을 활용하는 방법

인간관계에서 규칙이나 규정이 필요 없다고 주장할 사람은 없을 것이다. 가족 관계에서도 가족의 존속과 가족 구성원의 안전을 위한 규칙이나 방침은 꼭 필요하다. 병원, 대학, 기관, 사업체와 산업 조직 등도 마찬가지다. 큰 집단이건 작은 집단이건 거기에 몸담은 사람들은 모든 구성원의 행동을 정의하고 규정하고 제한하는 법규를 제정한다. 규칙, 규정, 협정, 방침, 계약, 법규가 없으면 혼란스러워질 것이다.

다양한 종류의 규칙, 규정, 법규가 없다면 무정부 상태에 빠지기 쉽다. 이런 특성은 단연 학교나 교실에서 가장 두드러지게 나타난다. 앞서 말했다시피 학생들은 자신의 언행에 대한 제한 사항을 잘 알지 못하는 상황에서나, 수용 가능한 행동과 수용 불가능한 행동 간의 차이가 잘 구분되지 않는 상황에서는 자기 본분을 다하는 데 큰 어려움을 겪는다. 규칙이 없거나 막연한 경우 충돌은 만연하며, 끝도 없는 해결 과정이 요청된다. 모호한 상황은 학생에게나 교사에게나 위협적이다. 어떻게 대처하고 처신해야 할지 걱정하느라 너무 비건설적으로 에너지를 소모하기 때문이다.

분명하게 이해되는 규칙이나 방침이 없어서 학생이 제 역할을 다하기 어려운 학급도 더러 눈에 띈다. 그러나 그와 상반되는 상황, 그러니까 도무지 사리에 닿지 않거나 전적으로 교사의 잇속만을 위해 존재하는 규칙이 너무 많은 학급 상황을 보게 되는 경우가 훨씬 더 많다.

대다수 학교에서는 학생이 준수해야 할 규칙을 두 벌씩 가지고 있다. 하나는 더러 소책자에 담겨 학생이나 교직원에게 배포되기도 하는 '공식' 규칙과 방침이고, 다른 하나는 학교 전통의 일부인 '비공식' 규칙과 방침이다. 비공식 규칙과 방침은 때로 자기 소임을 다한 후까지 존속하기도 한다. 다음 예에서 보듯이 더는 적절해 보이지 않음에도 그 태반은 거의 문제시되지 않은 채 여전히 남아 있다.

건축에 대해서는 문외한인 한 초등학교 교장은 어느 날 학생들이 점심 식사 후에 식당에서 나와 운동장으로 가려면 교실에서 떨어진 아스팔트 도로를 직접 가로지르는 것이 아니라 수업 중인 교실 옆 우회로를 이용한다는 사실을 발견했다. 이 교장이 왜 이런 규칙이 있는지 직원들에게 묻자 그들은 '지금껏 그래 왔다'고, 우회로를 거쳐 운동장으로 나가는 것은 '이 학교에서 그동안 쭉 행해져 오던 방식'이라고 대꾸했다.

교장은 이 대답이 주는 함의를 곧 파악했다. 직원들은 규칙은 규칙이고 거기에 딱히 무슨 이유가 필요한가 하고 느낀다는 것을 알아챈 것이다. 하지만 그 규칙이 생긴 이래 줄곧 이 학교에서 가르쳐 온 한 교사는 그 규칙이 생긴 배경을 이렇게 기억하고 있었다.

개교 후 처음 몇 주 동안 한 무리의 일꾼들이 학교에 들어와 식당 밖에 아스팔트 까는 일을 시작했다. 학교 측은 아이들이 다칠 가능성도 있고 신발에 아스팔트 진이 들러붙을 수도 있어서 학생들에게 당분간 우회로를 통해 운동장으로 다니도록 했다. 그래서 생긴 규칙이 아스팔트가 다 굳고 그로부터 18년이 지난 오늘날까지 버젓이 이어져 온 것이었다.

그다지 부도덕하거나 괴로운 것이 아니라면 이 같은 상황은 유쾌한 웃음을 불러일으킬 수도 있다. 누구 때문이랄 것 없이 학생들은 모두 어른들에 의해, 어른들을 위해 만들어진 규칙, 심지어 어떤 경우에는 이미 오래전에 떠난 어른들이 만들어서 이제는 누구 하나 그것이 생겨난 연원조차 모르는 규칙이 남아 있는 학교에서 자기 본분을 다하도록 강요받고 있다. 이것은 공식적인 규칙이나 비공식적인 규칙이나 모두 마찬가지다.

또 대부분 학교에서 규칙이나 방침을 정하는 데 학생들이 '참여'하는 비율은 아주 저조하고, 참여한다고 해도 예컨대 홈커밍데이를 언제로 정할지, 식당 게시판을 무슨 색깔로 할지 같은 극히 사소한 문제에 국한된 것이 현실이다.

교사와 학생 사이에 충돌이 생기는 이유는 다음 세 조건과 관련이 깊어 보인다. 첫째 명료한 규칙이나 방침이 없을 때, 둘째 규칙과 방침이 공식적으로 확실하게 표명되지 않아 이해나 해석이 제각각일 때(또는 알아듣기 어려울 때), 셋째 특히 불공정하거나 얼토당토않은 규칙과 방침이 학생 참여 없이 어른의 권위에 의해 강압적으로 학생에게 부과되었을 때 그렇다.

충돌을 피하려면 학교와 학급은 학생(그리고 교사)이 따라야 하는 규칙과 방침을 세우는 과정에 그들을 참여시키는 절차를 제도화해야 한다. 이 책의 11장에서는 전체 교직원이 '학교' 규칙을 제정·개정하는 과정에 참여하도록 이끄는 방법을 제안한다. 이번 장에서는 '학급'의 규칙과 방침을 정하는 데 학생을 참여시키는 방안만을 다루려고 한다.

'규칙 제정을 위한 학급 회의' 진행 방법

교실에서 학생이 따르게끔 되어 있는 규칙은 교사가 일방적으로 정하는 것이 보통이다. 마찬가지로 적잖은 학생들이 이런 규칙을 너무나 자주 위반하고 떠보기식 행동에 개입하는 것 역시 일반적이다. 따라서 교사는 자기 학급을 유지하고, 규칙을 집행하고, 규칙을 위반한 학생을 벌주는 데 상당 시간(자기 시간의 50~60퍼센트)을 낭비한다.

이러한 불행한 사태에서 벗어나려면 학급 규칙을 결정하는 회의에서 교사와 학생이 함께 노력하도록 이끄는 방법 3을 활용하는 것이 상책이다. T.E.T.에서는 이것을 '규칙 제정을 위한 학급 회의'라고 부른다. T.E.T. 과정을 수료한 어떤 교사들은 학급이 시작되고 몇 주 지난 후에 이 회의를 개최하기도 하지만, 개학 첫날 개최하는 것이 가장 이상적이기는 하다.

불신감 극복하기

어떤 교사들은 방법 3을 연마하고 난 후에도 학생이 적절한 규칙을 정하지 못할 거라는 불신 때문에, 또는 너무 느슨하거나 반대로 너무 빡빡하거나, 아니면 이도 저도 아닌 분별력 없는 규칙을 정하지나 않을까 하는 의구심 때문에 학급 아이들과 함께 규칙 제정 회의를 여는 데 주저한다.

이런 두려움을 품는 교사들은 방법 3의 기본 원칙 몇 가지를 잊고 있다. 첫째, 학급은 교사의 권위를 넘어서는 상황에 대해서는 규칙을 정할 수 없다. 예컨대 수업을 두 시간 일찍 끝내

자거나 교실 내 흡연과 관련한 규칙을 바꾸는 식의 결정은 절대 내리지 못한다. 학급은 오직 교사의 '재량 범위' 내에서만 결정을 내릴 수 있다. 그 영역 내에서마저 학생은 교사가 수용할 수 없는 규칙은 만들지 못한다. 방법 3의 결정 사항은 어느 것이라도 교사가 일원으로 참여하는 그 학급의 합의로만 도출될 수 있기 때문이다(하지만 이기거나 지는 방법에서는 집단적인 과정을 시도하는 것이 위험천만한 일이 될 수도 있다. 교사가 투표자 수에 밀릴 가능성이 분명 있기 때문이다).

준비하기

사전에 아이들에게 이런 회의를 개최하는 목적을 말해 주는 것이 바람직하다. "이 회의를 여는 목적은 규칙을 정하고 방침을 세우기 위해서야. 교사와 학생 모두 예측 가능한 행동을 하고 중요한 모든 것에 모두가 동의하게 하려는 거지." 어린 학생들에게는 더 쉽게 풀어 설명하면 좋다. "우리에게 필요한 규칙에 대해 함께 이야기해 보자. 그래서 우리 모두 많이 배우고 함께 잘해 나갈 수 있도록 말이야. 규칙을 정할 때 너희가 거들어 주면 좋겠구나."

자신이 원하는 규칙을 채택하려고 교사가 힘을 동원하지는 않을 것임을 학생들에게 확신시키는 일이 무엇보다 중요하다. 학생의 힘 사용 역시 허용되지 않으리라는 사실을 이해시키는 것도 그만큼이나 중요하다. 학생에게 방법 3의 원칙, 즉 참가자 전원이 모든 결정 사항에 만족해야 하고, 누구도 '졌다'는 느낌을 가져서는 안 된다는 것을 충분히 인식시켜야 한다.

물리적인 환경 역시 중요하다. 서로를 바라볼 수 있도록 학생 좌석을 배치하면 도움이 된다.

회의 진행

먼저 교사와 학생은 규칙이 긴요한 상황을 적어 본다. 이 목록은 문제를 일으킬 가능성이 큰 행동으로 국한한다. 교사의 관록과 경험에 비추어 다음과 같은 오랜 골칫거리를 제안해 볼 수도 있다.

1 수업 시작할 때 자리 정돈하는 문제
2 수업이 끝나 갈 때 자리를 뜨는 문제
3 교육 재료 보관 문제
4 교사가 소그룹과 공부하고 있을 때 생기는 문제
5 교사가 지시를 내리고 있을 때 소란을 피우거나 잡담하는 문제
6 복잡한 비품 사용 문제

모든 것에 관한 규칙을 다 만들려고 애쓸 필요는 없다. 연중에(또는 학기 중에) 말썽이 생기면 그때 가서 다시 규칙을 정해도 무방하다는 사실을 기억하자. 이 모임의 가장 중요한 목적은 학생이 규칙 제정에 참여할 수 있다는 사실, 규칙은 학급의 원활한 운영을 위해 필요한 것이라는 사실, 학급은 구성원 모두의 것이라는 사실, 그리고 (교사를 포함한) 각자의 권리가 존중되어야 한다는 사실을 보여 주기 위함이다.

문제 영역들이 충분히 확인되고 나면 첫 번째 사항에 적합한 규칙을 제안해 보라고 청한다. 교사 역시 규칙을 제안할 자격이 있다는 사실을 명심한다.

또 여섯 단계 문제 해결 과정을 충실히 따른다. 2단계에서는 절대 평가하지 않는다. 하나의 규칙에 상당한 동의가 표명되고 있다고 여겨져도 "이 규칙에 반대하는 사람 있어요?" 이런 식으로 재차 확인한다.

이 과정을 학생이 지루해할 정도로까지 질질 끌어서는 안 된다는 사실도 중요하다. 적절한 긴장감을 유지하면서 속도감 있게 진행한다. 채택된 규칙들을 기록한다. 나중에 목록을 복사해서 학생들에게 나누어 준다. 그 복사본을 게시판에 붙여 두거나 큼지막한 포스터에 새로 써서 게재하거나 아니면 각 규칙을 판지에 적어 교실 이곳저곳에 붙여 놓는다. 무엇보다 규칙이 별반 효과가 없는 것으로 밝혀지면 얼마든지 수정할 수 있다는 사실을 아이들에게 알려 주어야 한다.

회의 진행 과정에서 교사의 역할

규칙 설정 회의의 효과는 교사의 지도력에 크게 좌우된다. 교사는 다음과 같이 해야 한다.

1 수시로 적극적 듣기를 활용한다.
2 아이들이 실없는 말을 하면 "그건 좀 다른 문제구나. 지금은 이 문제에 주력해 보자"는 식의 말로 다독인다.
3 교사의 욕구를 호소하려 할 때나 받아들이기 꺼려지는 규

칙('교사가 떠드는 아이를 벌준다' 같은 것)이 나오면 나-
메시지를 활용한다.

4 긍정적이든 부정적이든 평가는 아예 삼간다('그것 참 좋은
생각이다' 또는 '그건 말도 안 되는 아이디어 같은데' 같은
표현).

규칙 제정에 학생이 참여함으로써 얻는 이점들

규칙 제정에 학생을 참여시키는 데서 비롯되는 이득은 아주
많아 다 열거할 수 없을 정도다. 그 가운데 몇 가지만 추려 보
면 다음과 같다.

1 학생은 그 규칙을 지킬 마음이 생긴다.

2 창의적인 사고가 고취된다.

3 학생은 교사도 인간이고, 욕구가 있다는 사실을 깨닫는다.

4 이런 규칙은 교사가 독단으로 정한 규칙에 비해 더 적절
하고 양질일 공산이 크다. 어이없는 규칙은 자연스럽게 자
취를 감춘다.

5 규칙을 집행하기 위한 교사의 노력이 크게 절감된다. 집행
의 책임을 학급 구성원이 골고루 나눠 가진다.

6 사전에 규칙을 정함으로써 수용 불가능한 행동이나 충돌
을 어느 정도 예방할 수 있다.

7 법을 정하는 것이 얼마나 어려운 과정인지, 그렇게 하는
것이 얼마나 보람찬 일인지 보여 줌으로써 학생에게 민주
주의를 가르칠 수 있다.

교사가 규칙 제정 회의에서 보여 준 모델은 학생이 학창 시절 전체에 걸쳐 한 번쯤 경험해 봄 직한 민주주의에 대한 어떤 다른 안내서나 강의, 영화나 서적에서 배우는 것보다 더 가치가 있다. 방법 3을 통해 규칙을 제정하는 일은 단지 추상적인 개념이 아닌 살아 움직이는 민주주의요, 산 경험으로서의 민주주의다.

충분한 회의 시간 확보

어떤 교사들은 시간이 너무 오래 걸리지나 않을까 하는 우려 때문에 방법 3을 통한 규칙 제정 회의를 꺼린다. 물론 이 회의에는 시간이 소요된다. 실제로 우리는 하루 반나절 정도는 각오해야 한다고 충고한다. 하루나 이틀이 걸릴 수도 있다. 하지만 우리는 규칙 제정 회의는 무슨 말썽이 일어난 후 사후 약방문 식으로 하기보다는 특정 학급 활동을 하기 전에 열어야 한다고 권고한다.

그렇다면 과연 이런 정도로 시간을 투자할 만한 가치가 있을까? 교사가 방법 1의 규칙을 집행하기 위해 일상적으로 허비하는 시간이 얼마나 많은지, 그리고 학생과 대결하거나 환경을 변화시키기 위해 또 매일매일 얼마나 많은 시간을 축내고 있는지 기억해 보면 여기에 소요되는 시간은 결코 많은 것이 아님을 알 수 있다.

서로 합의한 규칙은 이러한 만성적인 시간 낭비를 크게 줄여 준다. 자기 집단에서 규칙을 정하기 위해 방법 3을 활용해 본 경험이 있는 수백 명의 교사들(사업체 지도자, 행정가,

작업장의 현장 주임 등)의 전언에 기초한 우리의 견해는 이러하다. 구성원을 모두 참여시켜서 규칙을 제정하면 결과적으로는 수용 불가능한 행동에 대처하고 충돌 상황을 해결하고 그 집단의 장이 규칙을 집행하는 데 소요하는 시간을 대폭 줄여준다.

다음은 수년 동안 교실에서 규칙을 정하는 데 방법 3을 활용하고 있는 교사가 그 방법에 대해 내린 평가다.

제가 학급 경영과 관련해 수강했던 온갖 과정 가운데 으뜸은 단연 T.E.T.입니다. 그리고 T.E.T.에서 배운 것 가운데 가장 유익한 것은 바로 방법 3이었습니다. 이 과정을 수강했을 때 저는 훈육 담당자로서의 끝도 없는 요구 때문에 가르치는 일을 막 포기하려던 참이었습니다. T.E.T. 수업을 통해 제가 깨달은 것은 방법 1의 규칙이 문제였다는 사실입니다. 저는 그 규칙을 혼자 정했고, 또 그것을 집행하느라 동분서주했습니다. 제가 그 많은 시간 동안 내내 쫓아다녀야 했던 일의 거의 전부라고 해도 과언이 아니에요. 그런데 학급 아이들에게 규칙을 정하도록 하자 상황은 순식간에 달라지기 시작했습니다. 저는 이제 가르치기 위한 시간을 넉넉히 확보하고 있고, 아이들은 제가 훈육하는 사람이 아니라 교사라는 사실 때문에 저를 훨씬 더 따르고 좋아합니다. 아이들이 전보다 더 많이 배우고 있다고는 확실하게 말할 수 없지만, 한결 더 즐겁게 공부하고 있는 것만은 틀림없는 사실입니다.

방법 3을 사용할 때 부딪히기 쉬운 문제

방법 3의 개념은 단순하지만 실행하기가 그렇게 쉽지만은 않다. 교사들은 특히 방법 1과 방법 2에서 탈피해 방법 3으로 바꾸는 과정에서 여러 문제가 생긴다고 입을 모은다.

경쟁하는 '욕구' 대 경쟁하는 '해결책'

어떤 교사들은 자신들이 '경쟁적인 해결책'에 따라 학생과의 갈등을 정의할 때 시행착오를 거듭했다고 말한다. 다음과 같은 유형이 빚어내는 일반적인 혼전은 대다수 학교에서 흔히 볼 수 있다.

교사   우리는 쉬는 시간에 나가기 전에 매번 너무 많은 시간을 허비하고 있어. 모두 자기 자리에 얌전히 앉아 있다가 조용히 나갈 수 있으면 좋으련만, 무슨 묘책 없을까?

일동   (저마다 어깨를 으쓱하면서 어리둥절한 표정을 짓는다.)

교사   좋아, 나는 허구한 날 너희에게 제발 자리에 좀 앉으라고, 조용히 하라고 고함을 쳐야 해. 특히 너희 둘 줄리오랑 빅토르…….

줄리오   음, 선생님이 저희에게 소리를 지르시지 않으면 될 것 같아요.

교사   뭐야? 내가 소리를 안 지르면 너희는 자리에 앉지도 잠자코 있지도 않을 게 뻔하잖니?

줄리오   그거야 그렇겠죠. 하지만 선생님이 소리만 지르시
        지 않아도 교실이 지금보다는 한결 조용할 게 틀
        림없어요.

여기에서 교사는 줄리오나 빅토르 같은 학생은 골칫거리
에 지나지 않고 다루기가 몹시 까다로운 학생들임을 재차 확
신시켜 줄 뿐이다. 학생들은 교사를 자기들 삶을 비참하게 만
들려고 몸부림치는 늙은 잔소리꾼으로 여기게 된다.

교사는 스스로 이런 질문을 던져 보아야 한다. "과연 나는
30명이 일사불란하게 의자 30개에 앉아 있도록 만들 필요가
있을까?" 모든 학생을 자리에 앉히는 것은 어떤 하나의 행동에
서 또 하나의 행동으로 이행하는 데서 다만 교사의 '욕구'에 부
응하는 한 가지 해결책일 따름이다. 하지만 줄리오나 빅토르
는 교실에서 자리에 재빨리 앉은 채 입을 다물고 있어야 할 필
요를 전혀 느끼지 못한다. 이것 역시 하나의 해결책(곧 있을 쉬
는 시간에 할 일을 구상하고 빠르게 움직이기 위한 해결책)인
것이다. 교사가 자기 해결책을 제시하자 아이들 역시 자기들의
해결책으로 되받았다. '내 해결 방법이 너의 해결 방법보다 훨
씬 나아'라는 제목의 게임이다.

누군가는 무릎을 꿇고 자기가 바라는 것을 단념해야 하는
상황이라면 이런 설전은 좀처럼 매끄럽게 마무리될 수 없다.
경쟁적인 해결책에 의해 정의된 갈등은 방법 1의 힘겨루기가
될 가능성이 크다. 부득이 누군가는 승자가 되고 누군가는 패

자가 되는 것이다.

    교사들은 욕구와 해결책의 차이를 배운 뒤에도, 자신이 원하는 해결책만으로 문제를 해결하려고 드는 학생에게 자기 것을 포기하고 다른 것을 받아들이게 만드는 일이 여전히 간단치 않다고 털어놓는다. 교사가 학생의 의견이나 바람을 그들의 진정한 욕구와 분간할 수 있으려면 오랫동안 그들의 이야기를 경청해야 한다.

    교사들은 학생의 '바람'이나 '해결책'을 도저히 수용할 수 없을 때 학생에게 그 사실을 솔직하게 전하기 위해 다음과 같은 나-메시지를 구사하는 용기를 내야 한다.

> "나로서는 그 해결책을 도저히 받아들일 수 없구나, 메리. 왜냐하면…… (이유를 들려준다). 진짜 너의 욕구가 뭔지 말해 주면 좋겠다."
>
> "그렇게 되면 너로서는 좋을 수도 있겠구나. 하지만 내겐 여전히 석연치 않은 느낌이 남는데……."
>
> "그렇게 하고 싶은 네 바람은 충분히 이해해. 하지만 틀림없이 네 욕구를 충족시킬 뭔가 다른 해결책이 있을 거야."

학생이 협의 사항을 지키지 않을 때

교사는 학생이 방법 3을 통해 서로 수용할 수 있는 해법을 마련한 후에도 그 협상에서의 자기 몫을 충실히 이행하지 않으려는 상황을 자주 접한다. 이런 일이 발생하면 어떤 교사들은 방법 1로 되돌아가 힘을 통해 문제를 해결하고 싶은 충동에 사로잡히곤 한다. 이것은 그동안의 노력을 순식간에 무효로 만드는 지극히 유감스러운 반응이다. 게다가 합의 사항이나 규칙, 결정 사항을 집행하기 위해 힘에 의존하면 일의 책임을 교사가 학생에게서 빼앗는 나쁜 결과를 가져온다.

우선 교사는 학생에게 합의한 대로 실행하지 않음으로써 교사 자신이 갖게 된 부정적인 인상과 실망감을 나-메시지를 통해 정확하게 전달하는 편이 좋다. 이런 나-메시지는 왜 그 합의 사항을 지키지 못했는지(지킬 수 없었는지) 학생의 답을 들을 수 있다. 부가 정보를 확보하면 교사는 이후 어떻게 대처해야 할지 결정할 때 한결 유리해진다. 여러 대안 가운데 다음과 같은 것들이 있을 수 있다.

1 학생에게 또 한 번의 기회를 준다.
2 약속을 상기하고 준수할 수 있도록 도울 방법을 모색한다.
3 문제 해결 과정으로 되돌아가 학생이 책임감을 느끼며 이행하기 쉬운 더 개선된 해결책을 찾는다.

개별 교사의 재량권을 넘어서는 문제

방법 3에 따른 문제 해결이 대단히 효과적이라는 것을 경험한 어떤 교사들은 거기에 너무 매료된 나머지 자신들로서는 권한이 없는 결정 사항에까지 손을 대려고 한다. 개별 교사의 '재량권'을 넘어서는 문제까지 해결하려고 드는 것이다.

한 교사의 재량권 안에는 교실에서의 소란스러움 제재, 청결, 과제물 부여, 역할 분담, 교육 기자재의 관리와 보관, 좌석

배치, 교육 계획 등이 포함된다.

　[그림 28]은 연방 법률에서부터 '교사의 학교 건축에 관한 규칙'에 이르기까지 보다 상위의 권위를 가진 이들이 정한 법률·규칙·정책 등에 의해 한 교사의 재량권이 얼마나 협소해지는지를 잘 보여 준다.

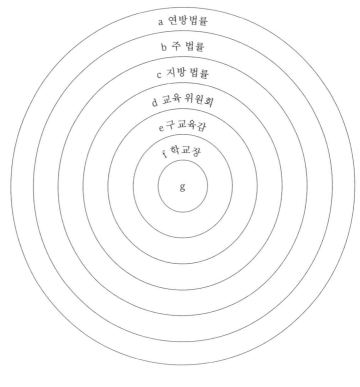

[그림 28]

　a 영역은 연방 법률(예컨대 '의무교육')에 따라 개별 교사의 재량권이 축소되고 있음을 보여 준다. 분명히 일개 교사로서는 학생에게 학교에 다녀야 하나 말아야 하나에 대한 의사

결정을 요청할 권한이 없다.

b 영역은 주 법률(예컨대 '교과서는 주 교육감의 인가를 얻어야 한다')에 따라 교사의 재량권이 줄어들고 있음을 보여준다. 개별 교사로서는 누구도 어떤 교과서를 사용하고 싶으냐는 문제를 두고 학생과 문제 해결을 모색할 권한이 없다.

한 교사의 재량권은 지방 법률(c 영역), 교육위원회가 규정한 방침(d 영역), 구 교육감에 의한 규칙과 규정(e 영역), 학교장이 앞서 제정한 방침(f 영역)에 의해 훨씬 더 축소된다.

개별 교사에게 남은 재량 영역은 맨 안쪽 원(g 영역)으로 좁디좁은 영역일 뿐이다. 오직 그 안에서만 교사는 학급 아이들과 함께 문제를 해결할 수 있다.

이 영역을 벗어나는 문제를 두고 학생과 방법 3을 활용하려고 시도하면 자연 말썽이 생긴다. 다음은 이 점과 관련해 T.E.T. 수업에서 한 교사가 들려준 이야기다.

우리 학교에는 껌을 씹지 못하게 하는 교칙이 있습니다. 반 아이들은 그 규칙을 정말 싫어했습니다. 그래서 우리가 방법 3을 사용하기 시작했을 때 아이들은 그 껌 규칙을 문제 해결을 위한 안건으로 제기했습니다. 우리는 그 규칙이 현실적인 문제에 대한 올바르지 못한 해결책이라고 생각했습니다. 그래서 '껌을 씹고 난 후의 처리법'이라고 문제를 새롭게 정의했습니다. 아이들은 각자 해결책들을 제안했습니다. 그런데 다른 교사들이 이 이야기를 전해 듣고는 저에게 거리감을 두더군요. 나중에 교장 선생님이 제게

"선생은 껌을 못 씹게 하는 규칙을 집행할 수 있을 따름입니다. 이상!" 하고 일러 주더군요.

이 교사의 과오는 자기보다 상위에 있는 존재가 제정한 규칙에 담긴 문제점을 들추려 했다는 점이다. 교사가 어떻게 하면 교장, 교육감, 교육위원회가 만든 규칙을 변화시키는 데 영향력을 끼칠 수 있을지에 관해서는 11장에서 별도로 다루겠다.

하나의 합의점에 도달하지 못할 때

많은 교사가 어떤 의사 결정 집단의 구성원으로 참여해 본 경험이 부족한 탓에 모든 구성원에게 수용 가능한 해결책을 구하는 집단의 능력에 대체로 회의적이다. 또 학생 한 명이나 그룹 단위의 학생들과 문제 해결을 시도했는데, 서로가 수용할 수 있는 하나의 해법에 이르지 못하면 과연 어떻게 되는지 의아해한다.

무패 방법에서 문제 해결 과정의 여섯 단계를 신중하게 거쳤는데도 수용 가능한 해법을 도출하지 못하는 예는 사실 좀 드물다. 교착 상태에 빠질 때가 더러 있기는 하지만, 그것은 학생이 여전히 의심의 눈초리를 거두지 못하거나, 방법 3이 너무 생소하게 여겨지거나, 아니면 계속해서 이기거나 지는 힘겨루기 틀에 사로잡혀 있거나 하는 경우가 대부분이다.

수용 가능한 해법을 끌어내는 속도가 너무 더디다면 교사는 다음과 같이 생각할 수 있는 온갖 것들을 다양하게 시도해 보아야 한다.

1 창의적으로 생각하고 말하도록 이끈다.

2 2단계로 되돌아가 가능한 해법들을 더 도출해 본다.

3 이튿날 또 한 차례 회의를 연다.

4 "이 문제를 해결할 수 있는 길은 찾아보면 틀림없이 있을 거야. 조금만 더 노력해서 모두 받아들일 수 있는 해결책을 한 번 찾아보자"거나 "어딘가에 해법이 있을 거라고 나는 확신해" 같은 말로 강하게 호소한다.

5 난관에 부딪혔음을 솔직히 토로한다. 사태의 진전을 가로막는 더 근원적인 문제, 즉 다루지 않은 '숨은 문제'가 남아 있는지 살펴본다. "우리가 왜 해결책을 못 찾아내고 있는지 궁금하다. 우리를 가로막고 있는 무슨 다른 문제가 있는 건 아닐까?"

학생이 처벌을 해결책으로 내세울 때

하나의 해결책에 도달하고 난 후 만일 누군가 협상에서의 자기 몫을 충실히 이행하지 못하면 내릴 처벌이나 벌칙을 합의 사항에 포함시키자고 하는 학생이 더러 있다. 규칙 위반을 이유로 벌을 받는 것에 익숙한 학생들은 처벌이 약속 위반에 대한 유일한 처방이라고 잘못 생각한다. 뜻밖에도 그들이 제안하는 처벌에는 지나치게 과한 것들도 섞여 있다.

이 같은 학생들에게는 이 새로운 문제 해결 방법이 다름 아닌 처벌의 대체 방안이고 이제 더는 처벌에 기댈 뜻이 없다는 사실을 확실하게 상기시켜 주어야 한다. 이 새로운 방법은 신뢰에 의존하는 방법이고, 의사 결정에 참여한 모든 이가 그것을 성실히 이행하리라 믿어 의심치 않는다는 것을 학생에게 알려야 한다. 처벌이나 벌칙을 들먹이는 것은 불신, 의심, 비관주의 같은 메시지를 전달하는 일이다. 아이들은 이렇게 말한다. "선생님이 나를 믿어 주면 나 역시 그 기대에 부응하는 믿을 만한 사람이 될 수 있을 것 같아요. 하지만 나를 믿지 않는다면 내 방식을 고스란히 밀고 나가면서 선생님이 내가 어떻게 잘못할 거라고 예견하는 대로 하는 편이 차라리 나은 것 같다는 생각까지 들어요."

기본 원칙은 이렇다. 즉 방법 3에서 교사는 아이들에게 '유죄로 드러날 때까지는 언제나 무죄', 더 정확하게 표현하자면 '무책임하다고 판명될 때까지는 아이들은 언제나 책임감이 있다'고 보려는 태도를 항상 잃지 않아야 한다.

교사 재량권을 넘어서는 규칙을 정할 때

자기 재량권을 넘어서는 상부에서 정한 규칙을 어기는 학생을 볼 기회도 드물지 않다. 학생과의 관계를 망칠 위험을 최소화하면서 이런 행동을 효과적으로 다룰 방법은 과연 무엇일까?

우리의 원칙에 맞는 절차 몇 가지를 제안한다.

우선 학생의 행동이 교사 직사각형의 어느 지점에 놓일지 판단한다. 만일 문제없음 영역에 들어간다면 교사는 아무것도 할 필요가 없다. 예컨대 껌 씹는 행위, 어른을 대하는 바람직한 태도, 남녀가 복도에서 손잡고 있는 것을 금지하는 것처럼 그 규칙이 교사 눈에 너무 쓸데없고 불공정하고 시행해선 곤란한 것으로 비칠 때, 그리고 집행하지 않는 편이 교사에 대한 비난의 가능성이 더 적을 거라고 판단되는 때 그러하다. 보통 이러한 사소한 규칙은 지나치게 엄격하게 집행되지 않는다. 교칙을 하나도 빼놓지 않고 엄밀하게 집행하는 교사는 거의 없을 것이다. 기어이 그렇게 하려는 교사는 학생에게 괴팍하고 속 좁은 사람으로 비치기 쉽다. 하지만 동일한 규칙을 두고 어떤 교사는 엄정하게 집행하고 또 어떤 교사는 나 몰라라 하게 되면 규칙 일반에 대해 학생이 혼란스러워할 수 있다.

학생의 규칙 위반 행위가 '수용선 아래'(교사가 해결해야 할 문제)에 놓이게 되면 다음과 같은 점진적 과정을 밟아 가는 것이 바람직하다.

1 학생이 그 규칙 자체에 대해, 그 규칙을 위반했을 때 어떤 조치가 내려지는지 알고 있는지 물어본다. 만일 잘 모르고 있다면 자세히 일러 준다.
2 그 규칙에 대해 알고 있다는 사실을 틀림없이 확인했는데도 학생이 사면이나 구제를 요구한다면 이렇게 말하는 것이 좋다. "나는 그런 자유를 네게 줄 권한이 없어. 그건 내 영향력을 넘어서는 사안이야."
3 그 규칙에 대해 알고 있다는 사실을 분명히 확인했는데도 학생이 두고두고 규칙을 위반하려 한다면 다음과 같은 확실한 나–메시지를 보낸다. "높은 담장을 기어 올라가서도, 그 위에 앉아 있어도 안 된다는 규칙을 네가 자꾸 어기면 그 규칙을 제대로 집행하지 못했다는 이유로, 또 만일 네가 떨어져서 다치기라도 하면 너의 안전을 책임지지 못했

다는 이유로 나는 학교에서 책임을 추궁당하거나 심한 꾸지람을 듣게 될 거다. 그렇게 될까 봐 걱정이 이만저만이 아니구나!"

4 나-메시지를 보낸 후에는 재빠르게 적극적 듣기로 돌아선다.

5 학생이 자기 태도를 변화할 조짐 없이 고집을 피우면 방법 3을 채택한다. 그러고 나면 어떤 욕구 때문에 그가 규칙을 위반하는지 알아낼 수 있을 것이다.

6 방법 3이 교사에게 수용 가능한 해법을 도출해 주지 못할 때는 다음과 같은 것들을 시도해 본다. 첫째, 학생에게 이후에 어떤 사태가 일어날지 말해 준다. 둘째, 이번에 어떤 조치를 취할 건지 말해 준다. 셋째, 만일 부조리한 규칙이라고 여겨지면 그 규칙을 바꾸기 위한 노력(직원 회의에서나 교장에게 건의하는 식의)을 시도해 본다.

부득이하게 방법 1을 사용해야 할 때

T.E.T. 수업에 참여하는 교사들은 거의 모두 방법 1을 부득이하게 사용해야 하는 경우도 있지 않느냐고 묻는다. 여기에 답하려면 다음과 같은 몇 가지 개념을 더 상세히 이해할 필요가 있다.

첫째, 교사들은 방법 1과 학생에게 '영향력을 미치려는 강한 시도'(명령하거나 지시를 내리거나 지배하려는 노력)를 혼동하지 말아야 한다. 방법 1, 방법 2, 방법 3은 갈등이 일어난 후에 그것을 해결하기 위한 방법이라는 사실을 명심하기 바란다. 무섭고 단호한 어조로 내리는 명령("줄 맞춰!")이 곧 방법 1은 아니다. 그저 강한 '영향력을 미치려는 시도'일 따름이다. 만일 학생이 그 명령을 고분고분 따른다면 충돌은 발생하지 않으며 따라서 다른 어떤 방법도 동원할 필요가 없다(해결할 필요 자체가 없는 것이다). 하지만 학생이 저항하면 갈등이 빚어진다. 교사들이 이 저항을 무마하려고 권력을 행사하면 바로 방법 1의 예가 된다.

둘째, 교사들은 영향력을 미치려는 시도와 그 시도를 효과적이거나 비효과적으로 만드는 조건에 관해 더 잘 이해해야 한다. 분명 학생에게 '영향력을 행사하려는 시도'를 하는 것 자체에는 아무런 문제도 없다. 누군가 욕구를 충족하려고 온 힘을 다해 고투하는 까닭은 다른 사람에게 영향력을 행사하기 위함이다. 인간관계에서 비롯되는 문제는 오로지 영향력을 미치려는 발신자의 시도를 수신자가 거부할 때 발생한다. 영향력을 미치려는 시도는 나-메시지일 수도 너-메시지일 수도 있지만, 그 자체로는 방법 1도, 방법 3도 아니다. 이런 메시지는 영향력을 행사하려는 시도일 뿐 충돌을 해결하는 방법이 아니다. 나-메시지의 한 가지 흥미로운 이점은 만일 수신자가 메시지 수신을 거부한다 하더라도(그래서 갈등이 초래된다 하더라도) 발신자로서 너-메시지를 보냈을 때보다 훨씬 더 방법 3 식의 갈등 해결을 위한 포석을 깔기 쉽다는 점이다.

우리는 누구나 강하든 약하든 타인에게 영향력을 주려고 다양한 시도를 한다. 이 시도들의 강도는 메시지의 내용(단순한 부탁에서 직접적인 지시에 이르기까지), 목소리 음색이나 크기, 표정, 물리력의 세기(트럭이 세차게 달려오는 길에서 아이 끌어내기) 등에 좌우된다. 하지만 갈등을 일으키지 않으면 영향력을 미치려는 시도 자체는 방법 1도 방법 2도 방법 3도 아니다.

상대적으로 약한 영향력을 미치려는 시도는 학생이 권력 행사라고 인지할 위험이 훨씬 적다. 하지만 이런 시도는 특정 환경에서는 충분히 영향력을 발휘하지 못할 수도 있다. 만일 이것이 그다지 효력이 없다면 교사는 '무응답'을 별도리 없이 감수하거나 아니면 더 강력한 시도로 전환할 태세를 갖출 것이다.

정상적인 상황에서 매우 강한 영향력을 미치려는 시도는 대체로 학생에게 위협적으로 받아들여지기 쉽다. 복종하지 않으면 처벌이 따르겠거니 하고 넘겨짚게 만드는 것이다. 이럴 때 학생들은 대체로 강하게 저항하고 울분한다. 교사는 일반적으로 다음 둘 가운데 한 가지 희생을 감수해야만 한다. 학생은 저항하거나 반격을 시도할 수도 있고, 다른 한편으로 분노를 가슴속에 쌓아 두고서 갈등이 불거지는 것을 두려워할 수도 있는 것이다.

'특수 상황'이나 '게임 유형의 규칙이 존재하는 경우'에서는 매우 강한 영향력을 미치려는 시도라 해도 학생이 완벽하게 수용한다. '특수 상황'이란 대응 속도가 관건인 상황("지금 뛰면 안 돼!" "머리 숙여!"), 위험이 너무 뻔하고 코앞에 닥친 상황("성냥 긋지 마. 지금 가스가 새고 있어"), 소란스럽고 정신이 없어서 교사가 큰 소리로 메시지를 전달하지 않을 수 없는 상황 등을 일컫는다.

예컨대 체육 교사가 "4명씩 번호!" 하고 소리를 지르거나, 관현악단 지휘자가 "금관악기 더 크게!" 하고 명령 내리거나 그 외 과업 지향적인 구조화된 집단에 속해 있을 때는 강한 영향력을 미치려는 시도를 아무런 거부감 없이 받아들인다. 이런 상황에서는 강하고 큰 목소리로 영향력을 미치려 해도 저항을 거의 불러일으키지 않는다. 문제는 엉뚱한 순간에 교사가 까다로운 군인처럼 군다거나 강한 영향력을 미치려는 시도를 구사할 때 발생한다.

영향력을 미치려는 시도가 충돌을 일으킬 것이 확실하다면, 뻔한 위험이 코앞에 닥쳤을 때, 당신이 취하는 태도의 논리를 학생이 수긍하지 못할 때, 분초를 다투는 다급한 때("어서 아래층으로 내려가. 버스 놓칠라") 같은 상황에서 교사는 방법 1을 사용하고 대가를 치를 만한 가치가 있다.

이런 상황에서 부득이하고 온당하다고 판단되어 방법 1을 사용했다면 교사는 관계가 훼손되지 않도록 사후 조치를 할 수 있다. 교사는 학생에게 왜 방법 1을 사용하지 않으면 안 되었는지 그 이유를 설명하고 사과한 후, 그에 대한 학생의 감정을 적극적으로 경청하고 학생이 수용할 수 있는 방식으로 보상하겠다고 약속하며, 앞으로 다시는 유사한 일을 겪지 않도록 학생과 계획을 짜면 된다.

방법 3을 사용하려 애쓰는 교사들의 일반적인 경험에 따르면 드문드문 방법 1을 사용한다 해도 학생과의 관계는 그다지 심각한 손상을 입지 않는다. 하지만 방법 1은 학생에게 분노를 일으킬 수 있다. 어떤 경우에, 특히 학생의 좌절된 욕구가 너무 강할 때 교사가 방법 1을 사용하면 관계 자체를 잃을 수도 있다. 이것이 바로 힘을 사용할 때 따라오는 가장 커다란 위험이다.

10

가치관이 충돌할 때 대처하는 방법

교사와 학생 사이에 생기는 갈등 가운데는 방법 3으로도 성공적으로 풀지 못하는 것들이 있다.

우리는 교사들에게 이러한 한계에 도전해 보라고 말한다. 일단 방법 3을 효과적으로 작동시키는 기술만 습득하면 마침내 중대한 고비를 넘었다는 느낌이 들기 때문이다. 그들은 주된 목적을 달성한 데 안도와 만족감을 느낀다. 그리고 이렇게 생각한다. '드디어 나는 교사로서 어떤 일이 닥쳐도 감당할 수 있는 준비가 완벽하게 됐어. 이제 학생 문제에는 책임감을 느끼지 않아도 돼. 내가 문제를 겪고 있을 때 학생이 나를 돕게 하려면 어떻게 의사소통해야 하는지도 알고 있어. 또 환경을 바꾸거나 시간을 조직화함으로써 많은 문제와 충돌을 예방하고 근절시키는 방법도 알아. 권력을 행사하지 않고도 내 욕구와 학생의 욕구를 동시에 만족시킬 수 있는 갈등 해결 방법 역시 터득했다고!'

하지만 천만의 말씀이다. 실망스럽게 들릴지 몰라도 교사들은 이제 갓 익힌 비권력적 방법과 기술로도 역부족인 상황을 심심찮게 만난다. 학교에서 발생하는 이러한 갈등에는 소중하게 여기는 신념, 가치, 선호, 개인의 취향, 생활 양식, 이상, 신념 따위 주제들이 포함된다.

이러한 주제 가운데 몇 가지다.

▶ 남학생의 머리 길이
▶ 여학생의 치마 길이
▶ 그 외 다른 의복 관련 규정과 기준
▶ 약물 복용
▶ 청결도, 개인의 몸치장
▶ 적절한 언어 사용
▶ 예절, 예법
▶ 윤리적·도덕적 행위
▶ 정의
▶ 정직
▶ 친구 선택
▶ 애국심
▶ 종교
▶ 성적 행동
▶ 수염 기르기

사람들은 이따금 이러한 주제를 협상 테이블에 올리는 것 자체를 꺼린다. 자신의 가치관이나 신념을 수정하려는 어떠한 시도도, 상호 수용 가능한 해법을 발견하기 위한 어떠한 문제 해결 과정도 달가워하지 않기 때문이다.

학생의 가치관이 교육 내용과 직접 관련되지 않는 한 그 문제에 별로 개입하고 싶지 않다고 말하는 교사가 많다. 이들 은 될수록 이러한 가치관에 대한 교육을 가족, 교회, 기타 기관 에 떠넘기고 싶어 한다. 교사들은 옷을 어떻게 입을 것이냐, 어 떤 약물은 해도 되고 어떤 약물은 하면 안 되느냐 하는 문제로 입씨름하지 않더라도 교과 하나 제대로 가르치는 것만으로도 버겁다고 말한다.

하지만 유감스럽게도 가치관을 두고 벌어지는 충돌은 피 할 수 없으며, 알아서 문제가 해결되기만을 바랄 수도 없다. 가 치관과 관련한 갈등을 피하려고 애쓰면 애쓸수록 교사들은 좋 아지기보다는 악화되고, 신경이 더 곤두서기 때문이다. 교사와 학생 사이에서 가치관의 차이가 드러나면 무슨 조치라도 취해 야 한다. 첫 번째 조치는 이러한 갈등을 가치관 간의 갈등, 또 는 '가치관 간의 충돌'(우리는 이 용어를 더 선호한다)로 인식 하는 것이다. 교사는 이것을 이 책의 7장, 8장, 9장에서 논의한 '욕구 간의 갈등' 상황과 구분할 수 있어야 한다.

가치관 충돌이란?

가치관 문제를 포함하는 갈등은 다른 문제가 모두 처리된 후 까지도 직사각형의 아랫부분(교사가 해결해야 할 문제)에 계속 남아 있다. 어떤 문제가 여기에 해당되는지 분간하는 것은 그다지 어렵지 않다. 바로 교사가 학생에게 '네 행동은 내게 실질적이고도 구체적으로 영향을 준다. 즉 네 행동이 내 욕구와 권리, 삶 자체를 방해한다'는 사실을 나-메시지로 전달하기 전에, 과연 그 행동으로 인해 내가 어떤 영향을 받는지 따져 보았을 때 확신이 서지 않는 문제들이다. 교사가 학생의 행동을 두고 대결을 벌일 때 학생이 크게 놀라고 충격받은 표정으로 교사를 바라본다면, 그때가 바로 가치관이 충돌하는 경우일 가능성이 크다.

학생이 제발 자기를 가만 내버려 두라고, 자신에 대한 흠집 내기를 당장 그만두라고, 더는 자신을 들볶지 말아 달라고 (무언일 가능성이 많은) 암시를 보낼 때도 교사는 문제가 가치관 영역에 있음을 알 수 있다. 학생이 교사에 대해 가치 판단을 함으로써 교사의 가치 판단에 맞서려 할 때도 마찬가지다. "그 따위 나-메시지는 당장 집어치워! 너는 더럽고 냄새나고 불결하고 거지 같은 녀석이다!" 같은 여러 격앙된 (하지만 이따금 속이 후련해지는) 말을 마구 퍼붓고 싶은 충동을 느낄 때도 교사는 가치관 충돌 영역에 돌입한 것이다.

직사각형을 다시 언급하면서 가치관의 충돌 영역을 확인해 보자. [그림 29]는 나-메시지 대결, 환경의 변화, 방법 3의 활용을 통해 수용선이 얼마나 낮아질 수 있는지를 보여 준다. 이러한 기법들은 교수-학습 가능 영역을 확대하고 수용 불가능한 행동 영역을 줄인다. 남는 것은 가치관의 충돌 영역뿐이다.

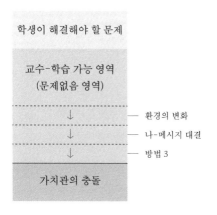

[그림 29]

나-메시지도 힘을 발휘하지 못하는
가치관 충돌

나-메시지는 신념이 강하거나 가치관이 뚜렷한 학생의 행동을 수정하는 데는 거의 힘을 발하지 못한다. 왜 학생이 변해야 하는가? 학생은 자기 행동이 실질적이고 구체적으로 교사에게 영향을 미친다는 사실을 확신하지 못한다. 누군가의 가치관이 당신과 다를 때 나-메시지의 세 가지 구성 요소를 모두 찾아내는 것은 거의 불가능에 가깝다. 특히 두 번째 구성 요소, 즉 당신에게 미치는 영향이 무엇인지 규명하는 데 어려움을 느끼게 된다. 다음 표에 개괄해 놓은 상황에서 그 부분을 한번 생각해 보자. 학생이 고개를 끄덕일 만한 실질적이고도 구체적인 영향을 정확히 집어내기가 얼마나 어려운지 알 수 있을 것이다.

행동에 관한 기술	실질적이고도 구체적인 영향	감정
네가 더럽고 해진 옷을 입고 학교에 왔을 때		나는 역겨웠다.
네가 맡은 역할을 미적거리며 하지 않았을 때		나는 실망스러웠다.
네가 그렇게 선언했을 때		나는 가슴이 철렁 내려앉았다.
운동선수인 네가 담배 피우는 모습을 보았을 때		나는 놀랐다.
네가 그 패들과 몰려다니며 배회하는 모습을 보았을 때		나는 걱정스러웠다.

이제 비교를 위해 학생의 행동이 교사에게 실질적이고도 구체적인 영향을 미칠 개연성이 더 커 보이는 다음 쪽 표에서 나–메시지의 두 번째 구성 요소인 '실질적이고 구체적인 영향'을 찾아보자.

당신에게 끼치는 영향을 떠올리기가 쉬운가, 그렇지 않은가? 만일 누군가가 "네가 한마디 말도 없이 내 책상에 있는 책들을 가져갔을 때, 나는 그걸 찾느라 시간을 많이 허비했고, 그 일로 실망했고 화가 났다"는 메시지로 당신과 대결을 벌이려 한다면 당신은 그 행동을 어떻게든 바꿔서 그에게 협조할 마음이 생길 것 같은가? 다음 표에서와 같은 메시지를 받았을 때 달라지고 싶은 마음이 생기는 정도와 한번 비교해 보라. 차이가 확연한가? 사람들은 자기가 다른 사람들에게 아주 실질적으로 폐를 끼쳤다는 사실을 뚜렷이 확신

행동에 관한 기술	실질적이고도 구체적인 영향	감정
네가 말도 없이 내 책상에 있는 책들을 가져갔을 때		나는 실망스럽고 화가 났다.
네가 다른 학생들과 이야기 나누고 있는 나를 훼방 놓았을 때		나는 매우 화가 치밀고 걱정스러웠다.
네가 빨간색 템페라 그림물감을 가져갔을 때		나는 억울했다.
내 필름이 긁히기 쉬운 장소에 떨어져 있는 걸 발견했을 때		나는 걱정스러웠다.
네가 책상 위에 과학 교재들을 엉망으로 늘어놓았을 때		나는 실망스러웠다.

할 수 있어야 비로소 자기 행동을 수정하려는 동기를 갖게 된다.

우리는 나-메시지가 가치관, 또는 가치관에 입각한 행동을 수정하도록 학생을 이끌 가능성은 적지만, 그렇더라도 나-메시지를 시도하는 것 자체가 별 소득이 없다고 김을 빼지는 않을 생각이다. 나-메시지는 여전히 효력을 발할 수 있고, 교사-학생 관계에 긍정적으로 작용할 수 있기 때문이다.

자신을 드러내긴 하지만 실질적이고도 구체적인 영향이라는 구성 요소가 빠진 나-메시지는 학생에게 최소한 교사가 어떤 심정에 처해 있는지 정도는 알게 해 준다.

한 학생이 해야 하는 과제를 밀쳐 놓고 마냥 허송세월하고 있다고 가정해 보자. 교사는 그 행동에 대한 느낌을 학생과 공유해 볼 수 있다. 적절한 순간에 감정을 토로하면 차후에 극한 감정으로까지 번지지는 않을 것이다. 교사는 이렇게 말할 수 있다. "네가 할 일을 뒤로한 채 그렇게 멍하니 창밖만 바라보고 있으니 정말 걱정돼." 학생은 그 상황이 교사에게 분명한 영향을 주는 건 아니라는 사실을 어김없이 이해할 수 있다.

하지만 이런 메시지는 교사가 그 상황이 자신에게 문제가 될 여지가 있음을 의식하고 있고, 학생에게 그에 대해 무슨 말인가 건넬 만큼 충분히 염려하고 있으며, 학생을 꾸짖거나 책망하자는 것이 아니라 그저 서로 감정을 나눠 보고 싶어 할 따름이라는 것, 무슨 일인지 상의할 수 있도록 언제든 문을 열어두고 있겠다는 사실 등을 학생에게 알려 준다.

다른 때와 마찬가지로 교사가 나-메시지를 보낸 뒤에 학생이 예컨대 "저는 지금 너무 속이 상해서 무슨 일도 할 수 없는 지경이에요" 또는 "멍청하게 있었던 게 아니라 정말 어디서부터 손대야 할지 고민하고 있었던 거예요" 같은 반응을 보이면, 지체없이 적극적 듣기를 시작해야 한다.

자신을 드러내는 메시지는 이따금 학생의 행동 변화를 이끌어 내기도 하지만, 거기에 너무 집착해선 안 된다. 학생이 계속해서 수용 불가능한 행동을 멈추지 않는다 해도 크게 낙심할 필요는 없다. 어쨌든 다른 나-메시지를 거듭해서는 절대 안된다. 첫 번째 나-메시지가 학생에게 어김없이 전달되었다고 믿어야 한다. 일단 자신을 드러냈다면 더 노출할 필요가 없다. 계속 반복하면 학생은 자신을 괴롭히거나 성가시게 하려는 의도로 받아들일 가능성이 크기 때문이다.

방법 3으로도 힘든 가치관 충돌

학생은 대개 가치관의 갈등 상황에서는 교사와 함께 문제 해결을 하지 않으려고 한다. 같은 이유로 교사의 나-메시지에도 거부감을 표시한다. 학생은 교사가 자기 행동으로 인해 낭패감을 느끼거나 상처받고 있다는 사실을 믿으려 하지 않는다. 결코 자신에게 문제가 있다고 생각지 않기 때문에 문제 해결에도 전혀 성의를 보이지 않는다. 학생은 도대체 뭘 협상하자는 말인가 하면서 그 과정에 참여하기를 꺼린다.

　이런 연유로 방법 3은 번번이 가치관의 충돌에서는 맥을 못 춘다. 학생으로서는 교사의 상상 속에서나 존재한다고 느끼는 문제, 또는 문제라 하더라도 교사가 상관할 바 아니라고 여기는 상황에 적극성을 보일 리 없다.

　어른들 또한 크게 다르지 않다. 당신 같으면 친구를 선택할 권리를 두고 누군가와 협상하려고 테이블에 앉을 마음이 들겠는가? 옷 입는 방식, 음악 장르에 대한 선호, 턱수염을 기를 것이냐 말 것이냐 여부, 집을 어떻게 꾸밀 것이냐 따위의 문제를 상의하기 위해 친한 친구와 방법 3을 활용해 보겠는가? 만일 그 친구가 당신이 다니고 있는 교회가 마음에 들지 않는다고 한다면 당신은 기존 인간관계를 모두 포기하는 문제를 두고 그와 협상을 벌일 수 있겠는가? 가치관 문제를 협상하고 싶어 하는 교사에게 학생이 '그건 선생님 삶이 아니잖아요?'라고 반응할 것이 뻔하다.

　나-메시지와 방법 3조차 소용없는 이런 희귀한 상황도 존재함을 알게 되면 교사들은 어찌할 바 몰라 한다. 한 교사는 이같은 난감한 심정을 다음과 같이 표현했다.

> 음, 전 어떻게 하면 좋을까요? 가치관 충돌 문제를 해결할 때는 나-메시지나 방법 3에도 기댈 수 없다고 하지만, 조니의 행동은 여전히 '제 수용선 아래'에 놓여 있어요. 전 지금 그 애가 의자에 구부정하게 앉아 있는 걸 도저히 못 봐주겠거든요. 똑바로 앉히고 싶은 마음이 굴뚝같아요. 그 상태로 가만 놔두면 애의 척추가 상할지도 모르잖아요. 도저히 그냥 넘어가지 못하겠어요. 아니 못 받아들이겠다고 느끼고 있는 제 감정을 도저히 모른 척할 수가 없어요.

가치관이 충돌할 때 방법 1이 효과적이지 못한 이유

권좌에 앉은 사람이 젊은이와 가치관 갈등을 빚을 때 가장 일반적으로 대응하는 양상은 자신의 권력을 행사하는 것이다. 정치인들은 특히 선거철에 즈음해서는 '허용성'을 맹비난하면서 반항적인 젊은이들을 '법과 질서'로 강력하게 다루어야 한다는 데 적극적인 지지를 표시하곤 한다. 그들이 이의를 제기하는 행동은 태반이 가치관의 충돌 영역에 해당되는 것들이다.

교사 역시 학생과 빚어지는 심각한 가치관의 갈등 문제를 풀기 위해 '법과 질서'(처벌을 하거나 방법 1의 힘을 사용하는 방법)에 기대고 싶은 유혹을 느낀다. 그들이 학생 행동을 심각하게 여기면 여길수록 강경한 처방을 선택하거나 '법에 의존하고' 싶은 충동이 한층 더 거세지는 법이다.

그렇다면 그런 방식은 과연 효과적일까? 유감스럽게도 아주 비효과적이다. 아무리 교사에게 힘이 필요하다 하더라도, 또 제아무리 힘과 권력을 은폐하려 한다 하더라도 힘과 권력은 끝내 불행한 결과를 자초하는 것이 보통이다.

가치관 충돌 영역에서 방법 1을 사용하는 것이 가장 위험하다는 사실을 입증하는 증거들이 몇 가지 있다. 가치관은 시민으로서의 권리, 개인의 권리, 개인적 선택의 권리, 개인적 이상, 자율적인 행동 등과 밀접한 관계가 있다. 그러므로 가치관의 문제를 강요하거나 제압하면 격렬한 저항에 부딪히는 것이다. 과거부터 오늘날에 이르기까지 인류는 목숨을 걸고 자신의 권리와 이상을 지켜 왔다. 미국의 독립전쟁도 기본적으로 이상과 가치를 두고 벌인 전쟁이었다. 이 전쟁에서 승리한 후 미국의 애국자들은 헌법에, 특히 권리장전에 이들 권리를 상당수 포함시켰다.

학생 역시 자신의 권리를 부정하려 들거나 사상과 표현의 자유를 옥죄려는 교사나 어른들에게 맞설 수 있다. 학생들은 자신의 신념을 지키려고 때론 죽음을 불사하기도 한다.

가치관의 문제를 해결하려고 분투하는 교사들에게는 방법 1이 그다지 무모하게 비치지 않을 수도 있다. 하지만 우리는 학생에게 교사의 가치관을 전하기 위해 힘이나 권력을 사용해서는 절대 안 된다는 사실을 다시 한번 말하고자 한다. 합법적이고 도덕적인 측면은 잠시 제쳐 두고라도, 힘의 사용은 가치관의 충돌을 다룰 때 떠올릴 수 있는 것들 가운데 최악의 방법이다. 수동적이든 적극적이든 학생의 저항이 너무나 완강하기 때문이다.

아이들과 숱하게 힘겨루기를 해 본 교사나 학부모들은 방법 1이 결코 가치관의 갈등에서 승리하게 해 주는 방법이 못된다는 사실을 끝내 시인하고 만다. 설사 힘이 아이의 행동 변화를 끌어낸다 하더라도(예컨대 아이들이 강요에 못 이겨 긴 머리를 잘랐다 하더라도) 그들의 신념이나 가치관은 조금도 달라지지 않는다.

이 경우 아이는 '짧은 머리가 좋다'는 어른의 가치 판단을 부정한다. 머리를 스스로 자른 것이 아니라 잘린 것이기 때문이다. 권력 투쟁의 패자는 대체로 자기 가치관에 대한 신념을 한층 더 강화하는 경향을 보이며, 앞으로는 훨씬 더 강하게 변화를 거부하겠다고 다짐하거나 보복을 결심하기까지 한다. 한층 더 심각한 것으로, 패자는 승자를 혐오하고 둘의 관계는 점점 악화되거나 괴멸하기에 이른다.

최근 교사들이 가치관 문제를 해결하기 위해 방법 1을 사용하는 것이 법적인 문제로까지 번지고 있다. 급기야 머리, 복장, 학생의 언론 자유 따위의 주제를 가지고 법정에 불려 나가게 되는 것이 교사의 현실이다. 더구나 법정에서는 학생의 시민권에 관계된 소송일 경우 대개 학생의 손을 들어 준다. 교사들의 당혹감은 소송에 패했다는 사실 자체보다는 자신들이 그렇게 힘주어 학생들에게 가르쳐 온 민주주의 원칙을 스스로 위배한 것으로 판명 났다는 사실에서 비롯된다.

가치관이 충돌할 때 방법 2가
효과적이지 못한 이유

교사가 취할 수 있는 다른 조치는 방법 2이다. 즉 신경 쓰지 않고, 학생의 뜻에 따르고, 뒷짐 진 채 물러나 있고, 설사 학생이 수용 불가능한 행동을 저지르더라도 못 본 체하며 마치 수용할 수 있다는 듯이 처신하는 것이다.

이런 방법은 학생들에게 '제멋대로 행동할 수 있는' 자유를 부여하겠지만, 교사는 자신의 신념이나 가치에 충실하지 못하게 되는 큰 희생을 치러야 한다. 패자로서의 열패감마저 들 것이다. 허용적인 교사는 대개 학생들에게 분노를 느끼고, 그들에게 대항하기 위해 동료 교사들과 단결하거나 뒤로 물러나 있는다. 그리고 복장이나 두발 제한 같은 규칙을 지키는 일이 몸에 밴 학생들로 구성된 명문 학교로 전근 갈 날만을 손꼽아 기다리는 신세가 된다. 심지어 어떤 교사들은 학생들과 충돌하지 않는 새로운 직종을 꿈꾸며 교직을 떠나 버리기도 한다.

학생의 탐탁지 않은 행동을 수용하는 체하거나 외면한 채 딴전을 피우는 것은 당연히 가치관 충돌을 해소하는 좋은 방법이 아니다. 무엇보다 교사는 학생에게 자기감정을 완벽하게 감출 수 없기 때문이다. 예컨대 교사가 말이 거친 학생을 겉으로는 수용하는 척 애쓰고 있어도 마음이 분노로 가득 차 있다면 표정이나 몸짓 등을 통해 그런 상태가 드러나는 것을 막을 수 없다.

학생은 한 치 오차도 없이 이러한 움직임을 정확히 포착

한다. 그래서 어른들이 진짜 감정을 감추려고 노력하면 그것을 자신을 속이려는 의도로 받아들인다. 학생의 행동을 변화시킬 수는 없더라도 교사들이 자신의 감정을 그대로 드러내는 메시지를 보내야 하는 이유가 바로 여기에 있다. 솔직함이 능사는 아니지만 그래도 학생은 솔직한 교사를 더 좋아하기 때문이다.

학생이 당신 앞에서 상스러운 말을 사용할 때 억지 미소를 띤 채 아무렇지도 않은 척하는 것보다는 다음과 같이 자신을 드러내는 나-메시지를 보내려고 시도하는 편이 훨씬 낫다. "그런 말을 쓰면 몹시 귀에 거슬리고 화가 난다. 안 그러려고 해도 저절로 그렇게 돼. 도무지 그런 말을 그냥 흘려듣지 못하겠다." 교사가 진짜로 심각한 해를 입은 것까지는 아니더라도, 학생은 최소한 자신이 교사를 언짢게 했다는 사실은 알게 된다. 이런 사실을 알아야 학생은 그런 자신의 행동을 계속할 것인지 말 것인지 고민하게 된다. 만일 교사가 미소를 짓거나 어색하게 수용하는 체하는 식의 메시지를 전한다면 학생이 자기 행동을 두고 고민하는 일은 결코 없을 것이다.

가치관이 충돌할 때 대처하는 방법

지금까지 교사와 학생이 가치관 문제로 충돌하고 있을 때 효력이 없는 방법들에 대해서는 충분히 알아보았다. 그렇다면 과연 어떤 방법이 효과적이란 말인가? 교사들은 자신들의 감정을 거스르는 언행을 일삼고, 자신들이 옳다거나 적절하다고 여기는 가치에 걸핏하면 제동을 거는 학생들과 날마다 속수무책으로 얼굴을 맞대고 살아가야만 하는가? 가치관과 신념을 두고 다른 세대와 끝없이 부딪칠 수밖에 없는 환경에서 일해야 하는 현실을 그저 묵묵히 감수해야만 하는가? 가치관의 충돌을 줄이고, 교사는 원만하게 가르침을 수행하고 학생 또한 교사의 지식과 경험을 배우게 하는 무슨 비책은 없을까? 이 장의 나머지 부분에서는 가치관의 충돌 빈도를 현저히 줄여 주는 원칙과 방법론을 제시하고자 한다.

유능한 상담가 되기

우리는 교사들이 가치, 소신, 개인적 신념 등의 영역에서 소임을 다할 권리뿐 아니라 의무도 함께 지니고 있다고 믿는다. 가치관의 차이나 그것을 둘러싼 갈등을 도외시하는 태도가 도움이 안 된다는 사실은 누차 지적했다. 성자인 척하는 태도도 서슴없이 버리라고 경고했다. 우리는 교사가 자기 욕구를 희생해 가면서 학생에게 굴하거나 손을 드는 식으로 학생을 승자로 이끄는 방법 2를 끈질기게 비판해 왔다. 또 학생에게 자신의 가치관이나 신념을 강요하기 위해 힘이나 권위를 행사하는 방법 1도 강도 높게 비판했다.

이제부터는 긍정적이고 건설적인 대안을 제시하려고 한다. 우선 교사는 학생에게 가치관의 문제에 관해 유능한 상담가가 될 수 있다. 하지만 유능한 상담가가 되려면 적잖이 훈련해야 한다.

상담가는 어떤 사람(또는 집단이나 조직)에게 고용되어야만 한다. 상담가를 고르는 사람은 그의 방식이 자기 마음에 드는지 안 드는지, 그가 변화를 이끌 능력이 있는지 없는지를 탐색해 보려 들기 때문이다. 상담가는 낙점받은 '변화의 매개자'인 셈이다. 상담가는 대체로 고용한 사람에게 경험과 전문 지식을 소유한 권위자(권위의 유형 1)로 비친다. 따라서 상담가는 자신에 대해 일정한 정보와 신뢰를 확보한 의뢰인과 관계 맺게 되는 것이 보통이다. 하지만 이러한 과정을 거쳤음에도 의뢰인의 변화를 이끄는 데서 이렇다 할 성과를 내지 못하는 상담가들이 수두룩하다. 반면 유능한 상담가는 좀처럼 실패하지 않는다. 다음 네 가지 기본 원칙에 따라 작업하기 때문이다.

1 유능한 상담가는 자신이 고용되었다는 사실을 분명히 확인하지 않으면 절대 고객을 변화시키려는 노력을 시작하지 않는다.
2 유능한 상담가는 사실, 정보, 자료를 적절하고 충분하게 준비해 온다.
3 유능한 상담가는 자신의 전문 지식을 간결하고 간단하게, 오직 한 차례만 말한다. 이미 한 말을 자꾸 되풀이하지 않는다.
4 유능한 상담가는 자신의 노력을 수용하는 책임은 전적으로 고객에게 남겨 둔다.

1. 학생에게 고용되기

대체로 학생들은 관계가 나쁘지 않은 교사들을 자기보다 더 많은 전문 지식, 지혜, 경험, 지식, 기술을 보유한 존재라고 인식한다. 학생의 눈에 교사들은 '심리적인 크기'가 분명 더 크게 비친다. 그래서 학생들은 교사들을 '고용한다'(물론 언제나 그런 건 아니다).

그렇다면 상담가로서 교사는 어떻게 자신의 서비스를 제공할 것인가? 유능한 상담가가 그렇듯이 교사는 자신이 제공할 수 있는 것, 그리고 그것이 문제를 지니고 있다고 짐작되는 학생에게 어떤 이득을 안겨 줄지를 우선 제시해야 한다. 상당히 축약되어 있기는 하지만 다음 유형과 크게 동떨어지지 않은 방법이 될 것이다.

"요즘 네가 옷 입는 방식(또는 머리 스타일, 사용하는 약물, 거친 말버릇, 섹스 등)을 두고 널 들볶고 있는 어른들과 무슨 문제를 겪고 있는 것처럼 보이는데……."

"최근에 나는 바로 그 문제와 관련한 책을 많이 읽고 고민도 진지하게 하고 있거든(또는 나는 바로 그 문제에 대해 얼마간 의견과 의향, 해법을 갖고 있거든). 네가 들으면 도움이 될 성싶은데……."

"내 생각을 너와 나누고 거기에 대해 네 의견을 듣고 싶어."

"너에게도 나에게도 편한 시간을 한 번 잡아 볼 생각 없니? 처음에는 한 시간 정도만 이야기하고, 그저 내 생각이 어떤 점에서 흥미로운지 생각해 보는 거야."

가볍게 들어 주길 바라는 이러한 요구는 대체로 학생들이 무리 없이 받아들인다. 학생(훗날의 고객)에게 어떠한 부정적인 평가도 전달하지 않기 때문이다. 게다가 교사는 서비스를 강매하지도 않는다. 학생에게 그저 작은 성의만을 요구할 따름이다. 본격적으로 학생에게 고용될 때까지는 어떠한 실질적인 상담도 이루어질 수 없다는 사실을 명심해야 한다.

2. 적절하고 충분하게 준비하기

학생은 때로 제대로 준비하지 않았다는 이유로 교사를 그 자리에서 '해고'하기도 한다. 그래서 교사는 유능한 상담가에게 반드시 요청되는 것(공들인 연구와 세심한 분석)을 갖추지 않고 무턱대고 문제나 주제를 상담하려 하면 안 된다.

상담가는 서비스를 제공하려는 문제의 유형에 따라 다음과 같은 것들을 사전에 꼼꼼하게 준비해야 한다. 참고문헌 읽기, 인터뷰를 통해 자료 수집하기, 차트 준비하기, 적절한 영상 자료 선택하기, 자신의 경험을 체계적으로 정리하기, 녹음기 준비하기, 자기 의견 개괄하기, 간략한 의견서 작성하기, 주제의 양면성 숙지하기, 생생한 실연 또는 집단 참여 훈련 개발하기 등. 충분하고 적절하게 준비하려면 한도 끝도 없지만, 충분하고 적절하게 준비되면 일단 유능한 조력자 혹은 전문적인 상담가로서의 기초는 닦은 셈이다.

3. 의견은 딱 한 번만 제시하고, 고객 성가시게 굴지 않기

뜻밖에도 매우 중요한 이 규칙을 위반하는 교사들이 많다. 아이를 변화시키려는(개조시키려는) 의욕이 너무 앞선 나머지 학생이 고통스럽게 생각하는 설교, 훈계, 세뇌, 압력, 설득 등의 메시지를 마구 퍼붓는 것이다. 유능한 상담가는 그렇게 하기보다 자신의 전문 지식을 '공유한다(share)'[우리는 이 용어를 신중하게 사용하고 있다. 이것 말고 유능한 상담가에게 잘 어울리는 또 하나의 용어가 바로 '제공하다(offer)'이다].

이런 원칙을 적용하려면 교사는 수시로 적극적 듣기를 활용할 필요가 있다. 다른 사람을 변화시키려는 노력은(심지어 다른 사람에게 단순히 새로운 의견, 참신한 사실, 색다른 해법을 제공하는 것마저) 거의 예외 없이 저항이나 방어적인 태도를 불러일으킨다. 기를 쓰고 당신의 의견에 대적하거나, 자기 의견을 고집하거나, 둘 다 한꺼번에 시도하려고 한다. 이때 적극적 듣기로 즉각 돌아서야 한다.

"너는 그 의견이 별로 마음에 안 드는 모양이구나."
"네 경험과는 맞지 않나 보다."
"믿기 어려운 눈친데?"
"네 귀에는 도무지 터무니없이 들리나 보다."
"내 의견에 뭔가 석연치 않은 느낌이 드는 모양이구나."

유능한 상담가는 저항이나 방어적인 태도가 비치면 그것을 즉각 감지해야 한다. 그리고 그러한 고객의 감정을 수용하고 있음을 바로 보여 주어야 한다.

4. 학생에게 주도권 남겨 두기
교사이자 상담가는 앞서 소개한 바 있는 문제 소유권의 원칙을 항상 기억할 필요가 있다. 누가 문제를 느끼고 있는가? 교사가 상담가 역할을 할 때 문제의 주인은 바로 당신의 고객인 학생이다. 당신이 학생에게 새로운 행동 양식과 사고방식을 제시하거나 상담가의 조언을 투입하면 학생은 또 하나의 문제를 짊어지게 된다. 도전에 직면하고, 동요하며, 자신이 생명처럼 소중하게 여기는 가치가 도전받는 상황에 부닥치는 것이다.

학생에게 가치관, 이념, 행동 양식 등을 반드시 설득시켜야 한다고 믿는 교사나, 스스로 교사로서 낙제라고 여기는 교사는 이 중요한 원칙을 어기고, 결국 고객에게 해고당하는 수모를 겪는다. 이럴 때 학생은 대개 다음과 같은 감정을 토로한다.

"그 선생님은 정말로 옷에 무슨 콤플렉스가 있나 봐요."
"그 선생님을 선교사로 만들기 위한 묘안은 없을까요?"
"우리 다시 해 보자. 선생님을 더 못살게 해 보는 거야."
"제기랄, 이건 내 삶이지 그 선생 삶이 아니라고!"
"저에 대한 비난은 이제 듣기 싫어요. 선생님이 어떻게 생각하는지는 충분히 알아들었다고요."

이 네 가지 효과적인 상담 원칙이 일상적인 교수 활동에도 얼마든지 훌륭하게 적용된다는 사실을 간파한 교사들도 더러 있다. 실제로 전문적인 상담을 위한 규칙은 교수법에도 멋진 지침이 된다. 훌륭한 교사는 우선 무언가 가르칠 목적으로 학생에게 '고용된다'. 그리고는 학생이 뻔히 알고 있는 것이 아니라 호기심을 불러일으키는 흥미로운 뭔가를 제공해 주려고 최선을 다해 준비한다. 이들 교사는 학생이 "저기, 저걸 잘 못 알아듣겠는데요. 다시 설명해 주세요"라고 요구하기 전에는 결코 똑같은 내용을 되풀이하지 않는다.

마지막으로 뛰어난 교사는 '학습은 학생 스스로 주도적으로 해야 한다'는 사실을 또렷이 인식하고 있다. 그들은 칼릴 지브란이 《예언자》에서 말한 다음과 같은 아름다운 경구를 일상적으로 실천하는 것이다.

그러자 이번에는 한 교사가 말했다.
저희에게 '가르침'에 대해 말씀해 주소서.
그리하여 그는 대답했다.
어느 누구도 이미 그대들 깨달음의 여명 속에 선잠이 든 채 깃들어 있는 것 외에는 어떤 것도 가르쳐 줄 수 없다.
제자들에 둘러싸여 사원의 그늘을 거닐고 있는 스승은 신념과 사랑을 나눠 줄 수는 있지만 지혜를 주지는 못한다.
그가 진정한 현자라면, 그는 그대들을 자기 지혜의 집으로 들어오게 인도하지 않고 그대들 마음의 문으로 이끌 것이다.
천문학자는 우주에 대한 자신의 지식을 그대들에게 말해 줄 수는 있어도 결코 자신의 깨달음 자체를 고스란히 전달해 주지는 못한다.
음악가는 그대들에게 드넓은 공간을 가득 채우는 선율을 들려줄 수는 있지만, 결코 그 선율에 주의를 기울이는 귀

나 그것을 울려 내는 목소리 자체를 주지는 못한다.

수학자는 무게와 길이의 세계에 대해 그대들에게 말해 줄 수는 있지만, 당신을 그리로 데려다주지는 못한다.

인간의 통찰력이란 타인으로부터 그 날개를 빌려 쓸 수 없는 탓이다.

모델링하기

가치관의 문제를 다루는 두 번째 방법은 교사가 자기 것으로 만들고 싶은 행동을 모델링하는 것이다. 이 방법이 어떤 점에서 효율적인지 알아보려면 자기 가치관을 훑어보면 된다. 자기 가치관 가운데 얼마나 많은 것이 자신이 존경하는 사람에게서 (때로는 손보지 않은 채로) 비롯된 것인지 검토해 보면 된다. 당신의 모델은 누구인가? 당신은 자기 삶에서 중요한 사람의 삶과 가치관을 차용해 본 적이 있는가? 혹시 그 가운데 교사도 있는가?

교사가 학생들의 본보기가 되는 데 최대의 걸림돌은 '이중적인 기준'이다. "내가 행동하는 대로 행동하지 말고, 내가 말하는 대로 행동하라." 이는 결코 가치관을 가르치는 효과적인 방법이 못 된다. 가치관을 가르친다고 해도 바람직한 가치관이 아니다. 이것은 학생에게 '만일 네가 다른 사람에게 규칙을 지키게 할 만큼 충분한 힘을 가지고 있다면 굳이 복종하지 않아도 된다'는 사실을, 지위에는 특권이 따른다는 사실을, 이중적인 기준도 무방하다는 사실을 은연중에 가르칠 따름이다.

자신의 모델링뿐 아니라 소속 학교의 '공식적인' 모델링도 함께 살펴야 한다. 당신이 몸담은 학교는 특정 집단들(교사, 학생, 기타 남녀노소)을 차별 대우하고 있지는 않은가? 그 학교의 규칙 가운데 아이들에게는 금하는 행동을 어른에게는 허용하는 것이 있지는 않은가? 학생에게는 자신을 때린다는 이유로 교사에게 대들거나 동료 학생을 손대는 것을 금하면서 교사들에게는 학생을 때릴 수 있게(체벌할 수 있게) 하고 있지는 않은가? 화장실이나 휴게실이 교직원용과 학생용, 평교사용과 행정가용으로 따로 분리되어 있고, 또 매우 다른 환경으로 꾸며져 있지는 않은가? 어른은 교내에서 담배를 피울 수 있지만 학생에게는 금지되고 있지는 않은가? 교직원과 학생의 식당 메뉴가 서로 다르지는 않은가?

만일 그렇다면 어떤 가치들이 모델링되고 있는 것인가? 실제로 모델링되는 가치들이 당신 학구나 학교의 '공식적인' 목표와 일치하는가? 대체로 공식적인 것은 중요한 가치 목표를 담고 있을 것이다. 그렇다면 일반적으로 이뤄지는 관행은 이 공식적인 목표들과 조화를 이루고 있는가? 만일 그렇지 않다면 왜 그런가?

공식적으로는 그럴듯한 가치를 제안하면서 실제로는 그와 전혀 다른 가치(특히 실제로 고수되는 가치가 학생을 계급제도의 최하위에 두는 것일 때)를 따르는 어른들의 위선은 아이들을 격분하게 만든다.

당신은 어떠한가? 당신 역시 이중적인 기준을 갖고 있지는 않은가? 만일 당신이 정직을 소중히 여긴다면 학생에게 정직해야 한다. 단정함을 중시한다면 옷차림이나 몸가짐을 단정히 해야 한다. 시간 엄수를 강조한다면 스스로 시간을 잘 지켜야 한다. 민주주의 원칙을 소중하게 생각한다면 독재자처럼 굴지 말아야 한다. 하지만 파시즘이나 적자생존 법칙을 중시한다면 어설프게 민주주의나 인도주의를 설파하려 들지 말라. 과거에 자기 부모나 교사를 모델링하는 것이 얼마나 유효했는지 잠시 돌이켜보라.

교실에서 학생을 바라보는 바람직한 관점의 하나는 그들을 대체로 양호한 상태로 보는 것이다. 학생과 교사의 가치관 차이는 사실 극히 사소하다. 아마도 95퍼센트 정도는 일치할 것이다. 기껏해야 5퍼센트의 차이를 가지고 교사와 학생의 관계를 냉각시킬 수야 없지 않은가?

모델링을 통해 학생이 교사의 가치관을 취하도록 하는 핵심 열쇠는 그들과 좋은 관계를 유지하는 것이다. T.E.T. 프로그램의 주요 이점 가운데 하나는 효과적인 관계를 건설하는 방법을 알게 한다는 것이다. 관계 개선을 위해 교사는 T.E.T. 방법론을 따른다. 방법 3을 모델링하는 것은 민주주의에 대한 다른 어떤 강의보다 효과적이다. 솔직해져라, 정직해야 한다고 학생에게 입버릇처럼 말하기보다 일상적으로 나-메시지를 보내는 편이 한층 낫다.

끊임없이 설교를 퍼부으면 아이들도 그것을 고스란히 따라 한다. 아이들은 잔소리의 레퍼토리를 줄줄 꿰고 있다. 아이에게 음주나 흡연의 해악, 운동장 안전, 청결 등에 관해 이야기하도록 요구해 보라. 귀에 못이 박이게 들어 온 어른들의 설교만 못한가? 여담이지만 또래의 모델링이 강력한 까닭은 또래는 설교하지 않고 행동으로 보여 주기 때문이다. 학생의 가치관 형성에 영향을 주고 싶은 교사는 가치관을 이야기하는 것이 아니라 직접 행동으로 보여야 한다. 설교할 것이 아니라 몸소 실천해야 한다는 것을 명심해야 한다.

젊은이에게 영향을 주는 방법 가운데 하나인 모델링에서 유의할 점이 한 가지 있다. 모델링이 실효를 거두지 못할 수도 있다는 점이다. 가치관은 늘 변화하기 마련이다. 시대에 뒤떨어진 방식은 사라지고 새롭고 참신한 방식이 그 자리를 대체한다. 제아무리 좋은 것이라 해도 낡은 가치관을 추종하는 자가 많을 리 없다. 하지만 학생이 교사의 가치관을 곧이곧대로 받아들이지는 않더라도 교사가 자기 가치관을 모델링하는 자세만은 우러러볼 수 있다. 그러므로 설령 자신이 전수하려는 가치가 학생에게 거부당한다 해도 낙심 말고 그에 필적하는 또 하나의 소중한 태도(아무리 자신의 신념이 대중적인 설득력이 없고 일반에게 배척당한다 해도 흔들림 없이 그것을 고수하려는 태도)가 본받아지고 받아들여질 여지는 얼마든지 있다는 사실을 기억하기 바란다.

가르침과 관련해서 변하지 않는 한 가지 사실은 '모델링은 결코 피할 도리가 없다'는 점이다. 학생들은 교사가 행동하고 말하고, 심지어 옷 입는 것까지 하나하나 주시하고 있다. 많은 교사가 지레짐작하는 것보다 한층 더 면밀하게 교사를 관찰하고 있다. 교사들은 학생 앞에서 날이면 날마다 자기를 고스란히 드러내 보이고 있다. 교사의 행동과 모델링은 그들의 어떤 말보다 훨씬 막강한 영향력을 학생들에게 행사한다. 이것이 바로 앞서 말한 이중적인 기준인 "내가 행동하는 것처럼 행동하지 말고, 내가 말하는 것처럼 행동하라"는 교사의 말이 가르치는 데 효과가 없는 이유다.

스스로 변화하기

교사로서는 자신이 변화를 꾀하기보다 학생이나 교실 환경을 변화시키는 새로운 방법을 받아들이는 편이 손쉬울 것이다. 하지만 자기 변화야말로 교사가 온전히 통제할 수 있는 거의 유일한 방법이다.

교사와 학생의 관계를 개선하기 위해 교사가 변해야 한다는 생각은 교사나 학교 환경에 더 잘 적응하도록 학생을 변화시키려고 노력한다는 생각만큼 일반적이지는 않다. 가르침은 아이의 성장과 발전을 돕는 행위로만 여겨질 뿐, 인간으로서 교사의 성장과 발전을 도모하는 과정이라고는 생각하지 않는다.

하지만 교사들도 다른 사람들(배우자, 친구, 동료, 교장, 친척)과의 관계에서는 심각한 갈등을 막기 위해 자신이 더 관대해져야 한다는 사실을 받아들인다. 타인과의 관계를 더욱 순조롭게 하려고 수용성을 키운다거나 그의 내면에서 전개되는 감정을 더 잘 이해하려 애쓰는 식으로 자기 태도를 변화시킨다. 그러면 그 관계는 몰라보게 달라지기도 한다.

힘에 의존하거나 권위적인 교수법에 길들여진 교사는 자신을 변화시키는 것이 선택 가능한 처방이라고 생각하지 못하고 어떻게든 학생을 변화시키려고 든다. 만일 그런 노력이 실패로 돌아가면 그들은 그로부터 빚어지는 갈등은 '치유 불능'으로, 학생은 '구제 불능'으로 낙인찍는다.

하지만 교사 자신의 변화는 교사들이 흔히 상상하듯 그렇게 어렵거나 위협적인 것은 아니다. 교사들은 T.E.T. 과정을 통해 상당한 변화를 체험한다. T.E.T. 수업을 통해 얻은 자신의 변화에 대해 말해 보라고 하면 교사들은 대체로 다음과 같은 항목을 열거한다.

- ▶ 더 유연해졌다.
- ▶ 더 잘 받아들인다.
- ▶ 더 현실적으로 변했다.
- ▶ 더 친절해졌다.
- ▶ 더 유능해졌다.
- ▶ 더 잘 참게 되었다.
- ▶ 더 친근하게 되었다.
- ▶ 더 사랑스러워졌다.
- ▶ 더 느긋해졌다.
- ▶ 더 직분에 충실해졌다.
- ▶ 더 유쾌해졌다.

- ▶ 덜 무섭게 군다.
- ▶ 덜 까다롭게 요구한다.
- ▶ 화를 덜 낸다.
- ▶ 덜 엄해졌다.

- ▶ 덜 실망한다.

- ▶ 덜 비인간적이다.

- ▶ 덜 분노한다.

- ▶ 덜 노심초사한다.

- ▶ 완벽주의에 대한 강박이 덜해졌다.

- ▶ 덜 기계적으로 되었다.

- ▶ 화를 덜 낸다.

이 가운데서도 우리는 '자신을 더욱 사랑하게 되었다'는 평을 가장 자주 듣는다. 학생 역시 훨씬 더 교사를 좋아하게 되었으리라 짐작한다. 이 과정을 통해 우리는 자신을 수용할 줄 아는 교사는 학생 역시 사랑할 수 있게 된다는 사실을 깨달았다. 교사의 자기 수용성이 증가하면 가치관이 다른 학생을 수용하는 힘이 증가하기 때문에 학생과의 가치관 충돌이 현저히 줄어든다.

교사는 스스로를 변화시킴으로써 학생에 대한 수용성을 한층 높일 수 있다. T.E.T. 과정을 수강하는 것은 그렇게 될 수 있는 방안 가운데 하나다. 다음은 스스로에게나 학생에게 한층 좋은 감정을 품고 싶어 하는 교사들이 시도해 봄 직한 여러 방법이다.

1. 아이 파악하기

아이들을 대상으로 하거나 청소년, 젊은이 문화, 아이의 권리 등을 다룬 것이라면 무슨 자료든 섭렵한다. 몇몇 조사 연구 결과에 따르면 사람들은 자신이 제대로 이해하지 못하는 사람에게는 적대감을 품는다. '친밀감은 경멸을 낳는다'는 말과 달리 실제로 서로 다른 문화나 다른 연령대의 집단을 이해하게 되면 그들의 행동이나 특성을 더 잘 수용할 수 있다는 것이다. 학생들에게 그들의 가치관이나 신념에 대해, 그것을 획득하게 된 경위에 대해, 그것이 자신에게 어떤 의미를 지니는지에 대해 이야기해 달라고 해 보라. 심각하게 가치관의 충돌을 겪고 있는 학생을 개인적으로 만나 그의 말을 적극적으로 경청해 보라. 그의 신념이나 가치관의 저변을 이전보다 잘 이해하면 그 학생을 더 받아들일 수 있다.

2. 집단적 훈련 기회를 통한 성장

스스로에 대한 이해와 수용성을 키우고 싶은 교사들은 집단 감수성 훈련 그룹, 집단생활 지도 그룹, 인간 잠재성 훈련 그룹, 인간관계 훈련 그룹, 효과성 훈련 그룹 같은 이름의 집단에서 훈련해 보는 것이 최선이다. 다만 한 가지 유의할 점은 이 프로그램이 당신이 원하는 것이 아닐 경우나 당신을 혼란스럽게 하는 경우에는 주저 없이 그만두라는 것이다.

3. 개인적·집단적 심리 치료

공인된 전문 치료사와 만난 적이 있는 사람들은 그 만남을 자기 삶에서 가장 예사롭지 않은 경험으로 꼽는다. 하지만 안타깝게도 많은 사람, 특히 교사로서 심리 치료를 받으면 정신적으로 문제가 있거나 정신병을 앓고 있다는 낙인이 찍힌다는 고정관념이 만연해 있다. 하지만 심리 치료는 심각한 장애를 겪고 있는 사람에게보다 상대적으로 건강한 사람에게 훨씬 효과적이다. 대부분의 치료사들은 심리 치료가 자기 본분을 잘 수행하고 있지만 한층 더 잘하려고 애쓰는 사람, 무능하지 않으면서도 자신을 더 깊이 이해하려는 사람, 잠재력이 많고 그것을 실현하고 싶어 하는 사람에게 훨씬 효과적이라고 입을 모은다.

하지만 치료사들 또한 능력이 천차만별이다. 따라서 치료사를 선택하기 전에 가능하면 많은 정보를 입수해야 한다. 친구, 종교 지도자, 의사 등의 충고가 도움이 될 수 있다. 심리학자를 더 선호할 때는 박사 학위 소지자나 그에 준하는 자격을 갖춘 사람이 적합할 것이다. 내로라하는 정신의학자들은 그 분야 동료들에게 널리 알려져 있을 테니 의사들에게 조언을 구하는 것도 좋은 방법이다. 다시 한번 강조하건대 편안하게 느껴지지 않는 전문 치료사와 만났다면 절대로 그냥 감내하지 말고 다른 전문 치료사를 찾는 편이 낫다. 어디에 몸담고 있든 간에 유능한 조력자는 따뜻하고 수용적이고 이해심 많고, 무엇보다 훌륭하게 경청할 줄 아는 사람이다.

4. 자신의 가치관 이해하기

최근 적잖은 사람들이 이른바 '가치관 명료화 워크숍'이라 불리는 비교적 새로운 집단 활동에 참여함으로써 상당한 혜택을 받고 있다. 이 워크숍은 자신이 진정으로 소중하게 여기는 가치관을 더 잘 이해하도록, 그 가치관에 어울리는 목적의식을 가지고 삶을 꾸려 가도록, 자신이 가치 있다고 여기는 것과 일치되게 행동하도록 돕는다.

이 워크숍은 자신의 가치관을 평가할 수 있는 구체적인 기법이나 방법론을 활용한다. 우선 가장 하고 싶은 것 열 가지를 나열하게 한다. 또 가장 지지하고 싶은 것들, 즉 가장 확고한 신념에 관한 목록도 작성해 보게 한다. 그리고 그 목록 가운데 가장 중요한 것에서부터 가장 중요하지 않은 것까지 순위를 매기게 한다. 목록을 새로 적거나 순위를 수정하는 데 주저할 필요가 없다고도 격려한다.

어떤 경위로 이들 행동과 신념을 소중하게 여기게 되었는지 자문해 보라. 진정으로 스스로 아끼고 믿어 의심치 않는 것들인가, 아니면 누군가, 아마도 부모님이 믿도록 조장한 것들인가? 그 가치들 가운데 어떤 것은 자신의 경험에 기초를 둔 것이 아니라 어떤 권위 있는 존재에게 차용한 것인가? 그 사실을 알게 되면 당신은 '진짜 당신 것'이 아니므로 그것들을 과감하게 폐기할 수 있다. 만일 어떤 교사가 청결함이나 질서 정연함(적절한 언어 사용이나 예의, 보수적인 복장 등)을 지나치게 강조하는 자신의 버릇이 알고 보니 자기 어머니에게 강요받은 것이라는 사실을 깨달으면, 그는 그 가치를 수정할 계기를 얻은 셈이다. 그 가치 기준을 수정한 교사는 학생이 교실에서 다소 청결하지 못하거나 질서 정연하지 못한 행동을 보인다 해도 전보다 더 잘 받아들일 수 있게 된다.

특히 자기 가치관을 공유하지 못하는 타인을 수용하기가 너무 벅차다고 느끼는 사람들로서는 자기가 지닌 가치관의 상당수가 실은 자기 의지와 무관한 것이었다는 사실을 발견하는 게 전혀 의외일 수도 있다.

T.E.T. 수업에서 흔히 들을 수 있는 다음과 같은 질문은 교사가 자신의 진정한 가치관을 명료화하는 데 도움을 준다.

"나는 부모님(또는 기타 중요한 타자)이 신봉하는 것과 무관하게 나의 가치관을 선택할 권리가 있는가?"

"나는 부모님이 내게 믿어야 한다고 말한 바를 어김없이 따라야만 하는가?"

"내가 자발적으로 받아들인 가치 가운데 어떤 것을 포기하게 만드는 것은 대관절 무엇인가? 기필코 지켜야 하는 내 가치관을 한사코 방해하는 것은 대체 무엇인가?"

5. '자기 가치관 고수하기' 대 '타인에게 자기 가치관 강요하기'
자신의 가치관을 고수하는 것과 그것을 타인에게 강요하는 것은 전혀 별개의 차원이다. 스스로 이렇게 물어보라. "오직 나만이 옳은 것과 그른 것, 적절한 것과 부적절한 것, 도덕적인 것과 부도덕한 것에 대한 진리에 접근할 수 있는가?"

가치문제로 학생을 쉬지 않고 들볶아 대는 교사는 곧잘 옳은 것과 그른 것에 관한 개념을 누구에게랄 것 없이 너무 경직되고 엄격하게 적용하려 든다. 자신의 가치관과 신념이 보편적인 진리라고 확신할수록 학생에게 그것을 강요하려는 욕구가 강해진다. 이런 교사는 당연히 걸핏하면 가치관 충돌 문제를 일으키게 된다.

6. 학생에게 배우기

아이들 말에 귀 기울이거나 그들의 입장이 되어 보려는 교사들은 문득 자신이 가치관이나 신념에 얼마나 많이 좌우되고 있는지 깨닫는다. 요즘 얼마나 많은 남교사가 머리를 길게 늘어뜨리고, 낡아빠진 청바지를 입고 다니는가? 음악, 소수 집단의 인권에 대한 태도, 자연 보호, 환경 오염, 대안적인 생활 양식, 필사적·경쟁적으로 돈을 벌려는 몸부림, 결혼 제도를 대체할 여러 대안, 기타 갖가지 선택 문제까지……. 젊은이들은 날이 갈수록 어른들에게 더 많은 영향을 미치고 있다. 어른들은 젊은이의 혁신적인 가치관을 보고 뭔가 배울 수 있다. 개중에 자신에게 이로울 법한 것을 골라 보라. 그 가치들이 과거의 것보다 자신에게 한결 잘 맞는다는 사실을 알아차릴 것이다.

7. 당신은 아이들을 좋아하는가?

다음과 같은 질문은 모든 교사들에게 유익하다. 당신은 아이들이라면 누구라도 좋아하는가, 아니면 어떤 유형의 아이들만 선택적으로 좋아하는가? 예컨대 남학생이 아닌 여학생만(또는 여학생이 아닌 남학생만), 흑인종·황인종이 아닌 백인종 아이들만, 미술에 소질이 있는 아이들이 아닌 운동에 소질이 있는 아이들만, 가난한 가정 출신 아이들이 아닌 부유한 가정 배경의 아이들만 좋아하지는 않는가?

그리고 자신에게 가장 근본적이고 본질을 꿰뚫는 이런 날카로운 질문도 던져 보라. "나는 나와 다른 선택을 하는 누군가를 왜 그토록 수용하기 어려워하는가?"

마음의 평정 찾기

학생과의 관계에서 나름대로 노력하지 않는 것이 아닌데도 유능한 상담가로서도, 모델링을 통해서도, 스스로 변화시키는 방법으로도 가치관 충돌로 인한 문제 해결에 거듭 실패하고 있다면 이 방법이 도움이 될 것이다. T.E.T. 강사들은 이렇게 권한다. "간절히 기도해 보세요." 그리고 이렇게 덧붙인다. "기도문 가운데는 라인홀드 니부어의 것이 가장 그럴듯해 보이더군요." 이 유명한 기도문은 틀에 박힌 듯 진부하기는 하지만 교사에게 꼭 필요한 자질들을 다루고 있다.

신이시여, 제가 바꿀 수 있는 것을 바꿀 용기를,
바꿀 수 없는 것을 받아들일 평온한 마음을,
그리고 그 차이를 분별할 지혜를 주소서.

자기 내면에서든 외부에서 주어진 것이든 교사는 특히 자신이 변화시킬 수 없는 것(학생의 가치·신념·확신)을 받아들일 수 있는 '마음의 평정'을 지녀야 한다. 니부어의 기도문은 '교사의 기도문'으로도 전혀 손색없다.

11

학교를 변화시키기 위한 교사의 역할

학부모는 자녀 양육 스타일을 자유로이 선택할 수 있을 뿐 아니라 제한적이기는 해도 자녀를 어떤 교사에게 맡길지도 자율적으로 결정할 수 있다. 하지만 교사는 그렇지 못하다. 그들은 제도나 조직에 의해 심각하게 제약받는다. 교사는 학생에게 어떻게 반응하고 학생을 어떻게 가르쳐야 할지와 관련해 자신이 몸담은 조직의 규범, 규칙, 방침, 금지 사항, 직업에 관한 정의 등에 영향을 받는다.

교사가 학생과의 관계를 잘 풀지 못할 때 이 같은 조직의 영향력을 간과하는 것은 어리석은 일이다. 교사가 원활하게 가르치고 있지 못하다면 그 실패의 상당 부분은 교사의 역할을 정의하고 제한하는 조직 탓이기 쉽다.

어떤 교육학자는 교사가 교실에서 학생을 자유롭게 만들려면 우선 교사 자신이 자유로워져야 한다고 말했다. 그는 교사가 자유롭지 못한 처지에 있다는 현실을 확실하게 인식했다. 학생과 마찬가지로 교사 역시 권위와 힘에 통제받고 지시받는 존재이며, 권리가 무시되기 일쑤고, 자신들이 수행하거나 집행하도록 기대되는 의사 결정에 참여할 기회를 얻고 있지 못하다. 또 교육 행정가들은 교사들 말에 공감하거나 수긍하는 태도로 귀 기울여 주지 않는다. 교사는 부단히 평가받는다는 두려움을 품은 채 살아가는 존재다.

교사는 이렇게 자신의 욕구 충족이 유예되는 순간에도 학생의 욕구만은 충족시켜야 한다고 기대받는다. 양쪽의 욕구 충족이라는 원칙에 입각하여 효과적인 인간관계를 구축하려는 우리의 이론은 교사도 자기 욕구를 충족할 필요가 있는 존재임을 전제한다. 그렇지 않으면 교사는 도무지 학생 욕구를 충족시킬 기분이 나지 않을 테니 말이다.

이 장에서는 학교를 가르침에 더 적합한 공간으로 만드는 데 도움을 주는 방법을 알려 준다.

교사는 자신의 욕구가 더 잘 충족되도록 학교 조직을 변화시키기 위해 무슨 일을 할 수 있는가? 자신이 몸담은 학교에서 더 효과적으로 변화를 추동하는 존재가 되려면 어떻게 해야 하는가? 먼저 교사는 '학교'라고 불리는 제도의 성격, 그리고 교사를 효과적으로 작용하기 어렵게 만드는 그 제도의 속성을 깊이 이해할 필요가 있다. 학교는 다음과 같은 속성이 있다.

▶ 교사를 하급자로 두는 위계 구조
▶ 교사들의 의사 결정권 없음

- ▶ 경직성, 변화에 대한 저항
- ▶ 획일적 가치 기준 적용
- ▶ 다른 사람을 탓하는 문화

효과적으로 교사 역할을 증진하는 방법

마음먹기에 따라 교사는 다른 사람을 탓하거나 자기 문제에 대한 책임을 다른 사람에게 떠넘기는 대신, 학교를 가르침에 적합한 장소로 만들기 위해 다음과 같은 여러 긍정적인 노력들을 해 볼 수 있다.

자기 역할의 소중함 인식하기

교육계에 종사하는 사람 가운데 교사만큼 학생에게 (좋든 나쁘든) 영향력을 행사할 수 있는 존재는 없다. 그런 점에서 교사는 '최전방'에 서 있는 존재다. 학생에게 가장 중요한 관계는 단연 교사와의 관계다. 학생이 성장과 충족을 경험하든 좌절과 상처를 경험하든 그것은 거의 교사-학생 관계를 통해서 이루어진다.

교사는 결코 학교 위계 구조에서 바닥에 팽개쳐진 보잘것 없는 존재가 아니다. 오히려 가장 꼭대기에 있다고 해야 옳다. 모든 일은 교사, 그리고 교사가 학생과 도모하는 관계에서 시작되고 끝난다. 교육은 교사가 몸담은 교실, 교사가 학생과 맺고 있는 관계에서 이루어지는 것이지 건물, 프로그램, 설비, 행정가, 제도, 커리큘럼, 교과서와 교육 재료, 교육 재정 등에 의

해 이루어지지 않는다. 이 온갖 부산물들은 그저 학생의 조력자로서 교사의 본분을 원활하게 수행하도록 돕는 장치들에 지나지 않는다.

자기 역할의 중요성을 인식하고, 그것을 생명처럼 소중히 여기고, 그 고결성을 지키려고 노력하기만 한다면 더 많은 교사가 전문가로서 당당해질 것이다.

항상 '창'을 통해 보기

교사는 별의별 사람들과 모두 관계를 맺고 있다. 주임 교사, 고참 교사, 경비원, 학교장, 행정실 직원, 운동 지도 교사, 학교 심리학자, 학교 상담가, 보건 교사, 부교육감, 인사 담당 직원, 기업 경영인, 동료 교사, 교육위원회 위원, 사친회 직원, 학부모 등. 그런데 이들은 저마다 교사가 학생과 맺고 있는 관계에 해를 끼치거나 교수-학습 과정을 교란하는 식의 문제를 일으킬 가능성이 있다.

늘 '창'을 통해 보라고 독려하는 까닭은 직사각형 창을 통해서 상호 작용하고 있는 각각의 사람들을 바라보는 것이 무엇보다 중요하기 때문이다. [그림 30]에서는 학교에 관여하는 사람들을 각기 '다른 사람'으로 칭하고 있다. 이 '다른 사람'들과 상호 작용할 때 우선 자신의 정직한 감정을 유일한 척도로 그의 행동을 직사각형 내의 적절한 위치에 배치하는 것이 중요하다.

경비원이 일이 늘어나므로 제발 학생들 의자와 책상을 원형으로 배치하지 말아 달라고 교사에게 부탁했다고 하자. 그의

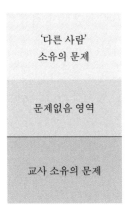

[그림 30]

행동을 창을 통해 바라본 후 자신에게 이렇게 물어보라. "나는 하지 말라고 한 그의 행동을 수용할 수 있는가 수용할 수 없는가?" 만일 그의 문제를 세 곳으로 분할된 직사각형의 맨 위에 배치했다면(지금쯤이면 우리는 당신이 분명 그렇게 하리라고 기대한다), 자신에게 이렇게 말해 보라. "경비원은 문제를 가지고 있어. 그의 욕구는 위협받고 있어." 당신은 이제 열두 가지 대화 장벽 가운데 하나를 보내지 않을 정도의 분별력은 생겼을 것이다. 그러므로 그의 감정을 이해하고 수용할 수 있음을 보여 주기 위해 적극적 듣기를 동원해야 한다는 점도 간파했을 것이다. 교사는 "짐, 우리가 원형으로 의자를 재배치해 사용하고 나면 다시 원상 복구시키는 일을 하기가 언짢으시군요?"라는 간단한 한마디로도 짐과의 관계를 새롭게 정립할 수 있다. 교사의 물음에 짐은 이런 느낌을 받을 것이다. "내 문제를 진심으로 이해하고 나를 염려해 주는 선생님이 여기 한 분 계시는구나!"

다음은 같은 상황에서 당신이 적극적 듣기를 함으로써 발생할 수 있는 결과들이다.

1 짐은 자기 문제를 혼자 너끈히 해결한다("요즘 교수법은 예전과 적잖이 달라졌으니까 자리 배치를 그렇게 하는 건 어쩔 수 없다고 생각해요").

2 짐은 "그래요. 언짢아요"라고 대꾸하고는 당신에게 아이들을 통제하도록 더 강한 압력을 넣을 수도 있다. 이럴 때 당신은 그에게 당신의 욕구를 담은 나-메시지를 보내고 싶어질 것이다("짐, 집단 토론을 할 때 원형으로 학생을 앉히면 정말 큰 보탬이 돼요. 저는 그걸 포기하진 못하겠어요. 그렇게 되면 교사로서 제가 훨씬 무능해질 것 같거든요").

3 짐은 당신 욕구를 수용하고 그 문제를 그냥 덮어 둘 수도 있고, 의자를 옮기지 않았으면 좋겠다는 입장을 더 완강하게 고수할 수도 있다. 후자라면 짐과 당신은 욕구 간의 갈등 상황에 직면한 것이다(두 사람 다 문제를 안게 된 것이다). 이 사실을 깨달으면 당신은 방법 3의 문제 해결에 동참하자고 짐에게 제안할 수 있다("짐, 지금 우리에게는 문제가 좀 있다고 봐요. 머리를 맞대고 당신 욕구와 제 욕구를 한꺼번에 충족시킬 수 있는 묘책을 찾아보면 어떨까요? 무슨 좋은 수가 없을까요?").

우리는 교사들에게 조직과 관련한 모든 관계에 T.E.T. 기술을 적용할 필요가 있음을 보여 주려 애써 왔다. 효과적인 교사 역할 훈련의 핵심은 바로 다른 사람의 행동을 볼 수 있는 직사각형 창이다. '누구의 문제이냐'를 결정하고 나서야 비로소 적절한 기술을 선택할 수 있기 때문이다.

T.E.T. 기술을 모든 관계에 다 적용할 수 있다면 일상적으로 경험하는 충돌의 상당 부분이 줄어들 것이다. 더욱이 교사는 점점 더 손쉽게 욕구를 충족하고, 조직에서 더 나은 관계를 구축하게 될 것이다.

조직의 장과 갈등을 빚을 때 대처하는 방법

교사들 또한 권좌에 앉아 있는 존재를 상대할 때 소심해진다. 그들이 자신에 대한 평가의 칼자루를 쥐고 있기 때문이다. 학교장과 교육감은 권력을 쥐고 있을 뿐 아니라 지금껏 그것을 유감없이 행사해 왔다. 미래의 고용을 기약하거나 철회할 수도, 봉급 인상을 결정할 수도, 종신제를 제안하거나 거부할 수도 있는 막강한 권한을 휘둘러 왔다. 이런 상황에서는 담력 있는 교사라도 자신의 욕구를 주장하기 위해 조직의 장과 맞서는 것이 감당하기 힘들다.

그래서 교사들은 그 힘 앞에 고개를 숙이거나 자포자기한다. 또 쉬이 예견할 수 있듯이 울분을 터뜨리고, 적대감을 키우고, 괴로워하고, 참담해하고, 체념하고, 심지어는 교직을 관두기까지 한다. 이런 상황에서는 교사 역시 교사가 승자고 학생이 패자일 때 학생들이 동원하는 것과 마찬가지의 대응 기제로 맞서리라는 것을 쉽게 짐작할 수 있다.

T.E.T. 수업에서는 '당신들의 욕구는 온당하며 당신들에게
는 그 욕구를 만족시키려고 노력할 권리(심지어 의무)가 있다
고 말한다. 하지만 그 욕구가 무시당하고 충족되지 않은 채 남
아 있으면 학생과 좋은 관계를 형성하거나 유지하는 것이 불
가능하다'는 사실을 교사들에게 확신시키기가 쉽지 않다. 교사
들은 자신의 본분에 충실할 권리, 직업적인 교사가 될 권리, 좋
은 근무 조건을 갖춘 직장에서 일할 권리가 있다. 이 모든 권
리를 쟁취하려면 두려움을 무릅쓰고라도 조직의 장과 맞서야
한다.

조직의 장이 욕구 충족을 방해하려 들 때면 언제라도 다
음의 여섯 단계를 충실하게 밟아 보라. 그러면 자신의 권리를
주장하는 데 따르는 두려움이 크게 줄어들 것이다.

1단계 … 훌륭한 '나-메시지' 보내기. 교장에게 가기 전에
몇 개의 나-메시지를 준비해 둔다. 상황을 있는 그대로 정
확하게 표현했다는 확신이 설 때까지 계속 수정을 거친다.

2단계 … 재빨리 적극적 듣기로 돌아서기. 무언가 잘못된
점을 고치라거나 기존의 것과 다른 것을 요구하면 최상
의 나-메시지로 의견을 전한다 해도 교장은 얼마간 방어
적으로 대응할 것이다. 만일 교장의 도움이 절실하다면 그
가 당신의 대결에 제대로 대처하도록 그를 이끌어 주어야
한다.

3단계 … 또 다른 나-메시지 보내기. 최초의 나-메시지가 별 소득 없이 끝났다면 또 한 차례의 강력한 나-메시지를 보낸다. 만일 재차 문제를 제기하지 않을 수 없는 상황에 실망했다면 그 감정까지 망설이지 말고 모두 표현하라.

4단계 … 이렇게까지 했는데도 여전히 문제가 풀리지 않으면, 둘의 갈등 해결을 위해 교장의 윗사람과 함께하는 회의에 자신이 합석해도 되겠느냐고 건의해 본다. 교장의 윗사람이 그 삼자 회의에 응하도록 주선해 줄 것을 교장에게 요청한다.

5단계 … 당신의 제안을 거절할 경우 교장에게, '그렇다면 나 혼자 당신 윗사람을 찾아갈 수밖에 없다. 하지만 직접 나서야 자기 상황을 더 잘 해명할 수 있으므로 당신이 동행하는 편이 한결 낫다는 생각에는 변함이 없다'는 요지의 말을 말한다(이렇게 되면 아마도 교장은 마지못해서라도 당신과 동행할 것이다).

6단계 … 교장과 동행하지 않은 채 그의 윗사람을 단독으로 만나게 되면 우선은 1단계에서 5단계까지 차근차근 밟으려고 애써 왔다는 사실을 설명하라. 그러고 나서 그에게 당신의 욕구가 무엇이고, 그것이 충족되지 않으면 당신에게 어떤 분명한 영향이 있는지 말하라. 당신의 욕구를 충족시키기 위해 그에게 도움을 청하라.

어떤 교사들은 '자기 조직의 장을 제쳐 둔다'는 생각만으로도 긴장한다. 그것을 항명으로 보고, 학교장 역시 그런 식으로 보지 않을까 두려워한다. 전형적인 방법 1의 힘겨루기라면 그럴 것이다. 지나치게 힘에 의존하는 교장은 굽실거리는 행동이 아닌 위풍당당하거나 기세등등한 행동은 모두 반항하는 것으로 간주한다. 당신이 '더 상위의 장'을 찾아가기 전에 1단계에서 5단계까지 성실하게 밟지 않는다면 대개의 학교장들은 이것을 반항까지는 아니더라도, 최소한 직업적 관행에 반하는 불미스러운 행동으로 여길 것이다. 하지만 여섯 단계를 충실히 따랐다면 당신은 자신의 욕구가 충족되지 않으면 무슨 방법이든 동원할 수밖에 없다는 사실을, 그리고 자신의 충족되지 못한 욕구 탓에 전심전력을 다해 학생들을 가르치지 못하거나 희생을 감수하거나 순종하거나 불행한 심정으로 단념하는 것보다 차라리 교장의 심기를 일시적으로 거스르는 편이 한결 낫다(그리고 도덕적이다)는 사실을 깨닫게 된다.

지도자 역할 훈련(Leader Effectiveness Training, L.E.T.)을 통해 만난 많은 학교장들은 교사들이 희생하는 대가가 교실에서의 형편없는 직무 수행으로 이어진다면 그런 희생은 정녕코 바라지 않는다고 말한다. 대신 교사들이 솔직해지기를, 뭔가 일이 어긋나고 있을 때 그 사실을 알려 주기를 바란다. 자신의 성공을 함께 일하는 교사의 성공에 주로 기대고 있는 교장들로서는 형편없이 업무를 수행하는 교사까지 봐줄 마음의 여유가 없다. 그래서 교사가 직무를 잘 수행할 수 있도록 돕기 위해 자기 힘을 유감없이 행사해야 한다고 생각한다.

분별력이 다소 모자란 교장이라 해도 교사 가운데 누군가 '자기를 제쳐 두는 것'을 수수방관하지는 않으리라는 사실은 교사들에게 사뭇 고무적이다. 욕구 충족을 위해 결국 '더 윗사람'에게 도움을 청하는 방안을 꽤 신중하게 검토하는 교사가 있다는 사실을 알게 되면 교장으로서는 실제 그런 상황이 일어나기 전에 문제를 수습할 길을 서둘러 모색할 것이기 때문이다. 이때 다수의 힘을 빌릴 수 있다. 교사들은 때로 자신들이 집단을 이루면 교장에게 패거리 지어 저항하는 것으로 비치지는 않을지, 그리고 문제 해결에 정말 도움이 될지를 묻는다. 분명히 말하건대 다수는 힘이 있다. 교장에게 단지 한 명이 아니라 여러 교사가 불행하거나 만족하지 못한다는 사실을 일깨워 주기 때문이다. 집단을 결성하는 것은 그 성원들에게 상당 정도의 안전을 보장하기 때문에 교사에게도 한결 용기를 불어넣어 준다. 집단 앞에서는 교장이 불같이 역정을 낼 가능성도 적고, 전체 집단을 상대로 보복할 가능성도 낮아지기 때문이다.

　　어떤 교사들은 잠시 교장의 입장을 헤아려 보고는 대결을 벌이는 교사 집단에 얼마간 압도되었다는 인상을 받을 수 있다. 그들은 이런 방식이 아니라 먼저 대변인이나 대표를 보내서 집단 문제를 수습하는 처방을 선호할 수도 있다. 문제 수습을 위해서가 아니라 단지 교장에게 모두가 만족할 수 있는 조건의 모임을 제안하려는 것이다.

　　이때 주의해야 할 사항은 집단이 상대적으로 동질적이어야 한다는 점, 즉 집단 구성원의 충족되지 않은 욕구가 대체로 흡사해야 한다는 점이다. 그렇지 않으면 교장은 수많은 사람들이 저마다 다른 이유로 벌 떼처럼 달려든다고 느낄 수 있다. 너무나 판이한 욕구들을 토론에 부쳐야 한다면 집단적으로 한번에 시도하는 대신 개별 교사가 각각 교장과 협상을 벌이는 편이 낫다. 힘을 사용할 수는 없더라도 여전히 영향력을 행사할 수 있다는 역설을 다시 강조해야 할 시점이다. 만일 교장으로서 집단이 수적 우세로 압박을 가하거나 과도하게 힘을 행사하기 위해 대결을 벌인다는 인상을 받으면 그 집단은 영향력을 잃고 말 것이다.

집단 회의를 효과적으로 활용하는 방법

교사들은 집단 회의(직원 회의, 각종 직원 위원회, 특별 업무 집단 회의 등)를 더 효율적으로 운영함으로써 학교를 가르침에 적합한 장소로 만드는 데 많은 영향력을 행사할 수 있다. 대체로 교사들은 집단이나 위원회에 대해 상당히 부정적인 감정을 품고 있다. 흔히 문제를 탐구하거나 조언을 구하고자 집단을 꾸리기는 하지만 결과적으로 별 소득이 없다는 것을 경험으로 알고 있어서다. 교사들에게 물어보면 십중팔구는 자신이 몸담은 학교에서 위원회는 의사 결정을 피하기 위해 꾸려진다고 말한다. "어떤 위원회를 조직하면 의사 결정은 그 위원회의 소관 사항으로 넘어간다"는 말이 여러 학교에서 떠돌고 있다. 교사들은 집단 회의가 시간과 에너지를 낭비할 뿐이라고 투덜거린다.

대부분의 학교에서 직원 회의는 지루하기 짝이 없고, 각종 직원 위원회는 기피 대상이다. 대다수 학교는 "우리는 늘 이런 식으로 위원회를 꾸려 왔다"거나 "교장이 그 위원회를 원한다"는 등의 이유로 다양한 직원 위원회를 두고 있다. 다음과 같은 위원회는 제목만 보아도 우울해진다. "언어 과목 교육과정 공동 작업 학습을 위한 우드로우 윌슨 고등학교 직원 위원회. 회의 시간: 짝수 달 셋째 주 수요일 오후 3시. 회의 장소: 학교 도서관."

교사들이 집단 회의를 비판할 때 떠올리는 것이 바로 이러한 유의 회의들이다. 이들은 하나같이 제대로 돌아가는 일이 없으며 좀처럼 무슨 의사 결정이나 온전한 성과물을 내지 못한다는 것을 거듭 경험해 왔다. 하지만 집단적인 의사 결정 과정은 개인으로서는 좀처럼 해결할 수 없는 문제를 수습하고 양질의 해법을 도출해 내는 대단히 창조적인 방법이 될 수 있다. 집단이 이런 구실을 온전히 해내지 못한다면 그것은 구성원들이 집단 해결 과정에 단련되지 못했기 때문이거나, 방법 3을 제대로 이해하지 못하기 때문이거나, 상대방의 이야기를 진지하게 경청하지 않기 때문이거나, 문제가 있는 대화 방법을 사용함으로써 의사소통을 좌절시키기 때문이다. 집단 구성원들은 어떻게 하면 문제 해결에 이바지하는 책임 있는 성원이 될지 교육받아 본 경험이 거의 없다시피 하다. 집단 속에서 직업적 삶을 영위해야 하는 교사나 학교장들이 이런 중대한 기술을 훈련받은 적이 거의 없다는 사실은 놀라운 일이 아닐 수 없다.

리더십도 학습될 수 있음을 분명히 인식하고 있는 교사들도 효과적으로 집단 멤버십을 구성하기 위해서는 구체적인 기능과 특별한 기술을 습득해야 한다는 이야기를 들으면 놀라곤 한다. 이러한 기능과 기술은 다음의 세 가지 범주로 나뉠 수 있다. 첫째 회의 전에 요구되는 것, 둘째 회의 중에 요구되는 것, 셋째 회의 후에 요구되는 것이 그것이다.

회의 전에 요구되는 것

1 매회 모임에 참석하기 전에 이전 모임에 관한 의사록을 읽어 본다.
2 자신이 안건으로 제안하려는 문제나 주제가 무엇인지 확실하게 파악하고 회의에 임한다.
3 회의에 늦지 않는다.
4 필요한 자료를 모두 챙겨 간다.
5 회의 시간을 별도로 확보해 둔다. 다른 방해 요소들(걸려 오는 전화, 메시지, 방문자 등)은 사전에 차단한다.

회의 중에 요구되는 것

1 자기 주제를 안건으로 제출한다. 그 주제에 대해 너무 장황하게 설명하지 말고 될수록 간략하게 전달한다.
2 의견이 있거나 감정을 느끼면 솔직하고 분명하게 말한다. 절대 감정을 억누르지 않는다.
3 안건이 된 주제를 충분하게 다룬다. 다른 사람들도 그렇게 할 수 있도록 돕는다.
4 누군가가 이야기하는 안건이 무슨 의미인지 수긍이 가지

않으면 명료하게 설명해 달라고 요청한다.

5 적극적으로 참여한다. 뭔가 할 말이 있으면 의견을 구할 때까지 기다리지 말고 서슴없이 이야기한다.

6 당신이 참여하고 있는 집단이 효과적으로 굴러갈 수 있도록 다음 절차를 밟자고 주장한다.

- ▶ 회의를 정시에 개최한다.
- ▶ 안건을 제출받는다.
- ▶ 문제를 충분하게 다룬다.
- ▶ 질서를 지킨다.
- ▶ 다른 사람의 이야기를 경청한다.
- ▶ 회의 내용을 기록한다.
- ▶ 주요 주제·문제·관심사·안건은 보드나 칠판에 적는다.
- ▶ 결정 사항에 도달한다.
- ▶ 정시에 마친다.

7 의견이나 감정을 표명할 수 있는 다른 사람의 권리를 보호한다. 입을 다물고 있는 참석자에게는 발언을 독려한다.

8 다른 사람의 말에 정성스럽게 귀 기울인다. 그들의 발언 내용을 명료하게 이해하도록 적극적 듣기를 활용한다.

9 갈등을 풀 수 있는 해결책들에 관해 창조적으로 사고하려 애쓴다. 창조적인 아이디어를 제출한다.

10 유머, 조롱, 우회적인 이야기, 객담, 농담, 빈정거림 등 집단의 의사소통을 방해하는 어조는 삼간다.

11 회의 후 할 일에 동의하는 바를 메모해 둔다.

12 자신에게 수시로 이런 질문을 던진다. "이 시점에서 집단

이 잘 돌아가고 이 문제를 푸는 데 도움을 줄 수 있는 것은 무엇인가?" "이 집단이 더 잘 운영되도록 하려면 내가 어떻게 할 수 있는가?" "현재 이 집단에게 아쉬운 점은 무엇인가?" "나는 어떤 식으로 보탬이 될 수 있을까?"

회의 후에 요구되는 것

1 할당된 과제와 약속을 성심껏 이행한다.
2 결정 사항과 해결책을 다른 사람들에게 전달한다.
3 회의에서 논의된 내용이나 벌어진 일 가운데 어떤 회원에게 불리하게 작용할 수도 있는 것에 대해서는 엄밀히 비밀을 지킨다.
4 동의한 결정 사항에 대해서는 뒷공론이나 불평을 삼간다. 만일 재고의 여지가 있다 싶으면 다음 회의에서 제기한다.
5 회의장 밖에서 조직의 장에게 자기 의견을 피력하지 않는다. 그 집단에서 느끼는 감정은 오직 집단 내에서만 표출해야 한다. 그렇지 않은 상황에서는 전혀 내색하면 안 된다.

당신은 이 같은 '책임 있는 집단 멤버십을 위한 규칙'을 성원들에게 나눠 줌으로써 집단에 이바지할 수 있다.

유능한 상담가로서 교사의 역할

교사는 교장이나 동료 교사에게 상담가 노릇을 자청함으로써 자신이 근무하는 학교에 지대한 영향을 줄 수 있다. 또 자신의 참신한 아이디어나 통찰력을 다른 사람과 공유하거나, 다른 사람에게 새로 익힌 기술을 보여 주거나, 자신의 성공담을 들려주거나 할 수도 있다. 하지만 소속 학교에서 변화와 개선을 끌어내려면 무엇보다 유능한 상담가가 되는 법을 알아야 한다.

유능한 상담가의 네 가지 원칙에 대해서는 이미 10장에서 기술했다. 재차 강조하는 의미에서 한 번 더 살펴보자.

1 유능한 상담가는 자신이 고용되었다는 사실을 분명히 확인하지 않으면 절대 고객을 변화시키려는 노력을 시작하지 않는다.
2 유능한 상담가는 사실, 정보, 자료를 적절하고 충분하게 준비해 온다.
3 유능한 상담가는 자신의 전문 지식을 간결하고 간단하게, 오직 한 차례만 말한다. 이미 한 말을 되풀이하지 않는다.
4 유능한 상담가는 자신의 노력을 수용하는 책임은 전적으로 고객에게 남겨 둔다.

자신이 몸담은 학교에서(심지어 당신의 학구에 속한 학교 전체에서) 전문 상담가로서 지위를 확보하는 것은 이 네 가지 원칙만 충실하게 따르면 생각만큼 어려운 일이 아니다.

변화의 매개자가 되는 방식은 소속 학교에 따라 각양각색일 수 있을 테고, 가장 적절한 방식도 교사의 전공에 따라 달라질 것이다. 예컨대 만일 이 책의 주제인 효과적인 교사 역할 훈련 분야에서 학구의 상담가 역할을 자처할 경우 당신이 할 수 있는 일을 보여 주려면 다음과 같은 활동을 할 수 있다.

1 휴식 시간이든 언제든 틈만 나면 동료 교사에게 T.E.T.에 대해 이야기한다.

2 여러 기술을 모델링해 본다. 훌륭한 경청자가 된다. 나-메시지를 보낸다. 방법 3을 교실에서 시행해 본다. 학생과 함께 당신이 어떻게 이 무패 방법을 작동시키는지 다른 교사들에게 보여 준다.

3 자기 교실에서 그 기법들을 학생과 시행하는 모습을 교직원들에게 선보이겠다고 제안한다. 학생들은 이 실연 과정에 공을 들일 것이고, 이 과정을 통해 '효과적인 교사 역할 훈련'이라는 단어를 널리 전파하는 데 기여했음을 뿌듯하게 여길 것이다.

4 T.E.T. 교재로 대인 관계 학습 집단을 꾸리고 함께 익히자고 제안한다.

5 학교장에게 특히, 직원 회의를 더 효율적으로 진행하는 법을 어떻게 활용할지, 규칙과 방침을 정할 때 방법 3을 어떻게 활용할지에 대해 당신의 정보와 시간을 사적으로 제공하겠다고 제안한다.

6 사친회 회의에 역할극을 도입함으로써 그 기법들을 예증해 보인다. 전형적인 학생 중심의 토론이나 내용 중심의 토론을 꾸려 본다.

7 학교의 교사용 도서관에 이 책을 여러 권 비치하도록 사서 교사에게 부탁한다.

8 T.E.T. 강사에게, 관심 있는 교직원을 상대로 T.E.T.를 소
   개하고 질의응답 시간을 갖고 훈련 수업의 조직 여부를
   탐색하는 회의를 한 번 꾸려 줄 수 있겠냐고 타진해 본다.
   T.E.T. 강사들은 소그룹에게는 미니 워크숍을, 여러 사람
   에게는 강연을 할 수 있다고 응해 올 것이다.

9 방법 3과 적극적 듣기를 수시로 활용함으로써 교직원 집
   단을 괴롭히는 만성적인 문제를 그들 스스로 해결할 수
   있도록 돕는 역할을 맡겠노라고 자청한다. 방법 3이 여러
   달 동안 집단을 성가시게 해 온 문제를 해결로 이끄는 광
   경을 보여 주는 것만큼 인상적인 설득법은 없다.

10 바로 앞에서 언급한 '책임 있는 집단 멤버십을 위한 규칙'
   을 교직원들에게 나눠 주겠노라고 제안한다. 그 규칙을 복
   사해 배포한다. 당신의 주도 아래 그 규칙이 원활한 회의
   진행에 어떤 식으로 기여할지 토론한다.

11 다른 동료 교사의 수업 시간을 빌려서 학급 토론의 예를
   보여 주겠다고 제안한다. 그들이 학급 규칙이나 방침을 정
   하면서 방법 3을 사용할 때 도움을 주겠다고 제안한다.

   이러한 아이디어는 당신을 전문가로서, 또 변화를 이끄는
조력자로서 확실히 인상 짓는 가능한 방법들 일부에 지나지
않는다. 당신은 다른 사람들에게 자신의 아이디어를 '설득시키
려고' 애쓸 당연한 권리가 있다. 하지만 그 아이디어를 '취할 것
이냐 말 것이냐'에 대한 판단은 오직 그들 몫으로 남겨 두어야
한다.

학생 대변자로서 교사의 역할

학교는 서비스 수혜자에게 서비스 제공 방식이나 그 질에 대해 거의 아무런 발언권도 허락하지 않는 몇 안 되는 조직체 가운데 하나다. 오늘날 기업체나 산업 조직들은 고객의 선호나 불만 사항에 귀 기울이려고 온 힘을 다해 노력한다. 소매점에서조차 상품이 마음에 들지 않으면 반품할 수 있도록 허용하는 것이 오늘날의 추세다. 교회 신도들은 자신들이 원하는 목사의 유형, 또는 자신들의 욕구를 가장 잘 대변하는 목회 활동을 결정하는 일에 막강한 발언권을 행사하고 있다.

그런데 어찌된 노릇인지 학교에서만은 최종 '고객'의 목소리에 진지하게 귀 기울이는 사람을 찾아보기 어렵다. 교육의 성격을 결정하는 데 학생에게 과연 얼마만큼의 발언권이 주어지고 있는가? 교수의 질이나 학습 조건에 관한 학생의 불만 사항을 취급하는 사람은 도대체 누구인가?

학교가 수 세기 동안 거의 바뀌지 않고 고색창연한 모습을 이어 오고 있다는 사실이 불가사의하지 않은가? 학교는 자신의 진짜 고객에게 거의 피드백을 받지도 않았으며, 그들에게 피드백을 청하지도 않았다. 자녀를 사립학교에 보낼 정도의 재력을 갖춘 부모가 아닐 경우, 교육 소비자들은 더 나은 서비스를 제공하는 쇼핑 목록을 선택할 권한조차 쥐고 있지 못한 형편이다.

학교는 소비자의 대변자를 필요로 한다. 학교 조직에서 교사만큼 학생의 불평거리, 고충 사항, 욕구 들을 잘 알고 있는 사람은 없다. 하지만 학생을 적극적으로 원조하고, 행정가 측과 교육위원회를 상대로 학생의 대변자가 되려고 애쓰는 교사는 손에 꼽을 정도다.

대체로 교사들은 자기 역할을 학교 규칙과 관례의 집행자로, 행정가가 정한 방침의 옹호자로 규정하고 있다. 그들의 직분은 학생의 볼멘소리나 비판을 격려하기는커녕 획일성과 순종을 조장하고, 그런 불만이나 비판이 행여 상급자에게 노출되지나 않을까 전전긍긍하는 것쯤 되지 않을까?

우리는 교사들에게 학생의 열렬한 대변자가 되라고 제안, 아니 촉구한다. 학생을 비인간화시키고, 그들의 시민권을 짓밟고, 자존감을 서서히 망가뜨리고, 자발성을 억압하고, 천부적인 학습 의욕을 말살하는 조건과 관행을 변화시키려는 노력을 다하려고 작심하기만 하면 교사는 T.E.T.에서 익힌 기술을 통해 얼마든지 학교 조직에 영향력을 행사할 수 있다.

교사는 스스로 짐작하는 것보다 학생에게 훨씬 더 막강한 존재다. 그리고 대체로 학교가 어떻게 학생들의 영혼을 좀먹고 있는지 또렷하게 인식하고 있다. 오직 교사만이 이런 사태를 온전히 바꿀 수 있다.

부록

학부모 눈에는 교사가 자기 자녀의 '또 다른 부모'로 비칠 것이다. 그래서 학부모로서는 교사가 자기 자녀를 어떻게 대하는지에 늘 관심을 두는 것이(또는 가져야 하는 것이) 마땅하다. 교사는 자녀에게 좋은 영향을 미치는가 나쁜 영향을 미치는가? 자녀의 학습을 북돋워 줄 능력이 있는가? 아이가 교사를 잘 따르는가? 교사는 아이를 행동하도록 이끌어 주는가? 교사가 과연 아이들이 알아야 할 것을 제대로 가르쳐 주고 있는가?

교사의 눈에는 학부모가 자기 학생의 '또 다른 교사'로 비칠 것이다. 교사 역시 아이가 가정으로 돌아가면 학부모가 아이를 어떻게 대하는지에 관심을, 정당한 관심을 두기 마련이다. 아이의 가정환경은 어떠한가? 부모가 학생의 숙제를 꼼꼼히 챙길까? 학부모가 교사의 교수 방법이나 훈육 방법에 비판적이지는 않을까? 학부모들은 특히 집에서 생긴 문제를 풀어 주기를 바라며 교사에게 너무 많은 것을 기대하고 있지는 않은가?

학부모는 교사-학생 관계가 삐거덕거리면 언짢아한다. 교사 역시 학부모-학생 관계가 매끄럽지 않으면 괴롭다. 이렇게 학부모와 교사는 각각 아이들이 상대 어른과 맺고 있는 관계에 이해관계가 있다. 상대의 행동에 대한 이런 관심에도 어찌 된 일인지 교사와 학부모는 좀처럼 친해지거나 피차 의미심장한 관계를 형성하지 못한다. 자주 만나지도 못할뿐더러 설사 만난다 해도 함께하는 시간이 극히 짧다.

예전부터 학부모는 교사를 변화시키는 데 지극히 비효과적이었고, 교사 역시 학부모 행동을 고치는 데 너무 무력했다. 학부모와 교사는 사실상 상당히 독립적이고 개별적인 존재들이다. 서로 아이들과는 중요한 관계를 맺고 있지만, 상대 행동에 영향을 받을 수 있음에도 그 상대와는 허물없거나 의미 있는 관계를 만들지 못하고 있다.

이 장에서는 교사-학생-학부모의 독특한 삼각관계에 초점을 맞추려고 한다. 그리고 이들 삼자 관계에서 발생하는 일반적인 문제를 타결하는 데 이바지할 건설적인 제안을 몇 가지 하려고 한다.

부모는 자녀가 태어나서 처음 만나는 교사이고, 대개 유일하게 중요한 존재다. 태어나서 4~5년간 자녀는 평생 배우는 것의 90퍼센트 정도를 습득한다. 학부모의 가르침은 그래서 너무나 중요하다. 학부모는 자녀에게 최초의 교사일 뿐 아니라 단연 가장 중요한 교사다. 학부모의 교사 역할은 아이가 성인으로 자라나거나 더러 성인이 된 이후에도 이어진다. 이 책이 주로 학교, 그리고 교실이라는 환경에서의 교사-학생 관계를 다루고 있긴 하지만 T.E.T.의 의사소통 기술과 문제 해결 기법은 학부모가 가정에서 자녀와 맺고 있는 교수 관계에도 딱 들어맞는다. 아이가 학교에 발을 딛기 전 단계에서 이루어지는 교수와 학습의 중요성을 떠올려 볼 때 이 기술들은 교사보다는 학부모에게 더 유용하다고 단언할 수 있다.

자녀의 최초 교사는 학부모, 그 역할이 중요하다

한 아이의 교육은 태어나면서부터(어떤 전문가들에 따르면 심지어 태아 때부터) 시작되고, 오직 죽음이 그 과정을 가로막을 때 비로소 끝난다. 학부모는 자녀에게 우리를 둘러싼 세계에 대해 부단히 가르친다.

학부모들은 대체로 자녀가 영아일 때는 지극히 효과적인 교사들이다. 수용의 폭은 거의 무한대이며, 비현실적이거나 거창한 기대 따위는 하지 않는다. 학부모는 학습자의 행동 대부분을 너그러이 수용한다. 아직 딸랑이를 잡지 못한다 해도 부모는 아기에게 면박을 주거나 벌주지 않는다. 낙인도 찍지 않는다. 대다수 부모가 다음 날 다시 시도해 볼 뿐이다. "우리 아기는 아직 딸랑이 잡는 법을 모르지만 조만간 틀림없이 해내고 말거야."

대개의 부모는 또 자녀에게 한없는 자유를 제공함으로써

아이가 준비되면 언제든지 스스로 배울 수 있도록 여건을 마련해 준다. 그리고 무엇을 언제 배울 것인가에 관한 책임은 전적으로 아이에게 맡긴다. 아이의 학습 능력을 한껏 수용하고 신뢰한다. 당연한 일이지만 부모의 수용성과 신뢰는 마침내 그 정당성을 입증받는다. 자기 자녀가 몸을 뒤집는 법, 엄마 알아보는 법, 물건 집어 드는 법, 다리 차는 법, 배고프거나 목마를 때의 표현법 등 무수히 많은 것을 거의 완벽하게 스스로 깨쳐 나가는 모습을 연일 두 눈으로 똑똑히 확인한다.

　자녀가 어린아이일 때 교사로서의 학부모에게는 아름다움과 숭고함 같은 것이 엿보인다. 부모는 아주 어린아이에게는 효과적인 교사가 될 소양을 타고난 것 같다. 직업 교사는 이런 부모들에게서 적잖은 것을 배울 수 있다.

　하지만 영아가 점점 자라 걷거나 말을 시작하면서부터 부모들은 서서히 변절의 조짐을 보인다. 그들은 교사로서의 효과성을 차츰 잃어 간다. 급기야 자녀를 훈련시키기에 이르며 교훈을 설파하려 든다. 무모하게 압력을 행사하고 보상과 처벌을 활용한다. 강의하고 평가한다. 다른 아이들과의 비교도 서슴지 않는다. 언제나 전전긍긍 좌불안석이다. 열두 가지 문제를 지닌 대화법을 골고루 구사하며 비난을 일삼는 너-메시지를 보낸다. 그리고 힘과 권위를 마구 휘둘러 댄다.

　이 책 전반부에 제시한 비효과적인 교수법에 대한 대안은 자녀의 교사로서 더 유능해지기를 바라는 부모에게도 마찬가지로 유효하다. 부모도 자기가 가르치는 자녀에게서 최상의 것을 끌어내는 방법을 익힐 수 있다.

학습의 주체는 학부모도 교사도 아니다

동의하지 않는 사람이 더러 있기는 하지만 학습은 숨 쉬고, 먹고, 자고, 마시는 일처럼 자연스러운 유기체의 본능이다. 모든 생명체는 학습을 하는데, 기본적으로 스스로 알아서 한다. 자녀는 꼼짝없이 학습자가 되지 않을 수 없는 터라 부모로서 할 일은 자녀가 학습할 수 있도록 허락하는 것이다(부모로서는 자녀가 학습할 수 있도록 도와야 한다). 최상의 교사는 학습 과정에서 침묵을 지키는 파트너다. 학습할 기회를 주고 학습을 위한 내용이나 교육 재료를 제공하긴 하지만 자기 생각을 강요하지 않으며 학습자의 진로를 방해하지 않고 오직 질문받을 때만 반응한다. 처음에는 이렇게 하기가 대단히 힘겹게 느껴질 수도 있다. 하지만 아이가 학습 과정에 즐겁게 참여하고 있다면 그의 행동을 직사각형 창([그림 31] 참조)의 문제없음 영역에 놓고 그를 가만 내버려 두라.

수시로 일어나는 일이지만 자녀가 학습 과정에서 어떤 문제를 맞딱뜨리면 아이의 행동을 [그림 32]의 윗부분(아이 소유의 문제)에 놓인 것으로 간주하라.

아이가 높은 탑을 만들기 위해 블록 쌓는 법을 알아내려 애쓰고 있다고 해 보자. 블록을 똑바로 쌓지 않아 허물어지면 아이는 화를 내며 울음을 터뜨린다. 이럴 경우 문제는 당신이 아니라 바로 아이의 것이다.

자녀의 좌절감과 울음을 정확하게 직사각형 창의 윗부분에 두면 당신은 두 가지 가운데 하나를 할 수 있다. 첫째, 상황

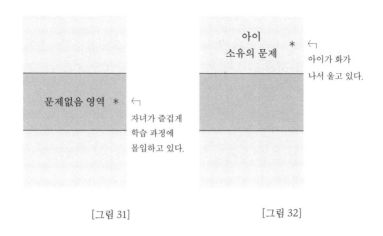

[그림 31]   [그림 32]

이 완전히 잦아들 때까지 기다렸다가 아이 스스로 해결책을 찾도록 이끈다(또는 아이 스스로 탑 쌓는 법을 터득하게 만든다). 둘째, 다음과 같이 아이의 감정에 반응하는 적극적 듣기를 한다.

"블록이 허물어져서 속상했구나."
"무너지지 않게 블록을 쌓는 게 쉽지 않다는 걸 알았구나."

그러고 나면 아이는 대체로 자신이 이렇게 어려운 일을 포기하지 않고 끝까지 시도하고 있다는 사실을 부모님이 진심으로 알아준다고 느끼면서 다시 학습 과정을 되풀이할 것이다. 아이는 오늘이 아니면 내일이라도, 아니면 모레라도 끝끝내 탑 쌓는 고난도의 비법을 알아내고 만다.

부모들은 분명 아이가 알았으면 싶은 뭔가를 배우도록 아이를 격려할 수는 있다. 하지만 이 점만은 반드시 유념하라. 어떻게 해도 아이를 대신해서 그 뭔가를 배울 수는 없고, 더욱이 아이가 그것을 배우도록 만들 수는 없는 노릇임을. 자녀가 탁구 치는 법을 알았으면 하고 바란다고 해 보자. 당신은 나-메시지를 통해 아이에게 그 바람을 알릴 수 있다("탁구 어떻게 치는지 너한테 알려 주고 싶은데, 네 생각은 어떠니?"). 아이가 이 제안을 받아들인다 해도 당신이 교사로서 할 수 있는 일이란 시범 보이고 설명하고 부추겨 주는 일이 고작이다. 실제 학습은 전적으로 아이에게 달려 있다. 아이는 자신이 겪고 있는 어떤 문제 탓에 배움 자체를 거부하기도 한다. 다음 예에서 보듯이 이제 탁구를 배울 것이냐 말 것이냐는 전적으로 아이 문제로 넘어가고, 당신은 아이가 원할 때까지 일단 가르침을 접어야 한다.

아빠   탁구 어떻게 치는지 너한테 알려 주고 싶은데, 네 생각은 어떠니?

아이   저는 탁구 경기 잘 못 하잖아요.

아빠   (재빨리 적극적 듣기로 돌아서면서) 탁구를 잘 못 하면 어쩌나 걱정이로구나.

아이   예. 저는 늘 아빠를 못 당하잖아요. 아직 키도 너무 작고요.

아빠   (계속 적극적 듣기를 하면서) 키가 너무 작아서 이길 수 없을 거란 생각에 상당히 언짢겠구나.

아이   (고개를 끄덕이며) 대신 우리 카드놀이 하면 어때요? 그 놀이에서는 이기고 지는 데 키가 별 상관 없잖아요.

아빠   (적극적 듣기로) 너한테는 그게 더 공평한 놀이일
      것 같다.

아이   예. 탁구는 더 크면 그때 가서 차차 배울게요.

아빠   좋아.

탁구 같은 기술을 가르치는 일 역시 그 밖의 다른 모든 일
과 마찬가지다. 가르치고 배우는 일은 오직 문제없음 영역에
서만 일어날 수 있다. 학부모들은, 특히 자신이 가르치고 싶은
욕구가 남다를 때 간혹 이 사실을 잊어버린다. 다음과 같은 아
버지와 아들의 대화는 해마다 봄이면 여러 가정에서 심심찮게
일어난다.

아빠   자, 다시 소년 야구 리그 시즌이 돌아왔다. 내일 레
      크리에이션 센터에서 등록을 시작한다고 하더라.
      신문에서 봤어. 같이 가지 않을래?

아들   글쎄요.

아빠   글쎄요라니 그게 대체 무슨 소리냐? 왜? 겨울 내내
      손꼽아 기다렸잖아? 맘만 먹으면 등록할 수 있어.

아들   (못 들은 척하면서) 그러고 싶지 않아요.

아빠   (아들의 어깨에 팔을 얹으며) 그러지 말고, 애야, 너
      는 우리나라에서 최고의 투수가 될 수 있어. 자, 나
      는 네게 온 다시없는 기회를 놓치게 하고 싶지 않
      구나. 만일 내가 어렸을 때 이런 리그에서 경기할

기회가 있었더라면 나는 지금쯤 아마 메이저리그
에 가 있을지도 몰라. 얼마나 좋은 기회인지, 어린
시절 훈련이 얼마나 중요한지 네가 지금 실감하지
못해서 그런 것뿐이야. 가서 야구 장갑 가져와 봐
라. 포크볼 어떻게 던지는지 시범 삼아 보여 주마.

아들   피곤해요. 숙제도 있고요. 어쨌든 밖은 너무 추워요.

아빠   (고개를 절레절레 흔들면서) 너를 도저히 이해하지
못하겠구나. 좋은 환경에서 알고 있는 모든 걸 가르
쳐 주려는 이 애비를 번번이 맥 빠지게 하고 말이
야. 고작 한다는 소리가 밖은 너무 춥다는 거니? 좋
아. 무서운 타자들이 너를 앞지르게 된대도 난 이제
알 바 아니니 앞으로 다신 나한테 와서 징징거리지
마라!

아들   알았어요.

아빠   뭐, 알았어?

아들   (자리를 뜨면서) 숙제하러 가야 해요, 아빠. 나중에
봐요.

아빠   (뒤통수에 대고) 내일 가서 당장 등록해, 알아들어?

만일 아빠가 이렇게 아들을 몰아붙이는 대신 그의 감정에
진지하게 귀 기울였더라면 부자지간의 대화가 이런 식으로 허
무하게 끝나지는 않았을 것이다. 아들이 이런 반응을 보인 데
는 필시 무슨 곡절이 있다. 야구가 아버지에게 얼마나 중요한
지 알고 있다고 하더라도 틀림없이 그 일에 의구심을 품게 된

무슨 문제를 겪고 있는 것이다. 당시 아이는 포크볼이 아니라 그보다 더한 기술이라도 배울 기분이 아니었으리라.

학습 가능한 가정환경을 꾸며야 한다

가정에서도 충분히 학습할 수 있다는 것을 인식하기만 한다면 가정에서의 가르침은 훨씬 손쉽게 이루어질 수 있다.

아이에게 훌륭한 학습 환경이란 아이가 만지고 냄새 맡고 듣고 조작하고 바라볼 수 있는 재료가 풍부한 환경을 일컫는다. 반드시 값비싼 재료들일 필요는 없다. 중고품 가게에는 낡은 어린이책, 간단한 기계 장치들, 인형, 그 밖의 중고 완구들이 즐비하다. 쌓아 올리거나 가지고 놀 수 있는 나무토막 같은 재료야 어디서든 쉽게 구할 수 있다. 폐타이어로는 멋진 그네를 만들 수 있다. 크레용과 이면지, 낡은 주전자와 프라이팬, 자녀의 놀이터로 개조한 마당 구석 자리, 애완동물로 데리고 온 햄스터 등 부모가 최소한의 비용으로 아이의 성장 환경을 풍부하게 꾸밀 수 있는 재료는 무궁무진하다(6장 참조). '아이들은 바쁘게 움직이면서 종일 뭔가 배우고 있다'는 말은 평범하지만 진실을 담고 있다.

대개의 가정환경은 아이들이 옷을 걸거나 이를 닦거나 장난감을 보관하는 등 뭔가 '조작하는' 작업을 순조롭게 하도록 바꿀 수 있다. 이 책의 6장 가운데 학교 환경을 단순화하는 것에 대한 부분은 가정에도 고스란히 적용된다. 예를 들면 이렇다. 어린아이들이 옷을 걸 때 손이 닿도록 고리를 달아 둔다.

보관함에 손이 닿을 수 있도록 하고, 스스로 이를 닦도록 키를 돋우기 위한 받침대를 비치한다. 장난감이나 기타 물건들을 보관하는 낡은 상자를 마련한다……. 원리는 간단하다. 잔소리해서 성가시게 하거나 지나치게 가르치려 들지 말고 아이 스스로 학습할 수 있게 환경을 조성하는 것이다. 아이들은 어른에게 '가르침을 받기'보다 어른의 행동을 보면서 배우는 것을 훨씬 좋아한다는 사실만 유념한다면 부모는 훨씬 더 탁월한 교사가 될 수 있다.

자녀가 원하기 전에는
가르치려고 하면 안 된다

너무나 많은 부모들이 미처 교사로 고용되기도 전에 가르치려고 기를 쓴다. 아이들은 언제나 자기보다 더 지혜롭고 능력 있는 누군가에게 배우기를 갈망한다는 통념은 실제와는 다소 거리가 있다. 어떤 연구 결과에 따르면 배우는 이는 어떻게든 자신이 부적절하다거나 열등하다는 사실을 느끼고 싶어 하지 않기 때문에 교사의 전문성을 때로는 가르침에 실질적인 장애물로 느끼기도 한다고 한다.

　다음 사례는 새 당구대를 구입한 직후 7살짜리 딸아이 미셸에게 당구 치는 법을 가르쳐 주려던 P.E.T. 강사의 가정에서 생긴 일이다. 미셸은 큐대로 공을 치는 것을 너무나 즐거워했지만 자세가 어설프고 서툴렀다. 당구에 능숙한 아빠는 당연히 자기 기술을 딸아이에게 전수해 주고 싶어 안달이 났다.

아빠   자, 얘야. 큐대를 어떻게 잡는지 알려 주마.

미셸   어떻게 잡는지 다 알아요.

아빠   아니야. 그렇게 잡는 게 아니라니까 글쎄. 아빠를
봐, 이렇게 하는 거야, 알겠니?

미셸   (자신의 어설픈 스타일을 해 보이며) 저는 이렇게
해요.

아빠   하지만 그렇게 하면 공의 중간을 칠 수 없게 된단다.

미셸   그야 그렇겠죠.

아빠   얘야, 너는 당구 치는 법을 알고 싶잖니, 안 그래?

미셸   어떻게 하는지 이미 다 아는걸요.

아빠   하지만 내 말은 제대로 배우는 걸 의미해. 자, 왼손
좀 아빠한테 쥐 볼래? 그러면 큐대가 잘 움직일 수
있게 손으로 움켜쥐는 방법을 알려 줄게. (그는 그
걸 해 보였지만 미셸의 손은 올바른 형태로 만들어
주려는 아빠의 노력을 완강하게 거부했다.)

미셸   아휴! 아빠가 제 손을 너무 꽉 눌러서 아팠단 말이
에요.

아빠   미안하다. 아빤 그저 네 큐대가 손에서 잘 미끄러질
수 있도록 너에게 큐대 잡는 법을 일러 주려고 했
을 뿐인데…….

미셸   저는 제 방식이 더 좋아요. 이제 우리 시합해요.

아빠   넌 아직 시합할 준비가 안 돼 있어. 큐대 잡는 방법
도 제대로 모르면서 시합은 무슨…….

미셸   (엉성하게 큐대를 잡으면서) 제가 공 맞히는 것 좀

보실래요?

아빠 거 봐라. 자꾸 중앙이 아니라 공의 너무 아래쪽을
      때리고 있잖아.

미셸 그만할래요. 이제 재미없어요.

아빠 네 맘대로 해. 계속 그런 식으로 하면 영영 배우지
      못하고 말 거다!

미셸의 아버지는 당구 교사가 되겠다고 무작정 우기는 바람에 아이에게 고용되지 못함으로써 가르칠 기회 자체를 아예 잃어버리고 말았다. 처음에 그는 미셸에게 아빠가 가르쳐 주길 바라냐고 묻지도 않았다. 그리고는 미셸이 확실하게 거절했음에도(뭔가 새로운 것을 시도해 보라고 압박을 받을 때면 아이들이 으레 보이는 반응이다) 거듭 굽힐 줄 몰랐다. 이 일은 부모들이 잊기 쉬운 다음과 같은 중요한 원칙 몇 가지를 새삼 확인시켜 준다.

1 부모가 먼저 가르치기 전에 아이가 먼저 가르쳐 달라고
  요청해야 한다.

2 아이들은 누군가에게 배워서가 아니라 자기 경험을 통해
  서 더 쉽게 배운다.

3 아이가 가르침을 거부할 때는 즉각 중단하고 물러나야 한
  다(그리고 아이의 감정을 적극적으로 들어야 한다).

4 당신의 가르침으로 인해 활동의 즐거움을 앗아가는 우를
  범하지 말아야 한다.

힘이나 권위로 자녀를 가르치려 한다면
실패할 것이다

자녀를 가르치려고 자신의 권위와 힘을 휘두르면 학부모들은 분노, 울화, 반항, 언짢음, 눈물과 직면하게 된다. 7장에서 다룬 힘의 역효과를 떠올려 보라. 아이들은 부모가 훈육을 위해 힘을 쓸 때 사용하는 것과 동일한 대응 기제로 힘에 기초한 가르침이나 권위적인 가르침에 맞선다.

부모는 깨닫지 못하기 쉽지만 자녀에게 뭔가 가르치려고 시도할 때 힘에 의지하면 사실상 영향력을 잃어버리고 만다. 학교에서 교사가 힘을 행사하면 학생은 최소한 다른 교사를 찾으려고 시도하거나 체념한 채 한 해나 한 학기가 어서 지나가기를 기다린다. 아예 등교를 거부하기도 한다.

하지만 부모가 가정에서 힘에 의존하고 압박하면 자녀들은 별도리가 없다. 다른 가정으로 옮겨 갈 수도 새로운 부모를 만날 이듬해를 기약할 수도 없는 딱한 처지인 것이다. 그래서 되도록 집 밖으로 나돌거나 한사코 집에서 멀어지려 하면서 늦게 귀가하고 외박과 가출을 일삼는다. 가출 학생의 부모와 인터뷰해 보면 거의 대부분의 부모가 자녀에게 '좋은 것'을 가르친답시고 열을 올리면서 살벌하게 권력을 휘두른다는 사실을 알 수 있다.

힘이 불필요한 패자 없는 환경에서 생활하는 부모와 자녀들은 서로 부단히 영향을 주고받는다. 그리고 삶의 모든 면면을 서로에게 배운다.

부모의 가치관을 전수하려면
우선 본보기가 되어야 한다

부모들은 대개 자기 입장에서 볼 때 옳고 그른 것에 대한 가치와 신념, 기준을 자녀에게 가르칠 책임을 제멋대로 떠맡는 경향이 있다. 이것이 바로 대다수 부모가 쓰라린 실패를 맛보는 지점이다. 학교에서 가치관을 가르치는 것에 대해 언급한 모든 것(10장 참조)이 자녀와 함께하는 부모에게도 고스란히 적용된다.

가치관의 전수는 어떤 말을 하고 어떻게 가르치느냐보다는 어떻게 행동하느냐에 더 크게 좌우되기 때문에 부모들은 무엇보다 스스로 가치 있게 여기는 것을 실천하면 된다. 앞서 강조했다시피 "내가 행동하는 대로 행동하지 말고, 내가 말하는 대로 행동하라"는 말은 자녀를 가르칠 때 가장 먼저 꼽히는 최악의 권고다.

유능한 상담가가 되기 위한 네 가지 원칙은 교사와 마찬가지로 학부모에게도 매우 중요하다. 부모 역시 자녀의 행동을 변화시키는 데 영향을 주는 매개자가 될 수는 있지만, 그것은 오로지 성공적인 상담가들이 실천하고 있는 바를 체득하고 난 이후에야 가능한 일이다.

1 아이가 필요로 할 때까지 느긋하게 기다릴 것.
2 충분하고 적절하게 정보와 사실을 준비할 것.
3 당신의 가치관을 딱 한 번만 제시할 것. 몇 번씩 반복함으

로써 성가시게 굴지 말 것.

4 당신의 가치관을 받아들일 것이냐 거부할 것이냐 여부는
전적으로 '아이'의 권한으로 남겨 놓을 것.

효과적인 교수를 위한 기법들은 결코 교사 자격증 소지자에게만 요구되는 소양이 아니다. 부모 역시 이것들을 활용할 수 있다. 오히려 이 기법들은 직업적 교사에게보다는 학부모에게 더 절실하다. 학부모는 훨씬 더 넓고 포괄적인 커리큘럼을 다루며, 더 격의 없고 장기적인 관계를 배경으로 하기 때문이다. 우리는 이런 기법들이 일상적인 생활양식이 되어 있는 가정 출신의 아이들은 공식적인 학교 교육이 어떤 형태이든 간에 그에 훨씬 잘 대처한다는 사실을 피부로 느낀다. 가정의 핵심 기능은 자녀에게 안전한 쉼터, 수용적인 분위기, 상처 주는 일들로 가득한 외부 세계에서 돌아와 편히 안길 수 있는 피난처로서의 기능이다. 부모들은 위에 설명한 기법을 습득하고 활용함으로써 자기 자녀들에게 아늑하고 안전한 삶의 공간을 열어 줄 수 있다.

자녀가 학교에서 문제를 겪을 때
그 문제의 주인은 자녀다

다른 때 같으면 사리 분별력이 있고 수용적인 부모들도 자녀가 학교에서 곤경에 처하거나 그 문제를 가정으로까지 끌고 오면 감정이 상하기 마련이다.

학교에 입학한 아이들은 전보다 더 많은 관계를 맺고, 부모들은 자연 그것들에 관해 시시콜콜 듣게 된다. 더러 기쁘거나 성공한 기분 좋은 메시지들도 들을 수 있지만("엄마, 나 오늘 새 친구 사귀었어. 이름이 신디인데 정말 내 마음에 쏙 들어"), 두려움, 실망, 퇴보, 실패, 딜레마 같은 언짢은 메시지들도 듣게 된다.

　　"난 학교가 싫고, 담임선생님도 미워 죽겠어."
　　"우리 학교 아이들은 하나같이 쌀쌀맞아."
　　"세상에 라스무센 선생님만큼 나쁜 선생님은 없을 거야."
　　"나는 나이가 조금만 더 차면 아예 학교를 그만둘 거야."
　　"우리 학교 교장 선생님은 형편없는 사람이야. 학생들이라면 고개를 절레절레 흔든다니까."
　　"교감 선생님은 바보 같아. 한 번만 더 날 때렸다가는 무슨일이 생길지 장담 못 해."
　　"두 아이가 날 마구 때렸는데, 선생님은 본체만체하면서 아무 조치도 하지 않았어."
　　"우리 학교 아이들은 모두 마약 중독자라니까."
　　"공부해서 어디에다 써먹겠어? 학교에 가 봤자 별 볼 일도 없는데 말이야."
　　"공부 못하면 다른 학교로 나를 보내 버린다고 했어."
　　"우리 교실에서 나보다 더 바보 같은 애는 없을 거야. 다들그 사실을 알고 있어."

자녀들이 학교에서 돌아와 곧잘 전해 주곤 하는 비언어적 메시지(문을 쾅 닫아 버리는 것, 부루퉁해 있는 것, 울음보를 터뜨리는 것, 욕설을 내뱉는 것, 한사코 함구하려는 것, 자꾸 슬슬 피하는 것, 노려보는 것, 한눈을 파는 것, 물건을 집어 던지는 것, 흐느껴 우는 것 등)도 부모의 심기를 거스른다.

학부모는 이런 유의 수백 가지 메시지들이 자녀가 상호 작용을 시작하려 하거나, "저기, 제 말 좀 들어 보세요. 문제가 있단 말이에요" 하고 넌지시 알리는 나름의 방식임을 유의해야 한다. 이들 메시지는 저마다 아이의 마음속에서 어떤 문제가 있음을 알리는 신호다. 그러므로 학부모는 필히 이 언어적·비언어적 행동을 직사각형 창의 윗부분에 두어야 한다([그림 33] 참조).

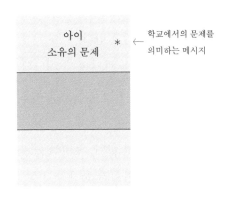

아이
소유의 문제   * ←   학교에서의 문제를
                      의미하는 메시지

[그림 33]

학교 문제를 안고 있는 자녀를 효과적으로 돕는 최상의 방책은 아이들이 그 문제의 주인이 되게 놔두는 것이다.

부모들은 거의 예외 없이 너무나 안타까운 심경으로 자녀의 메시지에 즉흥적으로 반응하곤 한다. 부모들은 자녀의 학교 문제를 곧 자기 문제로 인식하게끔 조건화되어 있다. 만일 자녀가 학교에서 어떤 곤경에 처하게 되면 대다수 학부모는 두려움, 염려, 실망감, 당혹감, 분노, 격분, 울화 따위의 감정에 사로잡힌다. 하지만 부모가 이런 식의 반응을 보이는 것은 마치 이런 말을 하는 것과 같다. "네게 문제가 있다고 생각하면 도저히 견딜 수 없으니 문제 있다고 이야기 좀 하지 마라."

이런 태도를 보여서는 아이 눈에 부모가 유능한 상담가나 조력자로 비칠 리 없다. 아이가 느끼는 것이라곤 고작, 엄마 아빠의 평화를 깨뜨린 건 내 불찰이요, 나는 부모에게 상처를 입히고 실망이나 안겨 주는 못난 아이요, 절대 문제를 일으켜서는 안 되고 설령 문제가 있다손 쳐도 절대 그 사실을 입 밖에 꺼내면 안 된다는 생각 같은 것들뿐이다. 결국 학부모는 상담가가 될 기회 자체를 영영 놓치고 만다.

분리성의 원칙은 온갖 대인 관계에 다 해당된다. 문제를 겪고 있는 누군가에게 보탬이 되려면 조력자는 도움받는 이와 반드시 일정 간격을 유지해야 한다. 학부모는 자녀 문제를 직사각형 창 윗부분에 놓을 줄 알아야 한다. 자녀를 나와 분리된 별개의 존재로 받아들여야 하며, 아이가 문제를 안고 있다 해도 그것을 부모-자녀 관계에서 수용 가능한 사건으로 여겨야 한다.

다음은 P.E.T.에 등록한 한 부모가 보고한 내용이다. 딸 찰린이 학교 문제에서 비롯된 감정을 잘 다스리도록 아버지는 적극적 듣기를 동원함으로써 분리성과 수용을 동시에 보여 주고 있다.

찰린 (현관문을 쾅쾅 두드리고 들어와서는 책을 탁자에
      내던진다.) 그 선생님들 정말 제정신이 아니야! 내
      가 이 숙제를 다 해 올 거라고 기대한다면 그거야
      말로 오산이지.

아빠 (혀를 깨물면서) 저런!

찰린 그 선생님들은 자기네가 내 준 형편없는 숙제 말고
      는 학생들이 아무 할 일도 없는 줄 안다니까. 매일
      아침 전날 내 준 숙제를 걷을 수만 있다면 다른 건
      알 바 아니라는 식이야.

아빠 그 선생님들에게 이용당한다고 느끼고 있구나.

찰린 그 말이 정확하게 맞아, 이용당한다! 이 숙제 모두
      마치려면 도대체 시간이 얼마나 드는지 알아? (탁
      자에 흩어져 있는 책 무덤을 가리키며) 아주 폭삭
      늙는다니까. 선생님들은 서로 번갈아 가며 숙제를
      내 주어야 맞잖아. 모든 선생님이 한꺼번에 같은 날
      숙제를 왕창 내면 안 되는 거 아냐? (의자에 툭 하
      고 던져 놓은 책 무덤을 시무룩한 표정으로 바라보
      고 있다.)

아빠 아이고, 너무 버거울 것 같구나.

찰린 (긴 한숨을 토해 내면서) 응. 도대체 어디서부터 손
      을 대야 할지 모르겠어. (책과 종이들을 다시 주섬
      주섬 그러모으기 시작한다.) 하지만 내가 할 수 있
      는 일이라도 해야지 뭐. 다 끝낼 수 없다면, 그거야
      뭐 애초부터 너무 어려워서니까 어쩔 수 없고.

아빠 할 수 있는 것만이라도 하려고?

찰린 (복도를 따라 제 방으로 향하면서) 예. 저녁 먹을 때
     불러 주세요.

이 아버지는 적극적 듣기로 자신의 반응을 한정 짓기가
그리 쉽지만은 않았다고 토로했다. 무엇보다 자기 딸이 옳고,
딸아이의 학교 교사들이 숙제를 너무 심하게 내 준다고 느꼈
기 때문이다. 딸아이에게 맞장구치고 공감을 표하는 것이 그때
생각으론 딱 맞는 반응이었던 셈이다. 같이 있던 사람들이 맞
장구치고 공감을 표했다면 어떻게 되었을지 묻자 그는 웃으면
서 대꾸했다. "딸아이가 안쓰럽게 느껴졌으니 그 숙제를 전부
또는 일부를 제가 해 주는 것으로 마무리되지 않았을까요?"

학교의 다양한 관계에서 비롯된 자녀 문제가 (부모 아닌)
바로 자녀의 문제라는 사실을 진정으로 받아들이면 받아들일
수록 부모는 자녀를 더 잘 도와줄 수 있다. 당신의 자녀가 곧
당신은 아니다. 자녀가 느끼는 문제를 스스로 풀도록 도우면
도울수록 자녀는 점점 더 강인한 인간으로, 주체적이고 자주적
인 인간으로 성장한다.

대다수 학부모는 이 분리성의 원칙을 받아들이기 어려워
한다. 아이는 부모의 연장선에 놓인 존재요, '살과 피를 나눈 분
신'임을 믿어 의심치 않기 때문이다. 이런 식으로 한 치도 떨어
지지 못한 채 아이와 공생하는 부모들은 그들에게 절대 유능
한 상담가로 보탬을 줄 수 없다.

부모는 더 나이 많고 더 지혜로우므로 아이 문제의 소유

권을 온통 도맡는 게 온당한가 하는 문제를 두고 열띤 토론을 벌이던 때를 우리는 결코 잊을 수 없다. '가정이나 학교에서 아이들을 형성하고 주형(鑄型)할 권리'에 대해 열변을 토하던 한 학부모에게 그동안 침묵을 지키던 다른 한 학부모가 다음과 같은 비극적인 이야기를 들려줌으로써 토론은 극적인 결론에 도달했다.

저는 이 수업 내내 거의 입을 열지 않았습니다. 하지만 이제 많은 것을 알게 되었고, 제가 왜 여기에 와 있는지, 그 이유를 숨김없이 여러분에게 털어놓을 때가 됐다고 생각합니다.

우리가 우리 자신에 대해, 그리고 왜 이 과정을 수강하게 되었는지에 대해 이야기를 나누던 첫날, 저는 15살 난 아들과 사이좋게 지낼 방법을 잘 알고 싶다고 말했습니다. 제게 그 애 말고 아들이 한 명 더 있었다는 사실을 알고 있는 분들도 더러 계실 줄 압니다. 하지만 그 아이에게 무슨 일이 일어났는지 여러분은 아마 잘 모르실 겁니다. 그 애는 저의 자랑이자 기쁨이었고, 모든 부모가 바랐을 법한 자식의 모습을 다 갖춘 아이였습니다. 그 애는 거의 모든 사람의 총애를 한 몸에 받았습니다. 학교에 다니는 동안에는 줄곧 A학점을 놓치지 않았고, 졸업할 때는 수석 졸업자로 고별사를 낭독하기도 했습니다. 교회 활동에도 적극적이었고 주일 학교에서는 교사 노릇도 했죠. 이글 스카우트 〖21개의 공훈 배지를 받은 보이스카우트┊옮긴이〗였고, 고

등학교 최고 학년 회장이었고, 뛰어난 운동선수이기까지
했습니다. 저는 제가 아이였을 때는 꿈도 못 꾸던 온갖 특
혜를 그 애가 모두 누릴 수 있도록 해 주었습니다.

그런데 그 애는 대학 2학년 때 돌연 자살했습니다. 제게
이렇게 적힌 유서를 남겼더군요. "아빠, 저는 제가 누구인
지 잘 모르겠어요. 제가 바로 아빠인 것만 같아요……."

저는 그 전까지는 뭐가 잘못되었는지 눈치채지 못했습니
다. 그 애는 뭐가 힘들고 괴로운지에 대해서는 단 한마디
도 하지 않았거든요.

저는 남은 아들만은 제 생각을 주입하지 않을 방법을 알
아내려고, 그 애가 되었으면 하고 제가 바라는 것이 무엇
이든 간에 그 애 스스로 독자적인 인간이 되게끔 돕는 방
법을 배우려고 지금 이 수업을 듣고 있습니다. 만만치 않
은 일이지만 차츰 그것들을 습득해 가고 있습니다.

이 아버지의 말은 옳다. 과연 아이들을 마음대로 주무르지
않기란 어려운 노릇이다. 게다가 이런 노력이 초래하는 해악을
깨닫는 때는 수습하기에 너무 늦은 순간이기 십상이다.

부모는 숙제를 둘러싼 문제에
어떻게 대처해야 하는가?

가정에서 빚어지는 충돌의 가장 빈번한 원천 가운데 하나가
바로 숙제다. 숙제는 별의별 문제들을 다 빚어내며 더러 화, 분

노, 좌절감, 가족원 간의 상호 적대감으로 꽉 찬 상자의 뚜껑을 열어젖히기도 한다.

부모는 숙제 문제에 어떻게 대처하는가? 자녀가 매일 숙제를 챙기도록 거들 수 있는가? 반드시 그렇게 하려고 노력해야만 하는 것일까?

숙제는 교육학자 사이에서도 찬반이 첨예하게 맞서는 논쟁거리다. 어떤 이들은 지지하고 어떤 이들은 반대한다. 교사들은 대체로 지칠 줄 모르고 숙제를 내 준다. 이 장 앞부분에서 언급한 찰린의 예에서 보듯 어떤 교사들은 아이들에게 심하다 싶을 만큼 과한 요구를 하기도 한다. 착실한 학생들조차 때론 늦은 밤까지 숙제와 씨름해야 한다. 이렇게 되면 학교에서의 7~8시간을 포함한 학생의 일과 시간은 어른들이 일하면서 견뎌야 하는 노동 시간보다 훨씬 더 길어진다.

최소한 대학 전 단계에서는 학생 스스로 학습 의욕에서 우러나온 자발적인 것이 아닐 경우, 또는 현장 학습, 박물관·미술관 방문처럼 교실 밖에서 수행되어야만 하는 예외가 아닐 경우 숙제는 좀처럼 긍정적으로 작용하지 못한다는 우리 주장에 동조하는 학부모도 더러 있을 것이다. 실제로 교사들은 숙제 내 주는 것을 그리 탐탁하게 여기지 않는다. 다만 학부모가 바라고 요구하기 때문에, 아니면 준수해야만 하는 학교 방침 때문에 마지못해 따를 뿐이다. 교사들 역시 숙제를 따로 하지 않아도 되는 학생은 꼬박꼬박 숙제해 오고, 정작 추가 훈련이나 연습이 필요한 아이들은 좀처럼 집에서 책을 열어 보지 않는다는 모순된 사실을 잘 알고 있다.

대다수 학생들에게는 숙제가 매일 밤 무겁게 머리를 짓누르는 짐으로 여겨질 따름이다. 한사코 숙제에만 매달리면 다른 활동들을 놓친다. 그것들이 숙제보다 더 교육적일 수 있음에도. 그렇다고 숙제를 아예 안 해 갈 수는 없는 노릇이다. 죄책감에 시달릴 뿐 아니라, 흔한 일이지만 수업 시간에 망신당하거나 교사에게 혼쭐나거나 예고 없는 시험으로 보복당하거나 형편없는 성적을 받게 되리라는 깊은 두려움을 간직한 채 학교로 향해야 하기 때문이다.

이제 학부모가 숙제 내 주기를 포기하도록 교사나 학교에 영향을 줄 방안을 제시해 보겠다. 학교가 아무짝에도 쓸모없고 해롭기까지 한 이런 전통을 한사코 고수하려 하는 한 대다수 학부모는 숙제 때문에 적잖은 곤란을 겪는 자녀 모습을 속절없이 지켜보아야 할 것이다. 학부모는 과연 어떻게 할 수 있을까?

P.E.T. 수업에서는 학부모에게 숙제를 문제없음 영역에 놓인 것으로 간주하라고 권한다. 숙제를 학부모의 삶에나 아이의 인생에 구체적인 악영향을 미치지 않는 것으로 보는 것이 상책이라는 뜻이다. 물론 자녀가 숙제 때문에 말썽이라는 메시지를 보낼 때는 그 행동을 직사각형의 윗부분, 즉 아이가 느끼는 문제 영역에 두어야 한다.

숙제가 자기 자녀에게 어떤 문제를 안겨 줄 때 그 아이를 돕는 가장 유용한 도구는 숙제를 남발하는 교사를 향한 딸 찰린의 울분을 삭이도록 이끈 아빠의 예에서 본 적극적 듣기다. 적극적 듣기는 들뜬 감정을 정화하고 발산해 줄 뿐 아니라 자녀에게 다음과 같은 메시지를 전달한다.

- 나는 네 말을 주의 깊게 듣고 있다.
- 나는 네 감정을 충분히 이해한다.
- 나는 네가 그런 감정을 느끼고 있음을 받아들인다.
- 나는 네가 이 문제를 잘 헤쳐 나가도록, 그리고 너 스스로 해결책에 도달하도록 기꺼이 돕겠다.

찰린의 사례와 달리 무슨 문제가 있음을 알리는 메시지(신호나 단서)가 발신되지 않으면 자녀에게 아무 문제도 없다고 생각하면 그만이다. 그러면 부모-자녀 관계는 문제없음 영역에 놓이게 되고 부모는 아무런 말이나 행동도 할 필요가 없다.

조금 다른 관점에서 숙제 문제를 바라보기 위해 다음과 같은 가상적인 남편-아내의 대화를 실어 보았다. 일과를 마치고 집에 온 남편 조지의 가방은 못다 한 일거리들로 불룩했다. 아내 앨리스가 현관문에서 남편을 맞으면서 대개의 부모가 책과 노트를 한 아름 안고 학교에서 귀가한 아이들에게 하는 것과 유사한 반응을 보였다.

조지 　아휴, 하루가 어떻게 지나간 줄 모르겠네! 우리 사장은 내가 해야 할 일이 그저 일, 일, 일밖에 없는 줄 아나 봐. 이 서류들 좀 보라고!

앨리스 　분명히 중요한 일일 거예요. 그렇지 않으면 당신에게 해 달라고 요청하지도 않았을 테죠.

조지 　당신이 한 지금 그 말, 한참 몰라서 하는 말이야.

회사에서도 이 엉터리 서류들 처리하느라고 반나절 이상을 허비했다고. 이제 이런 단순 작업이나 되풀이하는 식으로 훈련받을 필요도 없는데 말이야. 마티니나 몇 잔 마실 거야.

앨리스　일 다 마칠 때까지 마티니는 어림없어요, 조지. 군소리 말고 어서 책상에 가서 일이나 시작해요. 다른 즐거운 일은 다 마치고 해도 늦지 않잖아요.

조지　당신은 매번 사장 역성만 드는군. 언제나 우리 사장이 옳다고 생각하고 있어. 하지만 정말 그렇지 않다고! 아무리 멍청한 비서라도 이런 일쯤은 너끈히 해낼 수 있을 거야.

앨리스　남 흉보면 못 써요, 조지. 틀림없이 당신 회사 비서들은 똑소리 날 거예요. 그런데 그 사람들을 멍청하다고 하면 되나요?

조지　됐어, 됐으니까 그만둬! (역정을 내면서 서류 가방을 책상 위에 집어 던진다.) 뉴스 보고 할 거야. (텔레비전을 켠다.)

앨리스　(텔레비전을 도로 끈다.) 안 된다니까요. 당장 일이나 시작하세요! 저녁 식사 준비되면 부를게요. 식사 마치고 나면 그 일 제대로 해 놨는지 가서 볼 거예요.

실제로 앨리스처럼 남편을 대하는 아내야 없겠지만, 적잖은 부모들이 자녀들을 으레 이런 식으로 대한다. 왜 아이들에게 이렇게 말하는 건 어처구니없이 들리지 않는가?

숙제에 관한 한 대체로 아버지들은 어머니들보다 더 대책이 없다. 어리석고 공허한 말을 입버릇처럼 내뱉곤 한다. "얘야, 바깥세상은 정말 살벌하단다." "미리미리 대비해 둬야 해." "네가 지금 배우고 있는 게 언제 쓰일지 몰라서 그래." "훗날을 위해 네게 좋은 습관을 몸에 익히게 하는 거야." 조금이라도 상식과 분별력이 있는 부모라면 아이들이 집으로 들고 오는 이른바 '숙제'라는 것의 태반이 일부 가정에서 시도 때도 없이 빚어지는 심각한 전쟁은 고사하고 한순간의 입씨름거리도 못 됨을 금방 눈치챌 수 있다. 한 현명한 어머니는 이렇게 말했다.

랜디는 대체로 숙제가 있어요. 때론 숙제를 정말 좋아해서 그걸 하느라 꼬박 밤새고 앉아 있을 때도 있어요. 하지만 너무 시시하거나 더 중요한 다른 일이 있을 때는 책상 앞에 앉아 몸을 배배 틀죠. 어쨌든 저는 오래전에 이미 랜디가 그 일을 스스로 결정해야 한다는 사실을 알게 되었어요. 자기 책임감을 익히는 데 숙제만큼 좋은 거리는 없는 것 같아요.

부모는 자녀가 스스로 해결하지 못하는 숙제로 쩔쩔맬 때 종종 딜레마 상황에 빠지곤 한다. 거들어 주어야 하는가 내버려 두어야 하는가?

만일 부모가 시간과 정력이 남아돈다면야 응당 도와주어야 한다. 하지만 도움을 주는 데도 유용한 방식은 따로 있는 법이고, 그 각각은 다른 상황에서 제각기 효력을 발생한다. 그 방식 가운데 몇 가지를 예로 들어 보자.

1) 적극적 듣기는 자녀가 자기 과업에 올바르게 접근하도록 적절하고 효과적으로 도움을 줄 수 있다.

자녀 발표 준비를 어떻게 하면 좋을지 모르겠어요. 좀 도와줄 수 있으세요?

부모 어떤 주제를 선택해야 할지 난감한 모양이구나.

자녀 예. 너무 광범위한 주제를 고르고 싶지는 않거든요. 그러면 더 열심히 준비해야 할 테니까요.

부모 너무 과중한 주제는 피하고 싶다 이거지?

자녀 예. 좁은 주제에 대해 제대로 알고 싶어요.

부모 숙제를 통해 뭔가 실질적으로 배웠으면 하는구나.

자녀 제가 가장 흥미로워하는 건 그리스 전사들의 무기예요. 그런데 선생님이 그것도 충분히 적합한 주제라고 보실지 의문이에요.

부모 그 주제를 다뤄 보고 싶은데 선생님이 어떻게 평가하실지 염려스러운가 보다.

자녀 제기랄! 그래도 제가 진짜로 뭔가 배울 수 있다면 상관 말아야 하잖아요?

부모 뭔가 배울 수만 있다면 만족한다고 생각하는구나.

자녀 선생님이 무기에 대한 것도 얼마든지 적절한 주제가 될 수 있다고 여기도록 잘 준비해 볼 작정이에요.

부모 위험을 조금 감수하더라도 네가 원하는 걸 해 보겠다고 작정했네? 그렇지?

　자녀　맞아요.

2) '도어 오프너'는 어떤 상황에서 문제 해결을 순조롭게 만들어 준다("자, 이 문제를 풀려고 네가 지금껏 시도해 본 것들을 말해 주지 않을래?").

3) 유능한 상담가 되기는 모종의 문제를 돕는 최상의 방법이 될 수 있다("이 문제에 대해 다른 사람의 아이디어를 한번 들어 보지 않겠니? 좋아. 내 경험에 따르면 '미처 알아내지 못한 숨은 요소'를 발견하고 그것을 원인이나 독립 변수로 바라보는 게 관건인 것 같아. 자, 그럼 시작해 보자. 그러니까 이 문제에서 우리가 아직껏 찾아내지 못한 숨은 요소는 뭘까? 그러니까 알아차려 주기만 목 빼고 기다리는 요소는 과연 뭘까?").

자녀의 성적과 통지표에 집착하면
서로에게 해롭다

숙제만큼이나 심각한—어떤 가정에서는 숙제보다 더 심각한—것이 바로 성적 매기기와 통지표 문제다. 언젠가 미국 전역의 학구에서 성적 매기기와 통지표를 연구하는 위원회를 꾸린 적이 있을 정도였다. 이것은 공교육에서 가장 연구가 활발한 분야다. 대체로 성적 매기기, 통지표와 관련된 발상을 몹시 싫어하는 대다수 교사, 그로 인해 괴로움을 당하는 학생, 정보에 목마르긴 하지만 거의 말해 주는 정보가 없는 통지표를 마지못해 받아들일 수밖에 없는 학부모 등 모든 이에게 이것은 풀리지 않는 숙제다.

우리는 여기에서 왜 전통적인 성적 매기기(A-B-C-D-E 유형)가 학습 과정을 가로막는지, 또 왜 통지표가 아무리 상세해도 학습에 관해 학부모에게 거의 아무런 유용한 정보를 제공해 주지 못하는지를 조목조목 설명하는 데 지면을 할애하지는 않을 것이다. 다만 그와 관련해서는 이미 연구 결과가 수두룩하게 나와 있고 대다수 학교에는 '통지표 위원회'가 존재한다는 사실만 짚고 넘어가겠다.

아무튼 대부분의 가정은 숙제 문제와 함께 성적 매기기와 통지표 문제로 골머리를 앓고 있다. 하지만 결론부터 말하자면 숙제나 마찬가지로 통지표 역시 호들갑을 떨 이유도, 자녀들과의 관계를 망칠 만한 가치도 없는 것이다.

이름이 시사하듯 통지표가 아이의 진척 상황을 학부모에게 통지해 주는 정도의 의미를 띤다고는 해도, 부모들이 괘념치 않을 때마저 아이들은 대체로 통지표에 거창한 의미를 부여하고 그와 관련해 무거운 감정을 짊어지고 있다. 이런 경우 부모는 아이의 감정을 적극적으로 경청함으로써 아이가 스스로 문제를 헤쳐 나가고 장차 그에 대처할 더 나은 방법을 탐색하도록 북돋워 줄 수 있다.

아이가 성적이나 통지표에 별반 문제를 느끼지 않는 평소에 부모가 아이에게 그에 대한 이야기를 꺼내 보는 것도 좋다.

화기애애한 순간이야말로 부모가 성적·등급 매기기, 대학 입학 자격시험, 입학시험, 장학금 제도, 졸업 필요조건, 기타 아이와 공유했으면 하는 정보들을 전달해 줄 수 있는 적기다. 학부모와 교사가 학문적 성취, 학교 성적에 대한 태도, 교육에 부여하는 가치 등을 두고 편안하게 대화할 수 있는 것도 바로 이런 때다.

성적 매기기와 통지표 제도를 면밀히 들여다보면 그것이 아이에게 지금보다 더 많은 문제를 일으키지 않는다는 사실이 오히려 의아할 정도로 심각한 결함과 불공정을 내포하고 있음을 금세 알 수 있다.

1 등급 매기기 제도는 매우 주관적이고, 성별, 피부색, 국적, 신체적 매력도 등에 따른 교사의 갖가지 편견에 고루 좌우된다.

2 이 제도는 아이들이 수시로 다른 또래 친구들과 자신을 비교하게 만든다. 성적이 낮은 아이뿐 아니라 비교적 상위권 아이에게도 파괴적인 결과를 안겨 준다.

3 이 제도는 내적 보상 때문이 아니라 성적을 잘 받기 위해 학습하도록 아이들을 내몬다.

4 이 제도는 예컨대 '만족스러움' '보통임' '양호함' '개선 요망' 등 종잡을 수 없는 용어나 상징을 사용하는 경향이 있어 오해와 그릇된 해석의 여지가 많다.

5 학생이 상대 평가되고 있는지 절대 평가되고 있는지 모호할 때가 있다. 예를 들어 우등반에서는 B나 C학점을 받는

학생이 열반에서는 A학점을 받을 수도 있다.

등급 매기기가 얼마나 복잡하고 주관적이고 혼란스러운 제도인지 인식하기만 해도 학부모들은 자녀의 성적에 그렇게 연연하지 않을 수 있다.

P.E.T. 과정에서는 학부모에게 자녀의 성적을 '수용선'의 윗부분(수용 영역)에 놓도록 애써 보라고 부추긴다. 아이가 집에 통지표를 가져오면 아이의 성취를 평가하는 그 학교 나름의 방식을 있는 그대로 수용하라. 만일 아이에게서 성적을 두고 무슨 문제에 시달리는 낌새가 없다면 부모-자녀 관계는 문제없음 영역에 있는 것이다. 즉 아이가 성적에 그다지 괘념치 않는다고 생각하면 그만이다. 그렇지 않으면 아이의 성적은 늘 화근이 될 것이다.

만일 아이에게서 성적과 관련해 문제가 있음을 알리는 신호나 단서를 발견하면 아이가 자기 문제를 분명히 인식하고 그 해결책을 찾아가는 데 일조하기 위해 적극적 듣기를 활용하라.

하지만 유감스럽게도 많은 부모가 느긋하게 아이의 성적을 수용 영역에 두지 못한다. 형편없는 통지표를 보면 속이 뒤집히거나 경악한다. 자녀의 학문적 성취에 대해 격한 감정에 사로잡힐 뿐 아니라 그런 감정을 좀처럼 숨기지 못한다([그림 34] 참조).

이런 학부모들은 도대체 어떻게 하면 될까? 5장에서 10장에 걸쳐 제시된 방법들을 모조리 시도해 볼 수 있다.

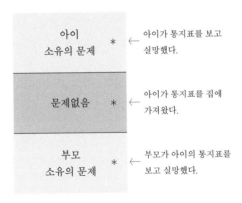

[그림 34]

1 부모는 자녀에게 자신의 심정이 어떤지 솔직하게 털어놓는 다음과 같은 나-메시지를 발신한다. "네 통지표를 보니 너무 실망이고 네 학교 성적에 대해 걱정이 이만저만이 아니구나." 자신의 성적과 학교에서의 성취가 어떤 식으로든 부모의 삶을 실질적이고도 구체적으로 방해한다는 사실을 자녀에게 좀처럼 납득시키기 어려운 탓에 이때의 나-메시지는 분명한 영향에 대한 언급이 빠졌음에 유의하라.

2 부모는 자신의 나-메시지가 자녀에게 어떤 감정을 불러일으켰다는 신호를 읽으면 서둘러 적극적 듣기로 전환할 필요가 있다.

3 부모는 기꺼이 도움의 손길을 내밀기를 바라면서 자녀에게 상담가를 자청하고 나설 수 있다("이것이 네게 문제일는지는 알 수 없다만 만일 그렇다면 내게 몇 가지 좋은 생각이 있는데……. 너를 도와주고 싶어").

조금만 생각해 봐도 성적이 낮다는 이유로 부정적인 평가를 받은 자녀가 자신에게 가장 소중한 사람인 부모에게마저 똑같은 평가를 다시 듣고 싶지 않으리란 것은 분명하다. 마음을 쓰고 염려하고 도움의 손길을 내미는 것은 좋지만, 수용하지 않는 것은 곤란하다.

학부모는 적극적 듣기만으로도
교사를 변화시킬 수 있다

학부모는 대체로 교사와 진지하게 속내를 털어놓는 대화를 부담스럽게 여기고 두려워하기까지 한다. 학부모들이 자신의 지난 학창 시절에 비추어 교사들에 대해 상당히 부정적인 감정을 품고 있다는 사실로 보아 별로 놀랄 일도 아니다. 교사 역시 상당수가 학부모와의 만남에 마찬가지 부담과 두려움을 느낀다고 말해 주면 학부모들은 의외라는 반응을 보인다. 이러한 피차 어색함에도 학부모는 적극적 듣기, 나-메시지, 방법 3을 활용함으로써 교사에게 상당한 영향력을 행사할 수 있다.

교사와 만날 때는 끊임없이 직사각형을 떠올리면서 그 창을 통해 교사를 바라보는 것이 무엇보다 중요하다. 그렇게 한다면 자신이 의사소통 과정에서 화자가 될 것인지 아니면 청자가 될 것인지를 쉽게 분별할 수 있다.

다음은 서로 다른 두 가지 학부모-교사 회의를 가상해 본 것이다. 첫 번째 회의에서 학부모는 적극적 듣기와 나-메시지를 사용한다. 두 번째에서는 의사소통을 방해하는 전형적인 대

화법을 동원한다. 양쪽에 등장하는 교사는 둘 다 T.E.T. 기술을
접한 적이 없는 평범한 교사다.

교사   어서 오세요. (책상 가까이에 놓인 의자를 가리키
          며) 여기 앉으십시오. 만나 뵙게 되어 정말 반갑습
          니다. (의자에 등을 기대고 이마에 드리워진 머리
          를 쓸어 올린다.) 아휴, 하루가 어떻게 지나갔는지
          모르겠네요!

학부모   정말 고단해 보이시네요. [적극적 듣기]

교사   예, 학부모님들과의 면담이 참으로 소중하기는 한
          데 진행하기가 좀 버겁죠. 오늘 하루만 해도 학부
          모님이 벌써 네 번째시거든요.

학부모   저런! 면담을 위해 선생님이 많은 수고를 감수하
          셔야 하는군요! [적극적 듣기]

교사   그건 그래요. 하지만 말씀드렸다시피 이 면담은
          정말 보람이 있어요. 좀 피곤하긴 하지만 뿌듯한
          기분으로 집에 돌아갈 수 있거든요. 그걸로 족해
          요. 그나저나 로비에 대해 무슨 하실 말씀이 있는
          것 같은데······.

학부모   예, 그래요.

교사   그 애는 아주 잘하고 있습니다. 정말 나무랄 데 없
          는 학생이죠.

학부모   저도 그렇게 알고 있습니다. 그런데 잘 믿기지 않
          으시겠지만 바로 그게 문제예요. 선생님께서 매일

몇 쪽에 달하는 많은 숙제를 내 주시면 그 애는 그 걸 하려고 몇 시간씩 낑낑거리느라 저희가 생각 하기에 중요한 일이나 그 애가 좋아하는 다른 일 들은 모두 놓쳐 버리기 일쑵니다. 그 애가 해야 할 일이 너무 벅차서 그만 학교가 싫어지면 어쩌나 걱정이랍니다. [나-메시지]

교사 로비는 다른 아이들 모두 하는 숙제를 하고 있는 것뿐이에요. 다른 몇 아이들보다 속도가 좀 느리 다는 게 문제라면 문제겠죠. 글쎄요, 대다수 아이 들이 한 시간이나 그 이내에 숙제를 모두 마친다 고 알고 있는데…….

학부모 선생님께서는 로비가 느린 게 문제라고 보시는군 요? [적극적 듣기]

교사 예. 사실 로비가 완벽주의 성향이 있잖아요. 그게 문제인 것 같아요. 언제나 매사를 너무 확실하게 하려고 들거든요. 어떤 아이들은 할 일을 그저 날 림으로 슬렁슬렁 해 넘기기도 하는데…….

학부모 제출된 과제 질에는 상당한 차이가 있겠네요? [적 극적 듣기]

교사 아마 놀라실 정도일 겁니다. (잠시 말을 멈추었다 가) 하지만 어머님, 아버님의 지적도 충분히 이해 가 됩니다. 그 애는 학교에서 애써 공부하고 그것 도 모자라 집에 가서 또 더 열심히 공부하고……. 맞죠?

학부모   바로 그거예요.

교사   올해 제가 맡은 아이들 가운데 숙제가 가장 불필
      요한 학생이 바로 로비예요. 저는 그 애가 다른 활
      동을 더 좋아했으면 싶고, 약간 농땡이도 쳤으면
      좋겠거든요. (장난스럽게 웃는다.) 정말 그럴 의
      도는 아니었어요. 저는 진짜 다른 애들이 로비만
      큼만 해 준다면 더 바랄 게 없겠어요. 그러면 사실
      별도로 숙제를 내 줄 필요도 없는데……. 그리고
      저도 혼자 이 모든 숙제를 다 검사하느라 진을 빼
      지 않아도 되고요. 저 역시 다른 누구보다 열심히
      하고 있거든요.

학부모   제대로 이해한 건지는 모르겠지만, 선생님께서는
      많은 아이가 숙제를 제대로 해 오지 않아서 선생
      님 또한 부담스럽다 하더라도 숙제는 꼭 내 주어
      야 한다고 여기시는 거 같네요.

교사   맞습니다. 전에는 결코 그런 식으로 생각지 않았
      지만……. 어리석다 싶으시죠? (잠시 숨을 돌리고
      는) 학부모님께서는 로비에게 더는 숙제를 내 주
      지 않았으면 하시는 건가요?

학부모   예, 그게 곤란하다면 완벽주의적인 아이의 성격을
      감안해서 짧은 시간 동안 감당할 정도의 숙제를
      내 주시든가요.

교사   맞는 말씀이세요. 저도 독서 숙제 몇 가지를 제외
      하고는 다른 건 거의 필요 없다고 생각합니다.

학부모   정말 좋은 의견인 것 같아요. 그렇게만 된다면 그
               애가 야구를 한다거나 스카우트 모임에 참석한다
               거나 하는 다른 일도 몇 가지 할 수 있을 거예요.

교사   좋습니다. 몇 가지 의견을 제시해 주셔서 정말 감
               사합니다. 옆 반 선생님께선 색다른 숙제를 내신
               다고 들었는데, 조언을 청해 보겠습니다. 그걸 우
               리 반에 적용하면 좋을 것 같네요.

이제, 학부모가 의사소통 기술이 아닌 문제의 의사소통법
을 동원할 때 같은 회의가 어떻게 달라지는지 살펴보자.

교사   어서 오세요. (책상 가까이에 놓인 의자를 가리키
               면서) 여기 앉으세요. 만나 뵙게 되어 정말 반갑습
               니다. (의자에 등을 기대고 이마에 드리워진 머리
               를 쓸어 올린다.) 아휴, 하루가 어떻게 지나갔는지
               모르겠네요!

학부모   저런! 저도 오는 길에 교통체증에 걸렸지 뭐예요.
               여기 오기 전까진 별문제 없었는데 말이죠.

교사   학부모님들을 이런 식으로 학교에 오시라고 하는
               게 저희로서도 썩 내키진 않아요. 하지만 우리 교
               사들은 아이들을 위한 최선의 공간으로 학교를 만
               들기 위해 학부모와 교사가 서로 머리를 맞대고
               상의하는 일이 중요하다 싶습니다. 면담은 그러기
               위한 하나의 방편이지요.

학부모 가정 방문을 해 보시는 건 어때요?

교사 그러려면 시간이 너무 많이 소요되지요. 그뿐 아
니라 교사가 집에 오는 것을 그리 달가워하지 않
는 학부모님들도 계시거든요. 뭐랄까, 좀 안절부
절못하신다고 할까요.

학부모 그거 참 유감이군요.

교사 그건 그렇고, 지금은 로비 이야기를 해 볼까요? 로
비는 모범적인 학생이에요. 열심히 하죠.

학부모 그러니까 선생님께서는 지금 우리 아이가 잘하고
있다는 건가요?

교사 그렇다마다요. 그 애는 학급에서 상위권인걸요.

학부모 하지만 선생님이 그 애에게 매일 밤 해야 할 몫으
로 내 주시는 숙제 때문에 아이가 아주 애를 먹고
있는 것 같아요.

교사 로비는 다른 아이들과 같은 숙제를 할 뿐인데요.
저는 모든 아이를 공평하게 대한다고 자부하고 있
습니다.

학부모 그렇지만 그 숙제는 아무리 생각해도 너무 많아
요. 다른 애들에 관해서야 제가 알 바 아니지만, 아
무튼 로비는 그 숙제를 다 해내느라 밤늦게까지
헉헉거려야 하고, 그러다 보면 야구를 하거나 스
카우트 모임에 나가는 기회는 번번이 놓치기 일
쑤예요.

교사 고역이겠군요. 하지만 노는 것보다 숙제가 더 중

요하다는 거야 두말하면 잔소리 아닙니까?

학부모　스카우트가 꼭 노는 거라곤 생각하지 않아요. 게다가 로비는 포크볼 던지는 연습을 해야 하거든요. 아니, 그러는 선생님은 집에 가서서 매일 두세 시간씩 가외로 일을 더 하시나요?

교사　그렇고 말고요. 안 그러면 그 모든 숙제를 대체 누가 다 검사하겠어요?

학부모　숙제를 내 주지 않으면 그렇게 많은 일을 할 필요도 없다는 생각은 안 해 보셨어요?

교사　그러니까 지금 일을 어떻게 하라 마라, 제게 요령을 가르쳐 주고 싶으신 건가요?

학부모　아니, 그럴 리야 있나요. 하지만 저는 선생님께서 로비에게 숙제를 그만 내 주셨으면 합니다. 그렇게 하지 못하시겠다면 저로서는 로비에게 숙제를 하지 말라고 하는 수밖에 없어요.

교사　만일 로비가 숙제를 제출하지 않는다면 숙제 점수를 얻을 수 없을 텐데 그래도 상관없다면 맘대로 하시죠.

학부모　선생님은 아이들 복지는 안중에도 없고 그저 내야 할 숙제에만 신경을 쓰시는 거 같군요.

교사　마음대로 생각하세요. 하지만 대다수 학부모들은 제 편입니다. 그분들은 자기 자녀에게 숙제를 내 주기를 바라시죠. 아이들이 학교에서 하는 일을 엿볼 기회니까요. 오히려 고맙게 받아들이죠. 어

머님께서는 그 점에서 볼 때 대하기가 여간 까다
로운 분이 아니네요.

학부모 예. 저도 제가 그런 줄은 잘 알고 있습니다. 긴말
필요 없고 로비를 전학시키려면 누굴 찾아가야 하
죠?

대조적인 두 사례를 통해 우리는 학부모가 적극적 듣기,
나-메시지 같은 기술을 동원하면 교사의 협력을 얻을 기회가
한층 많아진다는 사실을 보여 주려는 것이다. 교사도 사람이
다. 그들도 문제를 지닐 수 있으며 감정을 느낀다.

4장에서 우리는 교사에게 학부모-교사 회의에 학생을 참
여시키라고 권했다. 학부모로서 당신은 이 회의에 아이를 참여
시키자고 주장하고 싶을지도 모른다. 어쨌든 아이(그리고 아
이가 학교에서 겪는 문제)는 학부모와 교사가 관계 맺는 거의
유일한 이유다. 그리고 이 회의에서 이루어지는 대부분의 결
정은 어떤 식으로든 아이와 관련되거나 그에게 영향을 미친다.
그러므로 무조건 아이가 참석하는 것이 옳다.

학부모-교사-학교장이 함께하는
특별 팀을 구성한다

자녀에게 더 양질의 교육 프로그램을 제공하는 데 학부모가 가
장 효과적으로 영향을 미치는 방법은 교사뿐 아니라 학교장을
포함하는 문제 해결 팀을 조직하는 것이다. 교장과 함께하면

재량권이 늘어나 결정하는 데 더 많은 영향을 줄 수 있다. 대부분 교장은 교육 정보도 더 많이 가지고 있을 가능성이 크다. 경쟁적인 해결책에 관한 논쟁에 휘말리거나 문제를 부정확하게 정의하거나 하는 일반적인 난관을 피하려면 여섯 단계 문제 해결 과정을 활용해야 한다. 문제를 풀려는 노력에 착수하기 전에 먼저 교장과 교사에게 이 같은 문제 해결 과정을 소상히 설명할 필요도 있다. 이 팀이 풀 수 있는 문제는 다음과 같은 것들이 있다.

1 아이의 다음과 같은 특수한 학습 문제
   ▶ 과잉행동
   ▶ 난독증(독서 장애)
   ▶ 나쁜 시력
   ▶ 나쁜 청력
   ▶ 짧은 주의집중 시간
   ▶ 산만함
2 자녀를 위한 커리큘럼 풍부화
3 자녀의 욕구에 맞게 교실 환경 바꾸기
4 자녀의 건강 문제
5 자녀의 심리 문제

예컨대 당신의 자녀가 '주의력 결핍 과잉행동 장애' 진단을 받았다면 학교는 일반적으로 다음과 같은 두 가지 해법을 내놓을 것이다. 첫째, 자격증 있는 신경전문의에게 처방받은 약물치료를 권한다. 둘째, 특수학급에 배정할 것을 권한다. 특수학급은 여러 곳에서 각기 다른 이름으로 불리긴 하지만, 교사 대 학생 비율이 낮고, 특수한 교육 재료를 사용하고, 더러 특별 훈련을 받은 특수 교사를 두고 있다는 등의 공통점이 있다. 이러한 상식적인 해법은 매우 좋은 것일 수도 있고 아닐 수도 있다. 문제 해결을 위해 여섯 단계를 거치는 교장-학부모-교사로 구성된 특별 팀은 당신 자녀의 구체적인 학습 문제에 대처하는 많은 대안적인 방법을 개발할 수 있다.

자녀가 다니는 학교에 적극적으로 관심을 보인다

지난 수년 동안 학교는 모든 측면에서 갖은 공격을 받아 왔다. 그 결과 공립 학교는 서서히 변화해 왔다. 공립 학교는 여러 주요 부분에서 개선을 거듭했다. 하지만 그 대다수는 '하드웨어(건물, 설비, 교수 기계, 실험실 등)'와 '소프트웨어(교과서, 도서관, 필름, 테이프, 프로그램, 커리큘럼 설계 등)' 측면에서만 이루어졌다. 하지만 정작 가장 핵심이랄 수 있는 학교 내 인간 관계, 사람들끼리 서로를 대하는 방식은 거의 달라지지 않은 채 고스란히 남아 있다. 많은 학생이 다른 어떤 사회 기관에서와도 달리 여전히 존중받지 못하고 있다. 방법 1이 갈등을 타개하는 유일한 방법이고 학생들이 너-메시지 세례의 표적이 되는 한, 최신식 건물을 세우고 카펫을 깔고 에어컨을 교체하는 등 여러 새로운 장비로 교육 환경을 풍부하게 하고, 현실에 적합한 커리큘럼을 도입한다 해도 아무런 소용이 없다.

자녀가 다니는 학교를 평가할 때는 그 학교의 물리적 여건만이 아니라 학교에 종사하는 온갖 어른들이 서비스 객체인 학생을 대하는 태도도 함께 살펴보길 권한다. 다음은 교사 및 행정가와 토론을 벌임으로써, 아니면 학교를 속속들이 관찰함으로써 답을 얻을 수 있는 몇 가지 질문이다.

1 학생들은 자신이 교실에서 지켜야 할 규칙과 방침을 정하는 데 동참하는가?

2 학교 어른들이 학생들을 체벌하는가?

3 교사들은 학생 중심의 학급 토론을 실시하는가?

4 학생들은 자신이 학습하게 될 내용, 학습 속도, 평가 방법 등을 교사와 함께 계획하는가?

5 학생들이 스스로 자기 관리를 하는가, 아니면 교사가 계속해서 감독하고 지시하고 명령하고 지배하는가?

6 학생들이 교사의 일관성 없음 때문에 통제 불능이고 무례하고 사려 깊지 못한 것은 아닌가?

7 교직원이나 학생이 비공식적인 '그룹 토론'을 벌이는 모습을 흔히 볼 수 있는가?

8 교사는 학생과의 갈등을 스스로 해결하려고 노력하는가, 아니면 학생을 다른 권위자(상담가, 교감 또는 교장)에게 떠미는가?

9 만약 학교에 상담가가 별도로 있다면 그는 실제로 상담을 하는가 아니면 그저 훈육 교사나 프로그램 작성자 수준에

머물고 있는가?

10 일반적인 분위기가 편안하고 비공식적인가, 아니면 긴장에 차고 경직되어 있는가?

11 교사는 학생과 나-메시지로 대결하는가, 아니면 위협, 비난, 기타 너-메시지에 의존하는가?

12 교실에서 갈등이 일어나면 패자 없는 창조적 해법을 찾기 위한 방법 3이 활용되는가?

13 교사는 학생들에게 대집단의 혼잡함에서 잠시 벗어나 있을 개인 시간을 주고 있는가?

14 교사는 학생과 일대일 시간을 확보해 두고 있는가?

15 학교를 방문하면 사람들이 서로서로 마음을 써 주는 분위기가 느껴지는가? 학생들은 당신에게 말을 걸거나 환영하는가? 어른들은 당신을 알은체하는가?

16 비공식적인 상황에서 학생들은 자기 스스로 관리하고 타인을 배려하는 것처럼 보이는가, 아니면 지독히 경쟁적이고 사사건건 시비를 거는 것처럼 보이는가?

자녀가 다니는 학교를 떠올리면서 자신에게 던질 수 있는 이 같은 질문들에 대한 답은 그 학교 인간관계의 질을 가늠하는 소중한 단서다. 교육을 잘하기에 앞서 학교가 학생과 관련된 모든 인간관계에 최선을 다하고 있는지를 학부모는 예의주시해야 한다.

학부모는 스스로 상상하는 것보다 학교 내 인간관계를 개선하는 데 더 많은 영향력을 미칠 수 있다. 그런데도 변화를 꾀하지 못하는 가장 큰 이유는 대체로 학부모들이 '자신의 힘'을 사용하려 들기 때문이다. 이것은 자신의 막강한 영향력을 깎아 먹는 어리석은 태도다. 학교 행정가나 교사들 역시 여느 존재들과 조금도 다르지 않은 인간이다. 힘에 부딪히면 그들 역시 대응 기제를 작동시킨다. 저항하거나 반격하는 식으로 말이다.

학교와 '대결'하거나 학교를 상대로 싸우기 위해 학부모 집단을 결성하는 것은 변화를 촉진하는 데 아마도 가장 비효과적인 방법일 것이다. 학부모가 학교와 더욱 민주적인 관계를 이루고자 한다면 이렇게 권위주의적으로 접근하지 말아야 한다. 학부모나 학부모 집단을 적 내지 압력 단체로 간주하는 행정가나 교사로서야 문제 해결에 적극적으로 협조할 아무런 이유가 없기 때문이다.

학교 변화를 부추기려고 노력하고 싶다면 이미 조직되어 있는 사친회 같은 집단에 들어가 활동하는 것도 하나의 방법이다. '단결이 곧 힘이다'라는 말이 딱히 방법 1을 의미하는 것이 아니다. 사친회는 아이들을 위한 교육의 질 향상에 매진하는 수많은 학부모, 교사, 행정가들을 대표하는 조직이다. 이 연합체에 효과적인 의사소통 기술이나 방법 3을 도입하면 그 결과는 몰라보게 달라질 것이며, 개선을 위한 작업은 더 순탄하게 구현될 것이다.

이런 집단에 T.E.T. 기술과 기법을 접목하는 데는 몇 가지 방법이 있다. 가장 좋은 방법은 권위 있는 T.E.T. 강사에게 회의에 참석해서 이야기해 달라고 청하거나 관심 있는 학부모와 교사를 위한 소규모 워크숍을 개최해 달라고 부탁하는 것이다. 이 책을 교재 삼아 학습 그룹을 조직하는 것도 권장할 만하다. T.E.T.에서 훈련받은 교사에게 사친회에서 학생들을 데리고 실연해 보라고 격려하여 인상적인 결과를 낳을 수도 있다. P.E.T. 과정을 수료한 학부모에게 그 프로그램이 각 가정에 미친 영향을 들려 달라고 요청하는 것도 좋다.

  일부 사친회는 문제 해결 과정에 대해 전해 들은 후 조직의 목적을 새롭게 설정하고 그에 걸맞은 더욱 창의적인 방법을 도출해 내기 위해 여섯 단계를 활용하기 시작했다. 어떤 경우 교장과 교사들은 사친회를 매개로 과정의 1단계, 즉 '학교 문제 확인하고 정의하기'를 이끌 모임을 별도로 꾸리기도 했다. 이것은 학교 사회의 계획과 개선에서 한 가지 획기적인 예가 될 수 있다. 제안을 한 가지 더 하자면, 어느 학교에서든 변화의 열쇠는 대개 교장이 쥐고 있으니 이 책을 학교장과 함께 보라고 권하고 싶다.

더 나은 관계를 위해

거듭 강조하건대 학부모-교사-학생 사이에서 일어나는 일은 다른 어떤 요소들보다 그 관계의 질에 가장 큰 영향을 받는다. T.E.T. 프로그램은 그 질을 개선하기 위한 기술과 방법을 두루 제공하고 있다. 무엇보다 긴요한 것은 인간관계에 관한 참신한 철학, 즉 사람들이 더 효과적이고 민주적으로 관계 맺도록 돕는 다음 같은 강령이다.

관계를 위한 강령

당신과 나는 계속 이어 나가고 싶은 소중한 관계를 맺고 있습니다. 그러나 우리는 저마다의 욕구가 있고 이 욕구를 충족시킬 권리가 있는 독립된 인간입니다.

우리가 소중히 여기고 필요로 하는 것이 무엇인지 더 잘 알기 위해 늘 솔직히 터놓고 대화합시다.

당신이 욕구를 충족시키는 데 문제가 있을 때 나는 진심으로 포용하고 이해하며 귀를 기울여서 당신이 내 해결책에 의존하는 대신 스스로 해결책을 찾도록 돕겠습니다. 또 내가 내 문제에 해결책을 찾으려 할 때 당신이 귀를 기울여 주기를 바랍니다.

당신의 행동이 내 욕구를 충족시키는 데 방해가 된다면 나는 그 행동이 나에게 어떤 영향을 미치는지 당신에게 솔직하게 말하고 당신이 내 욕구와 감정을 존중해 주리라 믿겠습니다. 또 내 행동을 당신이 받아들일 수 없다면 나에게 솔직히 말해서 내가 행동을 바꿀 수 있게 해 주기를 바랍니다.

우리 사이에 갈등이 있을 때는 힘을 사용해서 상대를 굴복시키려 하지 말고 갈등을 해결해 봅시다. 당신의 욕구를 존중하지만 내 욕구도 중요합니다. 그러니 우리가 함께 받아들일 방법을 찾으려고 노력해 봅시다. 당신의 욕구도 나의 욕구도 충족되고 아무도 손해 보지 않고 둘 다 이기는 방법을요.

그러면 결과적으로 당신도 욕구를 충족시키면서 한 사람

으로서 발전할 수 있고 나도 그럴 것입니다. 우리 관계는 서로의 가능성을 실현하게 하는 건강한 관계가 될 것입니다. 우리는 서로를 존중과 사랑, 평화의 감정으로 대하게 될 것입니다.

옮긴이 김홍옥

서울대학교 소비자아동학과와 같은 대학 교육학과 석사과정을 졸업했다.
광양제철고등학교 교사를 거쳐 출판사에서 근무했다. 현재 전문번역가로
활동하고 있다. 옮긴 책으로《대혼란의 시대》《우리를 둘러싼 바다》
《바다의 가장자리》《느린 폭력과 빈자의 환경주의》들이 있다.

교사 역할 훈련

1판 1쇄 2003년 5월 23일
2판 2쇄 2023년 11월 13일

글쓴이 토머스 고든
옮긴이 김홍옥
펴낸이 조재은
편집 김원영 김명옥 구희승
디자인 부추밭 육수정
관리 조미래

펴낸곳 (주)양철북출판사
등록 2001년 11월 21일 제25100-2002-380호
주소 서울시 영등포구 양산로 91 리드원센터 1303호
전화 02-335-6407
팩스 0505-335-6408
전자우편 tindrum@tindrum.co.kr

ISBN 978-89-6372-374-7   03370
값 20,000원